Otto Pröttel   Franz Lemminger   Maria Armbruster
1.12.1866–9.1.1901   9.12.1880–6.1.1945   11.1.1884–1969

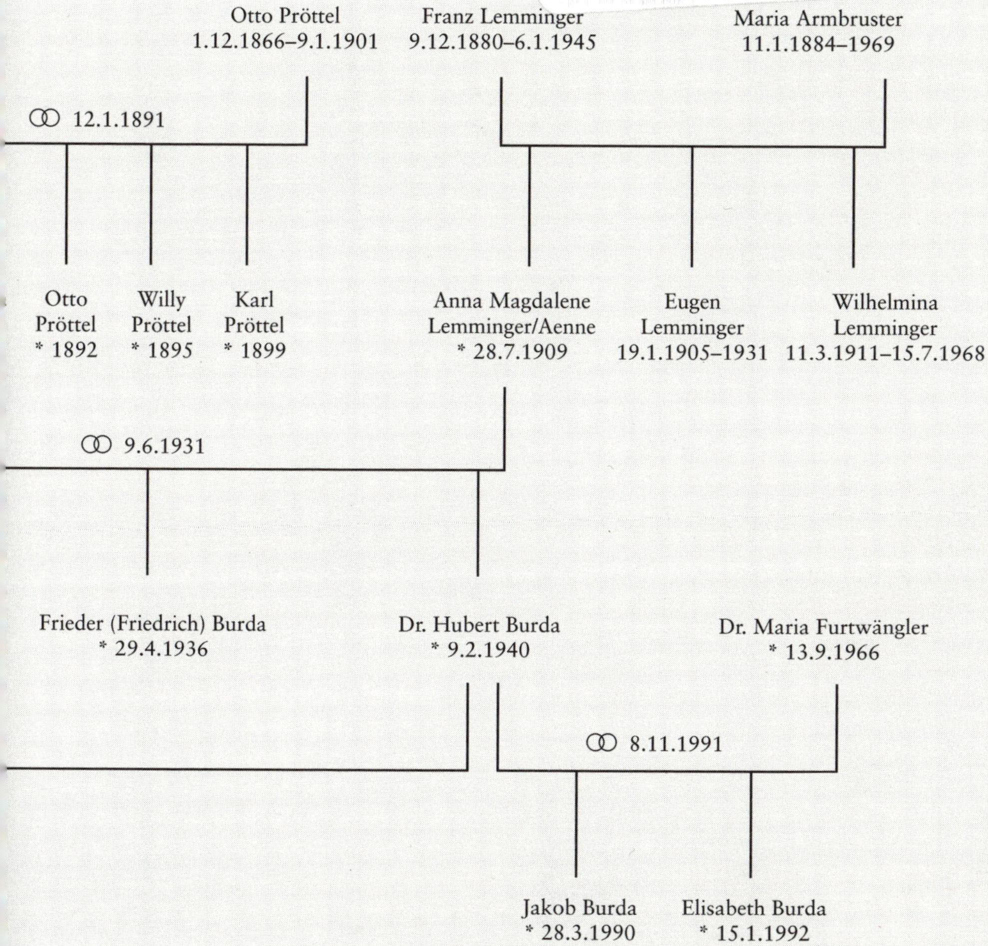

⚭ 12.1.1891

Otto	Willy	Karl	Anna Magdalene	Eugen	Wilhelmina
Pröttel	Pröttel	Pröttel	Lemminger/Aenne	Lemminger	Lemminger
* 1892	* 1895	* 1899	* 28.7.1909	19.1.1905–1931	11.3.1911–15.7.1968

⚭ 9.6.1931

Frieder (Friedrich) Burda   Dr. Hubert Burda   Dr. Maria Furtwängler
* 29.4.1936   * 9.2.1940   * 13.9.1966

⚭ 8.11.1991

Jakob Burda   Elisabeth Burda
* 28.3.1990   * 15.1.1992

Hubert Burda – Der Medienfürst

Gisela Freisinger

Hubert Burda

Der Medienfürst

Campus Verlag
Frankfurt/New York

Bibliografische Information der Deutschen Bibliothek
Die Deutsche Bibliothek verzeichnet diese Publikation in der Deutschen
Nationalbibliografie. Detaillierte bibliografische Daten sind im Internet über
http://dnb.ddb.de abrufbar.
ISBN 3-593-37417-X

Umschlagmotiv: © David Pollack/CORBIS
Satz: Fotosatz L. Huhn, Maintal-Bischofsheim
Druck und Bindung: Freiburger Graphische Betriebe
Gedruckt auf säurefreiem und chlorfrei gebleichtem Papier.
Printed in Germany

Besuchen Sie uns im Internet: www.campus.de

Inhalt

Prolog 9

Teil I
Der Verlegersohn

1. Fünfter sein 15
2. Vier Freunde sollt ihr sein
   Eine Jugend in Offenburg 30
3. Keine liebt mich so wie Mama
   Echte Burdas 37
4. Out of Offenburg
   Der Schüler Wagner 50
5. Verliebt, verlobt, enterbt?
   Die erste Ehe 59
6. Markwort und Burda
   Früher Kitzel der Vision 71
7. Bruder- und Publikumsbeschimpfung
   Wahlverwandschaft Handke 81
8. Ödipus und der Vater
   Die »Akte *m*« 90
9. Intrigen, Exodus, Zäsur Annus horribilis 1970 108
10. Patriarch und roter Gockel 117
11. »Burgund ist gefallen, die Lombardei wird genommen« 125
12. Tief ist der Brunnen der Vergangenheit
    Hubert und seine Brüder 138
13. I'm so lonely, man
    Die Jungs waren meine Familie 155
14. Der 84-Millionen-König
    Wie lange noch zum Burdareich? 164

15. Dichter und Fürst 179
16. 1983: Die Stadt, der Springer und das richtige Stadion 191
17. Tod und Verwandlung
    1986: Schwarzes Jahr mit Schwarzem Peter 211
18. Bruderkrieg und Realteilung 229
19. Das Herz ist ein einsamer Jäger
    Maria Maria Maria. 246

Teil II
Der Verleger

20. Der Stellvertreter und der Pressegott
    Jürgen Todenhöfer und Günter Prinz. 267
21. Die ersten Verlegerjahre
    Bausteine fürs neue Image 283
22. Im Osten was Neues
    Der *Super!*-Thriller 298
23. Der Durchbruch
    Markwort und der *Focus* 319

Teil III
Das zweite Erwachen des Hubert Burda

24. Das Geheimnis der Mona Lisa 343
25. Die neunziger Jahre
    Vom Schwarzwaldspringerle zur Hubert Burda Media . . . 351
26. Connect the unexpected
    Der entfesselte Verleger. 369
27. Felix 383
28. »Milchstraße« zu neuen Galaxien? 392

Epilog 404
Dank 407
Bibliografie 409
Chronik 413
Bildnachweise 427
Register 428

Zwei Wahrheiten nähern sich einander.
Eine kommt von innen, eine kommt von außen,
und wo sie sich treffen,
hat man eine Chance, sich selbst zu sehen.
Wer merkt, was gerade geschieht,
ruft verzweifelt: Stehen bleiben!
Egal, was passiert –
wenn ich nur mich selbst nicht erkennen muss.

Tomas Tranströmer
Träger des Petrarca-Preises 1981
Vicenza
gestiftet von Hubert Burda

Prolog

Heidelberg. Der kleine Mann nimmt große Schritte; marschiert vom
»Ritter Sankt Georg« über holpriges Königspflaster zum Marktplatz.
Er ist untersetzt und sein Gang so gewichtig, als müsste jeder Auftritt
einen Abdruck hinterlassen. Seine Hände sind prankig, als würde er
schwer an seinen Werken tragen; die hohe Stirn verläuft sich in Ge-
heimratsecken. Das Gesicht ist breit und weich; die schmalen, braunen Augen hinter großer Brille; die Unterlippe will ständig nach vorn.
Sein Haar ist grau, sein Lächeln vieldeutig.

Er ist auf dem Weg zu einer Dichterehrung. Obwohl dort sein
Scheck überreicht wird, will er nicht mit leeren Händen kommen.
So hält er am Blumenstand inne und mustert die bunten Schönen.
Hängende Köpfe bestraft er mit ungnädigem Blick. Was kostet dieser Strauß, wie viel jener? Sein Zeigefinger springt über die Reihen
der floralen Pracht, bis er schließlich bei einem passenden Gebinde
landet: In der Mitte eine strahlende Sonnenblume, drumherum far-
benfrohes Durcheinander. Zufrieden winkt er seinen Begleiter heran.
Der Schattenmann bezahlt und übernimmt den Strauß.

Im Weitergehen, zwischen Blumenkohlköpfen und Rettichwurzen,
ruft ihm plötzlich ein kerniger Bariton zu: »Sie! Sie!« Die ganze Kraft
von Volkes Stimme bebt darin. Eine Schrecksekunde nur, und schon
ortet er hinter dem Salatstand den Hünen. Lederhauthände winken
ihm zu, und die Worte dulden keinen Widerspruch: »Sie san' der
Doktor Burda!« Gebannt bleibt der stehen.

»Ha ja, freilich«, nuschelt der Doktor mundartig.

»Ich hab' schon gehört, dass Sie in Heidelberg san', es steht doch
heut' in der Zeitung.«

»Ach? Wirklich?«, gibt er sich erstaunt. Dabei hat er auch an diesem, wie an jedem anderen Morgen, aufmerksam die Mappe durchgearbeitet, die ihm seine Helfer präparieren; sämtliche Artikel in sämtlichen Publikationen, die seinen Namen und den seines Hauses erwähnen. Ist die Mappe dick, wird es ein prächtiger Tag. Ist die Mappe dünn, ist sein Lächeln schmallippig. Aber jetzt ist es gelöst, und in seinen Augenschlitzen tanzt die List.

»Mei' Dochter hat bei Ihne' g'schafft, Herr Doktor«, erklärt der Standlmann.

»Saget Se' bloß! In welchem Blatt?«

»Bei derre *Bunn-de*.«

»Fantastisch! Dann muss sie gut sein.«

»Ich bin zufrieden mit dem Mädl«, lobt der Herr der Salatköpfe, »die ist jetzt solide untergebracht beim Bayerischen Rundfunk.«

»Aha!« Kriecht da eine Spur Missmut heran?

»Aber gelernt hat sie bei Ihne'.« Das lässt sich doch hören.

Sehen so Begegnungen zwischen Leser und Verleger aus? Hat hier wirklich der Regisseur Zufall die Szene gestellt? Es wäre ein Film so ganz nach dem Geschmack des Doktor Burda. Kurz, und im Mittelpunkt nur ein Held – ER. In einer Rolle, die ihm so gefiele: Heros, der in der Menge badet, geborgen im Schaum der Bewunderung. Zufrieden streichelt er seine Jackett-Tasche glatt, die nicht die geringste Falte wirft. Die ganze Kleidung ist ausgesucht im Handbuch für den Gentleman: dunkelblauer Zweireiher, weißes Hemd, die Krawatte bis zum Anschlag festgezurrt. Die schwarzen Schuhe picobello.

»Wo immer ich bin, gehe ich auf die Marktplätze«, sagt er. »Das sind die wichtigsten Plätze der Welt. Dort können Sie die Menschen am besten beobachten. Wie sie sich anziehen; was sie essen; welche Zeitschriften in ihren Taschen stecken.« Er wirkt steif, wie er so die Ellenbogen an den kompakten Körper drückt und mit den Armen pumpt. Als wollte er gleich abheben, wenn es ihm zu eng wird unter so viel Volk.

Wer mit den Augen von Hubert Burda schaut, teilt die Welt in Leser und Zielgruppen. »Der Verleger«, wie ihn seine Leute nennen, gebietet Anfang 2005 über 239 Zeitschriften in 19 Ländern, 76 davon in Deutschland. 7 500 Menschen stehen auf seinen Gehaltslisten. Sein Imperium bedeutet ihm alles und bedient alle: Fashion Victims, Häuslebauer und Playboys; Klatschsüchtige und Kreuzworträtsel-Intelligenz; die Massen unter dem Regenbogen der Yellow Press bis zur dünner besiedelten Info-Elite. Erreicht damit 78 Prozent der Deutschen ab 14 Jahre und so manche Markttasche. Er hat es geschafft, auf die Ränge der reichsten Reichen im Land zu klettern, und verteidigt auf der *Forbes*-Liste der 500 »fat cats«, der Fetten Katzen, weltweit einen Platz im vorderen Mittelfeld. Das elektrisiert! Nicht nur des Geldes wegen. Seine Genugtuung ist der Status. Das Protokoll, wie er es liebt. Jetzt müssen sie ihm Respekt erweisen. Keiner kommt mehr an ihm vorbei. Alle, die früher so laut gelacht haben über den kleinen Spinner, den Jüngsten vom »Schwarzwaldspringerle«, katzbuckeln sie jetzt nicht?

Das *manager magazin* gewichtet ihn mit 2,1 Milliarden Euro. *Forbes* sieht sein Nettovermögen 2004 bei 2,5 Milliarden US-Dollar. Kleine Wechselkursschwankungen müssen bei dieser Größenordnung schon drin sein. 1,70 Meter groß, 2 500 Millionen US-Dollar schwer. Ahnt einer, was hinter diesen trockenen Zahlen steht? Wie viel Macht, wie viele Rotwein-Abende beim Kanzler? Und wie viele dringende Telefonate mit den deutschen Wirtschaftsgrößen? Aber wie viel Angst auch, über der Sonnenseite könne ein Schatten aufziehen? Therapiert er sich mit Brechtscher Lyrik fürs Lumpenproletariat, wenn er immer wieder rezitiert: *Das Große bleibt groß nicht und klein nicht das Kleine*? Ständig vermisst er die Ränge von Bertelsmann, Bauer und Springer, nur um die eigene Position zu orten.

Er ist der Tycoon im barocken Reich des Südens. »Der Milliardenmann« könnte die Geschichte in seinen Zeitschriften getitelt sein. Ob in *Bunte* oder *Focus*, *Super Illu*, *freundin* oder *Freizeit Revue*. Geld fasziniert nun einmal zielgruppenübergreifend. Eine Illustrierten-Vita also, auf Hochglanz getrimmt und burdablau? Bodyguards, Gurus, Hofintriganten und Traumfrau inklusive? Oder die eines Medien-Humboldts, der, launisch wie ein Wetterhahn, im Kosmos der Neugierde segelt? Mal mit Goethe und Bill Gates, mal mit Leonardo da Vinci und Mr. Spock.

Oder ist seine Geschichte ein eiskalter Psychothriller, in dem das Opfer in Wahrheit der Täter ist? Warum heißt das Verlagsunternehmen »Hubert Burda Media«, wo doch der Erbanwärter der Burdas seit jeher Franz gerufen wurde? Großvater Franz (I.), Vater Franz (II.), der große Bruder Franz (III.), und auch dessen Sohn heißt selbstredend Franz (IV.). Eine einzige Franzerei herrscht in diesem Schwarzwald-Clan. Selbst der hauseigene Tropfen wurde Franzensberger getauft und in der Franzensstube gesüffelt. Franz! Welche Hürde für einen, der Hubert heißt und glaubt, sein Clan sei eine »Dynastie«. Wie kommt er zu der Burdakrone? Ein Usurpator? Ein Albtraum, der ihn immer wieder einholt? Ist er deshalb so unerlöst? So schnell gelangweilt? Warum schlingt er seine köstlichen Mahlzeiten, kippt die edlen Tropfen? Kann er nicht innehalten und einmal zufrieden sein?

Er muss jetzt den Marktplatz hinter sich lassen und noch einen Blick auf das Schloss werfen, das oben, vom Berg her, alles überstrahlt. Obwohl Offenburger, ist er in Heidelberg geboren, 1940; hat auch die ersten beiden Lebensjahre hier verbracht. »Der Pöppel sagt ja, in diesen zwei Jahren entscheidet sich alles.« Die Bilder, die dann im Kopf sind, prägen den Menschen für immer. Ernst Pöppel, ein namhafter Gehirnforscher, doziert zwischen München und Peking, in welcher Gehirnwindung Imagination und Ratio vibrieren. Aber weiß er auch, wie Hubert Burda hinter sein eigenes Geheimnis kommen kann? Unablässig sucht er danach, »will ja wissen, wer ich bin«. Ein Träumer? Ein Visionär? Eine tickende Neuronenbombe?

»Heute Morgen hab' ich die Mutter angerufen.« Die Königin des untergegangenen Reichs der Schnittmustermode, die legendäre Aenne Burda. Gestern wild-schöne Amazone, heute im 96. Lebensjahr und noch immer nicht gebändigt. Aus ihrem Stoff ließen sich Romanzyklen schneidern. Der Sohn will erfahren, ob er als Kleinkind das Schloss gesehen hat. Wie oft? Wie nah? Wie intensiv? Er ist 65. Gibt es ein tiefgefrorenes Bild, das nur auftauen müsste, um das Mysterium preiszugeben? Sehnsüchtig schaut er bergan.

Teil I

Der Verlegersohn

Kapitel 1

Fünfter sein

Ich. Ich. Ich! Ich will! Ich muss! Ich werde! Zügig tritt der 15-Jährige in die Pedale, berstend vor jugendlicher Energie. Dieser frühsommerliche Donnerstag im Juni des Jahres 1955 wird alles Kommende bestimmen. Im Anfang war das Ego.

Sein Kopf glüht von all den großen Gedanken, die sich um seine Zukunft knäulen. Aber kaum ist sie zum Greifen nah, entschwebt sie wieder und lässt ihn zurück in einer Wolke erdrückender Zweifel. Will ich? Muss ich? Werde ich? Der Untersekundaner hat seinen ersten Artikel geschrieben: »Ein junger Mensch erlebt Werke von Picasso«, gezeichnet mit seinen Initialen, »H. B.«, Hubert Burda.

So steht es in der Nummer 24/1955 von *Bunte Illustrierte,* vormals *Das Ufer.* Es ist das Vorzeigeblättle des Offenburger Druckers und angehenden Verlegers von Wirtschaftswunderdeutschland, Dr. Franz Burda, dem Vater. Weil der hervorragende Fachmann Farbe in eine Branche bringt, die sich bis dahin ganz in Schwarz-Weiß präsentierte, benannte er seine Zeitschrift um. Was draufsteht, ist drin. Nach diesem schlichten Motto betitelt er auch seine weiteren Zeitschriften: *Das Haus, Bild und Funk, Freizeit Revue, Mein schöner Garten.* »Primitiv«, wie Sohn Hubert findet. Das Drucken hat Dr. Franz Burda, im Gegensatz zum Blattmachen, von der Pike auf gelernt. Er ist der älteste und sehr ehrgeizige Sohn von Franz Burda (I.), bekannt als »der Pfeifer«. Dieser kleine Mann, obwohl Spross mittelloser Eltern, ist stets gut gelaunt. Seinen Spitznamen verdankt er der Gepflogenheit, dass er immer pfeifend auf sich aufmerksam macht. Sein Vater Wenzel zog mit seinem Bruder einst im böhmischen Dubi los. Ihr Ziel: das Glück. Im badischen Offenburg blieben sie hängen. Deutsch konnten sie nur radebrechend, schlugen sich mehr schlecht

Hochzeit von Franz »der Pfeifer« Burda (l.) und Josefine (verwitwete Pröttel, geborene Mauck) am 31.12.1902.

denn recht durch, der eine als Hutwalker, der andere als Züchter von Kanarienvögeln. Der vergnügte Pfeifer aber lernt das Druckerhandwerk und tritt 1891 als Schweizerdegen in die Druckerei von Alfred Reiff ein. Jenen alteingesessenen Familienbetrieb, dem seit 1812 das *Offenburger Tageblatt* gehört.

Sieben Jahre später, 1898, packt auch ihn das Fernweh. Aber er kommt nur bis ins 113 Kilometer entfernte Philippsburg, wo er in der Druckerei eines gewissen Otto Pröttel anheuert, der gleichzeitig Besitzer und Herausgeber der *Philippsburger Zeitung* ist. Drei Jahre später stirbt der Meister, und Witwe Josefine muss sehen, wie sie ihre vier Kinder durchbringt. Als sie 1902 den pfiffigen Gesellen heiratet, heißt der neue Druckereibesitzer: Burda. Unter seiner Regentschaft muss die *Philippsburger Zeitung* mangels Fortune bald eingestellt werden; trotzdem gilt sie in der Geschichtsschreibung des Hauses Burda als der Grundstein des heutigen Presseimperiums. Allerdings erst seit einigen Jahren. In den Jahrzehnten, in denen Hubert Burda noch seinem Aufstieg entgegenfieberte, will er von der angeheirateten Provinzpostille nichts hören.

Der tollkühne Aufstieg der Burdas setzt erst mit Huberts Vater, dem Sohn des Pfeifers, ein. Dessen Leben hat schon närrisch begonnen. Am 24. Februar 1903, einem Faschingsdienstag, kommt er zur Welt. Freudetrunken tanzt der stolze Pfeifer durch die Straßen Philippsburgs, ganz heiser von seinen »B-u-u-u-rrr-da-Bu-u-u-rrr-da«-Rufen. *Burda* ist böhmisch für »Der Bauer ist da!«. Aber *Burda*, so will es die Familiensaga, heißt auch der Mantel, den Mohammed einst dem Dichter Ka-b ibn Suhair als Lohn für ein Preisgedicht zuwarf. Dichtung und Wahrheit eng verschlungen, so lieben die Burdas ihre Legenden. Aber beim Bart des Propheten – noch pflastert nur Not ihren Weg.

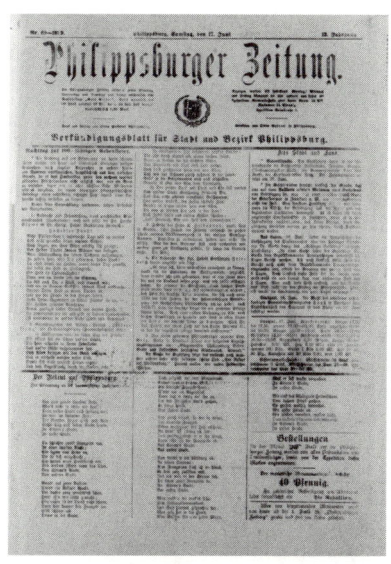

Durch die Ehe mit Josefine Pröttel wird Franz Burda (I.) Besitzer der Druckerei von Otto Pröttel sowie der *Philippsburger Zeitung,* dem Verkündigungsblatt für Stadt und Bezirk Philippsburg. Hier die Ausgabe vom 17.6.1899.

Als der zweite Sohn kommt, zieht Franz, der Pfeifer, zurück nach Offenburg und versucht dort noch einmal sein Glück mit einer kleinen Druckerei. Nach mehreren Umzügen steht die Adresse 1917 endlich fest: Hauptstraße 27, im Hinterhof der Metzgerei Burg. Eine Generation später wird die Metzgersfrau als »Frau Hauptlehrer Metzger« Dr. Franz Burdas Vorzeigeleserin der deutschen Provinz schlechthin sein und Dutzende von *Bunte*-Redakteuren in die Verzweiflung treiben. Repräsentiert sie doch die Zielgruppe schlechthin. Noch aber ahnt das niemand.

Wieder zieht Unheil auf. Josefine stirbt 1909 an Brustkrebs. Ein Jahr später heiratet Burda in zweiter Ehe Lina Schmidt. Mit ihr hat er noch einmal drei Kinder. Das Jüngste ist erst zwölf, als der Pfeifer im November 1929 einem Darm- und Leberkrebsleiden erliegt. Mit

»Der Pfeifer« war ein schlitzohriger Allround Entertainer, der den Offenburgern als Narr »Andrees« noch heute in Erinnerung ist.

nur 56 Jahren. Er hinterlässt fünf leibliche und vier angeheiratete Kinder, eine Witwe und eine Menge Sorgen. Besonders für seinen ältesten Sohn Franz, nun Vollwaise und mit 26 Jahren allein verantwortlich für den Betrieb mitsamt den drei Mitarbeitern. Auch er ist Drucker und obendrein Doktor der Volkswirtschaft.

Vom Pfeifer, dem begnadeten Musikus, der Oboe spielte, spricht man heute noch in Offenburg. Er war ein Original mit hintersinnigem Humor, Knitze, wie sie dort sagen. Verewigt in der Narrenchronik »Schelle – Schelle Sechser« in seiner Paraderolle als »alt Offeburger«: Zur Fasnachtszeit posaunte er als närrischer »Andrees« mit seiner Begleiterin »Veef« das Stadtgeschehen aus. Das Geschäft mit dem Klatsch gehört bei den Burdas von Anfang an dazu!

Hubert Burda, der leidenschaftliche Redner und Trompetespieler, vergöttert den Großvater. Glaubt, dessen genetisches Erbe weiterzutragen. Er ist der dritte und jüngste Sohn von Dr. Franz Burda. Und Vater wie Filius halten sich in jenem Sommer 1955 noch entschlossen an den Worten fest, die der Malerfreund Hans Kuhn im Jahr zuvor Mutter Aenne Burda ans Herz drückte, nachdem er Hubert vor der Staffelei auf dem Dachboden sah: »Engele, du hesch e Schenie.« Auch Juniors Zimmer durfte Kuhn bestaunen: ein kleines Reich in pompejanischem Rot, regiert vom Bild eines riesigen Apollon– dem Glänzenden, Sohn des Zeus, Gott der Sonne und des Lichts, der Künste und der Musik. Beim Mittagessen will der pubertierende Schlaumeier Vorträge über die Antike

und das Dionysische an sich halten. Aber Aenne Burda fährt ihm
über den Mund. Sie hat keinen Nerv für Philosophisches und dem
Vater ist Dionysos lediglich Symbol für die Lebenssäfte des Mannes. Außerdem haben die Burdas Geschäftliches zu besprechen;
sind aber beeindruckt von ihrem Jüngsten, der nichts Geringeres
sucht als die Gesellschaft der Götter.

Nun spitzte er auch noch die Feder. »Hubertle«, wie ihn die
Mutter zärtelt, lässt sich in Gesellschaft seines privaten Kunstleh-
rers, des Malers Emilio Brischle, von Offenburg nach München
kutschieren. Im Haus der Kunst gibt es erstmals eine große Pi-
casso-Ausstellung. Selbstbewusst schleudert es der junge Burda
»Frau Hauptlehrer Metzger«, der imaginierten Durchschnittslehre-
rin, in *Bunte* entgegen: »Picasso ist ein unerhört genialer Mensch.
Seine Welt ist grenzenlos.«

Noch etwas rumort im 15-jährigen Burda. Wenn man so bedeu-
tend ist wie dieser Picasso, wie fühlt sich das an? Wäre es nicht das
höchste aller Ziele und Gefühle, wenn eines Tages alle über ihn? ...
Er hält inne. Über ihn, den Maler, Schriftsteller und Verleger Hubert
Burda redeten? Noch schlummert die Vokabel »Prominenz« in den
Tiefen des Wörterbuches, und kein Mensch hat je von People-Jour-
nalismus gehört. Deutschland lebt im Grau und Mief der fünfziger
Jahre, aber auch in einer gewaltigen Aufbruchstimmung. Zehn Jahre
nach Kriegsende will man endlich die Ängste und Schrecken verja-
gen, die noch in den Gliedern lauern und sich des Nachts in böse
Träume wandeln. Die Deutschen wollen jetzt nichts sehnlicher als
satt und fröhlich sein und es zu etwas bringen.

Für die Burdas gehören Partys und Karriere längst zusammen. Seit
1951 wohnen sie in der neuen stattlichen Villa in der Schanzstraße.
Ihre Einstellung zum Leben, die Aenne und Franz Burda ausnahmsweise eint, heißt: Heisa!, wo lauert die nächste Herausforderung? Nur
her damit! Zum Grau der rauen Wirklichkeit hat man schon etwas
literarische Distanz, und der Vater verpasst keine Gelegenheit, den
Söhnen aus Goethes *Faust* zu deklamieren; mit einer Vertrautheit in
den Worten, als hätte er sie selbst geschrieben. Auch der schwarze
Pudel fehlt nicht; Burda schwört auf »Bläckys« gelehrigen Blick,
während der seinem Herrchen lauscht: *Grau, teurer Freund, ist alle*

Theorie und grün des Lebens goldner Baum. Die beiden Ältesten nervt der blöde Goethe, aber der Jüngste saugt alles auf. Schnell merkt er, dass er auf diese Weise die großen Brüder ausstechen und sich beim Vater einschmeicheln kann. Für diese kleinen Finessen mit großen Folgen hat er ein untrügliches Gespür, das er im Laufe der Jahre zunehmend verfeinert.

Aber nun radelt Hubert Burda, in der Schultasche seinen Picasso-Artikel, vom Schillerplatz über die Turnhallenstraße, vorbei am Lifa-Kino, nach Hause. Er kommt sich ungeheuer mächtig vor, wie ein – Burda. Zucken die Offenburger nicht schon ehrfürchtig zusammen, wenn sie nur den Namen hören? »Burda sein heißt: ganz oben sein«, lernt er früh. Auch seine Lehrer sind beeindruckt. Einige bestrafen ihn dafür mit eigener Macht. »Mit jedem Stockwerk, das mein Vater höher baute, bekam ich in der Schule eine Tracht Prügel.«

Der rasante wirtschaftliche und soziale Aufstieg von Franz Burda, dem Neureichen, lässt Altreiche entsetzt zurück. Sie sinnen nach Gemeinheiten, um es dem Emporkömmling heimzuzahlen: Mit Aufnahme in den feinen Tennisclub braucht er jedenfalls nicht zu rechnen. Franz Burda ist wütend, aber das peitscht ihn nur weiter voran. Immer noch hat er die Armut seiner Jugend vor Augen und kennt nur ein Ziel: Hoch hinauf. Ganz nach oben! Dazu ist ihm jedes Mittel recht, selbst wenn er dem Teufel Weihwasser einträufeln oder den lieben Gott mit seinen Engeln hintergehen müsste. Und natürlich steht auch er nach dem Zweiten Weltkrieg vor der alles entscheidenden Frage der Alliierten: »Franz Burda, waren Sie Nationalsozialist?«

»Er war kein Nazi«, sagt der Sohn, »er war ein Karrierist, also sicherlich ein Mitläufer. Wenn Aenne nicht gewesen wäre, hätte er sich bestimmt verführen lassen.« Aennes Vater, der Lokomotivführer Franz Lemminger, hat laut Familienlegende in den neuen Braunhemden die alten Rothemden erkannt. Weil der Emporkömmling alles Sozialistische hasst, warnt er die Tochter vor den Nazis, und die warnt ihren Mann. Als Burda Anfang 1943 von der Reichsstelle Druck und Papier das Angebot erhält, die Druckerei für die gesamten besetzten Gebiete in Russland zu leiten, sagt er natürlich zu. Erst als Aenne mit Scheidung droht, vertraut er dem sechsten Sinn seiner Frau und – sagt wieder ab.

»Burda baute mit am Deutschen Reich«, behauptet der Autor Peter Köpf, der zum 100-jährigen Jubiläum die Unternehmenschronik *Die Burdas* schrieb. Er »gehört zu den Kriegsgewinnlern. Gemeinsam mit den Deutschen, die die Welt in Scherben geschlagen hatten, baute er sie auch wieder auf.« Sohn Hubert hält das für eine manipulierte Recherche. Der Autor habe nur jene Offenburger zitiert, an denen der Vater mit seinem unternehmerischen Erfolg vorbeigezogen sei. Ihre Erklärung: »Das konnte nur möglich sein, weil der Burda ein notorischer Nazi war.« Während andere Großbetriebe allmählich ihre Archive öffnen und die Firmengeschichte im Dritten Reich von unabhängigen Historikern untersuchen lassen, findet eine solche Auseinandersetzung bei Burda noch nicht statt.

Der Aufstieg des Druckers Franz Burda, der 1938 Parteimitglied wird, beginnt zweifelsohne nicht erst im Dritten Reich. Er reicht schon in die zwanziger Jahre zurück. Burda, ein inniger Musikliebhaber, wird sich durch die ersten Radioübertragungen schnell der Bedeutung des neuen Mediums Rundfunk bewusst. Kurz entschlossen gründet er die *Sürag*, die Süddeutsche Radiozeitung. In pragmatischer Anlehnung an den Süddeutschen Rundfunk baut er sie zu einer florierenden Programmzeitschrift auf. »Die kleine Quetsche«, wie Franz den Betrieb des Vaters beschreibt, wird jetzt mit 36 Mitarbeitern »Künstlerisch-Grafischer Großbetrieb« und wächst unaufhaltsam. Mitte der dreißiger Jahre gehört er zu den Ersten, die den Wandel des Druckhandwerks erkennen. Er baut eine neue Druckerei in der Hauptstraße 13 und stellt auf Tiefdruck um, die fortschrittlichste Technologie der Zeit und unerhört teuer. Die Versandhäuser Schöpflin und Wenz, begeistert von der nie da gewesenen Qualität, beauftragen Burda mit dem Druck ihrer Kataloge. »Die Belegschaft war nun auf über 100 Beschäftigte angewachsen. Ich war Millionär«, beschreibt er den Jubel in seinen Memoiren *Mit Doktorhut und Druckerschwärze*. Dennoch bleibt er bei seinem 16-Stunden-Tag. Dr. Franz Burda ist grenzenlos fleißig und nie am Ziel, ein Getriebener, dessen höchstes Vergnügen die Arbeit ist. Eigenschaften, die er in dieser Hochpotenz unter seinen drei Söhnen nur an den Jüngsten, an Hubert weitergibt.

Das rasante Wachstum in Offenburg wird noch überboten von

einem Erwerb in Mannheim. Im Sommer 1938 kauft Franz Burda äußerst günstig eine der modernsten deutschen Druckereien, das Unternehmen Gebrüder Bauer mit 250 Mitarbeitern. Die Besitzer, die Brüder Berthold und Ludwig Reiss sowie deren Vetter Karl Bauer, sind Juden. Ihre Firma unterliegt dem Arisierungszwang, verordnet durch die nationalsozialistische Regierung. Auf diese Weise wurde ein wachsender Kreis gesellschaftlicher Profiteure an das Regime gebunden und »trug somit dazu bei, ein moralisches Resistenzpotential der deutschen Gesellschaft gegenüber der Judenverfolgung zu unterminieren«, wie der Historiker Frank Bajohr schreibt.

Bald druckt Burda in seinem neuen Betrieb *Die deutsche Arbeitsfront* für die Region Süddeutschland in einer Auflage von 800 000 Stück. Ein lukrativer Großauftrag. Berthold Reiss, der ehemalige Mitbesitzer und Seniorchef, arbeitet bis Kriegsausbruch noch mit im Geschäft. Sein einziger Sohn, Hans, heute 83, gibt es Hubert Burda im Jahr 2002 auf dessen Wunsch hin schriftlich: »Mein Vater war froh, die Firma verkaufen zu können, denn er hatte keine andere Wahl.«

Wie durch ein Wunder überlebt Berthold Reiss den Krieg in Deutschland. Seine arische Frau, Maria Petri, ist eine Schauspielkollegin von Emmy Sonnemann, der Ehefrau des Reichsmarschalls Hermann Göring. Aber diese Verbindung hilft dem Ehepaar Reiss nicht weiter, das vor der Machtergreifung Hitlers ein großes Haus führte. Zu den Gästen zählte auch Baroness von Schirach. Sie intervenierte bei ihrem Bruder, dem Gauleiter Baldur von Schirach, der erreichte, dass Reiss den gelben Judenstern nicht mehr zu tragen brauchte und auch die Genehmigung zum Umzug erhielt. Eineinhalb Jahre hatte Berthold Reiss seine Wohnung nicht verlassen. Nun aber, erzählt Hans Reiss sechs Jahrzehnte später, »mieteten meine Eltern ein Zimmer in Heidelberg bei einem sehr christlichen Oberregierungsrat i. R. und waren dort, als am 15. Dezember 1944 das Haus meines Vaters durch Bomben zerstört wurde und 134 Personen im Bunker umkamen. Als die Amerikaner schon am Rhein standen, wurde mein Vater zur Gestapo bestellt. Er versteckte sich daraufhin bei einer Bekannten. Meine Mutter ging täglich zur Gestapo und spielte eine Komödie. Sie behauptete, sie hätte ihn selber hergebracht und wolle wissen, ob er tot sei. Sie brach in Tränen aus und die Gestapo ließ sich täuschen. Mutter war klassische Tragödin.« Dem damals 17-jährigen Hans gelingt im August 1939, in letzter Minute, noch die Flucht nach Irland. Schwägerin und Vetter aber kommen in Auschwitz und Bergen-Belsen um.

In Dublin schließt Hans Reiss seine Schulausbildung ab; er studiert auch dort und folgt schließlich der Berufung als Germanistikprofessor ins englische Bristol. Es wird sein Hauptwohnsitz. In Heidelberg, wo sein Vater Berthold Reiss mit seiner Frau bis zu seinem Tod 1950 lebt, hält sich Hans Reiss bis heute eine Wohnung.

Hans Reiss ist ein vom Alter gebeugter Mann. Jedes Jahr im Sommer verbringt er mit seiner Frau Linda, einer Malerin, einige Wochen auf einem schmucken Anwesen in der oberbayerischen Ortschaft Holz. Durch den Wald am Westufer wurde auf Veranlassung des Hausherrn der Blick auf den Tegernsee freigeschlagen. Der benachbarte Bauer hat den Gefallen gern erwiesen, gehört das Haus doch dem stets so freundlichen Dr. Burda. Hans Reiss schwärmt von der Großzügigkeit des Verlegers, er ist dessen Gast. Man trinkt Kaffee und isst den lockeren Gugelhupf. Und der Professor erzählt von seinen erwachsenen Söhnen Thomas und Richard, deren Paten Franz und Aenne Burda sind. Dann hält er in seinem Redefluss inne und mustert die Besucherin mit diesem Blick: Braucht es noch mehr Beweise dafür, dass wir alle eine große glückliche Familie sind?

Welchen Preis hat das Glück? Die Druckerei, über deren Wert nachträglich lange gefeilscht wurde, musste 1938 praktisch verschleudert werden. Dafür haben sich die Burdas nach dem Krieg erkenntlich gezeigt, bis zum heutigen Tag. Berthold Reiss drohte erst mit einer Klage. Die zieht er nach einem Vier-Augen-Gespräch mit Franz Burda im Oktober 1945 wieder zurück. Warum? Was haben die beiden miteinander vereinbart? »Ich kenne die Details nicht«, sagt Hans Reiss. »Mein Vater war sehr verschwiegen. Außerdem sah ich meine Eltern erst im September 1946 wieder.«

Spricht das Schweigen seine eigene Sprache? Der Senator zahlte freiwillig Wiedergutmachung und bot Reiss darüber hinaus Teilhaberschaft an der Druckerei an. Aber Reiss fühlte sich zu alt und wünschte stattdessen eine Rentenzahlung. 2 000 Mark, die nach seinem Tod 1950 weiter an seine Frau gingen. Und nach deren Tod 1974 an Sohn Hans. So konnte er die Wohnung in Heidelberg und den Kontakt zur deutschen Heimat halten. Frieder Burda, der mittlere der drei Burda-Brüder, hat jahrelang aus seinem Vermögen weitere 1 000 Mark beigesteuert; und dem Reiss-Sohn Richard schenkten die drei gemeinsam eine Eigentumswohnung in London; Hubert und Frieder Burda kaufen immer wieder Werke von Linda Reiss.

Gibt es eine Verfügung des Vaters, wie sich die Söhne im Fall Reiss zu verhalten haben? »Überhaupt nicht«, beteuert Hubert Burda. »Die Druckerei in Mannheim wurde im Krieg ausgebombt, während Offenburg unversehrt blieb. Mein Vater war heilfroh, dass es nicht andersherum gekommen ist. Sonst hätte es wirklich geheißen, er hat sich an jüdischem Eigentum bereichert. So ist ja nichts davon übrig geblieben.«

Erich Bauer, Miterbe der Druckerei Gebrüder Bauer, konnte mit der freiwilligen Großzügigkeit der Burdas nicht rechnen. Er forderte Entschädigung über das Oberlandesgericht in Karlsruhe. »Mein Vater war der Ansicht, dass er kein Recht darauf hatte«, schreibt Hans Reiss an Hubert Burda. »Der Fall ging schließlich vor ein Bundesgericht. Dein Vater verlor den Prozess.« Erich Bauer bekam 250 000 Mark zugesprochen.

Wie aber rettet Franz Burda seinen Betrieb über den Zweiten Weltkrieg? Durch einen Umzug von Offenburg nach Heidelberg schafft er es, dass ihn der Einberufungsbefehl erst 1943 erreicht. Aber die Front bleibt ihm erspart, Soldat muss er nicht werden. Denn zwischenzeitlich besorgte er kriegswichtige Aufträge, druckt Karten und Luftbildpläne für die Wehrmacht, alles »geheime Kommandosache«. Als dann im Dezember 1944 doch noch der Befehl zum Volkssturm in Ostpreußen eintrifft, wird es brenzlig. Wieder gelingt es Burda, sich mit Bauernschläue zu entziehen. Er druckt dem Oberbefehlshaber der Heeresgruppe in Baden-Baden, Obergruppenführer Hauser, die von ihm gewünschten Flugblätter und verhilft dessen Truppe auch zu einem gehörigen Rausch. Sein Winzerfreund, der Schindler-Schorsch, besorgt ihm 200 Flaschen Wein. Unter ansteigendem Alkoholpegel wird Burda dem Herrn Oberbefehlshaber direkt unterstellt; und der schickt den Einberufungsbefehl zurück.»Dr. Burda ist dem Schicksal für diese Wende für immer dankbar«, schreibt er in seinen Memoiren *Mensch und Werk*, »denn von den Männern des Volkssturms lebt acht Wochen später kein einziger mehr.«

Am 15. April 1945, nachmittags um 14 Uhr, ist in Offenburg der Krieg zu Ende. Tags darauf wird die Druckerei beschlagnahmt. Nach turbulenten Monaten, in denen sich der wendige Burda trotz kurzfristiger Verhaftung mit der französischen Besatzungsmacht trefflich arrangiert, wird er schließlich entnazifiziert. Er hat es Berthold Reiss zu verdanken, der mit ihm zur französischen Militärregierung fährt, um für ihn auszusagen. »Für mich war es ein Glück, dass Berthold Reiss am Leben blieb.«

Franz Burda bringt in Windeseile seinen Betrieb wieder zum Laufen, mit den Maschinen, die er im Winzerkeller vor den Toren Offenburgs versteckt hatte. Und wieder einmal ist es Doktor Faust, der dem Weg des Dr. Burda eine neue Perspektive weist: Auch der französische General Schmittlein, zuständig für die neue deutsche Gesinnung in Offenburg, ist ein passionierter Goetheverehrer. Die Zitate, die die beiden Männer sich zuspielen, heben sie über die widrigen Umstände hinweg. Sagt der eine: *Wohin des Wegs? Du stehst am Ufer hier, Ich bin bereit, dich durch den Fluss zu tragen*, antwortet der andere: *Wohin du willst. Für ewig dank' ich's dir.* Beide kennen nur allzu gut: *Der Tragödie zweiter Teil.*

Der Auftrag für die Soldatenzeitung *Revue d'Information* und die dicke Order, Schulbücher für die Umerziehung zu drucken, bringen Burdas Betrieb gut über die Nachkriegsjahre. Natürlich ist ihm das auf Dauer zu kleinformatig. Als das Geschäft wieder richtig losgeht, verkauft er den Lehrmittelverlag an Klett.

Die Familien Burda und Schmittlein sind sich innig verbunden, verbringen gemeinsam die Wochenenden, und Hubert verdankt Schmittleins Sohn Raymond seine frühen Reisen nach Paris. »Wir hatten mit dem General das beste Verhältnis«, schwärmt Aenne Burda, »von dem konnten wir alles haben.« Von ihm kommt auch der Druckauftrag für die Zeitschrift *Das Ufer*, »l'autre rivage pour la reeducation du peuple allemand«, für die Umerziehung des deutschen Volkes. Im Frühsommer 1948 kann Burda auch gleich die Lizenz übernehmen, die bisher eine Strohfrau hält. Dazu muss der Offenburger jedoch bei General Koenig, der höchsten Autorität der französischen Besatzungsmacht, vorsprechen.

Hubert, acht Jahre alt, darf an dem großen Tag dabei sein. Aufrecht thront er auf dem Beifahrersitz und streichelt ehrfürchtig die schicken roten Lederbezüge des BMW-Cabriolets, als sie von Offenburg nach Baden-Baden fahren. Der Vater sitzt am Steuer des Wagens, den er in Einzelteile zerlegt über den Krieg gebracht hat. Genießt die bewundernden Blicke, als er damit über die Lichtenthaler Allee fährt und schließlich vor der französischen Kommandantur parkt. Fünf Stunden wird verhandelt, bis Franz Burda, der wegen seiner Verwicklungen ins Naziregime immer noch um seine Reputation bangen muss, schließlich die entscheidenden Dokumente in der Hand hält. Fünf Stunden, in denen Hubert Burda auf einem Holzstuhl ausharren muss. Das Kind ahnt, dass viel auf dem Spiel steht. Endlich geht die Tür auf, und sofort erkennt er am Gesicht des Vaters, dass jetzt eine neue Zeit anbrechen wird. Aber noch sieht niemand der schwarz gestempelten *Ufer*-Lizenz an, dass sie Gold wert ist. Im selben Jahr erhält Burda noch andere Lizenzen. Er darf für die deutschen Häuslebauer *Das Haus* verlegen sowie seit 1947 eine Modezeitschrift, die bald eine eigene Burda-Saga begründen wird. Auch die *Sürag* kann nach vierjähriger Pause wieder erscheinen, muss aber ihren Namen ändern. Von nun an heißt sie *Bild und Funk, BiFu.*

Dass auch die Mutter ihren Teil zu diesem Erfolg beigetragen hat, spürt das der Junge? Aenne hilft durch ihre verfeinerten Kochkünste, den guten Wein aus den diversen Geheimdepots des Mannes und ihren Sinn für Stil und Savoir-vivre den französischen Besatzern in der deutschen Fremde über das Heimweh hinweg. Schnell sind die geselligen Essen im Hause Burda begehrte Treffen. Hier wird gesungen, hier wird gelacht, hier werden die neuesten Nachrichten verhandelt. Salut Madame! Ça va Madame? Très enchanté Madame! Die feurige Madame Burda ist kein Dummchen. Ihr untrüglicher Instinkt führt sie schnurstracks zu den wichtigen Menschen. Die schöne raubeinige Aenne verträgt ein Quäntchen Derbheit und nimmt selbst auch kein Blatt vor den Mund. Ein Vollblutweib, das man ebenso für eine Italienerin, Spanierin oder Französin halten könnte. Sie kennt ihr Temperament und denkt nicht daran, es zu zügeln. Setzt sie es gezielt ein? Bemerkt sie nicht die leidenschaftlichen Blicke des Hauptmanns Potet? Zuständig für das Pressewesen, kommt er auch in seiner Eigenschaft als Redakteur der Regimentszeitschrift ins Haus; liest im Nebenzimmer Korrektur, setzt sich an den Flügel, spielt wie ein junger Amor »grün ist die Heide, aber rot ist die Liebe« und immer wieder Chopin.

Was kann ich für Sie tun, Madame?, er spricht sogar deutsch. Und welch ein Zufall! Potet gab früher in Paris die Modezeitschrift *La Mode chic* heraus. Aenne liebt Kleider und den großen Auftritt und Potet – und der liebt Aenne.

Hubert Burda ist bei Kriegsende fünf Jahre alt, wohl behütet und gehätschelt vom Kindermädchen Berta. Die Mutter kann nicht viel anfangen mit ihren drei Jungs: »Das war mir alles zu viel.« Aber Hubert ist ihr Sonnyboy. Völlig glücklich gewesen sei er bis zu seinem neunten Lebensjahr, behauptet er, und »als die ödipale Phase bei mir eintritt, macht sie *Burda Moden*, das ist mein Riesenglück«. Auch Aenne erinnert sich: »Die Familie hat mich gar nicht mehr interessiert. In den ersten Jahren hat mich nichts anderes interessiert als mein Verlag.« Der Jüngste bleibt als »lonely wolf« zurück, »wahnsinnig einsam« und trainiert seinen Ehrgeiz im Sport. »Ich wollte aus dem Hubert einen Tennis- und Ski-Champ machen«, behauptet die Mutter. »Wenn er nicht der Erste war, dann war ich böse mit ihm.« Aber Mutter muss selten schimpfen. Ob im Massenlager auf der Emmentaler Hütte, auf dem Kahndl oder Feldberg, Burda fährt allen davon, gewinnt ein Rennen nach dem anderen. 1954 hat er dafür sogar einen Auftritt im Rundfunk! Jetzt will er Olympiasieger werden und schafft es beinahe in den Kader.

Auch auf den Henner-Henkel-Tennisplätzen fegt er die Gegner vom Platz, die Tennisturniere am Wochenende in Lörrach ziehen sich über Stunden hin, oft in gleißender Hitze. Das zähe Kerlchen Burda, klein und dünn, steht sie durch. »Tennis im Sommer und Skifahren im Winter haben mich kompetitiv gemacht«, behauptet er. Eine Zeit lang versucht er sich sogar im Boxen.

Auf seine Sportnote hat sich das nicht ausgewirkt. »Im Schulsport war der Hubert unterdurchschnittlich und uninteressiert, vor allen

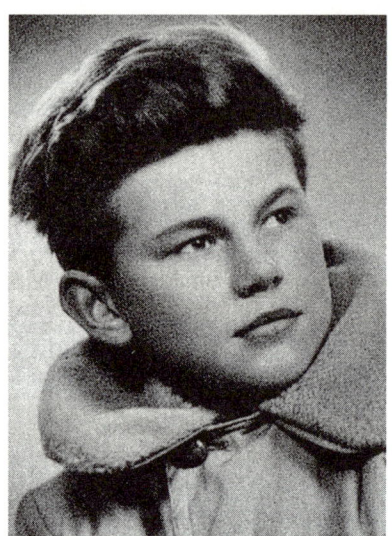

Hubert Burda, der sich immer als fünftes Rad am Burda-Wagen fühlte.

Dingen in Leichtathletik«, erinnert sich Mitschüler Armin Meier, »er hatte diese Haltung, ›ein Burda hopst doch nicht in den Sand‹, aber Skifahren und Tennis, das war schon was Besseres, das hat ihn gereizt.«

An jenem Picasso-Donnerstag ist der 15-Jährige auch ohne Skier und Tennisschläger in Siegerlaune. Dieses Gefühl von Stärke will er sich bewahren. Nie wieder an sich selbst zweifeln!

Der jüngste Burda hat ein Mal von Geburt an: Er ist der Fünfte im Haus, und kein Hahn kräht nach ihm, glaubt er. Wohl ist er Mutters Hätschelkind, und auch der Vater ist beeindruckt von der Intelligenz des flinken Kleinen, seines *Schniggo*. Aber da sind noch zwei ältere Brüder. Frieder und der Älteste, Franzl. Für Hubert klingt *Franzl* so bitter wie »Kronprinz«. Tatsächlich reden die Arbeiter in der Druckerei Franzl schon seit seinem neunten Lebensjahr mit »Juniorchef« an und stehen stramm vor ihm. Franzl, wie der Vater ein begabter Drucker, hat längst ein Wort mitzureden. Gibt sich obendrein selbstbewusst und weltmännisch, oder was er dafür hält. Der Erstgeborene darf schon in jungen Jahren mit Aenne, der mondänen Verlegerin, verreisen. Schließlich war und ist ihr Mann ja meist beruflich und mit anderen Frauen unterwegs. So präsentiert die Königin der Schnittmustermode stolz ihren Prinzen, der seit Tag eins seines Lebens in der Gewissheit lebt, bereits die Krone zu tragen, die ihm, dem Ältesten, sowieso zusteht.

Wie immer, wenn der Jüngste pfeifend von der Schule nach Hause kommt, krächzt der Papagei: »Hubert ist da, Hubert ist da.« Und Hubert zaubert dieses spitzbübische Lächeln, das zwei Grübchen in sein hübsches Gesicht bohrt. Die Redakteurinnen aus Aenne Burdas Modenverlag, die in den Aufbaujahren noch in der Privatvilla in der Schanzstraße arbeiten, schwärmen: »Der Hubert ist unser kleiner Italiener.« Mit feurig lackierten Fingernägeln durchwühlen sie seinen dunklen Haarschopf. Ob es nun eine ausspricht oder nicht, so spüren sie doch: Der Hubert hat die Leichtigkeit, aber auch das leicht Tragische des Südens. Mag sein, dass das seine frühe Italiensehnsucht schürte, aber an diesem Tag denkt Hubert *Schniggo* Burda nur eins: Ich will. Ich kann. Ich werde. Ja, aber was denn? Nicht Fünfter sein! Nicht Letzter sein! Nicht Kleinster sein!

Kapitel 2

Vier Freunde sollt ihr sein

Eine Jugend in Offenburg

Sie postieren sich auf der schmalen, blau gestrichenen Eisenbrücke, wo der Philosophenweg die Bahn überquert. Auf der anderen Seite der Gleise steht das Wärterhäuschen; verwilderte Blumenrabatten erzittern jedes Mal, wenn laut scheppernd ein Zug durchbraust. Aber die beiden Jungs sehen hinter dem sich verziehenden Rauch der Lokomotiven nur ihre Fata Morgana: *Kennst du das Land, wo die Zitronen blühn, Im dunkeln Laub die Goldorangen glühn.* Sie müssen nach Arkadien!

Wer in dem strebsamen Schwarzwaldstädtchen versteht das schon? Nur einmal reiste ein Reporter der Lost Generation durch ihre kleine Stadt. Der hätte mit ihnen empfunden: Ernest Hemingway, der für den *Toronto Daily Star* über das Offenburg unter französischer Besatzung berichtet hat. Aber das war 1923, fünf Jahre nach dem ersten großen Krieg. Nun war man damit beschäftigt, den zweiten zu verdrängen. Über ein halbes Jahrhundert hat die örtliche Journalistenelite gebraucht, um zu begreifen, wer da ihre Stadtgleise gekreuzt hatte. Dann knauserte die *Mittelbadische Presse* nicht mit Platz, um darüber zu berichten. Das späte Echo auf seinen Aufenthalt hat Hemingway nicht mehr erreicht. Er war längst tot.

Nun steht auf derselben Brücke der 18-jährige Peter Kammerer, zwei Jahre älter als sein Freund. »Du Hubert«, verkündet der Ältere, »du wirst ein großer Maler, und ich schreibe Romane.« Sie schweigen in tiefem Einverständnis, der Sohn des Seifenfabrikanten und der Sohn des Druckereikönigs. »Wir müssen zusammen nach Rom fahren.« Nichts wie weg von hier, denken sie und warten darauf, dem nächsten Zug nachzuschauen.

Kurz darauf kommt Rechtsanwaltsfilius Günter Morstadt auf seinem Fahrrad angestrampelt und auch der schöne und schüchterne Hartmut Beck, der in einem Kokon aus Melancholie zu leben scheint. Ein Offenburger James Dean. Die vier Halbwüchsigen eint ihr Lebensgefühl, und alle haben sie gegen einen übermächtigen Vater zu kämpfen. Nur Hartmut ist anders. Sein Vater ist im Krieg geblieben. Günter und Peter gehen in dieselbe Klasse auf dem »Grimmels«, Hubert und Hartmut verbindet die Malerei. »Hartmut war begabter, darunter hat Hubert gelitten«, sagt Günter.

Zu viert ziehen sie in die Wilhelmstraße 31, zum Elternhaus von Peter. Im Dachzimmer ist ihr Treffpunkt, wo sie die neuesten Jazzplatten auflegen, Künstlerträume pinseln und sich in Stefan-George-Manier bei Kerzenschein Gedichte vorlesen. Rainer Maria Rilke, Hugo von Hofmannsthal, Knut Hamsun. Oder Ingeborg Bachmanns *Anrufung des Großen Bären: ... durch das Dickicht brechen schimmernd / deine Pfoten mit den Krallen, / Sternenkrallen, / wachsam halten wir die Herden, / doch gebannt von dir, und misstrauen / deinen müden Flanken und den scharfen / halbentblößten Zähnen, ... Fürchtet euch oder fürchtet euch nicht! / ...Und würzt die Lämmer gut. 'könnt sein, dass dieser Bär / sich losreißt ...*

Vater Burda betrachtet diese Zusammenkünfte mit gemischten Gefühlen. Spürt jedoch, dass die älteren Freunde seinem Hubert Halt und Richtung geben. Großzügig nimmt er sie mit auf Ausflüge, spendiert hier einen Plattenspieler, dort den Eintritt ins Konzert und geizt auch nicht mit Lebensweisheiten. Aber was soll nur aus seinem Jüngsten werden, mit so viel Gedichten im Kopf und der Staffelei vor Augen? Aus diesem schnieken, wendigen Kerlchen, für das er ein eigenes Wortspiel erfindet, das er so zärtlich wie polemisch *Schniggo* ruft und aus lautmalerischem Spieltrieb schon mal zum *Schniggo – conte bello di lago magingo* befördert. Als »Philosophenclub« tituliert er die in Kunst und Literatur vereinte Viererbande. »Wisst ihr überhaupt, was philosophieren heißt?«, knurrt er sie an. »Philosophieren heißt, nichts zu fressen zu haben!« Die satten Bürgersöhne haben andere Sorgen.

Hubert Burdas großer Kummer ist, dass ihm sein Vater das humanistische Grimmelshausen-Gymnasium verbietet. Es liegt direkt vor der Burdaschen Haustür. Stattdessen schickt er ihn auf das Schiller-Realgymnasium. Hubert fühlt sich im falschen Lager! Blickt neidisch hinüber zum »Grimmels«, von jeher das Gymnasium für die Anwalts- und Doktorensöhne, Söhne der alteingesessenen Familien, die Wert darauf legen, dass ihre Kinder Latein und Altgriechisch lernen. Das »Schiller« dagegen gilt als »Eisenbähnlergymnasium«, eine Bildungsanstalt für Möchtegerns und Emporkömmlinge wie die Burdas. Leute, bei denen es heißt: »Du lernst was Gescheites, dann hast du was in der Hand.«

Der Stachel bleibt. Zumal er später im Verlag mit zwei Vertretern der bürgerlichen Intelligenzschmiede arbeiten wird, die diesen Neid sofort spüren. Rüdiger Hurrle und Johannes Schulze, zwei bedeutende Führungskräfte und Ziehsöhne von Vater Burda, allein schon deshalb von Huberts Eifersucht verfolgt.

Aber auf dem Schiller begegnet er einem, der dereinst eine Schlüsselstellung in seinem Verlegerleben einnehmen wird: Jürgen Todenhöfer, sein einziger Freund in der Klasse. Beide sind Einserkandidaten in Kunst und gut in Musik. Sonst sind Burdas Noten durchschnittlich. In Deutsch schafft der künftige *Bunte*-Chefredakteur nur selten eine zwei. Die Durchsicht der Klassenbücher lässt auf einen unauffälligen Schüler schließen. Nur in der Unterstufe ist einmal vermerkt: »stört öfter im Unterricht durch Schwätzen«. »Wir waren hundsmiserable Schüler«, erinnert sich Todenhöfer. »Schulwissen«, sagt Burda verächtlich. Todenhöfer ist seine »erste Wahlverwandtschaft«, eine »schicksalhafte Begegnung«. »Die hatten immer zusammen was vor«, will Schulkamerad Meier damals schon beobachtet haben. Doch dann wird der Richter Todenhöfer senior ans Oberlandesgericht nach Freiburg befördert. Die beiden Freunde verlieren sich für viele Jahre aus den Augen.

Der Philosophenclub ist nun Hubert Burdas Ersatzfamilie. Der Vater ist vollauf beschäftigt mit Blättlemachen, die Mutter nicht minder mit ihren *Burda Moden*. Die Brüder sind allein wegen des Altersunterschieds keine Spielgefährten. Er mag sie auch nicht und beschwert sich ständig bei seinen Freunden über ihr bösartiges Verhalten. Hubert, das ist schnell allen klar, stilisiert sich als Außenseiter der Familie. Der Sensible fühlt sich immer bedroht von den Burdaschen Haudegen. Von dieser Rolle wird er sich nie trennen.

Die feinnervigen Philosophen hingegen fahren zu den Donaueschinger Musiktagen, hören das Modern Jazz Quartet und Hans Werner Henzes Vertonung der Bachmann-Gedichte. Sie pilgern nach Straßburg-Sesenheim zum Grab von Goethes erster Liebe Friederike und anschließend in die Weinlokale. Oft ist auch Brigitte, die jüngste Tochter von Chefarzt Gamstätter dabei.

Es ist eine privilegierte Jugend, und Burda senior sorgt obendrein dafür, dass die Bildung vom Filius nicht zu kurz kommt. Da ist Freund Karl Pfaff, der »Pfaffekarle«, Lateinlehrer am Grimmels. Weil er ganz offen mit den Nazis sympathisierte, durfte er nach dem Krieg nicht sofort in den Schuldienst. Für die Zeit seiner Entnazifizierung bringt ihn Burda senior in seinem Lehrmittelverlag unter. Er gibt Hubert Privatunterricht und der beginnt tüchtig zu pauken: Ich gefalle, ich will gefallen, ich werde gefallen. *Placeo, placere volo, placebo.* Ich bin eitel, du bist eitel, er ist eitel. *Superbus sum, superbus es, superbus est.* »Psst«, legt Pfaffekarle den Zeigefinger an die Lippe, »hör gut zu, ich lese Vergil vor.« Im Schiller meldet er sich jetzt für den Lateinunterricht an, gibt aber nach einem halben Jahr schon wieder auf. Am Grimmels hätte er sich nicht drücken können. Warum wollte er eigentlich dorthin? »Man wusste halt damals schon, worauf es ankommt im Leben.« Auf Bildung? Gewiss. Viel mehr aber darauf, sich mit den richtigen Leuten an der richtigen Adresse zu wissen.

»Wir waren ja ständig auf der Suche nach Menschen in diesem Offenburg, die wir respektieren konnten und von denen wir uns verstanden wussten«, erzählt Peter Kammerer. Mit 24 Jahren zieht er in seine Wahlheimat Italien, ins »heilige Rom«, wo er später als Professor Soziologie und Volkswirtschaft lehrt. Aber sein erster Schüler war Hubert Burda in seiner Offenburger Jugendzeit.

Auch der Künstler Emilio Brischle wird von den vier Jungs vom Philosophenclub vergöttert. Er hatte eine Zeit lang in Paris gelebt und von dort eine neue Theorie über die sinnliche Wahrnehmung der Wirklichkeit nach Offenburg mitgebracht. Die vier hängen im »Molerhiesle«, Brischles Atelier, an seinen Lippen. Bei ihm nimmt der junge Burda Malunterricht.

Wie kommt es, dass in den Aufbaujahren der Republik vier Jungs aus Offenburg ihr Heil im klassischen Bildungsideal und in

Der 17-jährige Hubert Burda fängt an Trompete zu spielen. Dabei blieb er bis heute.

der Kunst suchen? Musik, Literatur, Malerei geben ihrem Leben erst Sinn, glauben sie; und gleichzeitig meinen sie zu wissen, dass dazu noch eine andere Wahrheit gehört: Kunst ist lebensgefährlich! Kammerer und Morstadt erinnern sich an den Tag, an dem Hubert Burda, der Trompetenspieler, blass vor Entsetzen, berichtet: »Armstrong hat Lippenkrebs. Alle großen Trompeter bekommen den.« Daraufhin holt er seine Trompete hervor und spielt, »sozusagen das Lied vom Tod«. Die Trompete ist sein Instrument geblieben.

Mal spielt er dem Verlegerkollegen Heinz Bauer zum 60. ein Ständchen, mal tritt er mit seiner Trompete in der ARD-Sendung *Straße der Lieder* auf. Alles was sich raustrompeten lässt, nützt, glaubt er.

Die Jungs vom Philosophenclub leben im Spannungsfeld von Ideal und Wirklichkeit. Hubert Burda auch in der Gewissheit: »Wir waren halt einfach Genies.« In diesem kleinen Zirkel wird er ernst genommen. »Freunde haben, heißt mich loben«, scherzt er. Niemand ahnt, wie ernst er das meint. Sein Leben ist auch von Lifestyle geprägt. Regelmäßig fährt er nach Baden-Baden zum Frisör, mit dem Vater in den Urlaub an den Chiemsee und bald zum Skifahren nach Chile. »Wir waren kein intellektueller Zirkel«, sagt Morstadt, heute pensionierter Werbefachmann und praktizierender Buddhist in München, »da war viel Platz für Blödeln, Gelächter und die Mädels.«

Da ist aber noch etwas: Es ist dieser Nachkriegsschock, den noch niemand artikulieren kann. »Wie ein Vakuum lag er über unserer Kleinstadt.« Die 68er-Bewegung ist noch fern, und niemand spricht über die Schuld der Väter. Erst im Jahr 2002 wird nach langen und erbitterten Diskussionen der Offenburger am Schillersaal von Burdas einstigem Gymnasium ein Schild angebracht: »In dieser ehemaligen Turnhalle wurden am 27. Oktober 1940 die Juden Offenburgs zusammengetrieben. Auf Anordnung des Naziregimes wurden sie rücksichtslos aus ihren Wohnungen geholt – auch Offenburger haben es gesehen.« Insgesamt ging es um das Leben von 600 Juden, die ins Internierungslager Gurs in den Pyrenäen und von dort aus nach Auschwitz deportiert wurden. Es ist »kein einziger Überlebender bekannt«. Unter ihnen die Offenburger Schriftstellerin Sylvia Cohn, von deren Schicksal Burda im Jahr 2003 erfährt, woraufhin er spontan die späte Veröffentlichung ihrer *Gedichte und Briefe* finanziert.

»Ohne dass wir etwas wussten«, sagt Hubert Burda, »erahnten wir damals schon die Dimension eines großen Verbrechens.« Wie? »Man spürt so etwas unbewusst.« Günter Morstadt behauptet, man habe schon etwas gewusst, aber skandalöserweise habe niemand darüber gesprochen. »Es war eine Art Suche nach der verlorenen Unschuld. Man hat so getan, als könne man die Zeit ab 1933 ausblenden und wieder anknüpfen bei Goethe und Grotius.«

In diesem Sinne begeben sich Hubert Burda und Günter Morstadt auf die Wallfahrt zum Ursprung und fahren im Sommer 1958 gemeinsam nach Kreta, um im Ida-Gebirge nach der Geburtsstätte des Zeus zu suchen. Nur mit vagen Ortsangaben im Kopf irren sie zwei Tage lang durch die Hochebene. Geleitet vom Hirtenstab des Nikolaios, eines »richtigen Pan«, wie Morstadt betont, der allerdings von einem Zeus nichts weiß. Dafür gibt er ihnen eine ordentliche Lektion in griechischer Gastfreundschaft. Schließlich kommen sie an eine vulvaförmige Höhle. Die Jungs aus Offenburg sind wie vom Donner gerührt. Doch als sie eintreten in die Gebärmutter der Zivilisation, wo sie die Wurzeln des Abendlandes finden wollen, fühlen sie sich gefangen in den Exkrementen des Lebens, dem Schafsmist von Generationen. »Nach dem ersten Schock konnten wir uns aber diese Phantasmagorie, wie Kronos die Erde vögelte, durchaus vorstellen«, berichtet Morstadt vom Bann, unter dem sie tagelang leben.

Sie sind auch auf der Suche nach dem großen Gefühl der Männlichkeit. Ihr Vorbild ist Henry Miller, dessen *Koloss von Maroussi* ihre Reiselektüre ist. In Heraklion, auf den Spuren von Nikos Kazantzakis, besaufen sie sich mit griechischen Freunden, und die Alexis-

Sorbas-Fantasien gehen mit ihnen durch. Wo läge nach dem wilden Tanz die Abkühlung näher als im Ägäischen Meer? In der Dunkelheit schwimmen sie hinaus. Aber auf dem Rückweg geraten sie in eine Unterströmung. Es dauert, bis die Nebel des Alkohols verwehen und nur noch dunkle Nacht herrscht. »Ich weiß nicht, wie viele Stunden wir auf der Stelle geschwommen sind«, aber als sie es endlich ans rettende Land schaffen, stolpert Hubert Burda und fällt mit der Hand in einen Seeigel. Trotz des brennenden Schmerzes atmet er erleichtert auf und denkt verrückterweise an seinen zitatbesessenen Vater, zu dessen Prüfungsrepertoire stets die Wendung gehört: *mit Widerwillen speit sich das Meer an Land.* »Wer war's, Schniggo?«

Zwei Tage später sitzt Schniggo im Kloster auf Kreta und schaut auf seinen Arm, an dem sich ein roter Streifen hochzieht. Da wissen sie, es ist ernst geworden. Höchste Zeit, einen Notarzt zu finden. Todesangst. Wie lange? Schließlich landen sie im Krankenhaus in einem Labor, wo Föten in Einweckgläsern lagern. Diese im Werdenwollen gestorbenen Wesen jagen ihnen solches Entsetzen ein, dass der Anblick der rettenden Spritze dem jungen Burda den Rest gibt. Ohnmächtig fällt er vom Stuhl.

Die Liebe zum Meer bleibt. Ebenso wie die Sehnsucht nach Arkadien und die Suche nach dem Arkanum, des Lebens letztem Geheimnis. Fast drei Jahrzehnte später segeln Hubert Burda und sein Sohn Felix gemeinsam mit dem Dichter Peter Handke wie so häufig in der Ägäis, dieses Mal vor der türkischen Küste. *Dann schwammen wir zu dritt im weinfarbenen Meer, selig und auch ein bisschen verlegen vor Seligkeit*, hält der Schriftstellerfreund im *Gedicht an die Dauer* fest. Seine Befindlichkeit wandelt sich plötzlich. *Mir war als sei ich aus der Welt, für immer aus ihr verstoßen, hätte mit diesen Augenblicken das Recht verloren, am Leben zu sein. Es war mir zum Sterben, und nicht etwa vor Glück.* Im Februar 2001 verschickt Hubert Burda dieses Gedicht. Der Anlass ist unfassbar traurig, und wieder wird er beinahe untergehen.

Kapitel 3

Keine liebt mich so wie Mama
Echte Burdas

»Ich. Ich. Ich«, triumphiert Hubert Burdas Tochter Elisabeth, genannt Lisa, an Aenne Burdas 90. Geburtstag, im Juli 1999, ins Mikrofon. Sie ist noch keine acht Jahre alt, und dem prominenten Publikum verschlägt es für einen Augenblick den Atem. Die blonde Göre steht auf der Bühne und ruft selbstbewusst: »Ich bin die Inkarnation der Aenne. Ich bin eine echte Burda.« Natürlich hatte die Großmutter in all den Jahren der kleinen, wilden Enkelin eingeträufelt, was sie aus tiefstem Herzen empfindet: »Du bist genau so ein Kind, wie ich eines war. Du bist meine Wiedergeburt, das spüre ich.« Auch der Vater hat es ihr so lange vorgebetet, bis das ahnungslose Kind das zungenbrecherische Mantra schließlich wie von selbst nachplappert. Lisa nimmt die Rolle gern an, schließlich ist Großmama eine Frau, die alle in ihren Bann schlägt. Das wittert ein Kind. Hubert Burda sagt über die Tochter: »Die Lisa kommt hundert Prozent nach mir, die ist so kreativ! Eine echte Burda.«

Was ist das eigentlich, eine echte Burda? Aenne muss nicht lange überlegen. »Ich. Ich. Ich«, trommelt sie. Haut sich dabei mit geballter Faust so wuchtig auf die Brust, als wolle sie sich die Herzkammern einschlagen. »Ich habe Burda groß gemacht. Ich. Nicht die mit ihrer Druckerei. Ich. Mit Schreiben und mit Auf-den-Putz-Hauen. Ich, nicht die Söhne. Ich. Burda war ja was Armes, was Bescheidenes.« Ihre Stimme rollt auch in ihrer zehnten Lebensdekade immer noch wie Donner. In diesem Moment durch die gute Stube im gutbürgerlichen Offenburger Gasthaus Sonne. Dorthin hat Hubert Burda die Stadtoberen zu Tisch gebeten. Es gibt ein kleines Fest zum Gedenken an Franz Burda, seinen Vater, Aennes Mann, den »Senator«.

Die badische Weinstadt und die gesamte Region haben ihm viel zu verdanken. Darunter zwei Skulpturen des italienischen Künstlers Sandro Chia, Bacchus und Dionysos. Enorme Bronze-Hünen im Dienste einer Sache: der Lebenslust. Während Bacchus auf Anhieb seinen Platz im Ortsteil Fessenbach findet, irrt Dionysos vom Stadtpark zum Bürgerpark und wieder retour. Aber an diesem Sonntag soll er seinen endgültigen Standort an der alten Stadtmauer bekommen. Darauf wollen sie einen heben. Essen und Trinken gehört im sinnenfrohen Baden dazu und bei den Burdas sowieso. Ob gelacht oder gestritten, geheiratet oder geschieden wird, immer wird opulent gespeist und gebechert. Essen und Trinken sind gut fürs Geschäft. Ein Prosit auf Liebe und Hass! Auf Leben und Tod! Zur Feier des Tages wird gleich noch das Badner Lied angestimmt: *Das schönste Land in Deutschlands Gau'n, das ist mein Badner Land, es ist so herrlich anzuschaun, und ruht in Gottes Hand* ... Die Familiengeschichte der Burdas ließe sich auch anhand der Speise- und Getränkekarten schreiben. Stubenküken zu Huberts Kommunionfeier; Hummer aus der Bretagne zu Aennes 45., eine Sensation 1954!; Medaillon vom Hirschkalb zu Frieders erster Verlobung; Filet vom Jungstier zum 65. des Senators; Hammelkrone an Franzls 50.; Rehrücken und Spätburgunder zu getragenen Anlässen; und immer wieder badische Spätzle, mit dicker hausgemachter Soße.

Nun hält Hubert Burda in der »Sonne« Hof. Gegenüber sitzt Aenne, aber ein Wickenstrauß verstellt seinen Blick. »Mutter, ich kann dich ja nicht sehen«, ruft er liebevoll durch die Blumen. »Macht doch nichts«, dröhnt Mutter zurück, als hätte sie noch Hubert, das Kind vor sich, »Hauptsache du sedscht dich und bischt ruhig.« Schallendes Gelächter der Honoratioren. Nur die Oberbürgermeisterin und die städtische Fachfrau für Kultur sind unschlüssig, ob das auch für sie ein Signal zum Schenkelklopfen sein darf. Schließlich ist der Verleger der größte Arbeitgeber, mit dem man es sich nicht verscherzen will.

Hubert Burda, an die öffentlichen Watschen seiner Mutter seit Kindestagen gewöhnt, lacht mit. Um den Patzer auszubügeln, wartet er ausgerechnet mit einer Anekdote über Napoleon auf. Aenne versteht nichts. »Wir reden von Napoleon«, erläutert, immer noch heiter, der Sohn. Eine abfällige Handbewegung der Mutter und wieder

Als 40-jährige beginnt Aenne Burda ihre Karriere als Verlegerin.

grätscht sie ihm laut ins Wort: »Du bischt halt keiner!« Jetzt kann die honorige Gesellschaft nicht mehr an sich halten. »Aber du bischt sei Mudde!«, kontert er. Das Lächeln in seinem Gesicht friert ein; seine Worte, so aufschlussreich sie sind, gehen im allgemeinen Gelächter unter.

»Napoleon?«, grinst ein ehemaliger Chefredakteur von *Bunte*, »die Größe hätt' er schon.« Was haben sie ihn schon gedemütigt wegen seiner Größe, allen voran die eigene Mutter! Mit ihrem ewigen »Warum-bischt-du-bloß-so-klein« impft sie ihm seit früher Kindheit nachhaltige Komplexe ein. »Wenn ich größer wäre, wäre ich nie so hoch gesprungen!«, verrät der Verleger.

Hubert Burda hat Einstecken gelernt. So fällt es ihm nicht schwer, nach dem Hauptgang eine Rede auf die Mutter zu halten. Schließlich beruht auf ihrer Geschichte ein Großteil der Burda-Saga. Auch ihre emotionalen Ausbrüche – »diese Frau ist ein Vulkan«, weiß der Sohn – sind so legendär wie ihre Erfolge mit den Schnittmusterheften. Mit deren Hilfe nähen sich die Frauen im Nachkriegsdeutschland ihre Kleider, und Aenne Burda wird eine der reichsten Frauen im Land. Natürlich gehört zur Legende die gesellschaftsfähige Version über

Der Verlag, den Aenne Burda der Nebenbuhlerin Effi abtrotzt, ist im Lotz-beckhof in Lahr untergebracht. Er ist pleite, als sie ihn übernimmt.

jenen Streit, dessen Zeuge der neunjährige Hubert 1949 wird. Als alles anfängt, indem Aenne Burda ihren Mann zwingt, ihr den Verlag zu überschreiben, den er ursprünglich der Nebenfrau eingerichtet hatte. Doch die Rechnung ging nicht auf. Elfriede B. mochte eine warmherzige Geliebte sein, als Verlegerin war ihr das Glück nicht gnädig; bald war der Verlag heruntergewirtschaftet. Dann kommt Aenne. Erhobenen Hauptes übernimmt sie den bankrotten Laden mitsamt den 36 Mitarbeitern. Sie wird es ihrem untreuen Gatten und einigen dieser Offenburger, die so abfällig auf die Burdas her-unterschauen, schon beweisen: Ihre Rache heißt Erfolg! Wer es noch nicht wissen sollte, dem schreit sie es gern ins Gesicht: Wenn Aenne Burda etwas will, dann bekommt sie es auch! Ihre Allround-Karri-ere als Chefredakteurin, Unternehmerin und Kolumnenautorin von *Burda Moden* startet sie mit einer Auflage von 5 000 Exemplaren. Obwohl sie in Handarbeit immer eine Fünf hatte und vom Nähen nur weiß, dass man sich dabei die Finger kaputtstechen kann. Schon bald verkauft sie 100 000 Hefte. Auch dank des gut funktionierenden Vertriebssystems ihres Mannes und seiner Rotationen, auf denen sie drucken lässt.

Fünfzehn Jahre später, 1965, überschreitet die Auflage die erste Million. Der fulminante Aufstieg, den Aenne Burda den Deutschen vorlebt, ist eine atemberaubende Geschichte. Eine Geschichte von eiserner Disziplin und unersättlichem Hunger nach Selbstbestätigung, gespickt mit gehöriger Gewitztheit. Auch von einer Leidenschaft für ihr Geschäft, die ihresgleichen sucht. »Diese Frau war knallhart«, sagen ihre Führungskräfte, »härter als je ein Mann sein könnte.« 1979 nimmt die Auflage von *Burda Moden* die zweite Millionenhürde! Schon 1953 exportiert die Offenburgerin ihr Erfolgsmodell als *burda international* ins Ausland. Aber 1987, zwei Jahre vor dem Fall der Mauer, inszeniert Aenne ihren großen Bäng! Mit einem Festakt, der zum Staatsakt gerät, präsentiert sie im noblen Moskauer Stadtpalais am Roten Platz ihre *Burda Moden* für den russischen Markt. »Sie haben mehr geleistet als drei Botschafter zuvor«, gratuliert der damalige Außenminister Hans-Dietrich Genscher. Die Fotografien von ihr und der modebewussten First Lady Raissa Gorbatschowa gehen um die Welt. Aenne Burda ist längst eine weithin bekannte und sagenhaft reiche Frau, reicher als sie es sich je erträumen konnte, und sie hat fürwahr großzügig geträumt. Aber die Wirklichkeit übertrifft alles: »Da hab' ich in einem Jahr mal 22 Millionen reinverdient, nur für mich, stell dir das mal vor«, schwärmt sie Anfang der neunziger Jahre in einer Interviewserie dem Münchner Filmemacher und Schriftsteller Uwe Brandner vor. »Ich brauchte ja keine Maschinen. Ich musste nur ins Menschenmaterial investieren.« Auch in die Konkurrenz hat Aenne Burda ihr Geld gesteckt und alles aufgekauft, was nur zu haben war. Darunter die großen Titel *Vobachs Neue Mode* und *Beyer Moden*. Ihre schonungslose Bereitschaft für einstweilige Verfügungen gegen Mitbewerber am Kiosk ist weithin gefürchtet. Trotzdem behauptet sie: »*Burda Moden* war immer das feinere Burda.«

Von der russischen Expansion profitiert bis heute Sohn Hubert, der nach einem Ausflug ins Lager der Linken während der sechziger Jahre einer dieser typischen Konvertiten wird, ein übertrieben angepasster Konservativer, der nie mehr in den Verdacht der Jugendsünden kommen will. Aber einer, dem es Aenne gern noch einmal beweisen wollte, kann den großen Augenblick in Moskau nicht miterleben: ihr Mann. Er ist ein halbes Jahr zuvor gestorben. Da waren Aenne und Franz 55 Jahre verheiratet. Zur goldenen Hochzeit titelte die *FAZ* »50 Jahre Burda gegen Burda« in Anspielung auf den unbändigen Konkurrenzkampf zwischen dem »Engele« und dem »Senator«.

Die Burdas haben immer öffentlich gelebt. Doch seltsamerweise ist kaum etwas über ihr Privatleben an die Öffentlichkeit gedrungen. Clan-Mutter Aenne weiß, warum: »Zu Zeiten, als es Skandale gegeben hätte«, sagt sie im Interview mit der *Mittelbadischen Presse* der befreundeten Journalistin Ute Dahmen, »da hatte man noch die Macht, sie zu verhindern.« – »Aber man kann die Burdas nur begreifen, wenn man weiß, dass die Mutter immer dominanter und stärker war als der Vater, der ein seismografisch empfindsamer Mensch gewesen ist«, sagt Hubert Burda. »Mutter ist ja Löwe, Vater ist Fisch«, als wäre es sträflich, das Diktat der Sterne infrage zu stellen. »Ganz sicher wäre meine Biografie ohne den Vater nicht zu verstehen.«

Die pikante Affäre mit der Zweitfrau wird selbstredend nicht erwähnt. Nicht von den Burdas und nicht von den guten Bürgern Offenburgs, die natürlich die ganze Wahrheit kennen, jedoch schweigen. Zumindest in der »Sonne«.

Jedenfalls, so berichtet Hubert Burda, brüllen sich seine Eltern, die 1949 noch zur Miete wohnen und somit nicht geschützt vor den Ohren anderer, fürchterlich an. Ihr Streit entzündet sich an der Frage, wie das modisch-publizistische Kind heißen soll, nachdem ein konkurrierender Verleger den bisherigen Titel *Favorit* gerichtlich untersagen ließ. Aenne Burda will ihr Heft *Burda Moden* nennen. Der Vater tobt, das kommt überhaupt nicht infrage. Der Name Burda gehört ihm, seiner Druckerei und seinem jungen Verlag, der am Kiosk *Das Ufer*, die *BiFu* und *Das Haus* anbietet. Aber Aenne beendet die Sache auf ihre Art: Die Zeitschrift heißt ab sofort *Burda Moden*. Basta, du Burda-Großgosch. Du Aufschneider. »Frau Doktor« nimmt kein Blatt vor den Mund. Nicht wenn sie ihren Mann zusammenstaucht und nicht vor ihren Mitarbeitern. »In ihrem Verlag herrschte Friedhofsruhe, aus lauter Angst vor ihr«, erzählt Lothar Strobach, das treue Faktotum, seit 1973 bei Burda. Insgesamt 14

Chefredaktionen hatte er im Haus inne, und überall ging es munter zu. Doch wenn er Aennes Zentrale betrat, die vom berühmten Architekten Eiermann entworfen wurde, kam er sich »jedes Mal vor wie in einem Mausoleum«. Mit Telefonen und Aschenbechern hat sie nach ihren Redakteuren geworfen, »aber jeder würde neben ihrer Leiche weinen«, glaubt der Sohn.

Auch bei ihren öffentlichen Auftritten kennt Aenne Burda keine Zurückhaltung. In Gesellschaft kann sie sich aus heiterem Himmel und lauthals über jede x-beliebige Frau aufregen: »Was ischt jetzt des für eine blöde Kuh?!« Mit ihren groben und boshaften Bemerkungen über ihre Redakteurinnen hat sie auch namhafte Medienwächter wie Günther Kress schockiert.

»Ich kritisiere im Geiste jede Frau«, gesteht sie. »Ich wollte alle Weiber aus dem Feld schlagen. Vielleicht war das ganz tief drinnen der Konkurrenzkampf um meinen Mann.« Alles wird Aenne in ihrem Leben bekommen, nur nicht die ausschließliche Liebe ihres Franz. So lebt sie ihren Traum vom Glück saisonweise mit einem anderen Mann aus. Mit dem Sizilianer Giovanni, der in der schwarzen Aenne »die weiße Göttin« sieht. Süß und schmeichelhaft ist dieser Traum. Und teuer. »Mein Vater war nicht eifersüchtig«, behauptet Sohn Hubert, »wenn er überhaupt eine Szene gemacht hat, dann höchstens aus strategischen Gründen.« Ist bei den Burdas auch die Liebe schon seit Großvaters Zeiten Teil des unternehmerischen Kalküls?

»Diese Frau ist entsetzlich direkt und ordinär.« Freunde und ihre ehemaligen Führungskräfte könnten nicht einstimmiger klingen. Noch aus der Entfernung von Jahrzehnten senken sie die Stimme beim Gespräch über »die Chefin«. Etwas verängstigt, als könnte sie immer noch zur Tür hereinbrausen und allen die Kündigung vor die Nase knallen. Wer sich aus ihrem kleinen Kreis bei Aenne nach ihrer Befindlichkeit erkundigt, erntet selbst von der bald 96-Jährigen die immer gleiche Floskel: »Mir geht's gut, ich hasse!«

Jahrzehntelang hat Edith Viertel diesen Hass abbekommen. Mit Aenne verbindet »die liebe Frau Viertel«, wie Franzl, der Älteste, sie nennt, nur die entsetzliche Erfahrung: »Diese Frau ist unfassbar böse.« Edith Viertel ist eine gestandene Frau. 21 Jahre lang war sie als Chefsekretärin die Vertraute des Senators und nach seinem Tod noch weitere zehn Jahre im Hause Burda tätig. Die Tränen kommen ihr, wenn sie daran denkt, wie Aenne tobte, als sie den privaten Anschluss im Büro ihres Mannes entdeckte. Die Leitung, die nicht über die Zentrale lief und nur für ihn gelegt war. Nicht, damit der Senator ungestört mit seiner Frau telefonieren konnte. Aenne hatte keine Illusionen. Wie fast alle im Verlag weiß sie von der Nebenfrau Ingeborg H.-H. und reißt voller Zorn die Drähte aus der Wand.

Dass Aenne Burda kein genetischer Diskretionsfilter in die Wiege gelegt wurde, ist schnell verstanden. Aber woraus speist sich diese unglaubliche Aura, die sie auch im hohen Alter noch umgibt? Autorität und Eros. Und wenn sie ihre scharfe Waffe Charme ins Feld führt, gewinnt sie jede Schlacht. Von ihrer Ausstrahlung können die Söhne nur träumen.

Einige Jahre *Burda-Moden*-Erfolg sind dem Land vorgeführt, und Aenne trumpft zu Hause auf, natürlich wieder bei Tisch: »Du verdankst alles MIR!« Der Senator will davon nichts hören. »Sei still«, pariert er, »die Zeitschrift heißt schließlich nicht *Lemminger Moden*.« Die Botschaft ist klar: Allein der Name Burda ist ein Garant für gutes Gelingen.

Tatsächlich denkt noch niemand an eine große deutsche Unternehmerlegende, als Anna Magdalena Lemminger am 28. Juli 1909 in der Offenburger Gaswerkstraße zur Welt kommt. Sie ist eines von drei Kindern des Lokomotivführers Franz Lemminger und dessen Frau Maria, einer Bauerntochter. Als Vorzeigeunternehmerin des deutschen Wirtschaftswunders wird sie keine Gelegenheit auslassen, um auszurufen: »Ich bin eine Lokomotivführerstochter, und wissen Sie, was ein Lokomotivführer ist? Das ist der Adel der deutschen Arbeiterklasse!« Als reiche Frau kauft sie eine Dampflok der Baureihe 18323, lässt sie schwarz-rot aufpolieren und auf dem Gelände der Fachhochschule aufstellen. »Zur Erinnerung an die Generation der Lokomotivführer, die in der ersten Hälfte dieses Jahrhunderts ihren verantwortungsvollen Dienst auf diesen Lokomotiven getan haben.« Gezeichnet: Aenne Burda am 11. April 1972.

Vom Lokführerstolz hat die kleine Anna noch nichts. Sie fühlt sich deplatziert im kleinen Eisenbahnermilieu, redet sich ein, ein Findelkind zu sein. Eines Tages würden ihre reichen Eltern sie befreien.

Aus dieser tristen Arbeiterstraße. Mit dieser Gewissheit in der kindlichen Fantasie erkämpft sie sich vom Vater die 10 Mark im Monat für die Klosterschule Unserer Lieben Frau und darf sich ab dem dritten Schuljahr als etwas Besseres fühlen. Von diesem Drang kann sie ein Leben lang nicht lassen. »Die Schwarze« heißt sie bei den anderen Kindern, der tiefschwarzen Haare wegen. Vielleicht ist ihnen auch ihre Ausstrahlung unheimlich. Wen Anna Lemminger nicht mag, an dem geht sie grußlos und erhobenen Hauptes vorbei. Mit einer Verachtung, die keine Zweifel lässt: Dieses Mädchen kann ganz schön gehässig sein.

Damals ist Offenburg eine Kleinstadt mit 15 000 Einwohnern. Eisenbahnknotenpunkt. Auch ein Ausbesserungswerk ist angesiedelt. Nach dem Ersten Weltkrieg, 1918, fällt das Elsass an Frankreich. Alle, die keine Elsässer Herkunft nachweisen können, müssen binnen kürzester Zeit das Land verlassen. Ihr Besitz soll zurückbleiben. Offenburg wird zum Auffanglager, und unerwartet schlägt die Stunde der Lokomotivführer. Zumindest für Franz Lemminger, auf dessen Strecke Straßburg liegt. Dort versammeln sich am Bahnhof die Ausgewiesenen, die ihr Hab und Gut retten möchten. Da empfiehlt es sich, die Lok-Besatzung gut zu schmieren, damit die Bares, Schmuck und andere Wertgegenstände unter den Kohlen versteckt nach Deutschland bringt. Es wird geschmuggelt, was die Dampflok hergibt. Auf diese Weise verwirklicht sich Franz Lemminger, der sonst niemals dem Arbeitermilieu entkommen wäre, seinen großen Traum: In der Rheinstraße kauft er für 35 000 Reichsmark ein vierstöckiges Mehrfamilienhaus, das die Lemmingers schon 1919 beziehen. Jetzt gibt es eine gute Stube, und Anna Magdalenas Traum von einem Leben in Luxus wird heftiger.

Mutter Lemminger ist eine verschlossene Frau und mit ihrem Mann keineswegs froh. Deshalb schlägt der Vater seiner großen Tochter immer wieder vor: »Komm, wir gehen jetzt los und kaufen uns eine neue Mama.« Anna ist begeistert. Die Mutter weint, doch das berührt sie nicht. Auf die Gefühle anderer kann sie keine Rücksicht nehmen. Der Glaube, dass man sich alles kaufen kann, setzt sich fest in der kleinen Anna und lässt sie nie mehr los. Diesen Glauben gibt sie später ihren drei Söhnen mit auf den Weg. Gepaart mit dem kategorischen Imperativ der Burdas: Zeig es allen!

Nach Kloster- und Handelsschule wird sie im Elektrizitätswerk Lehrling für's Kaufmännische. Muss immer wieder einen saumseligen Offenburger Drucker aufsuchen, der so knapp bei Kasse ist, dass er nicht einmal seine Stromrechnungen pünktlich bezahlen kann. Dieser Drucker heißt Dr. Franz Burda. Ein Mann mit tiefem Schmiss auf der Backe und großen Plänen im Kopf. Man schreibt das Jahr 1928. Fräulein Lemminger merkt schnell, dass dieser Franz Burda in ihre Lebenspläne passt wie kein anderer. Fast drei Jahre kennen sich die beiden, als sie am 9. Juli 1931 heiraten.

Hochzeitsbild von Franz »Senator« Burda (II.) und Aenne (geborene Lemminger), die am 9.6.1931 in Offenburg geheiratet haben. Sie werden *das* Powerpaar des deutschen Wirtschaftswunders.

Dabei war Aenne bereits mit einem anderen verlobt, mit Philipp, und sie hatte Treue geschworen. Philipp war die Liebe ihres Lebens. Aber: »Ich wollte unbedingt einen Doktor, einen Studierten!« Nach der Hochzeit hat man auch sie als »Frau Doktor« anzusprechen, wahlweise als »die Chefin«. Und aus Anna Maria Lemminger wird Aenne Burda. In Anlehnung an ihr Lieblingslied »Ännchen von Tharau«, das sie im Haus ihres Mannes erstmals hört und für den Inbegriff von Vornehmheit hält.

Etwas Tiefgreifendes verbindet Aenne mit Dr. Franz Burda. »Mein Mann war ehrgeizig bis zum Gehtnichtmehr.« Bei aller Wut auf diesen untreuen Burda bewundert sie noch heute seinen Ehrgeiz. Auch Aenne ist eine Getriebene: »Ich war nie wirklich zufrieden. Ich wollte immer noch mehr, mehr. Ich war ehrgeizig bis zum Gehtnichtmehr.« Aber vorerst lebt sie ihren gesellschaftlichen Höhenflug nur in Courths-Mahler-Romanen aus. »Alles spielte in höheren sozialen Regionen. Gleichwertiges wollte ich nie.« Nur ihr Sohn Hubert hat dieses phänomenale Ehrgeiz-Gen der Eltern geerbt. Insofern ist er ganz und gar gelungen: »Hubert ist ein echter Burda, der Einzige, der dem Namen Ehre macht.«

Eigentlich sollte Hubert, wäre es nach dem Wunsch der Eltern gegangen, ein Mädchen werden und Renate heißen. Neun Monate nach seiner Geburt, im November 1940 wird Franz Burda dann doch noch Vater einer Tochter. Die heißt Renate. Aber die Mutter heißt nicht Aenne, sondern Elfriede B.; »Effi«, seine zehn Jahre jüngere Sekretärin. Um diese brisante Angelegenheit vor seiner Familie und dem Betrieb zu verheimlichen, wird Effi ins 20 Kilometer entfernte Lahr umgesiedelt und bekommt die *Effi-Moden*. Den Verlag kann Aenne der Nebenbuhlerin später zwar wegnehmen, aber die Tochter nicht. Diese Schmach verzeiht sie nie. Scheidung kommt nicht infrage, Aussöhnung erst recht nicht. Effi und Renate B. sind jahrzehntelang Grund für bittere Gefechte. Was dieses Thema betrifft, stellt Aenne selbst im hohen Alter klar: »Ich würde niemandem raten, mit mir Streit anzufangen.«

Die schwarze Aenne, die Franz Burda einst »die Wilde« nannte, ist von dieser Affäre an außer sich. Ruft der Senator sie deshalb nur noch »mein Engele«? Dabei bleibt es bis zu seinem Tod. Keine Zeitung im Land, die dazu nicht den Kommentar von Aenne gedruckt hätte: »Mein Mann nennt mich Engele, aber ich bin alles andere als ein Engele. Ich bin ein Teufel.«

»Wenn Sie in einer solchen Situation aufwachsen, können Sie keine emotionale Sicherheit entwickeln«, wirbt Hubert Burda um Verständnis. In wie vielen verzweifelten Nächten hat das Kind Rotz und Wasser geheult? Die Bettdecke über den Kopf gezogen, um das Gebrüll der Mutter nicht zu hören; das Echo von Gläsern, die an die Wand knallen, auch mal den Mann treffen, und den dumpfen Aufprall der Scherben. Der Glaube an den guten Vater, die liebevolle Mutter, glückliche Geborgenheit in der Familie wird gleich mit zerschlagen. Stattdessen bevölkern Angstgespenste die Nacht. Werden die Eltern sich trennen, lauert neues Unglück? Kälte zieht durch das Burdahaus, und dem Jungen gefriert vor Kummer das Herz. In diesen Nächten lernt er die Lektion von der Gefährlichkeit der Liebe und Gefühle und dass sich diese Gefahr nur bannen lässt, wenn man die Gefühle umdenkt, wegdenkt. Diese Haltung übt er bis zur Perfektion. Sie trägt ihn über unzählige Verletzungen hinweg, privat wie beruflich. Er lernt zu lächeln, scheinbar hilflos. Als er merkt, dass er hinter der Fassade der Schwäche seine ganze Wut verstecken und ungestört den riesigen Ehrgeiz mobilisieren kann, wird dieses Lächeln seine Waffe.

Zum 90. Geburtstag der Mutter, fünf Jahrzehnte nach diesen häuslichen Szenen, schenkt ihr der Sohn eine Festschrift mit dem Titel *Aenne Burda. Die Macht des Schönen*, in der alles viel schöner klingt. Die Journalistin Maria von Welser schreibt in seinem Auftrag: »Mit der Mutter verbindet den Jüngsten eine warme, enge Beziehung. Er hatte in den Nachkriegszeiten die Chance, viel mit ihr alleine zu sein. Da der Vater die meiste Zeit unterwegs ist, schläft der kleine Junge bei Mama im Bett.« Hubert Burda lässt sich dazu mit den stolpernden Worten zitieren: »Ich denke, dass mein Urvertrauen, das ich in die Welt habe, mit all ihren Enttäuschungen, daher kommt.« Beinahe täglich telefoniert er mit der Mutter. Warum? »Es ist das Wesen des Religiösen, dass Sie den Dämon bannen durch Liturgie. Dann hat er keine Macht mehr über Sie. Aber Sie müssen immerzu die Form einhalten.«

Im elterlichen Zwist – »meine Eltern waren sich nie über etwas einig« – solidarisiert sich Nesthäkchen Hubert lange Zeit mit der Mutter. Sichtbar auf zahlreichen Fotos. Sie zeigen einen Sohn, der eine Spur zu bemüht ist, der fast eine erotische Haltung der Mutter gegenüber einnimmt.

Auch Aenne ist voller Zuneigung für ihn. Friede Springer, erst Verlegerwitwe, dann Verlegerin, erinnert sich daran, wie sie ihren Mann Axel Ende der sechziger Jahre das erste Mal nach Offenburg begleitet, wo sie bei den Burdas zum Essen geladen sind. »Ich war ungeheuer beeindruckt von dem Picasso, der gegenüber dem Esstisch hing.« Aber was den Picasso noch überbietet, ist Aennes Ton, in dem sie von Hubert spricht: »Sie hat mir ein Foto von ihm gezeigt, streichelte das Foto und sagte dazu nur: ›Mein Hubert.‹ Er war ihr Lieblingssohn, ganz offensichtlich.«

Die Fotos des jungen Hubert mit Aenne Burda offenbaren gegenüber der Mutter auch eine beklemmende Mischung aus Beschützer- und Besitzerpose. Eine emotionale Landnahme! Am augenfälligsten auf dem Bild, das der Betriebsfotograf an Aennes 50. Geburtstag, 1959, im Garten der Burdaschen Villa aufnimmt und das noch heute sämtliche Verlagsdokumentationen schmückt. Hubert ist 19 Jahre alt. Während er die Mutter mit der Rechten umarmt, drapiert er seinen linken Unterarm auf ihre noch freie linke Seite. Eine eitle wie eifersüchtige Gebärde. Dem Vater bleibt nur noch die Möglichkeit, sich freundlich einzuhängen. Der hoch gewachsene, älteste Bruder Franz, ein deutliches Stück größer als Hubert mit seinen 1,70 Metern, steht dahinter. Bruder Frieder daneben, und weil er von der Kamera wegschaut, meint der Betrachter, er befinde sich im Abseits. Selten zeichnet eine Familienaufnahme so treffend die Beziehungen der Familienmitglieder.

An diesem Sonntagnachmittag in der »Sonne« sind die Brüder nicht anwesend, als Hubert Burda aufsteht, gegen das Weißburgunderglas klopft, bis alles mucksmäuschenstill ist, und verkündet: »Mutter, du bist ein Erdbeben! Du bist ein Vorbild für alle Frauen hier. Du bist Aphrodite, weil du ein Leben lang schön warst.« Dann erzählt er von den Hüten, die Aenne früher getragen hat, Hüte so groß, dass sie nur Cabriolets fahren konnte. »Du warst Artemis«, erwähnt, dass ihr Ferienhaus am Cap d'Antibes so hieß, »du bist eine ruchlose Jägerin. Du kommst nicht aus der Gaswerkstraße, du kommst aus Italien.« »Mutter«, ruft er aus, »du bist die gescheite Frau, die dem Zeus aus dem Kopf entsprungen ist: Pallas Athene!« Erzählt dem staunenden Publikum die Anekdote, wie Aenne plötzlich aus heiterem Himmel fließend Italienisch sprach, als der Sohn sich an einer Tankstelle zwischen Florenz und Siena schon verloren glaubte. Der burdageübte Zuhörer weiß, dass diese Geschichte so sicher nicht stimmt, aber einfach stimmig ist als Baustein für die Legende Aenne. Das ist immer das höhere Anliegen des Redners Burda, der, um seine Wahrheit ringend, Legenden und Mythen webt. »Man muss die Menschen erhöhen«, heißt sein Glaubenssatz. Was Aenne angeht, ist er sein Evangelium. Wenn Mutter Aenne göttlich ist, was ist dann der Sohn? Diesen Gedankensprung wird doch auch ein normal Sterblicher schaffen!

Kapitel 4

Out of Offenburg

Der Schüler Wagner

Als der Sohn des Schwarzwälder Provinzfürsten in die bayerische Metropole kommt, wird ihm schnell klar: So schlimm es gelegentlich sein mochte, ein Burda zu sein, eines ist noch schlimmer – kein Burda zu sein. Im München des Jahres 1959 hat sich das Märchen von der kapitalistischen Himmelfahrt zu Offenburg noch nicht herumgesprochen. Die Großstadt schüchtert ihn ein, genauso wie die Universität.

Der Vater ermutigt den Sohn zum Studium der Kunstgeschichte. Dem alten Burda ist dabei nicht ganz wohl. Prompt frotzelt ein Freund: »Kennst du nicht das berühmte Wort von Bismarck – die erste Generation baut das Vermögen auf, die zweite verwaltet es, die dritte studiert Kunstgeschichte und bringt es durch?« Aber für ihn zählt nur, dass der Junior überhaupt einen Doktortitel nach Hause bringt. Außerdem ist er auf diese Weise erst einmal eine Weile hingehalten, weit weg vom Verlag, wo Franz Burda noch große Pläne hat – mit sich selbst. Mit 57 Jahren fühlt er sich erst am Anfang seiner aufregenden Karriere als Chef von *Bunte* und entdeckt zunehmend die gesellschaftlichen Möglichkeiten zur Selbstdarstellung. Als Verleger entwickelt er enormen Appetit, seinem Verlag einzuverleiben, was der Markt hergibt. Die *Münchner* (1960), die *Frankfurter* (1963) und die *Österreicher Illustrierte* (1963) bieten sich genauso an wie *freundin* (1962) und *Filmrevue* (1962). Die frühen sechziger Jahre sind für das Haus Burda die Expansionsphase schlechthin.

Auch die beiden ältesten Söhne sind im Unternehmen. Franzl verantwortet jetzt die Druckerei, und Frieder, zuerst auch Drucker, arbeitet sich nach und nach ins Kaufmännische ein. Wo sollte Burda da noch seinen Jüngsten unterbringen? Sicher, wenn tatsächlich etwas aus ihm werden sollte, aus seinem »Schisser« und »Schniggo«, könnte er ihm eines Tages als Verleger folgen. Aber für Burda senior, der sich für unglaublich großartig und unsterblich hält, ist dieser Tag reine Hypothese und unvorstellbar fern.

Sohn Hubert indes ist sich über seine Karriere stets sicher. Sagt er. Mit zwölf Jahren habe er sein erstes Buch, ein bebildertes Schulheft über »Die Alpen« gemacht. Denn »dieses Gipfelweiß und dieses Blau!« lässt ihn seit dem Marsch auf das Nebelhorn 1952 nicht mehr los. Dem Werk folgt das Wissen: »Damals war mir schon klar, dass ich einmal Verleger werde.« Sagt er. Und hatte der Vater nicht versprochen, »eines Tages bekommst du die Krone des Unternehmens, den Verlag!«?

Aber für Hubert Burda liegt völlig im Dunkeln, ob er sein Verlegerziel überhaupt jemals erreichen kann. Die Hürde auf seinem Weg heißt nicht nur Vater, sie heißt erst recht: Franz und Frieder. »Der Konflikt mit den Brüdern war ganz ausdrücklich damals schon da«, weiß sein Studienfreund Henning Ritter, heute *FAZ*-Redakteur. »Hubert hat sehr an sich gezweifelt, war ziemlich verspielt und gleichzeitig voller Machtinstinkt und Erfolgswillen.« Ritter, ein selbstbewusster Professorensohn und Anfang der sechziger Jahre noch nachlässig im Hinblick auf die eigene Karriere, kann es nicht fassen: Der ansonsten gewitzte Burda grübelt unablässig über Ansehen und Einfluss großer Dynastien. Ringt mit »machiavellistischer Intensität« um die Antwort auf seine alles absorbierende Frage: Wie kann ich mich in meiner Familie, in der ich unverrückbar immer nur Fünfter bin, durchsetzen? »Vom Charakter der Sache war mir damals sofort klar, das ist ein Drama«, sagt Ritter.

Auch am Kunsthistorischen Seminar hängt Hubert Burda hinterher. Seine Studienkollegen kommen in der Mehrzahl aus Familien des Bildungsbürgertums, »die sind aufgewachsen mit Beethoven und Goya, und ich? Ich hatte davon gehört.« Dabei hatte er doch, niemand ahnt wie sehr, immer schon von jenem kosmischen Zustand geträumt: »Der Welt des Großbürgerlichen, Liberalen, Intellektuellen, ja des Kastendenkens, dieser Welt fühle ich mich überall verbunden.« Doch der Sprössling dieser Aufsteigerfamilie, die mit dem Ruf behaftet ist, »die Burdas sind ja keine feinen Leute«, kommt sich in der Größe Akademias unendlich klein vor, und mit seinen 1,70 Meter fühlt er sich manchmal sprichwörtlich als »Zwuggl«, als Zwerg. Selbstironisch zitiert er die Putzfrau, die ihm den zweifelhaften Titel verpasste, in der Pension in Garmisch, mit der seine Halbschwester Renate mittlerweile abgefunden wurde.

Es ist Sommer 1960 und wieder ein brennend heißer Tag, als er an einem Freitagnachmittag aus der Staatsbibliothek kommt. Unterm Arm die Standardwerke über Barock, Gotik, Renaissance, von Alois Riegl, Dagobert Frey, Heinrich Wölfflin. In der Theresienstraße, wo er in sein Zimmer im Hotel »Bosch« zurückwill, ist der Straßenbelag schon derart aufgeweicht, dass er mit seiner gesammelten Bildungsbürde im Asphalt stecken bleibt. Wie schön wäre es jetzt im Biergarten, wo sich die Münchner, die sich bekanntlich aufführen, als lebten sie in der nördlichsten Stadt Italiens, schon beim ersten Sonnenstrahl drängeln. Doch sein Pflichtgefühl siegt, wird immer siegen. Der ehrgeizige Student schließt sich das ganze Wochenende über in seine Kemenate ein und beißt sich durch die Klassiker.

Die ersten beiden Jahre blüht er auf im Tempel der Kunstgeschichte, in den Vorlesungen und Seminaren des Hans Sedlmayr. Dem Ordinarius mit dem schweren österreichischen Dialekt, der es mit seinem beachtlichen Werk *Verlust der Mitte* zu großem Ruhm gebracht hat. Aber ähnlich wie einst der »Pfaffekarle« in Offenburg wird auch Sedlmayr wegen seiner einstigen Sympathien für die Nazis heftig angefeindet. Trotzdem gleichen seine Vorlesungen im Audimax der Ludwig-Maximilians-Universität kultischen Happenings, zu denen auch Studenten anderer Fakultäten strömen, die später in ihren Disziplinen eigene Kapazitäten werden: Christoph Sattler, der Architekt; Hans Jürgen Syberberg, der deutsche Filmemacher im Bann Wagners; Carl Haenlein, der künftige Leiter der Kestner Gesellschaft.

Als aber Hubert Burda im vierten Semester sein entscheidendes Referat hält, schweigt der Meister, schüttelt nur den Kopf. Die Apostel wissen, was das bedeutet: durchgefallen. Schniggo hat versagt. Was nun? Er fühlt sich wie ein Gescheiterter und schickt sich selbst in die Verbannung.

Wieder ist es der Jugendfreund Peter Kammerer, der die Regieanweisungen gibt. »Schniggo«, wird er schon zu Beginn des Studiums ernst, »du musst Soziologie studieren.« Im Schöngeistigen allein kann nicht des Lebens volle Wahrheit liegen, auch soziales Engagement ist vonnöten. »An meinem 68er-Sein ist nur Peter schuld«, sagt Burda. »Was heißt schuld?«, versucht er den vergaloppierten Gaul wieder einzufangen. »Ich war sicherlich kein politischer 68er, aber Enzensberger, Habermas, die Beatles und Rolling Stones haben mich schon interessiert.« Für Burda klingt Soziologie nach ganz anderen Fragen. Er hat den rasanten Aufstieg der eigenen Familie erlebt, der Neckermanns, Grundigs, der Wirtschaftswunderdeutschen eben. Da gerät er öfter ins Grübeln: Woher komme ich, und wo will ich hin?

Mutter Aenne gibt eine von den Mitstudenten viel belächelte Anzeige in der *Marburger Zeitung* auf: »Suche für meinen Sohn schöne Wohnung«, und der Chauffeur fährt ihn an die Universität nach Marburg, wo er bei Hermann Usener weiterhin Kunstgeschichte und im Seminar von Werner Maus die »Theorie sozialer Auf- und Abstiegsprozesse« studiert. Nie darum verlegen, über alles einen theoretischen Überbau zu stülpen, und sei er noch so weit hergeholt, insistiert er: »Da wurde der Grundstein gelegt für die heutige *Bunte*.« Die nämlich hält er für den Generalanzeiger der deutschen Soziologie, dem jede Woche zu entnehmen ist, wer gesellschaftliche Macht hat und wer keine. Wer hat, wird von Hubert Burda aufs Charmanteste hofiert. Wer nicht hat, der muss zuerst grüßen und darf gespannt sein, ob die Geste erwidert wird. »Das Protokoll« ist ihm oberstes Gesetz.

Dass die *Bunte*-Redaktion und die Zentrale des Burda Verlages heute in München sind anstatt in Offenburg, geht, so sagt er, auf den Herbst 1962 zurück. Als das Land wegen der so genannten *Spiegel*-Affäre die Luft anhält und ein unbekannter Hubert Burda mit den Jüngern um Sedlmayr auf Burgund-Exkursion fährt. Er hatte sich längst angemeldet und hält trotz seiner Vertreibung aus dem Tempel an der Sache fest. Als Sedlmayr ihn im Bus sieht, bedeutet er ihm mit einem Fingerzeig, sich neben ihn zu setzen. Dieser Ehrerweisung folgt einer der bedeutendsten Dialoge der Burdaschen Verlegerkarriere:

»Burda, sätzän Sie sich hierhin. Was machän Sie eigändlich?«

»Ich? Ahm, ich bin in Marburg.«

Studium in München: Professor Hans Sedlmayr, sein Assistent Hermann Bauer, Florian Furtwängler, Hubert Burda (von links nach rechts).

»Was machän Sie denn in Maa-rburg?«

»Ahm, ich dachte, ich sei zu schlecht für München, für, ahm, Sie.«

Während er noch gegen seine Verlegenheit ankämpft, dreht sich Sedlmayr zu seinem Assistenzprofessor Hermann Bauer um:

»Du Bauiii, was für ein Dissertationsthema habän wir für dän Burda?«

Wie gerne hätte der junge Provinzfürst über Fragonard, den gefeierten Gesellschaftsmaler des Rokoko, geschrieben, dessen Galanterie er bewunderte. Aber Sedlmayr winkt ab. »Sie machen Hubert Robert.« Burda hat keine Ahnung, wer das sein soll. Doch fünf Jahre später erscheint seine Dissertation mit dem Titel *Die Ruinen in den Bildern des Hubert Robert.* »Ruinen-Robert«, wie die Zeitgenossen des 18. Jahrhunderts den Maler nannten, gehört zu den drittklassigen Künstlern, war aber ein erstklassiger Salonlöwe. Das gefällt Hubert Burda. Über alles hätte er promoviert für das Momentum, zurück zu sein beim Maler. Es ist überwältigend, Apotheose pur. Die Götter sind ihm wieder gewogen, seine Gefühle entsprechend hochfliegend: »Es war, als ob sie dem Goethe die Zeit anhalten.«

Zu den Auserwählten der Sedlmayr-Clique gehört auch Florian, der Neffe des Dirigenten Wilhelm Furtwängler, der bald schon eine Hauptrolle im Burdaleben besetzt. Der große Name lässt ihn vor Ehrfurcht erschauern. Bereits als Kind hatte er Furtwängler-Flair geatmet. Wenn er mit dem Skiclub Offenburg auf der Escheck-Hütte war, kam er regelmäßig am »Furtwängle« vorbei; und regelmäßig sagte ein Eingeweihter unter den Ausflüglern: »Hier steht das Stammhaus der Furtwängler.« Nun sollte er, welch ein Zufall, den Neffen Florian treffen. Dafür gab es nur eine Erklärung: Schicksal! Die Zweite!

Ein Zufall indes ist es nicht. Florian »Flori« Furtwängler ist damals ein enger Freund von Peter Kammerer und gilt Anfang der sechziger Jahre als genialer Typ auf dem künstlerischen Torf Schwabings. »Hubert war völlig in seinem Bann.« Auch Günter Morstadt ist seine erste Begegnung mit Flori fest ins Gedächtnis gemeißelt: Als er und Kammerer im Semester zuvor in Innsbruck studieren, kommt Flori sie auf Vermittlung eines gemeinsamen Freundes besuchen. Sie wollen ihn vom Zug abholen, sind auch pünktlich zur Stelle. Doch ein Reisender nach dem anderen läuft uninteressiert an ihnen vorbei. Bis plötzlich, ganz hinten auf dem Bahnsteig, nur noch ein Mann übrig bleibt und so langsam auf sie zukommt, dass sie glauben, das Unglück steuere sie in Zeitlupe an: in Gestalt eines kauzigen Kerls mit einem Schnurrbart, der zur Hälfte abrasiert ist, einem ellenlangen Schal, mehrfach um den Hals gewickelt, und ein paar alten Skiern unter dem Arm. Eine Mischung aus Dalí und Loriot.

»Hoffentlich ist er das nicht«, denken beide unwillkürlich, es ist ihnen unangenehm, wie der daherkommt. Er ist es. Sie fahren gleich hoch auf den Hafelekar, wetten aber insgeheim darauf, dass sie sich mit diesem Weltfremden total blamieren. Doch Flori wedelt den flotten Skifahrern aus Offenburg elegant davon.

Er ist am Tegernsee aufgewachsen und schon als Fünfjähriger die schwarzen Pisten des Wallbergs heruntergerast, soll gar bayerischer Jugendmeister gewesen sein. Es ist nur eine von vielen Sagen, die sich um ihn ranken, und ohnehin würde Flori nie mit solchen Selbstverständlichkeiten kokettieren. Er verbreitet eine Lässigkeit und Aura, deren Geheimnis womöglich ganz banal darin liegt, die Fantasie seines Gegenübers, die der Mythos Furtwängler nun einmal anheizt, ungestört für sich arbeiten zu lassen.

Zu diesem Mythos gehört schon seit der Jahrhundertwende »Tanneck«, am Westufer des Tegernsees, beim heutigen Bad Wiessee. Der Archäologe Adolf Furtwängler – Vater des weltberühmten Dirigenten Wilhelm und von dessen Bruder Walther – fand hier 1898 in einem

Heuschober Unterschlupf, als er bei der Rückkehr von einer seiner Bergtouren in ein Unwetter geriet. Am anderen Morgen erst erkannte er, an welch faszinierenden Ort er sich da gerettet hatte, mit Blick über See und Tal. So begeistert war er, dass er sein gesamtes Vermögen in diese 13 Tagwerk Grund investierte, eine stattliche Größe. Mit dem Holz aus seinem Wald baute er ein kleines Blockhaus, die Keimzelle des späteren Anwesens und Treffpunkt der Münchner Intelligenz, der Künstler, Musiker und Literaten. Karl Wolfskehl aus dem Kreis von Stefan George ist darunter, der junge Thomas Mann, Annette Kolb, der Dirigent Otto Klemperer, der Philosoph Max Scheler oder Lou Andreas-Salomé, die Freundin Nietzsches.

Mit dieser Aura als Erbteil wächst Flori Furtwängler, einer der drei Söhne von Walther, dem Bruder des Dirigenten, auf. Seine Eltern betreiben auf Tanneck eine kleine Pension, die die Familie mehr schlecht als recht ernährt. So ist Tanneck gleichzeitig ein halboffizielles Anwesen – selbstverständlich nur für Eingeweihte. Ein versteckter Ort, mit Privatsteg zum Wasser. Bei aufziehendem Gewitter wurden die Furtwänglerbuben auf den See geschickt, um sich an Haut, Haar und Seele abzuhärten, und selbstredend sprangen sie ohne Badehose ins Wasser. Was für die Furtwänglers noch Körperertüchtigung, ist für ihre späteren Gäste Kult.

»Ich habe hier meine ersten Nackten gesehen«, erzählt der Schriftsteller und Chef des Hanser Verlags, Michael Krüger, der in den Sechzigern gemeinsam mit Flori Drehbücher schreibt. An einem heißen Sommertag ist Krüger mit Herbert Marcuse in München unterwegs. Um der Hitze zu entkommen, schlägt er vor: »Komm Herbert, wir fahren an den Tegernsee ins Furtwängler-Haus.« – »Ah, Furtwängler-Haus«, entgegnet Marcuse, und sie fahren. Als sie das Tor zu Tanneck aufschieben, liegen auf dem Steg ein paar Dutzend Nackte. »Da war ich doch sehr verblüfft«, gesteht Krüger, »die standen alle auf und begrüßten den Herbert recht herzlich, jeder kannte ihn, und da kriegte ich noch was ab von dem Ruhm.«

So ergeht es auch dem jungen Nobody Hubert Burda mit seinem Freund Flori, der schon einige Jahre älter ist. Flori erkennt sofort die Sehnsucht des Jüngeren, ein ernst genommenes Mitglied der Bildungselite zu werden, und dessen Zuneigung für die Götter und

Mythen der Antike. So schenkt er ihm Ludwig Curtius' Lebenserin-
nerungen, *Deutsche und antike Welt*, die er nur zu Hause aus dem
Bücherregal zu nehmen braucht; der Archäologe und Kunsthistoriker Curtius war Privatlehrer von Onkel Wilhelm. Das Präsent ver-
fehlt seine Wirkung nicht. Hubert Burda nimmt sich selbst ins Joch
als »Schüler Wagner«, der seinen Doktor Faustus nicht enttäuschen
wird. Unentwegt hört er auch die Stimme des Vaters. Oder doch die
der Engel, die Faust in den Himmel entrücken: *Wer immer strebend
sich bemüht, / Den können wir erlösen.*

Alle in seiner Umgebung halten den exzentrischen Furtwängler
für eine Art Auserwählten. Auch Flori fühlt sich zum Genie berufen. »Diese Furtwänglers meinen immer, sie müssten mehr hermachen, als sie sind. Auf ihnen ruht die Last dieses großen Namens.«
Weiß ein Mitglied des inneren Kreises. »Er war mal ein liebenswerter
Schalk, mal ein unzuverlässiger Chaot«, völlig verkorkst jedenfalls,
stellt ein ernsthafter Reinhard Brandt seine Diagnose. Der ehemalige
Mitstudent ist über die Jahrzehnte Burdas Freund geblieben und die
philosophische Autorität in allen Fragen zu Immanuel Kant geworden. Auch zur Kunsttheorie der Epoche, die für Burda bis heute Zu-
fluchtsort zwischen medialen Visionen und *Bunte*-Lektüre ist – der
Klassizismus von Petrarca über Poussin bis Goethe.

Brandt war ein Feind der allgemein herrschenden Flori-Begeiste-
rung. Aus Eifersucht, aus unterkühlter Menschenkenntnis? Wie eine
Art geheimbündlerische Maxime einte die Freunde der Wunsch,
Kunst und Leben ernsthaft zu verbinden. Dann kommt dieser Flori
daher und wirbelt alles durcheinander, ist ein lebendes Kunstwerk!
Schlägt obendrein alle in seinen Bann. Auch mit Einladungen nach
Tanneck. Wenn man ihnen folgte, hatte er selbst sie entweder schon
vergessen oder er benutzte seine Listformel: »Es ist noch was zu tun.«
Selbstverständlich war es eine Ehre, wenn man ihm den Gefallen er-
weisen durfte, die Dachrinne sauber zu machen.

Offensichtlich fehlte Reinhard Brandt das praktische Händchen
oder der Sinn für Humor. Groll schwingt in der Stimme des Kantia-
ners, als er erläutert: »Floris Freiheit vom Bürgerlich-Kleingedruck-
ten hat Hubert Burda und Peter Kammerer, unsere Schwarzwälder
auf Weltmission, unheimlich gereizt.«

»Er war ein tragischer Mensch«, sagt Hubert Burda über den Freund, der 1992 an Aids starb. Seine Bisexualität verbarg er hinter der Fassade der bürgerlichen Kleinfamilie, hinter Frau und Tochter, deren Patenonkel wiederum Burda wurde. »Flori hat mir die Augen geöffnet für die großen Momente der Kunst« – wie des Lebens? – »wenn die Musik kreißt und ihr Thema noch nicht findet.« Die Musik, die die Suche nach der perfekten Frau begleitet, kreißt für Hubert Burda eines Tages in derartigem Crescendo, dass er den Leidensdruck nicht mehr aushalten kann und Flori wegen seiner Nichte Maria löchert. »Du, der Burda will dich kennen lernen«, sagt Flori daraufhin zu ihr. »Ich hab' ihm deine Telefonnummer gegeben.« Maria Furtwängler macht gerade ein Praktikum am Max-Planck-Institut, in der Virologie. Der Virus, an dem sich Burda infizierte, heißt: unsterblich verliebt. Das wird 1985 sein. Im Jahr 1960, als der 20-jährige Hubert Burda als Schüler Wagner dem Bann Florian Furtwänglers verfällt, gibt es noch keine Maria. Sie kommt erst im September 1966 zur Welt. Und Hubert Burda, der sich stets als Meister der Ahnungen stilisiert, ist dieses eine Mal wirklich bar jeder Vorstellung, dass er einmal der neue Herr von Tanneck sein würde. Schicksal: die Wievielte?

Kapitel 5

Verliebt, verlobt, enterbt?

Die erste Ehe

Sie will! Sie muss! Sie wird! Im Sommer 1962 ist Christa Krauss 23 Jahre alt und Studentin der Kunstgeschichte. In ihrem Auftritt wirkt sie sehr kontrolliert. Auch hat sie diesen gefürchteten Blick, der alle, die sie der Gunst ihrer Beachtung für nicht würdig hält, durchschneidet wie Luft. In der Manier der Aenne Burda. Christa ist außergewöhnlich hübsch, eine Mischung aus Twiggy und deutscher Barbie. Die unterkühlte Blondine ist ein Jahr älter als Hubert Burda, ein gutes Stück größer und wesentlich erfahrener in den praktischen Dingen des Lebens wie der Liebe. Sie fällt ihm sofort auf, als er im August 1962 im Kunsthistorischen Museum in Wien die große Ausstellung »Europäische Kunst um 1400« besucht.

Der junge Burda kam im silbergrauen Alfa Julietta – »ein Filmauto!«, wie Begleiter Henning Ritter schwärmt – mit 160 Sachen aus Marburg angerauscht. Der schnelle, schicke Schlitten ist ein Geschenk von Mama und ein magischer Blickfang für die Generation 2 CV. Burda ist begeistert, einen Gelehrtensohn zum Freund zu haben. Im Gegenzug staunt Ritter, wie er unversehens zum Intimus eines echten Mitglieds des ihm völlig fremden Stammes der Hautevolee aufrückte. Bis dato hatte er das allgemein verbreitete Klischeebild von der Münchner Boheme und ihrem leichtfüßigen Lebenswandel gepflegt; auch die Schwabinger Krawalle vom Juni des Jahres sind noch in aller Munde.

Doch der Verlegersohn, der sich im Dolcefarniente hätte sonnen können, müht sich zielstrebig durch die Kunstgeschichte, mit einer Leidenschaft, die ihresgleichen sucht. Obwohl hinter seinem Rücken viel über seinen Reichtum spekuliert wird, lebt er relativ genügsam mit 500 Mark des Vaters, die er bereitwillig teilt mit seinen Freunden, die alle viel weniger haben. Nie lässt er sich verführen, groß-kotzig mit Geld um sich zu werfen. Im Gegenteil: Die Bescheidenheit bleibt sein Stilmittel.

In Wien trifft er die Apostel um Sedlmayr wieder und eben diese Christa Krauss, die zwar nicht zum Kreis der Eingeweihten zählt, es aber immerhin geschafft hat, dabei zu sein. Im Gegensatz zu Burda gehört sie keiner Clique an, ist eine Einzelgängerin. »Ich hatte in München so gut wie keine Freunde, habe mich mit Menschen eher schwer getan.« Warum? »Ich war damals extrem schüchtern. Viele haben das als Arroganz ausgelegt.« Und tun es immer noch. »Bei aller Schüchternheit hatte ich immer einen starken Willen.« Sagt sie. »Christa wollte unbedingt raus aus den kleinen Verhältnissen, aus denen sie kam«, merkt Hubert Burda schnell.

Nach dem Kunstgenuss machen sich die jungen Studenten in einem Wiener Caféhaus über Marillenknödel und Melange her, und bei dieser Gelegenheit schüttet Burda der mit am Tisch sitzenden Christa Krauss versehentlich ein Glas Orangensaft übers modische Kleid. »Ich hoffe, Sie haben eine Haftpflicht?«, will sie verbindlich wissen. Die kann er ihr zwar nicht bieten, aber sie wird etwas viel Wertvolleres bekommen. Denn er weiß ob dieser Reaktion sofort: »Das ist die richtige Frau für dich.«

Trotzdem verlieren sie sich erst einmal aus den Augen. Ein halbes Jahr später, im Februar 1963, begegnen sie sich wieder, am Kunst-historischen Institut in München. Sie arbeitet in der Bibliothek, an einem Referat über spätgotische Sternengewölbe, er an einer Lite-raturliste über Ruinenmalerei im 18. Jahrhundert. Wieder fällt ihm ihre ausgefallene Kleidung auf. Unwillkürlich denkt er an seine extra-vagante Mutter, die mit *Burda Moden* der deutschen Mittelstands-frau die Saumlänge vorgibt. Und in ihrer Kolumne »Ansichten, Ein-sichten« auch Ratschläge in Herzensangelegenheiten erteilt: »Wenn Partnerschaft gelingen soll« oder »Keine Angst vor Gefühlen«. Die trendbewusste Christa Krauss hat jedoch nichts von der wollüstigen Ausstrahlung der »schwarzen Aenne«, vor der sich der Sohn fürch-tet.

Als sie nebenbei fallen lässt, sie komme gerade vom Skilaufen zu-rück, macht sie gleich noch einen Punkt. Skilaufen ist damals ein klarer sozialer Verweis und nach wie vor seine große sportliche Leidenschaft. Doch Hubert Burda ist genauso schüchtern, weiß diese Schwäche aber gut zu überspielen. »Was mir von Anfang an gefallen hat, waren seine Art von Humor, sein Witz, seine Leichtigkeit.« Alles Eigenschaften, die der schwerblütigen Christa niemand nachsagen würde. »Er kam aus einer ganz anderen Welt, mit ganz anderen Ansprüchen ans Leben.« Das gefällt ihr.

Mit Frauen hat er die Erfahrung des 22-Jährigen. Da war in Offenburg die erste Liebe Monika Friedmann, die selbstbewusste Tochter des Holzhändlers, die auf der gegenüberliegenden Straßenseite wohnt. Ewig kämpfen die beiden, wer die Oberhand in dieser komplizierten Beziehung bekommt. Die Frage bleibt bis zur Trennung, Wiederversöhnung und endgültigen Trennung unbeantwortet.

Ihr folgt Helga Wille, ein hübsches Mädchen voller Anmut und mit wenig Selbstvertrauen. Sofort übernimmt der instinktsichere Burda die Regie, verlangt von ihr gezielte Lektüre seiner Lieblingsautoren, will eine adäquate Gesprächspartnerin. »Er gab ihr regelrecht Hausaufgaben«, wissen die Freunde Kammerer und Morstadt. Als er nach München zieht, trennen sich ihre Wege. Dann war da noch die hübsche, aber scheue Tochter des Oberbürgermeisters Heitz. Ihre Verliebtheit lässt Hubert Burda unerwidert. Was er nicht erobern muss, ist ihm nicht begehrenswert. »Hubert hat sich immer selbst misstraut, dachte, wer ihn liebt, mit dem stimmt was nicht«, weiß »Philosophenclub«-Intimus Morstadt, und die anderen vom Club nicken wissend.

»Uuh Fraue, da muscht aufpasse«, daran habe er sich immer gehalten, sagt Burda. Er ist vorsichtig und zurückhaltend, erst recht wenn es um Rendezvous-Manöver geht. Gemeinsam mit Peter Kammerer steckt er im Februar 1963 mitten in den Vorbereitungen für eine Romreise. So fehlt ihm der Elan, sich eine Strategie der Annäherung an Christa Krauss auszudenken. Er ist nun mal, und bleibt es, ein extremer Taktiker, der nicht leichtfertig einem launischen Drang nachgibt, weder privat noch geschäftlich. Wie ein Schachspieler, der immer schon drei Züge weiter denkt, brütet er seine Pläne aus.

Aus Rom schreibt er Christa eine Karte: »Ich bin hier für ein paar Wochen mit einem Freund, hätten Sie Lust dazuzukommen?« Und ob sie hat! Als hätte sie nur auf dieses Zeichen gewartet, nimmt sie den nächsten Zug in die Ewige Stadt. Im Herbst desselben Jahres beziehen die beiden eine kleine Wohnung in der Münchner Arcisstraße.

Die hatte es von Anfang an auf ihn abgesehen. Behaupten seine Freunde. Der missbilligende Unterton ist nicht zu überhören. Wie immer, wenn Aschenputtel den Prinzen findet, schleicht sich der Verdacht der unbotmäßigen Mammonverehrung ein. »Geld?«, lacht sie »Geld hat mich noch nie interessiert.« Der Auserwählte fühlt sich geschmeichelt, dass die entschlossene Christa zielstrebig ihr Glück mit ihm schmiedet. Ist er selbst doch – zum fortwährenden Leidwesen des Vaters und auch der späteren Ehefrau Christa – ein sehr zögerlicher und ängstlicher Mensch. Sollte sie doch berechnend sein! Er bewundert jeden, der sich nimmt, was er will.

Sie trage ihr Herz nun mal nicht auf der Zunge, belehrt sie, und weiß nur allzu gut, dass sie als frostig und hart wahrgenommen wird. Schon in ihrer Familie, den Webers, war kein Platz für Herzlichkeit; auch der Kuss der Musen macht einen großen Bogen um die Westfalen, die sich schon gut in Frankfurt eingelebt hatten, als Tochter Christa im April 1939 zur Welt kommt. Ihr Vater arbeitet beim Technikkonzern Landis & Gyr, ist Physiker wie später auch der Bruder, beides kühle Rationalisten. Die Mutter macht den Haushalt. Aber der Sinnlichkeit räumt sie keine Ecke ein.

»Bei uns hat man gegessen und getrunken, aber man hat nicht geschmeckt.« Der pure Gegensatz zu den Burdas, die allesamt Genießer sind, im ständigen Kampf gegen übermäßige Gelüste und Pfunde. Christa schätzt diese Welt des Savoir-vivre. »Er hat mir beigebracht, wie eine italienische Pasta schmecken muss und was ein guter Wein ist.« Im Anschluss an den Rom-Aufenthalt begleitet sie Hubert Burda nach London und Paris, immer auf den Spuren von Hubert Robert und im Dienste seiner Doktorarbeit über Ruinenmalerei. »Diese Welt, die sie durch mich entdecken konnte, hat ihr natürlich gefallen«, weiß er.

Christa macht bald auch Erfahrungen mit dem Tod. Ihre Mutter stirbt an einem Herzinfarkt; sie wird lange von dem Gefühl verfolgt, irgendwie mit schuld zu sein. War sie doch allzu sehr mit sich selbst beschäftigt. Und von Anfang an lastete auf den Webers ein verhängnisvoll beklemmender Druck: »Der Vater hat alle und alles totgeschwiegen«, wie Burda schnell merkt. Christa, ein begabtes Kind, besonders in Mathematik, besucht die staatliche Wirtschaftsschule und lernt dort Peter Neckermann kennen, der ihr nach dem Abitur ein Praktikum im elterlichen Unternehmen vermittelt. Auch ihre modischen Auftritte lernt sie dort. Zweimal im Jahr schreitet sie als Fotomodell für den Neckermann-Katalog über den Laufsteg. Ein fantastisch bezahlter Job. Auf diese Weise kann sie sich auch gut und günstig einkleiden. Doch Christa Weber will mehr: Sie will Frau Neckermann werden. Das erste Anbändeln glückt ganz wunderbar, aber dann beendet Neckermann junior die Affäre – auf Geheiß seiner Eltern? – und »Christa zieht nur die Ersatzkarte«, wie einer am Verlegerhof sagt.

Heiratet sie aus reiner Verzweiflung Peter Krauss, den um elf Jahre älteren Assistenten von »Necko«, Neckermann senior? So wird sie Christa Krauss und lebt mit ihrem Mann in Frankfurt. Aber sie will unbedingt nach München, zum Studium der Kunstgeschichte. Ihre Ehe verschweigt sie, »sonst wäre doch niemand mit mir ausgegangen«, erklärt sie einem Mitstudenten. Auch der junge Burda erfährt davon erst, als es bereits um ihn geschehen ist.

Familie Burda ist entsetzt über Christa Krauss. Als sie von den Hintergründen der Liaison erfährt, hängt der Haussegen gewaltig schief. Eine Geschiedene zur Schwiegertochter? Dann soll sie auch noch eine Politische sein! Das hatte man sich in Offenburg anders vorgestellt. Bruder Franz, nie um eine Derbheit verlegen, schreit auf seine Art raus, was die anderen nur denken: »Die rote Sau!«

Bis heute ist es Christa Maar ein Rätsel, warum die Burdas sie für eine »Kommunischtin« halten. »Wie alle Menschen in dieser Zeit und in diesem Alter war ich natürlich heftig links und trat für eine gerechte Gesellschaft ein. Aber ich war nie kommunistisch.« Christa Krauss, für alle Modetrends empfänglich, hat sich also auch mit revolutionärem Zeitgeist gekleidet? Wie mit einem schicken Jäckchen, das man wieder abstreift? Auch dafür gab es kein Verständnis in Offenburg. »Dort habe ich sicherlich keine politischen Statements abgegeben, aber Ansichten, die nicht in diese Familie passten.« Immer habe sie links rumgetönt, behauptet nicht nur der älteste Bruder.

Trotz des scheinbar freundschaftlichen Verhältnisses zu Aenne ist es sehr schwer für sie, in diese »super-kapitalistische Aufsteiger-Familie« hineinzufinden, wird sie doch von Anfang an offen angefeindet. »Diese Familie ist schon sehr robust im Vertreten ihrer Interessen.« In dem Bild, das sie von sich selbst zeichnet, dominiert ein »ausgeprägter Sinn für Gerechtigkeit«. Und Stolz. Werden die ebenfalls stolzen Burdas ihren Stolz brechen?

Zuerst versuchen die Eltern die üblichen Manöver, um den Junior zur Räson zu bringen: Das ist doch keine Frau für dich! Du hast eine Bessere verdient. Eine Geschiedene, was denkst du dir dabei? Das kannst du uns nicht antun! Bist du jetzt vollkommen übergeschnappt? Dann wird der Druck massiver. Hubert Burda hat gerade, mit tatkräftiger Unterstützung von Christa Krauss, seine Promotion abgeschlossen, und der Einstieg in den väterlichen Verlag ist nur noch eine Frage der Zeit. Glaubt er. Es ist Frühling 1966.

Da klingelt eines Morgens, sie sind mittlerweile in die Leopoldstraße 38 a gezogen, dort wo heute die Münchner Rück weithin sichtbar den »Walking Man« auf Blickfang schickt, das Telefon. Anruf aus Offenburg, von der Sekretärin aus dem Büro von Vaters Ziehsohn Rüdiger Hurrle. Hubert Burda wird ein Einschreibbrief angekündigt, den er von der Post abholen soll. Schon sind sie wieder da, diese Ahnungen! Kurz zuvor hatte der Jüngste heftig mit dem Vater gestritten, weil der sein Verhältnis mit der *Bunte*-Reporterin Marita B. ganz öffentlich lebt, wirft ihm vor, die Mutter zu brüskieren und überhaupt: »So führt man doch kein Geschäft!«

Dem alten Burda können seine Söhne viel erzählen, aber nicht, wie er seinen Laden zu führen, sein Blättle zu machen hat. Und dann kommt die ungebetene Kritik obendrein noch von seinem Grünschnabel *Schniggo*. Wenn der doch bloß selber mal auf den Geschmack käme mit den Frauen, dann würde er eine Standesgemäßere anbringen als diese geschiedene Erbschleicherin, diese glatt gelackte Aufwieglerin, dieses blonde Gift mit ihrem studierten hochnäsigen Gehabe. Einen »Schissdreck« versteht die doch von den hohen Künsten, durch die ER sich täglich jonglieren muss. ER. ER. ER. Auf die schiefe Bahn hat sie seinen Jüngsten gebracht. Hat er nicht immer davor gewarnt, dass der Junge dem Leben nicht gewachsen ist und viel zu viel herumphilosophiert? Dieser verweichlichte *Schniggo, bello conte di lago magingo.* Soll er doch seinen Kunstkrempel machen und sehen, wo er bleibt! Ah, Rrrr, die Wut des Patriarchen bebt durch sein hungriges Männerherz, das nun ganz versteinert. Das beleidigte Ego übernimmt jetzt das Wort. Ist es ihm eine Genugtuung, den Brief zu diktieren?»Lieber Hubert! Deine Brüder und ich sind uns einig, dass Du für die Geschäfte dieser Welt nicht gemacht bist. Wir sind der Meinung, Du solltest eine Kunstgalerie aufmachen. Dafür erhältst Du fünf Millionen Mark, womit dann Deine Ansprüche an die Firma erloschen wären.«

Auf der Schwabinger Flaniermeile Leopoldstraße blühen die Kastanienbäume zartrot und jungfräulich weiß, aber seine Knie zittern wie die eines alten Mannes. Keine Spur vom souveränen Rimbaud, dem »Poète maudit«, als der er sich auf Künstlerfesten schon mal gern verkleidet. Die spinnen wohl, denkt er empört, als er wieder denken kann. Fünf Millionen, das ist doch kein Geld für einen Burda-Erben!, und steckt den ordentlich gefalteten Brief in die Innentasche seines Jacketts. Marschiert zum Englischen Garten, dreht wie in Trance seine übliche Runde um den Kleinhesseloher See und spürt, wie ihn eine eisige Ruhe überkommt. »Es gehört zu meinen Fähigkeiten, dass ich einfach abschalte und alles verdränge, wenn die Probleme ganz dick kommen.« In seinem Umfeld wird ihm das als Schwäche ausgelegt. »Er ist nicht konfliktfähig«, wispern schon die Wände.

Irgendwoher kannte er diese Ruhe bereits. Ihm fallen die Bilder wieder ein vom Sommer 1958. Er ist damals 18 Jahre alt und gerade vom Tennisplatz zurück, als der Anruf kommt, der alle in der Familie in Panik versetzt. Alle, außer ihm: Der Vater ist mit einem Bilddarmdurchbruch ins Krankenhaus eingeliefert worden. Sein Pilot Gerd Meier von der Burdastaffel hatte ihn von seinem Urlaubsort Garmisch nach Offenburg geflogen. Sprichwörtlich in letzter Minute. »Es hieß schon, er stirbt jetzt.« Bruder Frieder liegt mit einem Weinkrampf auf dem Bett, gibt ab und zu verzweifelte Schluchzer von sich, und alles, was der Jüngste verstehen kann, ist: »Wir gehen unter! Wir gehen unter!« Im Haus herrscht eine Aufregung, als wäre der Vater schon gestorben. »Ich hatte von nichts eine Ahnung, aber ich wusste, wir gehen nie unter, ich mach' das schon.«

Wie nur? Was konnte er jetzt noch tun, um als künftiger Verleger-Erbe des Medienreichs zu Offenburg nicht abzusaufen? Mit Christa zieht er sich in den »Schlosswirt« nach Anif ins Salzburger Land zurück. Er muss nachdenken, will für die Burdas nicht erreichbar sein. »Es war wie eine Art freiwilliges Exil«, sagt sie. Dort empfangen sie ihre engen Münchner Freunde, den Lyriker Peter Hamm, mittlerweile Redakteur beim Bayerischen Rundfunk, und dessen Frau Barbara. Hier verkündet Hubert Burda, dass er es sich anders überlegt hat: Er wird nicht als Verleger antreten. Ist es Strategie, um am Ende nicht als Verlierer dazustehen? Oder hat das Selbstbewusstsein, dieses schwankende, unsichere Wesen seines Ich, ihn wirklich ganz verlassen, wie die, die ihn kennen, mutmaßen? Weiß er, dass er nichts ausrichten kann gegen den Willen des Vaters – und des ältesten Bruders Franzl, der längst als künftiger König in Offenburg gilt? Er aber ist nur ein unbeschriebenes Blatt im Sturm der Verzweiflung.

»Ich habe ihm zugeredet, in einen anderen Verlag zu gehen, ihm zu Bucerius geraten. Da hätte er beweisen können, dass er seinen Mann stehen und sich von der Willkür des Vaters befreien kann.« Sagt sie. »In dem Brief hat der Vater ja verlangt, dass er sich von mir trennt. Damit es ihm leichter fällt, schickte er ihn nach Amerika.«

Der Brief erreicht das Gegenteil. Die Beziehung zu Christa wird gleichzeitig Ausdruck seines Protests gegen den autoritären Vater. Endlich lehnt er sich auch einmal auf!, denkt sie. Doch es hält nicht lange an. Hubert Burda entscheidet sich nicht nur für Christa, sondern auch gegen sie. Anstatt zu beweisen, dass er es auch außerhalb des Burdaclans zu etwas bringen kann, lässt er sich ins »amerikanische Exil« zwingen, das der Vater ihm großzügig finanziert.

In New York schaut sich der Junior ein bisschen bei Time Inc. um, besucht die damals wichtigsten Werbeagenturen auf der Madison Avenue. Macht auch einen Abstecher zu Radnor in Philadelphia und lässt sich das Geschäft mit dem *TV Guide* erklären. Er lernt, was für Zielgruppen es in der Neuen (Medien-)Welt gibt. Nach guter Landessitte reicht ihn jeder gern weiter, sodass er auch bei *Family Circle* und *Venture Magazine* einen Eindruck von einer amerikanischen Redaktion bekommt. Alles saugt er auf mit seiner unglaublichen Neugier und legt die Bilder in seinem berüchtigten Elefantengedächtnis ab. Er wird auch nie vergessen, dass New York im Sommer unerträglich heiß und schwül sein kann. Einer der Gründe, die Flucht nach vorn anzutreten und den Flug ins heimatliche München zu buchen.

Dort wartet Christa auf ihn. Sie ist die Erste, die eine Kostprobe seines mit Anglizismen gespickten Sprachstils bekommt, den er fortan pflegt. Mutter Aenne weiß mittler

Hubert Burda mit seiner I. Ehefrau Christa (geb. Weber, gesch. Krauss).

weile vom Vater-Sohn-Gezänk. Ist gerührt, wie der Jüngste um ihre Ehre kämpfte! Jetzt will sie wieder häuslichen Frieden. Ihr »Hubertle« soll genauso wie seine Brüder eine Chance in Vaters Unternehmen bekommen. Dafür muss in ihrem vertraulichen Auftrag auch der Ziehsohn und erste Verlagsmanager, Rüdiger Hurrle, sorgen.

Christa kann weiter an ihrem Projekt Sehnsucht arbeiten. »Ich wollte eigentlich nicht schon wieder heiraten«, sagt sie. »Aber ich wollte unbedingt ein Kind.« Über Jahre hatte sie das Gefühl, sie könne womöglich keine Kinder bekommen.

Hat sie ihn geliebt? »Na klar, das war eine richtig große Liebesgeschichte.« Als sie zu Anfang des folgenden Jahres ihr großes kleines Glück verkündet, läuft alles wie im Märchen ab: Bald läuten die Hochzeitsglocken, und der Umzug in die großbürgerliche Wohnung in der Münchner Schackstraße steht an. Familie Burda richtet im Sommer 1967, nach außen hin gefasst und tapfer lächelnd, im Garten der Offenburger Villa ein Fest für den Jüngsten und die künftige Schwiegertochter aus. Aber hinter den Kulissen herrscht blanker Hass. Vor allen Dingen der Vater kann sich mit einer Christa Burda, geschiedene Krauss, geborene Weber nicht abfinden.

Edith Viertel war das Alter Ego von Franz Senator Burda. Häufig hörten ihn seine Leute sagen: »Frag die Frau Viertel, die weiß alles.« Von einer drohenden Enterbung weiß sie nichts. Hubert Burdas Behauptung: »Meine Brüder wollten mich damals raushauen aus dem Verlag«, kann sie nicht bestätigen. »Er schönt die Geschichte in seinem Sinne«, sagt Viertel. In Wirklichkeit habe es sich so zugetragen: »Christa und Hubert haben immer nur rumgetönt, wie links sie sind. Da hat der Vater gesagt: ›Du kannst nicht aufrührerische Reden halten, wenn du vom Geld deines Vaters lebst.‹ Er hat ihn aus Zorn vom Hof gejagt und gesagt ›schau dich erst einmal um in Amerika‹ und natürlich gehofft, dass er dort zur Besinnung kommt.«

Ist danach alles vergessen, herrscht nur noch Freude über kommendes Glück? »Die Liebe ist süß, bis ihr wachsen Händ' und Füß'« steht auf der Einladungskarte, mit der »Christa Krauss und Dr. Hubert Burda« im Juni 1967 zu ihrem Polterabend ins »Forsthaus Hinterbrühl« einladen. Es ist ein verregneter Abend, aber die Gesellschaft tanzt gut gelaunt unter blauen Baldachinen. Großformatige Pop-Art-Imitationen von Roy Lichtenstein zieren die Wände, im Garten ist ein »kleines Oktoberfest« aufgebaut, und überall die herzliche Aufforderung, sich mit Tischfußball oder Flippern zu vergnügen. Da die Etikette »Pop/Bavarian« vorschreibt, müssen sich die 90 Gäste entweder in Pop oder bayerischer Tracht kleiden. Helmut Markwort, der neue Intimus von Hubert Burda und bald Chefredakteur der *Bild und Funk*, kommt in bayerischer Dragoneruniform. Zusammen mit Flori Furtwängler schießt er ein gehöriges Feuerwerk in den bayerischen Himmel. Die Bayernprinzen Leopold und Adalbert erscheinen im blauen Pagensamtanzügerl, über das sich der Gesellschaftskolumnist der Münchner *Abendzeitung*, der legendäre »Hunter«, ziemlich mokiert. Er findet die ganze Verlobung verkrampft originell; und was Hunter sagt, gilt damals. Kennt er doch alle Feste, mit denen sich die Münchner Gesellschaft zur Schau stellt.

Trotzdem hält sich seine Berichterstattung am 19. Juni 1967 über mehrere Spalten hinweg nur an diesem Ereignis fest. Mit großer Sympathiebekundung für Helmut Qualtinger, der in seiner lebensechten Rolle als »Herr Karl« auftritt. Der enge Burdafreund Willy Bogner ist natürlich da und Franz Spelman, Korrespondent von *Time Life* und Wortschöpfer des »Fräuleinwunders«. Dirigent Eberhard Schoener, die Sattlers, Künstlerfreund Gerhard von Graevenitz und natürlich die alten Studienfreunde mit den Sedlmayr-Weihen. Auch die Brüder Franz und Frieder lassen sich mit ihren Frauen, Bambi und Carina, trotz der für sie unstandesgemäßen Brautwahl die Feier nicht verderben. Christa selbst, im weißen Kleid mit hochtoupiertem Kurzhaarschnitt sieht aus wie »die deutsche Gretl«. Hubert Burda sieht man, trotz des steifen Anzugs, seine 27 Jahre nicht an. Er wirkt jungenhaft; unsicher wandert sein Blick über das Geschehen. Aber die Überraschungen sind allesamt harmloser Natur. Als Toni Feldmeier, der Platzwart des Münchner Bürgertums und Besitzer des Kaufhaus Beck am Rathauseck, sein Geschenk übergibt, grölen die Gäste, sind sich einig, dass das, fei' wirklich, Pop pur ist: ein echter Schweinskopf, dekoriert mit einem Engelsrock.

Wie lange wird die Zeit der Unschuld andauern? Hubert Burda ist jetzt in den Verlag des Vaters aufgenommen. Er soll das Geschäft von der Pike auf lernen, darf aber schon den wohltönenden Titel »Verlagsleiter« tragen. Christa Burda wird schon im Jahr darauf einen Liebhaber nehmen: Bazon Brock, den Vertrauten ihres Mannes. Der Freundeskreis streitet heftig darüber, ob das nun der Gipfel oder der Niedergang des guten Geschmacks sei – immerhin ist die 68er-Bewegung auf ihrem Höhepunkt angekommen, und es gilt die Parole: »Wer zweimal mit derselben pennt, gehört schon zum Establishment.« Derweil läuft Hubert Burda durch Schwabing und gibt sich alle Mühe, die Verletzung zu verbergen, sich mit Toleranz zu stählen. Er verkündet frohlockend: »Du weisch, mei Frau hat jetzt auch einen Liebhaber, isch das nicht toll?«

»Er war wahnsinnig tapfer«, er wollte es wirklich akzeptieren lernen. Das war bewundernswert«, berichten die Zeitzeugen. War es nicht eher eine überirdisch selbstverleugnerische Form der Duldung? »Es war selbsterhaltend«, weiß Christa Maar. »Ich hatte doch eine furchtbare Angst, dass alles, was ich mir in München aufgebaut hatte, den Bach runter geht«, erläutert Hubert Burda.

Zum Leben gehört seit November 1967 Felix, der gemeinsame Sohn. Selbst der Senator kommt nach seiner Geburt gleich nach München gefahren, um zu gratulieren. Für Hubert Burda ist der Sohn das nächste unfassbare Erfolgserlebnis nach seiner Doktorarbeit. Mit der Promotion hatte er im Haus Burda seinen Anspruch als Verlegererbe untermauert, nun war auch schon sein Stammhalter zur Stelle. Als ginge eine Magie von diesem kleinen Kerl aus, lieben ihn alle. »Das war eine Zeit lang ein vollendetes Glück«, meint Barbara Hamm.

Ihr Mann, Peter Hamm, hat mittlerweile Peter Kammerer in der Rolle des Burda-Mentors abgelöst. Bis er dann eines Tages von Peter Handke ersetzt wird. Gemeinsam verreisen sie. Mal ins Ferienhaus der Burdas nach Cap d'Antibes, mal nach Sankt Moritz. Dort hat sich Hubert Burda jetzt ein Domizil zugelegt. Ihn drängt es in die richtigen Kreise.

Kapitel 6

Markwort und Burda

Früher Kitzel der Vision

1966. Der Sohn brennt. Er will in den Verlag. Nach Doktorarbeit, »Exil« und Hochzeit gibt Senator Burda dem Jüngsten seine Chance. Der sollte nah genug an ihm dran sein, damit er ihn kontrollieren könnte, und doch weit genug weg, damit er ihm im Alltag mit all seinen süßen Geheimnissen nicht in die Quere käme. Hubert Burda soll Chefredakteur von *Bild und Funk*, der *BiFu* werden. Die Fernsehzeitschrift, die sich aus dem Radioheft *Sürag* entwickelte, druckt und kommentiert nun auch die Programme von ARD und ZDF, die erst wenige Stunden am Tag ausgestrahlt werden. Die deutsche Mediengesellschaft steckt noch in den Kinderschuhen. Das Blatt ist ein guter Übungsplatz, glaubt der Vater. Hier kann das Greenhorn im schlimmsten Fall nicht viel Flurschaden anrichten. Hier soll der intellektuell aufgedrehte Sohn, über den er häufig klagt, »wenn der bloß net so akademisch daherschwätze tät«, vom hohen Ross herunter auf den Boden des Boulevards geholt werden. Wo die Marktschreier des Massengeschmacks die Vorlieben des großen Publikums verhandeln. »Ein Herz sucht Liebe« schmachtet es aus dem Fortsetzungsroman der *BiFu*. Nach dem Sandmännchen läuft im Regionalprogramm *Meine drei Söhne* oder *Die seltsamen Methoden des Franz Josef Wanninger*. Der Anzeigenteil preist ein Schönheitspräparat, das »selbst Ihre abstehenden Ohren anliegend formt«, und auch das Horoskop fehlt nicht.

»Bloß nicht jetzt die Nerven verlieren, wo bald der Kampf durchgestanden ist«, empfiehlt die Septemberausgabe 37/1966 den im Sternzeichen des Wassermanns Geborenen wie Hubert Burda. Für ihn heißt es nun: Heraus aus dem Elfenbeinturm und hinein in den bunten Blätterwald! Ihm steht nicht nur ein krasser Milieuwechsel von Akademia nach Offenburg bevor; er versteht auch weder etwas vom Heftmachen noch von Journalismus. Für die seichten Blätter des Vaters schämt er sich, bewundert stattdessen den *Stern*, die *Zeit*, den *Spiegel*, verehrt Henri Nannen, Gerd Bucerius, Rudolf Augstein. Eines Tages wollte und würde auch er zu den Großen gehören! Doch wie sollte er es anstellen, den Olymp zu besteigen? Der Marsch wird lang und steinig. Aber wo ist überhaupt der Weg? Sollte er unter Pseudonym als Volontär in Hamburg anheuern und riskieren, im Wolfsrudel unterzugehen? Diese Gefahr ist nur allzu real, schließlich ist er ganz und gar kein Alphatier. Und wo sonst in der Branche, außer beim eigenen Vater, könnte ein blutiger Anfänger von 26 Jahren als Chefredakteur anheuern? Aber er hält sich für auserkoren, wenngleich er noch ALLES lernen muss.

Wie sollte so einer eine Redaktion leiten? Selbst mit der Autorität des alten Burda im Rücken musste er sich etwas einfallen lassen. Die schlaue Idee kommt ihm unverzüglich: Er brauchte einen tüchtigen Textchef, der ihm den Laden schmeißt und bei dem er sich obendrein das Handwerk abschauen kann. Aber welcher Abt nimmt sich dieses Novizen an? Hubert Burda fragt seinen Freund, den Maler und Illustrator Eduard Micus, und der weiß sofort Rat. Kennt da einen, der genau der Richtige ist für diese Mission, und empfiehlt ihm wärmstens einen gewissen – Helmut Markwort. »Sie werden sich gut verstehen«, prophezeit er. Mit diesen Worten drückt er ihm die Telefonnummer »vom Schweitzer« in die Hand.

Der Journalist Waldemar Schweitzer gilt in den fünfziger und in der ersten Hälfte der sechziger Jahre als ausgefuchster Medienprofi, der sich darauf versteht, die begabtesten journalistischen Jungtalente nach Stuttgart zu holen. Günther Kress, jahrzehntelang der Doyen des deutschen Medienstadels, kommt aus seiner Schule. Als Redakteur des von Schweitzer gegründeten Infodienstes *Aus unseren Kreisen*, dem Vorläufer des späteren *kressreport*, berichtet er über das Innenleben der Pressehäuser, die Personalrochaden, Newcomer und Umsteiger, und über unternehmerische Schachzüge der Verlagshäuser. Jahre zuvor noch undenkbar. Da hieß es noch: »Presse berichtet nicht über Presse.« Was Kress auf die Beine stellt, ist eine Sensation für alle, die in den Medien arbeiten. Kein Wunder, dass die Verleger hofften, dieser unverschämte Dienst möge schnellstens wieder eingehen. Aber Burda senior unterstützt ihn.

Auch Norbert »Sako« Sakowski ist ein Schweitzer-Mann. Er gehört zur Mannschaft der legendären *DM,* der ersten deutschen Zeitschrift, die ihre Leser mit Warentests bedient. Davor war er Deutschlandchef von *UPI,* danach lange Jahre Henri Nannens spitzfindiger Nachrichtenchef, bis Hubert Burda ihn aufsucht. Oder die tüchtige Edith Viertel. Auch die Pastorentochter aus Bremen macht ihre journalistischen Erfahrungen in Stuttgart, ehe sie als rechte Hand von Franz »Senator« in die Burda-Geschichte wächst. Und dann ist da jener Helmut Markwort. 1964 wird er Redakteur bei Schweitzers *Zeitung,* die als Konkurrenz (!) zum *Spiegel* antritt. Während der Künstler und Grafik-Designer Eduard Micus das Layout gestaltet und die Schriften entwirft. Wie jeder Rivale des *Spiegel* muss die *Zeitung,* schon im Frühherbst 1965, kapitulieren. Bleibt damals ein Stachel in Markworts Journalistenherz?

Hubert Burda hat sich gerade ein nagelneues Autotelefon zugelegt. Darauf ruft er umgehend in Stuttgart an. Muss aber erfahren, dass dieser Helmut Markwort ein gefragter Mann ist und mittlerweile das Düsseldorfer Büro des *Stern* leitet. Als sie sich schließlich treffen, ist es nicht unbedingt die große Sympathie, die sie sofort füreinander einnimmt, eher das Staunen über den anderen.

Markwort ist ein Stück größer und kräftiger als Burda; seine schwarze Haarmähne richtet sich ungestüm auf. Wo Burda mit süddeutschem Singsang umständlich Sätze formt und jeder Gedanke, noch ehe er ausgesprochen ist, von einem Dutzend anderer bedrängt wird, redet der Darmstädter in schnellen, prägnanten Sätzen. Die Geisteswindungen des Verlegersohnes entwirrt er durch pragmatische Ideen. Markwort ist ein Zupacker. Ein Mann aus dem Volk, dem die Herzen zufliegen, ein Fakten-Aficionado, der sofort spürt, wo nach einer Geschichte zu graben ist.

»Er war ein Spürhund, ein Spürhund, ein Spürhund«, erinnert sich der Spürhund Norbert Sakowski, dem Markwort zu *UPI*-Zeiten als freier Mitarbeiter verpflichtet war. Sako holte den Spürhund anschließend zum *Stern.* »Er war so clever, so wahnsinnig gut.« Immer wirft Markwort seinen massiven Ehrgeiz in die Waagschale, um als

Erster am Ball zu sein, an den Fakten, an dem, was Journalisten eine Geschichte nennen. Dabei hinterlässt er gar nicht den Eindruck des Strebers; er ist der wahnsinnig nette Kerl von nebenan, der halt zufällig genial ist, aber trotzdem mit auf den Bolzplatz kommt. So einen muss man mögen, an so einen hält man sich. Woher kommt so einer und wo will er hin?

Markwort ist im Dezember 1936 in Darmstadt geboren. Die Mutter stirbt nach seiner Geburt an Kindbettfieber. Ein Drama, das ihn immer verfolgt. Über seine Jugend, die er kriegsbedingt im oberfränkischen Rodach bei Coburg verbringt, erzählt er: »Ich war so eine Art Wunderkind.« Als die Amerikaner 1945 einmarschieren, atmet das ganze Dorf auf, dass es nicht unter russische Besatzung fällt. Denn die Grenze zur späteren DDR verläuft nur wenige Kilometer entfernt; er wächst, wie es in solchen Fällen heißt, an der Nahtstelle von West und Ost auf. Konfrontation ist ihm eine alltägliche Selbstverständlichkeit: Wir hier und die da drüben im anderen Lager.

»Auf wundersame Weise« kann der junge Markwort innerhalb von vier Wochen »reden wie ein Amerikaner«. Sagt er. Und wird nur noch »Jimmy« gerufen. Hey Jimmy! How are ye' Jimmy? Für die amerikanischen Soldaten wird Jimmy unentbehrlich. Sagt er. Er übersetzt für sie, wird offizieller »interpreter«, fährt mit ihnen über Land, wo er die üblichen Tauschgeschäfte vermittelt: Lucky Strikes gegen Speck und Eier. Oft genug auch diese kleinen Anspielungen und Anfragen zwischen den ausgemergelten deutschen »Frauleins« und den wohlgenährten amerikanischen Jungs; ein minderjähriger Schmoozer. Sie holen ihn mit ihren Panzerspähwagen von der Schule ab, aus dem Unterricht heraus. Wie, wo, was ist denn hier los?, stottern die Lehrer. Aber Jimmy ist wichtig, important, you know. »We need him«, sagen die Soldaten. Sie brauchen ihn.

Wer sich auf die Suche nach dem platzgreifenden und tief verwurzelten Selbstbewusstsein Markworts begibt, wird bei Jimmy fündig. Der ist 1946, noch nicht ganz zehnjährig, schon zum »Master Sergeant« befördert, steckt in einer amerikanischen Uniform, eigens für ihn geschneidert mit drei Streifen oben, drei Streifen unten. Aus dem »head quarter« ruft er zu jeder vollen Stunde über ein Kurbeltelefon – welch magisches Gerät für einen Zehnjährigen

– die Außenposten der »US-Rodach-Posts« an und schreibt Protokolle auf Englisch!

Als der Vater aus der amerikanischen Gefangenschaft zurückkommt, ist er entsetzt, Sohn Helmut als Jimmy vorzufinden, als Agent provocateur derer, denen er gerade entkommen ist. »Der penible Justizbeamte war Mitglied der NSDAP gewesen, als Offizier hatte er an der Ostfront gedient. Doch als verbitterter Repräsentant der besiegten und diskreditierten Vergangenheit gerät er bei seiner Heimkehr in eine von Grund auf veränderte Szenerie hinein.« Schreibt Tobias Dürr, Chefredakteur der *Berliner Republik*, in einem aufschlussreichen Essay über Markworts Nachkriegsjahre. Schließlich aber versöhnt auch Jimmy-Helmut den Vater. Obwohl oder gerade weil der Junge seine Aufgabe übernimmt und die Familie mit Lebensmitteln versorgt. Nicht zu knapp. Während noch überall gehungert wird, bringt Jimmy Hershey-Schokolade und Coca-Cola satt heim. Dem traumatisierten Vater, Raucher, kann der Sohn noch dienlicher sein: »Ich hab' keine Kippen aufgesammelt wie die anderen Jungs, ich hab' ganze Packungen mit nach Hause gebracht.« Sagt er. Auch Zeitzeugen gibt es noch. 1996 entdeckt die *Neue Presse Coburg* die Spuren des *Focus*-Chefs alias Jimmy.

1948 ziehen die Markworts zurück nach Darmstadt. Der Vater, Beamter und mittlerweile entnazifiziert, leitet das Grundbuchamt, und Wunderknabe Helmut wird wieder in seine Kindheit entlassen. Die Erfahrungen Jimmys, die Jahre der Verantwortung und des Wacheschiebens, die Haltung »wir gegen die«, die bleiben ihm natürlich. Was dem jungen Burda nicht gewährt wird, ist für Markworts selbstverständlich: Der Sohn kommt ans humanistische Ludwig-Georgs-Gymnasium, wo er Latein lernt und sein Graecum absolviert. Ist stolz, dass er in einer ausschlaggebenden Mathematikprüfung eine Formel, die er in Zahlen nicht darstellen kann, präzise in Prosa erklärt. Sein wahres Engagement entfaltet er in Deutsch und Sozialkunde und: Er ist leidenschaftliches Mitglied der Theatergruppe. Spieltrieb und Selbstdarstellung sind ihm in die Wiege gelegt! Das wiederum verbindet ihn mit Hubert Burda.

Nach seinem Abitur 1956 will Markwort nichts dringender als Journalist werden. Er kommt gleich beim *Darmstädter Tagblatt* unter, wechselt 1959 zum *Generalanzeiger* nach Wuppertal, und schon ein Jahr später ist er beim Nürnberger *8-Uhr-Blatt* Lokalchef. Dort lernt er eine junge Volontärin kennen, zart und robust, mit feinem Haar und frechem Lachen. Sie hat eine charmant-großkotzige Art aufzutreten und kann mit seinem Ehrgeiz durchaus mithalten: die hübsche Karin Gaebert. Die beiden sind wie füreinander bestimmt und gelten, zumindest vor Markworts Chef, als verlobt. Aber dem aufmüpfigen Fräulein Gaebert ist die Welt im *8-Uhr-Blatt* zu grau. Als ihr der Lokalchef Markwort dreimal in Folge einen lausig bearbeiteten Nachrichtentext zurückgibt, tobt sie: »Ich mache diesen Dreck nicht! Ich bin Journalistin geworden, um über Haute Couture in Paris zu berichten.« Im Jahr darauf, 1960, zieht sie nach München.

Als Markwort zwei Jahrzehnte später auf die rauschenden *Cosmopolitan*-Redaktionsfeste von Karin Dietl-Wichmann kommt, staunen die Kollegen, wieso ausgerechnet die zwei sich duzen. Wo Markwort doch sonst ein »Du« gar nicht in seinem Wortschatz führt. Aber alle, die er kennt und schätzt, drückt er an seine Brust. Und wen Markwort einmal in sein großes Herz geschlossen hat, den wird er immer darin beherbergen. Es sei denn, der Geherzte macht sich einer Treulosigkeit schuldig. Dann hasst Markwort! In ebenso loyaler Verlässlichkeit über Jahre und Jahrzehnte. Es ist ein schlichtes Motto: Einmal in Markworts Mannschaft, immer in seiner Mannschaft. Einmal Gegner, immer Gegner. Jimmy lässt grüßen.

Hubert Burda hingegen ist kein Typ fürs Fußballfeld. Wenngleich er sich in jungen Jahren neben keinem Geringeren als Franz Beckenbauer unter Udo Latteks Anleitung im FC Bayern Privée redlich in der Position des Verteidigers mühte. Sich schon mal zu Verlagsturnieren mit dem Hubschrauber von München auf die Spielwiese in Offenburg fliegen lässt. In voller Montur steigt er unter dem irritierten Beifall der Mitspieler aus. Aber Lokalmatadore können ihn gemeinhin nicht locken, er geht in die Arena zur Champions League. Nicht weil ihn die Spiele interessieren, er will sehen, wer sich in der VIP-Lounge tummelt, will selbst gesehen werden. Er bewundert Populisten. Sein Vater ist einer, und Markwort mit seiner natürlichen Autorität erinnert ihn gleich an den Senior. Aber ihm graut auch vor Populisten, vor deren Zack-zack, mach mal.

Sie könnten unterschiedlicher nicht sein – Hubert Burda (r.), Helmut Markwort (m.) und Susanne Reinl 1966 in der Redaktion der *Bild + Funk*.

Er philosophiert lieber. In sprunghaften Assoziationsketten. Alles
an ihm ist bemüht, und seine Mitmenschen sollen es zwingend spüren: Er ist Elite durch und durch! Seine Herkunft, seine Ausbildung,
sein Umgang, sein Anspruch. »Er war intellektuell ziemlich liebe-
bedürftig«, erinnert sich *FAZ*-Redakteur Henning Ritter. »Seine
Einfälle mussten schon so sein, dass man fasziniert sein sollte.« Das
Gewöhnliche jagt Jung-Burda Angst ein, könnte es ihn doch auf den
Boden der Banalität drücken. Er sucht das Besondere, will umringt
sein von Menschen, die die Schlagzeilen bestimmen. »Ich will es nur
mit den Besten zu tun haben«, sagt er, »durchschnittliche Menschen
interessieren mich nicht.« Der Ruhm anderer Leute zieht ihn an wie
ein Magnet. »Ihn interessieren von jeher nur Leute, die den Diskurs
bestimmen«, interpretiert Mentor Peter Hamm. Das macht auch

den Markwort so attraktiv; der herrscht schon über Schlagzeilen, ist im Gegensatz zu Jung-Burda bereits ein richtiger Medienheld, wenngleich erst auf kleiner Bühne. Aber einer, der ins Rampenlicht drängt, genauso wie Burda. Der eine riecht das Karriereparfüm des anderen. »Ich bin damals natürlich davon ausgegangen, dass ich dem Kronprinzen vorgestellt werde«, sagt Markwort.

»Das zwischen Markwort und dem Hubert ist beinahe eine Blutsbrüderschaft«, beobachtet Günther Kress. »Die beiden sind immer stundenlang spazieren gegangen.« Obwohl Markwort Märsche durch Parks hasst. Burda hingegen braucht sie, erst so schlägt sein Corpus Callosum, sein Gehirnpendel, in schwungvollem Takt, nur so kommen ihm die großen Gedanken: Management by Walking! Er zelebriert es wie einen Kult. Markwort in seiner gut genährten Körperfülle hingegen ist immer schon in Schwung, der ganze Mann ist ein energiegeladenes Rollkommando. Seine Gedanken kommen weder aus der linken noch aus der rechten Gehirnhälfte, sie sprudeln wie Magma aus der Tiefe des Vulkans Markwort. Klar, dass er in der deutschen Medienwirtschaft sein eigenes Stück Land will. Nun hat er vor sich den Sohn des Großgrundbesitzers, der ein großartiger Verleger werden will. Unter solchen Umständen lässt sich ein Spaziergang verkraften.

Mit feiner Witterung nehmen Burda und Markwort die Spur zur Vision des anderen auf, erkennen schnell, wie gut sie zusammenpassen: Durch den anderen könnten sie das eigene Potenzial verwirklichen. Hier geht es nicht um Sympathie, sondern um Symbiose pur! Markwort sieht einen Acker, den ganz alleine er bearbeiten darf, und Burda sieht sein wohl bestelltes Feld *BiFu*. So könnte er den Vater überzeugen, der würdige Verlegeranwärter zu sein. Der ältere Markwort, damals 29, ist aber keineswegs geneigt, in Offenburg den Textchef für eine Programmzeitschrift abzugeben, wo er es doch beim großen Henri Nannen schon zum Büroleiter gebracht hat. Aber er sieht auch, dass er an Nannen nie würde vorbeiziehen können. Burda junior reagiert flexibel: »Dann werden Sie Chefredakteur, und ich mache die Verlagsleitung.« So wird Helmut Markwort 1966 mit 29 Jahren einer der jüngsten Chefredakteure Deutschlands. Nur Peter Boenisch war jünger, als er 1949 mit nur 22 Jahren Chef der *Schleswig-Holsteinischen Tagespost* wurde.

Dass Markwort in der Nach-Augstein-und-Nannen-Ära auch einmal der prominenteste Chefredakteur des Landes werden könnte, ein »Medien-Genscher« und »Prophet der Info-Elite«, darauf gibt es am 1. September 1966 keinerlei Hinweise. An diesem lauen Spätsommertag kommt Markwort in Offenburg an, um sein neues Amt anzutreten. »Pünktlich um neun fuhr ich im Paternoster das Burda-Hochhaus hinauf und betrat erstmals die Räume ›meiner‹ Redaktion.« Auf der Suche nach Hubert Burda erkundigt er sich bei der Sekretärin. Die murmelt nur: »Der ist nicht da.« Als er wissen will, wo er sein Zimmer findet, verschluckt sie sich beinahe an dem knappen Satz – »es ist kein Zimmer frei« – und schaut betreten zu Boden. »Da die bedauernswerte Frau offensichtlich nicht informiert worden war, betrat ich entschlossen das Zimmer mit der Aufschrift ›Chefredaktion‹. Ich fand es besetzt von zwei würdigen Herren, den amtierenden Chefredakteuren, beide etwa doppelt so alt wie ich. Unser Gespräch verlief leicht verkrampft: Drei Chefredakteure, ein Zimmer und kein Verlagsleiter. Ich fragte wie ein Reporter, und die beiden wichen aus wie die Pressesprecher eines Schweigeordens. Schließlich ließ sich der Tapferere der beiden zu einem Statement hinreißen: ›Keiner weiß, wo Hubert Burda steckt, aber wir wollen nichts gesagt haben.‹«

Markwort, der unerbittliche Faktenschürfer, fährt in den 13. Stock des Hochhauses, wo Burda senior, der Senator ehrenhalber, residiert, der ihm herzlich zuruft: »Sie suchen sicher den Hubert«, und noch ehe Markwort zustimmen kann, verkündet: »Den Schniggo hab ich 'nausgschmisse. Der bleibt jetzt ein Jahr in Amerika. Dann kann er wiederkommen. Sie werden trotzdem Chefredakteur bei der *BiFu*.« Damit lernt Helmut Markwort auf einen Schlag die Philosophie im Hause Burda kennen: Das Sagen hat einzig und allein Franz, der Patriarch, der nach eigenem Gutdünken befördert oder abstraft und sich auch nichts daraus macht, seinen Sohn so gnadenlos vorzuführen. Es herrscht ein unwidersprochen autokratischer Ein-Mann-ein-Wort-Führungsstil. »Ich bin autoritär, aber ich machs luschtig«, so hat er sich unzählige Male selbst beschrieben und sich dabei wieder und wieder köstlich amüsiert. Franz Burda, das Unikum, ist kein distinguierter Konzernherr. Zu seinen Stilmitteln gehört die Impertinenz.

Desilusioniert über seine neue Karriere, liegt Markwort auf dem Bett des Hotelzimmers im »Palmengarten«. Er grübelt. Wie viel Zeit müsste er wohl verstreichen lassen, um auf Nannens Abschiedsangebot − »Sie können jederzeit zurückkommen« − einzugehen? Da klingelt das Telefon. »Hubert Burda war dran. ›Wahnsinn‹, sagte ich, ›rufen Sie aus New York an?‹ − ›Nein‹, sagte er, ›ich bin schon zurück in München.‹ Ein Dutzend Steine fallen mir vom Herzen. Wir verabreden totale Diskretion und ein heimliches Treffen am Wochenende. In Hubert Burdas Schwabinger Wohnung diskutieren wir die vielen Facetten des Vater-Sohn-Konfliktes, dessentwegen der Senator meinen Verlagsleiter ins Exil verbannt hatte.« Zum Abschied soll der Verstoßene noch gesagt haben: »Halten Sie durch, das wird schon wieder.« Eine gemeinsame Erfahrung dieser Art kann nur ein Grund zur umgehenden Trennung sein oder zusammenschweißen. Burda und Markwort bleiben zusammen. Vorerst.

Kapitel 7

Bruder- und Publikums-beschimpfung

Wahlverwandtschaft Handke

Im Herbst 1966, nach fünf Jahren Studium, nach ausgedehnten Studienreisen an die Stätten der Antike, nach amerikanischem Exil, kommt Hubert Burda zurück in die schöne Welt des Schwarzwalds, legt dem Vater seine Dissertation über »Die Ruine in den Bildern Hubert Roberts« vor. Der aber mag sich wieder nicht freuen. Obwohl er stolz ist wie ein Pfau, dass es nun wenigstens einer seiner drei Söhne ihm gleichgetan und die Doktorwürde nach Hause gebracht hat.

Ehrlicherweise müsste der Vater auch zugeben, dass sein Jüngster das volle Pensum geleistet und nicht wie er selbst den leichteren Umweg über Erlangen genommen hat. Oder über Innsbruck, wo einige der namhaften deutschen Unternehmersöhne relativ vergnüglich an ihren »Dr.« gekommen sind. Stattdessen schlägt der Alte entsetzt die Hände über dem Kopf zusammen, empört sich: »Da habe ich den Betrieb hier aufgebaut und groß gemacht, und du promovierst über Ruinen!« Schniggo, wie kannst du nur? Auch Mutter Aenne, die von Königspalästen träumt, vermag in Ruinen kein arkadisches Erhöhungsmoment zu sehen. Sie wecken in den Burdas nur unerwünschte Erinnerungen an die Trümmerlandschaften des Krieges. Nicht einmal dem Goethe hat sich irgendetwas auf Ruinen gereimt, hadert der Senior.

Einer aber horcht auf und wirft missgünstige Blicke – Bruder Franz, der älteste der Burda-Söhne. Bisher hatte er noch nie erwogen, »den Klei'« ernst zu nehmen. Diesen Spinner, der sich in der Münchner Künstlerschickeria herumtrieb oder mit blutleeren Philosophen nach Florenz fuhr, um sich in den Weinbergen Dante auf Lateinisch vorzulesen. Goethe mimen. Wenn der keinen Knall hatte! Dann plötzlich das: ein Doktortitel! Was bildete der Zwerg sich ein?

Heischt Beifall nach allen Seiten! Und was ist mit ihm, dem großen Franz Burda junior, der längst den Laden schmeißt, seit 1958 schon Technischer Leiter der Druckerei ist, damit der Alte mit seinem Lieblingskind, der *Bunten*, spielen kann? Soll das auf einen Schlag nicht mehr der Rede wert sein? Plötzlich erinnerten sich wieder alle daran, dass er nicht einmal das Abitur gepackt hat. War doch nicht seine Schuld! Wenn diese Deppen von Lehrern es nicht verknusen konnten, dass er gelegentlich mit Vollgas in Mutters Cabriolet am Gymnasium vorpreschte. Einer wie er hat es schließlich eilig. Kann wohl auch nicht sein Problem sein, wenn sie ihn dann dafür büßen lassen, dass die Burdas es weiter gebracht haben. Zur Strafe lassen sie ihn durchs Abitur rasseln. Na und? Die konnten ihn doch mal, er wollte eh kein Verkopfter werden, sollten sie sich ihr Abitur doch sonstwohin stecken.

»In München steht ein Burda Haus«, schlagzeilt die *Bunte* im Juli 1967, als in der Arnulfstraße 197 mit viel Blasmusik und der üblichen Burda-Gaudi das neue Verlagsgebäude eingeweiht wird. In Blau-Weiß wie der Himmel der Bayern und die Farben des Burda Verlags. Es ist ein brennend heißer Tag, und der Mundschenk gibt sich alle Mühe, das Bier kalt und die Weißwürste frisch zu halten. So könnten nur die eifersüchtigen Blicke von Franz, dem Großen, auf Hubert, den Kleinen, den Gästen den Appetit verderben. Aber wer achtet schon auf solche Feinheiten, wenn die Bierseidel in anschwellendem »Prost – Prost« aneinander klicken und die Stimmung steigt? Und all die üblichen Verdächtigen aus den Klatschspalten von *Bunte* und *BiFu* sich feiern.

»Schön groß, damit die Fotografen was davon haben«, ist der symbolische Schlüssel, den der Vater seinem Jüngsten, dem neuen Hausherrn, übergibt. Welch erhebender Moment! Welcher Vertrauensbeweis! Eine Schlüsselsituation im wahrsten Sinne des Wortes! Dr. Hubert Burda, wie er sich nur noch nennen lässt, wird der kleine König des Burda-Reichs in München. Eine heftige Konkurrenz mit Offenburg beginnt. Noch sieht er auch im Dreiteiler aus edelstem Tuch so unscheinbar blass aus wie ein Konfirmand. »Er war noch ein unglaubliches Jüngelchen«, sagt eine *BiFu*-Redakteurin von damals. »Er konnte einem fast leidtun.«

Das Haus in der Arnulfstraße liegt unweit vom Hirschgarten, einem kleinen Park mit Bierwirtschaft und Hirschgehege. »Eines Tages holen wir den ganzen Verlag nach München«, plant Jung-Burda mit seinem Chefredakteur Markwort, »und gründen so viele Zeitschriften wie wir nur wollen.« Franz, der Vater, hat das natürlich nicht gehört, und schon gar nicht Franz, der Bruder. »Wie die Peripatetiker« schreiten Burda und Markwort auf der grünen Wiese, das Hirschgehege im Blick, »und entwickelten Visionen von neuen Zeitschriften, von reformatorischen Parteien und von ganz anderen Theatern, als die Menschheit sie bisher kannte.« 1968 steht vor der Tür, und wer jetzt kein aufrührerischer Geist ist, wird es nimmermehr. Als die Russen mit ihren Panzern in Prag einrücken, sitzt eine schockierte Weltöffentlichkeit wie gelähmt vor den Fernsehbildschirmen. Markwort aber wird fast krank darüber, dass er kein journalistisches Medium besitzt, um gegen die kommunistische Weltmacht anzuschreiben. Ein Zeit lang produziert er die *BiFu* »begeistert, aber wirtschaftlich sinnlos«, täglich. Seine Frau Elke, ehemals Sekretärin beim *Mittag*, näht für ihn eine tschechische Flagge. Er zurrt sie an der Antenne seines Dienstwagens fest, fährt hupend durch Schwabing. Mit großem Trara tritt er in die FDP ein, Kreisverband München-West. Burda vertröstet seinen politisierten Chefredakteur mit dem Zeitungstraum auf später, und Markwort weiß: »Der enthusiastische Hubert Burda war kein notleidender Wahnmochinger Nachtschwärmer, sondern ein Verlegersohn, der seine Tagträume vielleicht tatsächlich verwirklichen konnte.«

Aber wieder ist der Verlegersohn ganz anders gepolt als der Sohn des Vermessungsamtsleiters. Hubert Burda ist durch das Feuer der Umstände politisch erhitzt, aber er ist kein politisch denkender Mensch. Im Herbst 1963, zwei Jahre nach dem Bau der Mauer, als man in beiden Teilen Deutschlands nach Nachrichten aus dem jeweils anderen Teil lechzt, macht Burda mit Freund Kammerer und einem *Bunte*-Fotografen eine mehrwöchige Reise durch »die Zone«. Sie kommen zurück mit »einmaligen Farbaufnahmen«. Es ist schon ein Kunststück, dass in der mehrteiligen *Bunte*-Serie, die dann folgt, kein einziges Wort über die Lebensumstände »drüben« fällt, auch keine Silbe über Alltagsbegegnungen mit den Menschen. Nicht die geringste Andeutung über die politische Durchdringung des Alltags findet sich in den seitenlangen Abhandlungen über die Wirkungsstätte Luthers, das Weimar Schillers und Goethes oder über den Brocken. Jeder anderen Zeitschrift hätte man eine derartige Berichterstattung als unverzeihlichen Zynismus vorgehalten. Zu Recht. Selbst in *Bunte* wirkt die Serie peinlich, auch da die Autoren sich hinter den Pseudonymen Herbert Brenda und Peter Cambitzer verstecken. Als hätten sie keine Recherchegefahr gescheut und müssten nun die Rache der kommunistischen Schergen fürchten. Den beiden tapferen Helden kann man nur ihre Jugendlichkeit zugute halten. Sie sind 23 und 25 Jahre alt.

Selbst ihren Stasi-Bewachern sind sie offensichtlich zu belanglos. In den Unterlagen des Staatssicherheitsdienstes der ehemaligen DDR findet sich kein einziger Hinweis auf diese Reise. Auch sonst wird nie etwas über Hubert Burda vermerkt. Eine Akte über ihn existiert in der so genannten Gauck-Behörde nicht. Nur von Mutter Aenne finden sich Spuren. Sie musste, als sie 1988 *Burda Moden* – endlich – auch in die DDR exportieren durfte, ein Adressenverzeichnis ihrer Abonnenten abliefern.

Im Juni 2003 sitzt Hubert Burda mit seinem Freund Peter Hamm im malerischen Garten des anmutigen Heidelberger »Haus Buhl«. Die Verleihung des Hermann-Lenz-Preises, einer jährlich ausgelobten mäzenatischen Gabe des Verlegers an einen deutschsprachigen Schriftsteller sowie eine Hand voll osteuropäischer Lyriker, wird wieder einmal zelebriert. Die Festrede ist gehalten, nun nippt man am Leimener Herrenberg, greift ab und an nach kleinen Köstlichkeiten, die gut aussehende junge Kellner in gestärkten weißen Hemden kredenzen. Zu guter Letzt rundet die Dessertvariation »Hermann Lenz« die kulinarische Einlage ab, und das Gespräch kommt auf 1968. Burda blinzelt entspannt in die Sonne und sagt zu Hamm: »Wir waren ja naiv, politisch.«

Hamm lacht kurz auf und nickt zustimmend.

»Was wir wollten, war irgendwo zwischen Karl Marx und Marilyn Monroe«, amüsiert sich Burda.

»Ich war damals kein typischer Achtundsechziger, eher ein konservativer Sozialist«, wirft Hamm ein.

»Ich war auch nie ein ganz hundertprozentiger Warholianer«, entgegnet Burda.

»Gott sei Dank nicht!«, exklamiert Hamm.

Es ist einer dieser legeren Momente, in denen sich die Geschichte zusammenrollt wie eine Wildkatze, die sich schläfrig stellt, und unvermeidlich die Frage auftaucht: Weißt du noch? Als Andreas Baader und Gudrun Ensslin nach dem Kaufhausbrand zum ersten Mal ins Gefängnis kommen? Nach ihrer Entlassung dann bei Peter Hamm auftauchen, der mit Frau Barbara mittlerweile in die ehemalige Burda-Wohnung in der Leopoldstraße 38 a eingezogen ist. Jenes Haus, in dem die Geschwister Scholl ihre Flugblätter druckten, bevor sie vom Hausmeister verraten wurden. Gudrun und Andreas jedenfalls brauchen Geld. Weil Hamm keines hat, geht er mit ihnen zu Christa und Hubert Burda, die jetzt in einer großbürgerlichen Stadtpalast-Etage aus dem Besitz des Prinzen Konstantin von Bayern in der Schackstraße, gleich hinter dem Siegestor, wohnen. Dort werden alle nach guter Sitte des Hauses großzügig verköstigt, bevor man, München ist nun mal München, weiterzieht in den Biergarten. Haben Baader und Ensslin Geld bekommen? Christa Maar: »Ich kann mich nicht erinnern. Vielleicht. Jedenfalls haben sie nicht bei uns übernachtet.«

Die Gäste in der Schackstraße sind zahlreich und könnten unterschiedlicher nicht sein. Nur einer, den Burda sehnlich herbeiwünscht, ziert sich: der rebellische, junge Dichter Peter Handke. Der Jungverleger hat mit Frau Christa die *Publikumsbeschimpfung* 1967 in den Kammerspielen gesehen und ist von Stund an fasziniert von diesem Handke. Was der sich traut! Beschimpft die Leute als KZ-Banditen, Strolche, Stiernacken und Kriegstreiber, als Untermenschen, rote Horden, Bestien in Menschengestalt, Nazischweine, als Versager, Katzbuckler, Nullen, Dutzendwaren, Tausendfüßler, indiskutable Elemente. Der Mann ist ein Genie!, spricht ihm aus der Seele. Alles was Burda sich nie zu sagen getraut hätte, schreit der einfach raus, und wird mit dieser rohen Wut auch noch berühmt. Er musste diesen Handke kennen lernen!

Peter Hamm, Michael Krüger, »die Vielzweckwaffe des Literaturbetriebs«, und Bazon Brock, der junge Ästhetikprofessor, schleppen ihn schließlich an. »Der Handke hatte damals kein Interesse an

Burda«, weiß Hamm, »er wollte nur mal so ins Reichenmilieu rein-
schnüffeln.« Bald aber wird der Dichter, der auch leidenschaftlicher
Cineast ist, Mitglied einer Jury, die im Auftrag des jungen Burda
einen Alternativ-Bambi auslobt. Burda senior lässt sich von der Sache
überzeugen, schließlich soll ein Verleger den Anschluss an die Jugend
nicht verpassen. Also steht Franz Burda 1968 in den Oberföhringer
Fernsehstudios vor den Kameras und will auch ein Rehlein an den
jungen deutschen Filmer Jean-Marie Straub für dessen *Chronik der
Anna Magdalena Bach* vergeben. Der aber kommt um ein Haar nicht
an die vergoldete Trophäe aus Offenburg. Die Saalwärter verwehren
ihm den Einlass, weil er keinen Smoking trägt. In der ersten Reihe
sitzen die göttliche Elizabeth Taylor und Richard Burton. Die Jungs
vom Alternativ-Bambi recken neugierig ihre Hälse und beobachten
gebannt, wie Burton regelmäßig nach der Whiskeyflasche unter seinem Stuhl greift.

Auch Burdas Bambi-Rede ist in diesem Jahr auffallend anders, als
hätte der Alte sein eigenes 68er-Erweckungserlebnis. Natürlich steckt
da Sohn Hubert dahinter. Der will intellektuellen Anspruch ins Haus
Burda bringen und schreibt dem Vater eine Exegese über Marshall
McLuhan ins Manuskript. Etwas holprig doziert der Senior dann auf
Badisch: »Viele von Ihnen haben sicherlich von den Thesen des Professors McLuhan gehört. Er teilt die Menschheitsgeschichte nach Kom-
munikationsphasen bzw. Informationsarten ein.« Aus dem Munde
von Franz senior klingt es, als spräche er über Indianerstämme am
oberen und unteren Orinoko. Als er anschließend dem jungen Dichter Handke im roten Samtanzug und Hippiehemd vorgestellt wird,
verbeugt der sich in gespielter Demut. Und in altbekannter Theatra-
lik liest der Patriarch dem Publikumsbeschimpfer polternd *seine* literarische Lektion: »Schiller! Das war ein Dramatiker! Freude, schöner
Götterfunken! Wohlauf, Kameraden, aufs Pferd! Ich bin koi Milita-
rischt, aber des g'fällt mir!« *Spiegel*-Reporter Peter Brügge schreibt
fleißig mit und steht auch dabei, als Handke sich mit ergebener Geste
ans Herz greift und nachfragt: »Wie war doch gleich der Name?«
Burda, lautstark: »Friedrich von Schiller.« Handke dankt und notiert
sich den Namen. »Eigenwitzige Vögel«, kommentiert der Chronist.
Sein Artikel erscheint in der darauf folgenden Woche im bösen Blatt

aus Hamburg – der Montag ist noch ungeteilt »Spiegeltag« – und ist kostbarer als jeder Bambi.

»So jemand selbstverständlich Herzliches wie den Hubert hab' ich in Deutschland zuvor noch nie erlebt«, schwärmt Peter Handke vom jungen Burda. »Er hat so ein Vertrauen in die Menschen gehabt, das jedenfalls damals noch nicht gespielt war.« Auch so eine »Grundfrechheit«, und: »Er hat so eine traurig-heitere Natur, die schön ist.« Dieser traurig-heitere Burda hat sich nie auf Politisches fokussieren lassen, selbst in den Sechzigern nicht, als es zum gesellschaftlichen Schick gehört. Nach den Uhren Schwabings läuft

Auf Peter Handke stützt sich Hubert Burda nicht nur in mystischen Dimensionen.

die 68er-Bewegung schon im Sommer 1962 an. In der Folgezeit ist Hubert Burda häufig zu Gast beim »Alexander Herzen Club«, einer losen Gemeinde um Russisch-Übersetzer Sascha Kaempfe und Tausendsassa Frieder Hitzer, dem die Frauen zu Füßen liegen, egal ob er ihnen auf der Gitarre vorspielt oder das Kommunistische Manifest vorliest. »Es war ein reiner Kulturclub, wir haben uns hauptsächlich für russische Literatur interessiert«, sagt Barbara Hamm, die zum engen Kreis zählte. »Erst im Nachhinein sind wir als politische Bewegung stilisiert worden, als Kommunisten. Das ist absoluter Quatsch.«

Die Sternstunde des »Alexander Herzen Clubs« schlägt im Januar 1963, als der Dichter Jewtuschenko, der damals in Russland verehrt wird wie ein Popstar im Westen, der Einladung der »Herzen« nach München folgt. Alles was in der Kulturszene Rang und auch noch keinen Namen hat, trifft sich in der großen Altbauwohnung von Schauspielerin Ursula Herking, der Mutter des Club-Gründungsmitglieds und heutigen *taz*-Redakteurs Christian Semler: Von Günter Gaus über Ursula von Kardorff bis hin zu Margarethe von Trotta. »Meine bedeutende Aufgabe bestand darin, dass ich Gläser abspülen durfte«, kokettiert Hubert Burda. »Er hat wirklich keine Rolle gespielt«, bestätigt Semler, »aber der Alte war an uns interessiert. Er hat uns immer ein bisschen Geld gegeben, für Reisen und Einladungen. Weil er einen Fuß in den Osten bekommen und dort Geschäfte machen wollte.«

Auch auf dem kunsthistorischen Parkett wird es nichts mit der Politisierung des jungen Burda. In einem einmaligen Anflug von Opposition gegen seinen Ordinarius Sedlmayr und sehr zu dessen Unmut organisiert er mit einigen Mitstudenten im Herbst 1964 eine Veranstaltung über marxistische Kunstinterpretation. Zu Gast ist »der einzige Kommunist der Schweiz«, Prof. Konrad Fahrner, der über das Floß der Medusa spricht. Burda ist betroffen über die ihm völlig neue Sicht, dass man ein Bild auch politisch interpretieren kann. Aber als Fahrner anfängt, darin die Ketten der Arbeiterklasse zu entdecken, wird es ihm zu abstrus. An Freund Peter Kammerer schreibt er nach Rom: »Diese Konfession, noch unangenehmer als Katholiken.«

Kammerer und Burda hatten, sozusagen durch die Gnade ihrer Geburt, schon als Jugendliche von Revolution gehört, verschwommen zwar, aber aus nächster Nähe. Unweit ihrer Elternhäuser in der Langen Straße stand einst das »Gasthaus zum Salmen«, wo sich 1848 die »Entschiedenen Verfassungsfreunde« trafen, um ihre rechtsstaatliche Vorstellung von der deutschen Republik kundzutun. Im selben Jahr wird die Republik Baden ausgerufen, von den Revolutionären Hecker und Struve. Ihr Schicksal besingen die Offenburger heute noch im »Hecker-Lied«: *Wenn euch die Leute fragen, wo ist der Hecker hin, / so könnt ihr ihnen sagen: / Er hängt an keinem Baume, / er hängt an keinem Strick, / er hängt an seinem Traume von der deutschen Republik.*

Am Traume hängen! Das gefällt Burda. Ein historisches Original-Grenzschild mit der Aufschrift »Republik Baden« schmückt die Festzelte, als er am 14. Juli 1967 als Statthalter in München inthronisiert wird. »In deinen Freundeskreisen hat immer etwas von diesem brüderlichen und badischen Lüftle mitgeweht.« Schreibt Kammerer Jahrzehnte später an Burda. Der hat nach wie vor kein gesteigertes Interesse am politischen Diskurs. Sein Credo lautet schlicht: »Ein Verleger muss immer dafür sorgen, dass auch die Opposition an die Regierung kommt.« Dürfte er offen sein, würde er gerne zugeben, dass der bessere Kanzler für ihn immer der ist, der ihn ernst nimmt. Mit dem man kameradschaftlich Rotwein trinken, süffisant über diesen und jenen klatschen und zu vorgerückter Stunde ein Lied anstimmen kann. So unpolitisch das erscheinen mag, so politisch ist doch der Umstand, dass Burda sich mit größter Vorliebe auf die Seite der Mächtigen schlägt. Mit seinem Literatenfreund Urs Widmer kommt es darüber einmal zu erbittertem Streit, als man in Südfrankreich auf den Spuren von Petrarca wandelt. Aus Dank für die Freundlichkeit, mit der der sie dort empfangen werden, lädt Hubert Burda den Bürgermeister und dessen politische Gesinnungsgenossen an seine reichlich gedeckte Tafel. Der Umstand, dass die geladenen Politiker Anhänger von Le Pen sind, stört ihn dabei nicht. Er kann einfach nicht verstehen, warum Urs Widmer sich derart darüber erbost.

Burdas Lieblingsteil der Zeitung ist das Feuilleton. Während Helmut Markwort den Politikteil verschlingt. Diese Gegensätze führen dazu, dass Hubert Burda im Sommer 1969 kein politisches Magazin gründet, wie Markwort es sich so ersehnt. Sondern *m*.

Kapitel 8
Ödipus und der Vater
Die »Akte m«

Rio-Palisander-Schränke, Ledersofa, Siebdrucke von Andy Warhol. Hubert Burda residiert im vierten Stock der Münchner Dependance in hochmodernem Ambiente. Wer ihn aufsucht, trifft einen lockeren Verlagsleiter, der entspannt die Beine auf den Tisch legt, pausenlos Kaugummi kaut und seine Monologe verschwenderisch mit Anglizismen spickt. Er hat auch eine nervöse Angewohnheit: zieht sich von Zeit zu Zeit die Finger lang, so lange, bis sie knacken.

Auch Ernst Tachler sitzt im Frühjahr 1969 einem lässigen Hubert Burda gegenüber. Die beiden plaudern drauflos, als ob sie sich schon eine Ewigkeit kennen. Über Musik, Kunst, die Sonnenauf- und -untergänge am Zeitschriftenhimmel und die raffinierten Mittel der Marktforschung, sie zu deuten. Deshalb ist Tachler zum Vorstellungsgespräch geladen. Denn Burda hat sich eine persönliche Stabsabteilung eingerichtet, die »Marketing Research«. Deren Leitung untersteht Uwe Johannsen und dem namhaften Claus Merbold. Gemeinhin fängt man in deutschen Verlagshäusern gerade an, die Marktforschung zu entdecken. Aber Hubert Burda, der journalistisch noch hinterherhängt, eilt im Erkunden gesellschaftlicher Entwicklungen immer einen Schritt voraus. Ernst Tachler, der Psychologe, mit 1,72 nur zwei Zentimeter größer als er, erweist sich dabei als eine gute Empfehlung. Für die nächsten 30 Jahre gehört er zum winzig kleinen Kreis derer, die das Ohr des künftigen Verlegers haben und ihn in seinem Machtstreben unentwegt stärken müssen. Ob es um Burdas Branding oder um Autogenes Training geht, für alles ist Tachler zuständig. »Es verging kein einziger Tag, an dem wir nicht wenigstens miteinander telefonierten«; in einer Zeit, in der es noch keine Mobiltelefone gibt. »Du warst der

Bergführer für den Hubert«, wird Tachler eines Tages von oberster Stelle gelobt.

Schnell lernt der Verlegeraspirant die oberste Maxime der Werbeprofis: Investiere 90 Prozent deiner Arbeit in die Öffentlichkeitsarbeit. Schlichter ausgedrückt: Was immer du tust, mache neunmal mehr dafür, dass es in der Zeitung nachzulesen ist. Diese Botschaft hört Burda gern. Drängt es ihn doch in die Schlagzeilen. Mediengeschichte will er schreiben; und den Glauben an das Primat der öffentlichen Aufmerksamkeit verinnerlicht er im Handumdrehen. Er wird ihm nie mehr abtrünnig.

Bald muss die zwölfköpfige Marketingabteilung zum Rapport in Offenburg antreten. Der alte Burda will sehen, wer sich hinter den neumodischen Flausen seines Sohnes verbirgt. Einen »Braintrust« habe der sich aufgebaut, kann der Senior in den Branchenblättern nachlesen. Auch die Hauszeitschrift *Burda Intern* versucht, Sinn und Zweck der neuen Truppe zu erklären. Etwas schwerfällig heißt es über die Arbeit der »Einflüsterer des Präsidenten«: »Ein besonderer Schwerpunkt liegt auf dem futurologischen Aspekt der Produktentwicklung.« Aber alle wissen, was mit den unverständlichen Worten gemeint ist: Mit dem Jüngsten soll frischer Wind in Vaters Unternehmen kommen.

Tatsächlich brennt es Hubert Burda unter den Nägeln, allen zu beweisen, dass er eine eigene Zeitschrift machen und später den Verlag übernehmen kann. Alle, das sind: der Vater, die Mutter, die Brüder, die Branche. Die eigene Familie traut es ihm nicht zu, und in Medienkreisen kennt man ihn nicht. Wie also auf der Pressebühne vorstellig werden? Auf keinen Fall will der Sohn des großen Zampano als kleiner Akrobat anfangen. Dompteur möchte er sein, der die anderen auf ihre Plätze verweist. Mit 29 Jahren probt er den publizistischen Donnerschlag, misst seine Kräfte gleich am Erfolgstitel *Jasmin* – der »Zeitschrift für das Leben zu zweit«. Das ist damals nach *Twen* das In-Magazin schlechthin, mit spektakulärem Design und aufmüpfigen Artikeln. Gemacht vom legendären Erfolgsduo Karl-Heinz Hagen und Günter Prinz, einem unschlagbaren Team.

Gemeinsam haben Hagen und Prinz Anfang der sechziger Jahre die dahinsiechende Illustrierte *Quick* zu neuem Höhenflug gechartert. Bis sie wieder mit den hohen Auflagen von *Stern* und *Bunte* mithält, die damals sagenhafte 1,7 Millionen Hefte verkaufen. Der schöngeistige Hagen ist in diesem Team der Denker, der sich den zehn Jahre jüngeren und auch derberen Prinz als Macher und Ausputzer an die Seite geholt hat.

Hagen soll der höchstbezahlte Chefredakteur seiner Zeit gewesen sein. Ganz nebenbei auch »hochgeachteter Lehrer einer ganzen Generation junger Nachkriegsjournalisten«, wie Will Tremper im September 1994 anlässlich seines Todes in der *Welt am Sonntag* schreibt.

Keinem Geringeren als diesem Pressegott und seinem Prinz will der Newcomer Burda imponieren! Hätte er erst einmal deren Anerkennung, hätte er den Hofknicks der Branche ganz nebenbei erzwungen. Ernst Tachler muss seine erste große Probe bestehen und das Erfolgsgeheimnis von *Jasmin* ergründen. Er analysiert sämtliche Hefte, vor allem die Ausgabe mit dem Titelthema »Der Körper Ihres Mannes«.

Die Sache mit dem Mann hat ihre eigene Bewandtnis. Seit Beginn des Jahres 1968 schon lässt Burda an seinem »Emanzipationsprojekt« tüfteln, für das ihm die Marktforscher die Zielgruppe »Mann« ausfindig machten. »Es gab in der Redaktion mehr Marktforscher als Redakteure«, erinnert sich Michael »Mike« Naumann. Er volontierte beim *Münchner Merkur*, ehe er zur jungen Truppe Hubert Burdas stößt, mit einer unfassbaren Gehaltserhöhung von knappen 800 auf üppige 3 000 Mark. Zu diesem Zeitpunkt ist die Mannschaft aber mindestens schon in ihrer dritten Häutung. Sie arbeitet in ständig wechselnden Besetzungen unter ständig wechselnden Chefredakteuren, und niemand vermag heute mehr genau zu sagen, was wann wessen Idee gewesen ist. Aber in groben Zügen hat sich die Geschichte von *Mister X*, der dann *m* heißen sollte, so zugetragen: Walter, genannt »Peter« Schünemann, entwickelt – für Burda junior oder auf eigene Initiative? – das Konzept eines Männermagazins, das sich am amerikanischen Intelligenzblatt *Esquire* orientiert.

Hubert und Peter – man nennt sich beim Vornamen – haben durchaus biografische Gemeinsamkeiten. Beide sind Verlegersöhne und das fünfte Rad am Wagen einer mächtigen Familie. Peter kommt aus der Schünemann-Dynastie, die seit Generationen die *Bremer Nachrich-*

ten verlegt. Burda ist von Schünemanns Konzept nicht überzeugt. Ihm fehlte die Leidenschaft. Sagt er. Er will eine Zeitschrift, die alles toppen soll: die Beatles, die Stones, die Pop-Päpste Lichtenstein, Rauschenberg und Warhol.

Im August 1968 war Burda wieder auf Amerika-Trip. Er übt sich bereits in seiner Lieblingsdisziplin »Netzwerke knüpfen« und besucht den Kolumnisten von *Advertising Age*, Howard Gossage. Der wiederum öffnet ihm die Tür zu Arnold Ginrich, dem legendären Gründer von *Esquire*. Gemeinsam fliegen sie von New York nach Chicago, wo sie mit Hugh Hefner, dem Herrn über das *Playboy*-Reich in dessen Villa zu Mittag essen. Hefners Konzept, die Männer anzuziehen, indem er die Frauen auszieht, ist der neueste Schrei im zugeknöpften Amerika. Ein Riesenerfolg am Kiosk. Vom Lebensgefühl des dandyhaften *Esquire*-Intellektuellen und dem *Playboy*, in dem es zur Sache geht, will Hubert Burda etwas nach Deutschland tragen. Will vorne sein. Erster sein.

Um die Sache Vater Burda schmackhaft zu machen, titelt der schlaue Sohn seinen Magazinplan nach dessen Lieblingsgott *PAN*. »Der Mist« beeindruckt den Senator nicht. Junior lässt weiter werkeln. Ihm muss der unmögliche Spagat gelingen, dass der Vater die Zeitschrift finanziert, mit der sich der Sohn von ihm und dem biederen Ruf des Hauses Burda distanzieren will. Oder frei nach Achternbusch, einem späteren Petrarca-Preisträger des Stifters Burda junior: Das Magazin muss dem Vater gefallen, aber es darf ihm nicht gefallen. Hubert Burda hat keine Chance, aber er nutzt sie.

Das nun folgende Dummy benennt er nach Julius Cäsar, vor dessen Größe der Senator normalerweise strammsteht. Aber Huberts *Cäsar* ringt dem Vater nur ein verächtliches »Schissdreck« ab.

Der verzweifelte Sohn feuert Chefredakteur Schünemann. In Sankt Moritz trifft er sich im Februar 1969 mit Burdas London-Korrespondenten, dem Ungarn Janos Bardi. Im Apartmenthaus Uto-Ring am Poloplatz wird er mit ihm einig: Der neue Chefredakteur heißt Bardi, ein begnadeter Autor, der nur vom Blattmachen leider nichts versteht. Sein baldiger Abgang ist schon vorprogrammiert.

Auch zu Hause wechselt Jung-Burda jetzt die Front. Im Ringen um die Macht zieht er seinen Joker: Er nutzt die Gunst, dass er Mamas

Liebling ist. Der Fall *m* wird nun familienpsychologisch mindestens so interessant wie pressegeschichtlich: »Die Mutter hatte mit dem Vater viele Rechnung offen, unter anderem die mit der unehelichen Tochter.« Sie hebt ihren studierten Sohn, »das Doktorle«, aufs Podest. Mit ihm wird sie es dem Alten noch einmal zeigen. Die gebieterische Aenne, deren Name für die Öffentlichkeit identisch ist mit *Burda Moden,* will ihre Herrschaft erweitern. Frauenmagazine gibt es bereits ein volles Dutzend, aber Männerzeitschriften noch gar nicht. Die Pionierin der modisch gewickelten Kleinbürgersfrau wird sich jetzt einen Lorbeer an der Männerfront verdienen!

So weit der Plan, den ihr der beharrliche Redner Hubert aufschwatzt. Aenne ist jetzt 60 und *m* noch einmal eine Herausforderung nach ihrem Geschmack. Als Verleger ist ihr Mann, »dieser Angeber«, auch nur ein Autodidakt – wie sie. Jetzt will sie ihn aus dem Feld schlagen. Zumindest bis aufs Messer reizen! Das liegt ihr. Die entschlossene Aenne, die nach Rache dürstet für all die Verletzungen, die ihr der Gatte zugefügt hat, ist auch näher an der Stimmung im Land als er. Im Ringen um die jeweils neuesten Modetrends spürt sie, dass es rumort. Flower-Power und all das bunte Zeugs, das die jungen Leute anzieht; sie selbst kann nicht viel damit anfangen, aber ihr Hubertle lebt in der Großstadt und weiß die Trends zu deuten. Aenne fehlt die Kompetenz, um zu beurteilen, dass er nicht die nötige Erfahrung für so ein Projekt hat. Sie hat »nur« den Mutterblick, eine Stinkwut auf den treulosen Gatten und die Millionen. Und eisernen Willen zum Sieg. Dafür benennt sie sogar ihren Moden Verlag um. Echte Kerle führen ihre Schlachten schließlich nicht auf Schnittmusterbögen. Fortan heißt ihr Unternehmen Aenne Burda Verlag, und das Mutter-Sohn-Abenteuer geht los.

»Ich frage mich, wann und durch wessen Einfluss ein vom Verlegerischen so unbeschriebenes Blatt wie Hubert Burda den Mut gefunden hat, das Unternehmen *m* zu starten«, rätselt der Kisch-Preisträger Roger Anderson noch heute. »War es ein Stückchen Kamikaze, war es das Zureden seiner flinkzüngigen Hofnarren und Großraum-Intellektuellen unter Führung von Bazon Brock, oder war es die eigene Aufmüpfigkeit, hervorgerufen und gestählt durch einen übermächtigen und erbarmungslosen Vater sowie zwei ähnlich gestrickte ältere

Brüder. Denn das sollte man nicht übersehen: *m* war ein einziger Affront gegen das Offenburger Spießertum.« Und Anderson sitzt selbst zeitweilig im Schleudersitz des Chefredakteurs.

Ein von allen Seiten blankpolierter Spiegel aus Silberhaut, ein ästhetischer Sprengsatz! Das ist die Präsentationsmappe, mit der Hubert Burda im ersten Halbjahr 1969 mit seinen leitenden Männern auf Anzeigenakquise geht. Der Chefredakteur heißt jetzt Horst Vetten, der Art-Director Christian Diener, beides bewährte Jockeys auf der Medienrennbahn. Fast eineinhalb Jahre lang haben die Marktforscher für Burdas Reißbrett umfangreiche Leseranalysen und psychologische Leitstudien ausgearbeitet. Nun zeichnete sich ab, dass das Zielgruppenprofil nicht aussichtsreicher sein könnte. Vier Millionen Männer zwischen 20 und 40 sind potenzielle Kioskstürmer. Darunter junge, dynamische »Opinion-Leader« mit »White-Collar-Beruf« und überdurchschnittlichem Einkommen.

»Es wäre sicherlich rentabler, in der Nordsee eine Rundfunkstation in Betrieb zu nehmen, als eine neue Zeitschrift zu machen«, kokettiert Verlagsleiter Burda im Geleitwort. Es ist nur eine rhetorische Einlage in einer ansonsten siegessicheren Jubelplanung. Hätte er bloß nie so flapsig dahergeredet! Das Echo ungewollt ironischer Worte schlägt Monate und Jahre später noch zurück, kann tödlicher sein als die aus einem Gewehrlauf abgefeuerte Kugel. Eine Erfahrung, die ihm noch bevorsteht. Das Foto der Präsentation zeigt einen Hubert Burda, der aussieht wie der kleine Bruder des großen Gatsby: ein zu junges Gesicht mit zaghaft hintergründigem Lächeln. Keine Spur von Citizen Kane.

Dennoch ist der Erfolg bei den Agenturen fulminant: 98 Anzeigenschaltungen schon für das erste Heft! »So viel wie noch keine Burda-Zeitschrift vorher gesehen hatte.« Mutter triumphiert. Vater horcht auf. Der geplante Heftumfang muss drastisch erhöht werden, die angepeilte Auflage von 400 000 wird auf stattliche 550 000 aufgestockt. Was konnte da noch schief gehen?

Wie ein junger Wilder, die dichte Mähne salonfein zurechtgebürstet, blickt Chefredakteur Vetten standfest in die Kamera. Ein Mannsbild von 35 Jahren, dem die hungrigen Blicke der Frauen sicher sind. Die Ähnlichkeit mit Henri Nannen, dem Großen, ist unverkennbar. »Es muss ein optimistisches Blatt sein, das wie ein Mustang lospreschen, aber auch plötzlich zärtlich sein kann. Etwas, das man auf dem Nanga Parbat und in der Sauna lesen möchte.« Verspricht Vetten.

Das Problem ist nur: Kaum soll der wilde Hengst ins Rennen, ist er schon durchgebrannt. Noch nicht einmal sagenhafte 150 000 Mark Jahresgehalt können ihn halten. Zwischen Vetten, der von seinem Freund Markwort vermittelt wurde, und Burda stimmt die Chemie nicht. Schon die Einstellungsgespräche überfordern den *m*-Chef in spe. Er kommt sich vor wie in einer *Capital*en Posse. Dieses neue Magazin aus dem Verlag Gruner + Jahr ist die Managementfibel des Greenhorns Burda. Ihr entnimmt er die Geheimnisse moderner Unternehmensführung, die Tipps, wie Führungspersönlichkeiten ihre leitenden Leute suchen. Durch »mobile Einstellungsgespräche« nämlich, die dann etwa so ablaufen: Burda und Vetten gehen ins Kino, in einen dieser heiß angesagten französischen Nouvelle-Vague-Filme. Vetten, der Schalke-04-Fan, sieht auf der Leinwand ein dürftig möbliertes Hotelzimmer, ein offenes Fenster, vor dem in regelmäßigen Abständen ein Baukran vorbeischwebt. Im selben Kran entdeckt Hubert Burda ein unverkennbares Phallussymbol. Vetten beharrt: »Ich denke bei Baukran nicht an Phallus.« Burda weicht nicht von der Meta-Ebene.

Dann die obligatorischen Spaziergänge. Sie verschränken die Hände auf dem Rücken, wandeln wie Goethe und sein Eckermann. Was besprechen die beiden *m*-Köpfe? »Hubert Burda sprang in den Gesprächen vom Hölzken aufs Stöcksken«, das ist das Einzige, woran sich Vetten erinnert. Und an die Sache mit dem Ententeich. Vor so einem bleiben sie im Park stehen und beobachten, wie die Enten sich um Futter zanken. Fragt Burda wissbegierig: »Ei, welche Gesetze gelten denn da?« Antwortet Vetten auf seine Düsseldorfer Straßenjungenart: »Das Gesetz des Stärkeren.« Ende der Konversation für den einen, wo der Fantasie des anderen gerade erst Flügel wachsen, die der andere grobschlächtig stutzt. Sie hätten es merken müssen, dass sie nicht zusammenpassen.

Stattdessen geht das Prozedere unerbittlich weiter. Auch Frau Vetten muss vorstellig werden und einer Einladung in die Privatwohnung in der Schackstraße folgen. Hier tritt sie zum Tischtennis gegen Burda an. Vetten sieht seinen Chefredakteursposten in weite Ferne rücken, denn seine Frau erlaubt sich die Frechheit, den Hausherrn von der Platte zu fegen. Bis der ihre schwache Rückhand entdeckt und den Spieß umdreht.

Bei all diesen Gesprächen geht es um vieles und nichts. Aber das wichtigste Thema wird tunlichst vermieden: das Journalistische. Horst Vetten ist bereits ein namhafter Autor, und Hubert Burda, der Frischling, will sich auf keinen Fall blamieren. Aus mangelnder Sachkenntnis hat er gar keine Möglichkeit, die berufliche Erfahrungen des anderen zu debattieren oder seine redaktionellen Vorstellungen zu testen. »Der Irrtum von Hubert Burda war«, glaubt Roger Anderson, »dass er gute Autoren auch für gute Blattmacher hielt. Und dass die sich ebenfalls dafür hielten. Das traf auf mich, aber leider auch auf Horst Vetten zu. Als Kumpel war er eine Eins, als Chefredakteur eine Null. Er konnte weder führen noch thematische Konzeptionen vermitteln und wirkte in Konferenzen seltsam hilflos.«

Vetten weiß, was ihn für den Jungverleger so attraktiv macht: »Der Name Burda war damals belegt mit ›Schwarzwaldspringerle‹, durch meinen Einkauf konnte Hubert sich schmücken.« Entsprechend ist Vettens Kündigung im August 1969, nach nur zwölf Monaten *m*-Zeit und zwei Wochen vor Erscheinen der ersten Ausgabe, ein katastrophales Signal Richtung Branche. Burda, der sich innerlich auch längst von Vetten verabschiedet hat, weiß das natürlich und bedrängt den Ungeliebten mit allerlei Verlockungen, doch zu bleiben. Beauftragter für elektronische Medien könnte er werden, mit zwei Sekretärinnen im Vorzimmer nebst fürstlichem Gehalt und Dienstwagen. Was wollte er mehr?

Er wollte einfach wieder frei atmen. Er geht. »Das hat sehr wehgetan«, sagt Vetten, sagt Burda. Für Burda, dessen oberste Messlatte Loyalität heißt, aber immer die eines anderen ihm gegenüber meint, ist es Verrat. Vetten hat ihn im Stich gelassen, vor der Zunft bloßgestellt. Das wird er für immer in seinem Elefantengedächtnis speichern.

Am 26. August 1969 erscheint die erste *m*-Ausgabe. Günther Kress traut seinen Augen nicht. »Merken die nichts, riechen die nichts?«

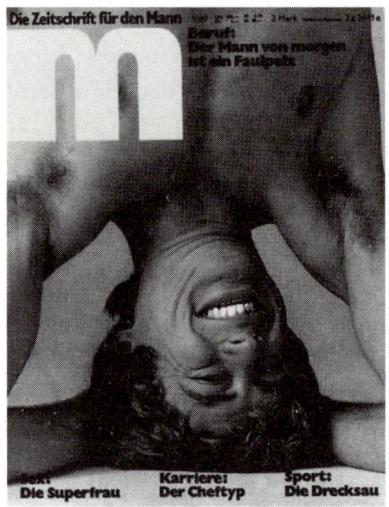

Die erste Ausgabe von *m* vom 26.8.1969 mit Titelmodel Bazon Brock.

Dabei hatte er doch, in heller Begeisterung über die Präsentation, das neue Magazin freudig angepriesen. Nun sieht er seinen Ruf ruiniert. Was da auf dem Titel prangt, ist etwas ganz anderes, als man ihm kurz zuvor noch gezeigt hatte. Ein Chauffeur holte ihn eigens aus Stuttgart ab, um ihn in die Arnulfstraße zur Besichtigung der neuen *m* hinter verschlossene Türen zu bringen. Und nun das: Ein auf dem Kopf stehender Mann, mit dichtem, verschwitztem Achselhaar – »Ekelhaft!«, »Eine Zumutung!«.

Das Kopfstandscheusal ist kein Geringerer als Bazon Brock, in der Kulturszene der 68er noch eine angesehene Größe verlässlicher Gewitztheit. »Dieser Ober-Angeber!«, beim Gedanken an ihn platzt Art-Director Diener heute noch der Kragen. Der leise Beobachter Anderson resümiert sachlicher: »Bazon hat alle totgeredet.« Über alle Selbstzweifel erhaben, prophezeit Brock für das neue Jahrzehnt: »Es ist Konjunktur für Individualisten. Der Ich-Mensch wird gewinnen.«

Auch in der Redaktion spiegelt sich der Kampf der Egomanen. Um den Verlagsleiter Hubert Burda, der sich aufgrund seines erstaunlichen Anzeigenerfolgs im Impressum jetzt unter der Rubrik »Produktmanagement« führt, scharen sich die jungen Dichter. Peter Handke, Peter Hamm, Michael Krüger, Wolf Wondratschek. Sie flüstern ihm ein, wie sein Magazin auszusehen hat. Lümmeln sich auf seinem schicken Sofa und beschwören das avantgardistische Unter-, Massen- und Sonstwas-Bewusstsein. Gemeinsam befinden sie sich im Aufstand gegen die verdummende Maschinerie der herrschenden Kulturindustrie. Durfte man sich mit ihr einlassen? Musste man sie mit subversiver Maulwurfsstrategie von innen her aufwühlen? Sollte man sich von ihr fernhalten, um sich nicht zu beschmutzen in Gedanken, Worten und Werken? Noch wird die Kulturszene beherrscht vom erhobenen Zeigefinger Adornos und dem Echo der Frankfurter Schule: Bleibt rein. Es gibt kein richtiges Leben im falschen. Die Zunge hätten sie sich brechen können während dieser komplizierten Diskussionen über die Dialektik der Auf-, Ab- und Verklärung.

Kaum haben sich die zornigen Poeten verabschiedet, um ihren revolutionären Kampf im Biergarten weiterzufechten, steigt Hubert Burda hinunter: ein Stockwerk tiefer zu seiner Redaktion. Dort verkündet er das endgültige *m*-Konzept. Ein Ritual, das sich mit jedem neuen Dichterbesuch wiederholt, wieder alles anders, wieder endgültig besser. Ein schwankender, leicht beeinflussbarer Verlegeraspirant, hilflos auf allen Ebenen – auch im Lächeln. »Der Hubert hatte damals kein eigenes Selbstbewusstsein, der hat sich aufgebaut durch diese Typen«, sagen die, die es miterlebten.

Unter den Redakteuren findet indes ein Kulturkampf eigener Art statt. Christian Diener, »ein tanzender Derwisch im Rausch der Selbstverwirklichung«, strotzend vor visueller Genialität, hat das absolute Vorrecht des Bildes ausgerufen. Der Text ist ihm zweitrangig. Weil er sich nicht der Hoheit der Chefredakteure Roger Anderson und Klaus Bresser unterordnen will, wollen die wiederum keine Chefredakteure sein. Müsst ihr aber, spricht Jung-Burda ein Machtwort und lässt sogar die Druckmaschinen anhalten, um die beiden wieder auf ihre ordnungsgemäßen Impressumsstühle zu setzen. Eine Geschichte, die nicht gut enden kann. Sie kündigen. Wegen Abfindungsgerangel schickt er ihnen Privatdetektive hinterher, droht, sie »am langen Arm verhungern« zu lassen. Peinliche Anfängerfehler, vom *Schweitzer Dienst* im Juni 1970 in der eigens eingeführten Rubrik »Krimi« freudig ausgebreitet.

Nichtsdestotrotz sind die Redakteure äußerst engagiert. Es mangelt ihnen auch nicht an originellen Ideen oder was sie dafür halten. Da wird Stunde um Stunde darüber debattiert, wie man Franz Josef Strauß gegen Karl Schiller antreten lassen könnte; den reaktionären Bayern-König gegen den preußischen Nationalökonomen. Dann der Geistesblitz: beim Tischfußball! Als sie die Sache mit deren Presse-

Fritz Teufel, der in *m* neben Franz Josef Strauß radelte, bekam für seine Unkosten 60 Mark erstattet. Auf dem Foto: Charles Wilp, *m*-Redakteur Uwe-Jens Schumann und andere.

sprechern abklären wollen, bekommen sie von denen nur ein entsetztes »Ihr habt nicht alle Tassen im Schrank!« zur Antwort. Wo sie sich selbst nur als Genies bejubeln, outen andere eine »Bande von Spinnern«.

Die Geschichte »Das Geld liegt auf der Straße« bringt die redaktionelle Zerreißprobe. Sollen die Scheine für die Fotoproduktion echt echte oder unecht echte sein? Als beim Shooting dann das Geld vom Himmel fällt, reißen sich die Leute, die gerade auf der Münchner Montgelas-Straße unterwegs sind, darum. Die Passagiere der vorbeifahrenden Straßenbahn ziehen die Notbremse, um auch etwas abzubekommen. Als die Polizei eintrifft, sichern sie falsche Fuffziger. »Wir haben damals Doppelseiten produziert, wie man heute Filme macht«, schwärmt Christian Diener mit dieser gehetzten Stimme, die schon von der nächsten tollen Idee berichten will. Er ist für Hubert Burda der Apostel der neuen deutschen Gestaltung und kommt zu ihm mit dem Segen von Willy Fleckhaus. Zuerst zur *BiFu*, dann zu *m*. Er versteht Burdas sprudelnde Bildideen und »seine verquasten Satzfetzen« auf Anhieb. Dafür tritt der Verlegersohn ihm auch gerne seinen übergroßen Parkplatz ab. Denn Diener will nicht nur das tollste Magazin der Stadt machen: »Für mich war auch wichtig, das schönste Auto zu fahren.« Ein Mercedes Cabrio 220 A, blau, ein Oldtimer mit enormem Wendekreis.

Ist es das, woran sich Klaus Bresser stößt, oder der handgezimmerte Schreibtisch, den sich Diener anfertigen lässt? Die beiden mögen sich jedenfalls nicht. Diener nennt den zeitweiligen Chefredakteur einen »entsetzlichen Spießer«, findet ihn maßlos eitel, was ihm, seltene Eintracht, die Zustimmung der Redaktion sichert. Der als »Besserwisser« verhöhnte Bresser macht später Fernsehkarriere beim ZDF.

»Die Leute hatten eine unheimliche Power – gegeneinander«, sagt Diener, »jeder hatte seinen eigenen Tick, aber das war gerade das Schöne.« Roger Anderson dockt 1968 bei »Mister X« an. Während langwieriger Konferenzen mit hoch dotierten Agenturberatern kommt er auf den Titel *m*, was Burda ihm extra vergütet. In dieser Redaktion hört er auch zum ersten Mal in seiner journalistischen Laufbahn von »Briefing« und »Branding«, von »Key-Visual« und »Carry-Over-Effekt«. »Wir waren eine frech pubertäre Elite mit dem Anspruch, ›jetzt machen wir etwas, was es noch nie gegeben hat‹.« In interne Machtproben greift Burda nicht ein. Er genießt als Zuschauer. »Wie einer am Boxring, Reihe eins«, beobachtet seinerseits Roger Anderson.

Noch etwas ist bemerkenswert an Burda. Wenn die anderen, von den vielen Diskussionen erschöpft, bereits anfangen zu gähnen, kommt er erst in Fahrt, verabschiedet sich vergnügt und geht an die Arbeit. Wieder kommt ein Boxer-Vergleich. »Er ist ein Steher«, sagt Vetten, der preisgekrönte Sport-Autor.

Gelegentlich wird ein Whiskey eingeschenkt, womöglich auch ein zweiter oder dritter. Jedenfalls sind sie volltrunken, als Filmredakteur Joe Hembus gemeinsam mit Peter Schünemann, dem gefeuerten ersten Chefredakteur, der als fünfter und letzter wieder zurückkehrt, auf die Idee kommt, ein Lagerfeuer zu entfachen. Irgendjemand ist dann doch noch nüchtern genug, um es zu löschen, aber ein verkohlter Kreis im Fußboden erinnert immer an den pubertären Unfug. Wenn Aenne auf Stippvisite kommt und ihren Männern schon mal eigenhändig Mett-Brötchen schmiert, wird das Brandmal kaschiert. Aber Werner Schmidmaiers Duftspuren lassen sich nicht verbergen, weil man die Fenster in dem Gebäude nicht öffnen kann. Der süßliche Geruch, der allen entgegenschlägt, wenn sie sein Büro betreten, scheint jedoch niemanden zu stören. Ab und zu kosten die Kollegen auch von den berauschenden, selbst gebackenen Plätzchen. Werner Schmidmaier ist ein verschrobener junger Mann. Schüchtern obendrein. Wer es schafft, an ihn heranzukommen, entdeckt seinen hintersinnigen Humor, seinen unbestechlichen Blick, seine sensible Haut. »Ihr müsst den Werner behandeln wie ein rohes Ei, weil er in der Lage ist, goldene Eier zu legen.« Diese Parole hatte schon Vetten ausgegeben, und seine Nachfolger tun es ihm gleich.

Michael Naumann dagegen: der geborene Siegertyp. Dass er später Verlagsleiter bei Rowohlt, Chefredakteur der *Zeit* und sogar der erste Staatsminister für Kultur wird, hat niemanden aus der einstigen *m*-Mannschaft verwundert. Umso erstaunlicher, dass er in der Munzinger-Biografie seine *m*-Zeit verschweigt, obwohl er von den »zwölf abenteuerlichsten Monaten meines Journalistenlebens« schwärmt und obendrein über *m* seinen späteren Förderer, *Zeit*-Verleger Gerd Bucerius, kennen lernt. Naumann, neben Burda der einzige Promovierte, orientiert seine Journalistenträume am *New Yorker*, kauft Geschichten namhafter amerikanischer Autoren, vom kühlen David Halberstam bis zum hitzigen Norman Mailer. Schreibt, »Teufel, Teufel«, genauso über Hexenrituale auf der Isle of Man wie er den Überfall der Nazis auf die Danziger Post, den Auslöser des Zweiten Weltkriegs, recherchiert. Alles findet sich im Heft. Das Triviale neben dem Sublimen, Comic neben Kultur. Auch Porträts von Augstein, der Zeitschrift *Time Magazine* oder dem verschollenen Schriftsteller Traven. Nach dessen Spuren sucht ein gewisser Hamburger Reporter,

Gerd Heidemann, der beim *Stern* ein gutes Jahrzehnt später zu zweifelhaftem Ruhm gelangt.

Entsprechend sieht *m* aus. Der Leser darf sich mal fühlen wie in einem gediegenen Reportagekosmos, mal wie in einer Schülerzeitung. Das Geniale und das Dilettantische in trauter Nachbarschaft, ohne inneren Zusammenhalt. Wie ein Hollywoodfilm mit lauter Topstars, aber ohne Regisseur und Drehbuch. Burda war wohl in der Lage, hervorragende Journalisten vom Markt zu kaufen, zu sagenhaften Gehältern. Nicht einmal Aenne durfte erfahren, wie viel einzelne Redakteure, allen voran Vetten, verdienten. Durch komplizierte Finanzmanöver wird es vertuscht. Als ausgerechnet im Provinzblatt *Eßlinger Zeitung* alle Zahlen genannt werden, muss der Artikel aus dem hausinternen Presseverteiler genommen werden.

An Geld mangelt es Burda nicht. Aber am Konzept. Der Dompteur kann auch seine wilden Kerle nicht bändigen, traut sich das gar nicht zu. »Er war ja noch ein halbes Kind«, sagt Günter Prinz, den Mutter Aenne gemeinsam mit Karl-Heinz Hagen um Rat und professionelles Urteil bittet. Der Sohn bietet ihnen gar die Chefredaktion an. Wären sie an Bord gekommen oder ein Boenisch, was wäre dann aus *m* geworden?

»Es war eine tolle Zeit«, resümiert Michael Naumann, der Mitherausgeber der *Zeit.* »Aber ich glaube, Hubert Burda war ein bisschen von unserer Art verunsichert. Wir waren sarkastisch – und dann diese anarchischen Gestalten!« Ausgerechnet im Hamburger *Spiegel* tobt Senator Burda, der einzige Verleger im Land, dessen Blätter noch rebellionsfreie Zonen sind, über die Typen um seinen Sohn herum: »lauter schräge Linksvögel«.

Hubert Burda ist ganz und gar überzeugt, dass Redakteure künstlerisch-kreative Menschen sind, die Anregungen brauchen. Entsprechend gestaltet er das Ambiente: moderne Kunst, Tischfußballspiel und Fitnessgeräte auf den Fluren, Flipper in der Kantine. Wie gern wäre er auch einer von diesen begabten Redakteuren gewesen!

Umso mehr treibt ihn die Geschichte mit dem *Stern* zur Weißglut. Damals so sehr wie heute noch. Im Oktober 1969 bringt die Illustrierte aus Hamburg einen Artikel über *m* und die rasanten Chefredakteurswechsel, das Hire-and-Fire, das in der Branche für allerlei

Aufregung sorgt. War es da so abwegig vom *Stern*, nachzufragen, ob Burda junior womöglich ein gestörtes Verhältnis zu Journalisten hat? Auf jeden Fall kursiert in dieser Zeit die Behauptung, Hubert Burda habe gesagt: »Redakteure sind wie Konservendosen. Ich mach' sie auf, ich saug' sie aus und schmeiß' sie weg.« *Bunte*-Redakteur Lutz Böhme will die Worte aus dem Mund Hubert Burdas vernommen haben, als man im »Ritter« zu Durbach saß. Gleich darauf stand es in Bauers *text intern*. »Das war ein Giftpfeil von Moenig, dem damaligen Verlagschef«, glaubt Burda, »dem haben die 98 Anzeigen in *m* nie gefallen.« Die Intrige eines Neidhammels also?

Hat den 29-Jährigen sein jugendlicher Leichtsinn geritten? »Niemals!« Burda versteinert. »So etwas habe ich niemals gesagt.« Warum dieses kategorische Nein? »Mir hat mein Vater von Kindesbeinen an eingeimpft, dass wir von der Arbeit dieser Menschen leben.« Tatsächlich verehrt Burda Autoren, beim ehemaligen *Bunte*-Chefredakteur Franz Josef Wagner geht die Verehrung beinahe ins Überirdische. Nie und nimmer würde er einen seiner Chefredakteure warten lassen oder gar versetzen. Behaupten Helmut Marktwort und Patricia Riekel, seine beiden Gallionsfiguren. Heute.

Trotzdem hält sich das Gerücht hartnäckig. »Der Nannen wollte Streit anfangen«, sagt Burda. Noch eine Intrige? Warum? »Weil mein Vater mit *Bunte* den *Stern* immer wieder an Auflage übertrumpft hat.« Am 22. Oktober meldet *text intern*, dass der Burda junior den Rechtsanwalt und Bruder des *Spiegel*-Chefredakteurs, Josef Augstein, beauftragt hat, Klage gegen den *Stern* zu erheben. Bei dieser Gelegenheit wird das vermeintliche Zitat natürlich wiederholt. Der *Stern* kontert, er habe eine eidesstattliche Erklärung vorliegen.

Die Klage wird nicht erhoben, das Gerücht aber hält sich. Schon deshalb, weil sich die *m*-Redakteure an jene Skulptur auf Burdas Schreibtisch erinnern, die sie ihm zum Geburtstag schenkten: ein Bäumchen, an dem lauter aufgerissene Konservendosen hängen. »Er ist nicht zynisch. Aber er verlangt alles. Er saugt einen aus.« Das Echo kommt von allen Seiten. Heute.

Derweil warnt *konkret*, die Hauszeitschrift der strammen Linken, vor *m*: »Das politisch reaktionärste und schlüpfrigste Bilderblatt, das es je gab.« Ach, wenn es doch nur schlüpfrig sein dürfte! Die *m*-Macher sind ratlos. Alles ist erlaubt in ihrer Zeitschrift für den Mann, nur nicht dessen Lieblingsthemen Erotik, Sex. Zwischen dem zugeknöpften Burda Verlag in Offenburg und dem libidinösen München-Ableger entbrennt ein heftiger Kulturkampf. Die Veröffentlichung der »Idealmaße des deutschen Mannes, 9 cm (ruhend)«, empört den Senator ehrenhalber. Von »Sellerie und Kaviar gegen Impotenz« hält er rein gar nichts. Und der Atem stockt ihm beim Anblick der »Je t'aime«-Ikonen Jane Birkin und Serge Gainsbourg. »Sie will seinen Körper, er will ihre Seele«, schreibt *m* und zeigt Serge, wie er von hinten seine Hände in Janes Jeans legt. Ein bisschen anzüglich ist das schon, aber als dann die feurige Aenne einen Zensurstreifen verlangt, wirkt es pornografisch. Was immer sie bei *m* produzieren, sie sitzen in der Sexfalle.

Dabei ist doch alles ohne Arg, ein bisschen Dreitagebart-Poesie, ein Hauch verzehrender Lustbarkeit, und zwischendurch eine dieser Volksweisheiten: »A saubere Dirn braucht nachti net friern.« Aber mit jeder Ausgabe tobt der Alte noch mehr über dieses Giftgemisch. Über Sodom und Gomorrha, das sich unter seinem Dach breit gemacht hat. Bei Saubermann Burda, der seine Blättle für die ganze Familie druckt! Warum versteht sein Jüngster nicht, was ihm und den beiden Ältesten unausgesprochen klar ist: Die Lasterhaftigkeit ist etwas fürs richtige Leben, aber nichts für die bunten Illusionen, mit denen er sein Geschäft macht. Das hat schon *freundin*-Chefredakteur Sigfrid Dinser nicht kapiert und musste gefeuert werden. Er hatte die schmutzige Idee, einen Fortsetzungsroman zu drucken, den der Senator für Pornografie hält. »Jetzt fehlt nur noch, dass wir uns volle Nachttöpfe ins Gesicht schütten und Scheiße fressen«, empört sich der Herr Senator im *Spiegel* 35/1970.

Nun *m* – die hausgemachte Schande! Wieder stellt Dr. Franz Burda per *Spiegel* klar: »Für diese Sauerei ist meine Frau zuständig.« Was eine umgehende Erweiterung der Kampfzone zur Folge hat. Bis dahin noch ein Stadt-Land-Krieg München-Offenburg, findet die Schlacht nun auch bei Aenne und Franz Burda am heimischen Herd statt.

Die Auflage von *m* liegt bei 280 000. »In meinen Augen war das viel für einen Männertitel«, sagt Hubert Burda. Wann und wie also hätten er, seine Dichterclique und die Redakteure die bösen Omen erkennen müssen: als ein herabstürzendes Bauschild Christan Dieners extravagantes Mercedes Cabrio in zwei Hälften teilt? Als Hubert Burda via Pressedienst erklärt, das »Verhältnis innerhalb der Familie ist noch nie so gut gewesen, wie gerade jetzt«? Als am Timmendorfer Strand Wetten über den Exitus abgeschlossen werden und Aenne sofort in einem für sie typischen Wutausbruch das Abonnement des *Schweitzer-Dienstes* kündigt, der darüber berichtete? Wie blank liegen die Nerven der Burdas? Keiner will etwas gemerkt haben. »Hubert und ich haben bis zuletzt an *m* geglaubt.« Sagt Diener. Sie registrierten zunächst auch nichts Außergewöhnliches, als Aenne an jenem Julinachmittag 1970 die Redaktion betritt. Auf dem Arm den weißen Pudel, das Gegenstück zu Senators »Bläcky«. Ein Routinebesuch. Keine böse Bemerkung, kein verführerisches Lächeln der »weißen Göttin«. Aber genau darin lauerte die Gefahr: Die Löwin brauchte all ihre Kräfte, um ihr Junges zu opfern. Sie lässt in den riesigen Konferenzsaal im Keller bitten, der sonst nie benutzt wird, und hat nur eine Botschaft zu verkünden: das ENDE.

Das kurze Verlegerglück des Hubert Burda hielt genau zwölf Ausgaben lang. Materielle Kosten: 12 Millionen Mark. Emotionale Aufwendungen: nur überschlagbar. Die Euphorie von einem wilden Dutzend, das nur eines geben wollte – das Beste. Jetzt Unverständnis und Trauer. Ein Gebirge aus Zorn.

Noch 35 Jahre später kann man namhafte Journalisten treffen, die ernsthaft fragen: Lag ein Fluch über *m*? Werner Schmidmaier etwa ist zehn Jahre nach diesem grandiosen Experiment der siebziger Jahre auch am ambitionierten Projekt der achtziger Jahre, an *TransAtlantik,* führend beteiligt. Sie wird eingestellt, nachdem der *Spiegel* den kleinen Luxusdampfer aufgekauft hat. Schmidmaier legt sich auf dem Münchner Ostbahnhof auf die Gleise und wird von einer einfahrenden S-Bahn geköpft. Filmautor Joe Hembus, der das Geheimnis von Leben und Zelluloid womöglich durcheinander wirbelte, stirbt bei einem Bergunglück in den Alpen. Peter Schünemann gründet in München den Verlag Rogner & Bernhard und stirbt an Krebs. Wie auch Peter Schille, der nach *m* namhafter *Geo*- und *Spiegel*-Reporter wird.

Aber auch die anderen, die sich anschließend heftig in die Karrierekurve legen, leiden unter dem Trauma. Derart tief und unheilbar ist die Verletzung, dass Bazon Brock behauptet: »Die Wunde *m* schließt sich erst mit dem Erfolg von *Focus*.« Der kommt 23 Jahre (!) später.

Hubert Burda, der angetreten ist, es allen zu zeigen – wie steht er jetzt da? Nackt und blamiert. Die öffentlichen Watschn des Vaters bewirken ein Übriges. Auch die Mutter ist enttäuscht. Wird er noch ihr Augapfel sein? Wer aber redet von ihm? *m* war sein Baby, die überraschende Einstellung traf ihn wie ein plötzlicher Kindstod. Er steht unter Schock.

Kapitel 9

Intrigen, Exodus, Zäsur

Annus horribilis 1970

Fingernägel kauend notiert Hubert Burda in sein Tagebuch: »Der ewige Sohn will leiden. Wie Jesus. Er liebt die Bestrafung (beißt Fingernägel).«[*] Fährt von seiner Stadtpalazzo-Etage in der Schackstraße, wo er mit Christa und dem mittlerweile dreijährigen Felix lebt, zum Burda-Haus in der Arnulfstraße. Dort spielt sich, nur zwei Wochen vor der Einstellung von *m*, ein weiteres Drama ab. Auch das wird ihm zugeschrieben: Markwort inszeniert seinen Abgang! Der Mann, mit dem er sich so einig wusste in den Planspielen der Fantasie.

Wie alle großen Debakel, ist auch dieses voller Widersprüche. Markwort behauptet, er sei das Opfer. Längst hatte er bewiesen, dass er etwas vom Blattmachen versteht. Die *BiFu*, die zwischendurch *burda fernsehen* heißt, steht prächtig da. Markwort hat ein Konzept entwickelt, das die Leser begeistert annehmen. 800 000 Exemplare verkauft Burda jede Woche. Trotzdem gibt es ständig Ärger mit dem Senator. Ihm gefällt einiges ganz und gar nicht: Dass Markwort dem Fernsehkommentator Dieter Gütt – diesem Links-Pamphletisten! – 1969 eines seiner goldenen Rehlein verleiht, ist ihm ein Borstenvieh zu viel in seinem ansonsten lieblichen Gehege. 1970 wird die Sache mit Bambi nicht besser. Markwort und sein aufmüpfiger Jüngster erfinden einen »Politbambi« und überreichen ihn Bundespräsident Gustav Heinemann. Ja spinnen die denn! Er, Burda senior, will von Politik überhaupt nichts wissen, erst recht nichts von öffentlicher Parteinahme. Dass er Willy Brandt, als dessen Affäre mit der Journalistin Heli Ihlefeld herauskommt, für ein paar Wochen sein Jagdhaus zum Rückzug anbietet, ist etwas ganz anderes; und es bedeutet

---

[*] Zitiert nach *Festina lente*, München 1990.

nicht, dass er ihn wählt. Der Senator weiß nur zu gut, wie sich ein ertappter Mann fühlt. Da hilft er gern, Sozi hin oder her. Überhaupt dieser Brandt. Der mochte auch die Frauen und das Leben, und wenn die Sache mit der zaghaften Öffnung nach Osten weiterging, ließe sich dort vielleicht eines Tages seine *Bunte* verkaufen. Aber deswegen brauchte es doch keinen Politbambi. Franz Burda hat sich an der Politik schon einmal ordentlich verbrannt. Und zu tief sitzt noch sein Entnazifizierungstrauma, das Zittern um die Lizenzen.

Eben noch hatten Franz Burda und der ZDF-Intendant Karl Holzhammer Arm in Arm Jagdlieder gesungen. Dann beschwert sich die *BiFu* wegen anstehender Gebührenerhöhung. Die beiden verstehen die Welt nicht mehr. Für Burda ist es ein Dolchstoß aus dem eigenen Haus! Auch die Nadja Tillers, Walter Gillers, Peter Alexanders – alle bekommen sie ein klein bisschen ihr Fett ab in Markworts vermeintlich kritischer *BiFu*, selbst »Schätzchen« Uschi Glas. Deshalb mögen sie alle keine Urlaubskarten mehr schicken an den lieben Herrn Senator und sehr verehrten Dr. Burda.

Dann liegt auch noch der mächtige, aus Ungarn stammende Medienhändler Josef von Ferenczy Burda senior in den Ohren: »Dieser linke Markwort, der druckt nichts von mir, der hat etwas gegen Ausländer.« Gute Auflage hin oder her, der Senator ruft ihn immer wieder zur Ordnung.

Markwort ist nicht der Typ, der sich nachhaltig einschüchtern lässt; aber unwohl fühlt er sich über all dem Gezänk schon. Auf seine Art ist er genauso harmoniebedürftig wie der junge Burda, sein Verbündeter im Haus. Aber dessen Felle schwimmen von Tag zu Tag weiter davon. »Er sah, dass sein verlässlichster Partner bei Burda kaputtgemacht wird, dass der Sohn ein Leichtgewicht ist gegen diesen Vater.« Sagt Hubert Burda. Ungewollt fädelt er sogar Markworts Abgang ein. Der Junior hatte eine Zeit lang mit den Geschäftsführern des Sebaldus Verlags über ein Zusammenlegen von *BiFu* und *Gong* verhandelt. Die Sache kommt nicht zustande, aber Markwort lernt im Zuge der Gespräche die beiden Konkurrenten kennen, die ihm nun die Chefredaktion von *Gong* anbieten. »Der Spürhund« wittert, dass seine Zukunft bei Burda alles andere als gesichert ist, und stellt eine Bedingung: Der *Gong* muss von Nürnberg nach München umziehen. Kein Problem. Nur der Umstand, dass Markworts Vertrag noch gute zwei Jahre läuft, stellt sich als echtes Hindernis heraus. Was tun?

Eine kleine Intrige vermag mehr als ein Dutzend Rechtsanwälte. Markwort, so steht es im *Aktuellen Informationsdienst* vom 23. Juni 1970, steckt seinem ehemaligen Arbeitgeber Waldemar Schweitzer die Sache mit den Detektiven, die die *m*-Redakteure Anderson und Bresser beschatten. Anschließend geht die Nachricht auch an *Stern* und *Spiegel*, die sich in so einem Fall gern instrumentalisieren lassen. Der *Informationsdienst* zitiert auch den Senator, der außer sich ist vor Rage: »›Der eigentliche kriminelle Faktor‹ ist laut Burda, dass in einer Art Nacht-und-Nebel-Aktion, bei der man ›Einbruch nicht ausschließen‹ will, Unbefugte eine entsprechende Aktennotiz aus der Personal-Abteilung entwendet hätten.« Ein Burdagate! Für Unruhe und Chaos ist gesorgt.

Noch ist Markwort nicht frei. Es ist Sommer 1970, und er weiß, wann in der Offenburger Franzensstube der Betriebsrat tagt und seine »Jahres-Besäufnis-Feier« hält. Mit dabei Vater und Sohn Franz. Der Amateurschauspieler Markwort, der in der Schule für sein Lieblingsfach Theater die Chemiestunden schwänzte, versteht etwas von dramaturgischen Abläufen. Er kalkuliert den Zeitpunkt für das Fax, das am Nachmittag in Offenburg eintrifft, ganz exakt. »Ich will ein Redaktionsstatut«, lautet seine knappe Forderung. So viel Macht also, dass ihm Senator Burda nicht mehr ins Handwerk reden konnte.

Der Satz schlägt ein wie eine Bombe. Wie erwartet tobt der alte Burda: »Sie wollet mir mein Lade wegnehme!« Franz junior bestärkt ihn. Der Markwort ist ihm längst ein Dorn im Auge; der verstand sein Geschäft und wäre am Ende mit dem Kleinen Bruder Nichtsnutz noch ein starkes Gespann im Gerangel um die Burdakrone. Nichts wie weg mit dem! Franz hebt an diesem Abend noch eine Extra-Maß auf die glücklichen Umstände, die den Klei' in die totale Katastrophe katapultieren werden. Ein Prosit auf die dreisten Deppen von der revolutionären Medienfront in München mit ihren Forderungen nach Statuten. Prost, Prost, Kamerad. Haut weg den Markwort. Prost, Prost. Weg, weg.

»Markwort wusste genau, dass er damit rausfliegt. Das wollte er.« Sagt »der Verleger« über drei Jahrzehnte später. Tatsächlich bekommt Markwort aufgrund des Enteignungsverdachts planmäßig die fristlose Kündigung überreicht. Samt Hausverbot. Deshalb trifft er sich mit seiner *BiFu*-Mannschaft im Hirschgarten, spaziert sprichwörtlich vor den Augen des Senators, sofern der überhaupt in München weilte, mit ihnen davon. Auch der junge Reporter Lutz Bergmann erhält ein Angebot von ihm. Zu einem Zeitpunkt, als Markworts Abgang zu *Gong* noch ganz und gar sein Geheimnis ist. Es beweist, dass Markwort nicht von den Ereignissen überrollt wurde. »Mir träumte«, sagt er zu seinem Reporter, »ich gehe weg, und der Bergmann kommt mit.« Bergmann bleibt. Aber 20 (!) der besten Redakteure nimmt Markwort mit. »Seine Leute«, sein Bataillon, das zusammenhält wie die Musketiere. Bis zum heutigen Tag lebt die Legende: Markwort für alle, alle für Markwort. »Right or wrong, my Gong«, so verteidigt er bald sein neues Blatt und seine Leute. »King Gong« und seine Knappen sind ein starkes Team. Aber was womöglich nur als Zwischenstation geplant ist, bis sich Markworts und Burdas Traum vom eigenen Magazin verwirklichen lässt, dauert schließlich über zwei Jahrzehnte lang! Zurück bleibt ein am Boden zerstörter Burda. »Der Exodus hat Hubert damals sehr geschadet. Das war ein Drama«, weiß Markwort selbstverständlich. Wie sollte es mit der *BiFu* weitergehen, wo doch der General mitsamt seinem Heer abgezogen ist und beim Gegner anheuerte?

War Hubert Burda seinem Jugendverbündeten nie böse deshalb? »Das war zu diesem Zeitpunkt machiavellistisch richtig«, sagt er, ohne auch nur eine Sekunde zu zögern. Jahre und Jahrzehnte hat der Medientycoon die Mechanismen der Macht und ihrer Eroberung aus allen Perspektiven studiert, ihre Brauchbarkeit für seine Zwecke abgeklopft. An seinem 60. Geburtstag schreibt er über sein Verhältnis zu Markwort: »Es gab noch nicht eine Sekunde, in der wir nicht grundsätzlich übereinstimmten.«

Durchschaute der abgebrühte alte Burda jemals das Schauspiel? Hat er kapiert, dass da einer genauso gerissen war wie er? »Der wusste von nichts«, mutmaßt Kress. Aber womöglich hatte der Senator doch seine Ahnungen. »Der Markwort kommt mir nicht mehr in mein Lade'«, tobt er. »Nur über meine Leiche!« Damit sollte er Recht behalten.

»Der Markwort hat ihn im Stich gelassen, als klar wird, dass Hubert nach Offenburg verbannt wird«, sagt Dieter Pröttel, der den Mythos Burda-Markwort von einer dicken Spur Verrat durchzogen sieht. Pröttel entstammt dem Armenhaus des Burda-Clans, obwohl die Basis des Unternehmens auf seiner Familienseite liegt. Bei Großvater Pröttel, dem Drucker und Herausgeber der *Philippsburger Zeitung*, der jung verstarb und dessen Witwe dann den Gesellen Burda heiratete. Dieter Pröttel, (Stief-)Cousin von

Nach dem Abgang Markworts wird Fernsehregisseur Dieter Pröttel, der Neffe des Senators, sein neuer Gewährsmann in der Münchner Redaktion.

Hubert Burda, soll Onkel Franz jetzt helfen, den Augiasstall in München auszumisten, die »Hasch- und Flipperbude« dichtzumachen. Der Senator lässt den Neffen zu sich nach Offenburg rufen, wo er ihn, krank im Bett liegend, in seinem Schlafzimmer empfängt. War es die Grippe oder der Kummer über die Aufständischen an der Isar, die ihn so fiebern lassen? Jedenfalls jammert er: »Der Klei' macht Blödsinn, versaut das Geld!«

Dieter Pröttel ist ein Markwort in Blond, herzlich und clever, fleißig und zur rechten Zeit am rechten Ort; seine Familie geht ihm über alles. Er schuldet dem Onkel Franz durchaus Dank. Der hatte ihn in seiner Fürsorge Jahre zuvor zum Verlagsleiter gemacht. Per Weihnachtsgeschenk, wie es sich eben nur ein Patriarch leisten kann. Aber Pröttel nimmt die großzügige Geste nicht an, will nicht für immer der kleine Neffe vom großen Burda sein. Als er jetzt am Krankenbett von Onkel Franz sitzt, kann er eine eigene Karriere vorweisen. Er hat mittlerweile promoviert und sich als Regisseur, Moderator und Erfinder des *Talentschuppens* beim Südwestfunk in Baden-Baden einen Namen gemacht. Die *BiFu*-Chefredaktion lockt ihn, zumal der

Senator ihn ohne Einschränkung weiterhin seine Hits produzieren lässt: »Herzen haben keine Fenster« oder »Wann wird's mal wieder richtig Sommer?«.

Aber welche Jahreszeit bricht jetzt für Hubert Burda an? »Hubert war Persona non grata.« Vetter Pröttel hat es miterlebt. Für Sohn Hubert »wäre es das Beste, der Vater nimmt ihn in Offenburg für ein paar Jahre unter seine Kuratel«, muss er ausgerechnet wieder aus dem *Spiegel* erfahren.

Kann der Sohn den *Spiegel* deshalb nicht ausstehen, weil er ihm über Jahre hinweg die Erziehungsmaßnahmen des Vaters entnehmen muss und auch dessen öffentliche Schelte? Will er sich deshalb mit einem Gegen-*Spiegel* rächen? Aber daran ist noch lange nicht zu denken. Durch die Branche geistert das Gerücht, er sei enterbt worden. Tatsächlich aber muss der Junior fortan jeden Montagmorgen in Offenburg antreten. Und das Geschäft jetzt unter Vaters Kuratel lernen. Er soll weiterhin Anzeigen heranschaffen, dafür besitzt er ein Talent, und Werbestrategien ausarbeiten. Seine großen Träume vom eigenen Pressereich muss er für sich behalten. Nun heißt es: dienen. »Mein Gott, draußen tobte die Kulturrevolution, und ich war in der Galeere!«

Wie kann man sich nur so unsäglich erniedrigen lassen, ohne sich zur Wehr zu setzen? Fragt ihn seine Frau Christa. Sie fordert ihn auf, Stolz zu zeigen. Geh bloß nicht zurück zu diesem niederträchtigen Vater; mach deine Professur in Kunstgeschichte. Sie bietet ihm sogar an: Ich kann Schreibmaschine, wir kommen immer durch. Hört er sie überhaupt? Wie tief muss er noch stürzen? Wie sehr will er sich noch demütigen lassen? Die ganze Branche fühlte sich gut amüsiert von der Posse. Wann endlich ist die Schmerzgrenze des Sohnes erreicht? Wann schreit er auf und schlägt zurück?

Hatte sie ihn nicht schon genug provoziert mit ihrem Liebhaber. Um mehr Aufmerksamkeit von ihm zu bekommen? Konfliktbereitschaft? »Sie wollte sehen, wie sehr sie ihn quälen muss, bis endlich Blut fließt«, interpretiert der »Philosophenclub«. Aber Burda reagiert mit Toleranz! Lässt sich nicht festlegen auf einen handfesten Streit. Was will er mit der ganzen Macht der Burdas, wenn er nicht in der Lage ist, mit der eigenen Frau die Zukunft auszufechten? »Vieles würde ich im Nachhinein milder sehen, aber in dieser Sache bleibe ich dabei: Ein Vater darf seinen Sohn nicht so erniedrigen, wie es der Senator mit seinem Sohn getan hat; so darf sich niemand erniedrigen lassen.« Sagt Christa. »Da ging es ja nur darum: Geh' in die Knie und bleib dort, bis ich dir sage, du sollst aufstehen.«

Wie konnte sie ihn nur so herausfordern? Hatte er nicht alles für sie getan? Ihretwegen sogar riskiert, enterbt zu werden? Der großmütige Prinz hatte Cinderella doch den Himmel der Burdas eröffnet. Was will sie mehr? Für ihn gibt es kein Mehr. Ahnt sie nicht, dass mit jeder Szene, die sie anfängt, sofort das grauenhafte Bild der entfesselten Mutter aufsteigt? Dieser Mutter, die ihn mit ihren unberechenbaren Wutausbrüchen paralysiert?

Niemals würde Hubert Burda brüllen. Niemals seine Aggressivität unkontrolliert ins Feld führen. Seine Waffe ist das Lächeln. Warum begreift Christa das nicht? Sieht sie nicht die gefährlich vorgeschobene Burda-Unterlippe?

Dass er gar keinen Gedanken darauf verschwendet hätte, sein Glück ohne den mächtigen Burda-Clan zu machen, kann man ihm nicht vorwerfen. Er fährt – wie ernst hat er es gemeint? – tatsächlich zu Christian Kracht nach Hamburg und bittet den väterlichen Freund um Rat. Der schlägt ihm gleich die Flausen aus dem Kopf: »Sie gehen zurück zu Ihrem Vater«, befiehlt er geradezu. Hubert Burda hört auf Autoritäten, und der Mann, der einst Axel Springers Reich verwaltete, ist für ihn eine. Wie hätte er sich denn auch verabschieden können von diesem Schlachtfeld Burda, auf dem der älteste Bruder ihn enthaupten wollte, wie er glaubt. Kampfloses Aufgeben wäre die noch größere Erniedrigung gewesen.

Wieso legt er nicht die Karten auf den Tisch und sagt: So sieht es aus. Kann er sich nicht mitteilen, will er nicht? Trotz aller scheinbaren Kommunikationsfreude ist er ein sehr verschlossener Mensch. Sogar Ernst Tachler, der ihn lesen konnte wie nur wenige, sagt: »Da blieb immer ein Rest Verschwiegenheit.« Auch misstrauisch ist er und voller Angst, enttäuscht zu werden.

Sogar das Vogelweiberl im Englischen Garten ist jetzt schon gegen ihn. Eines Morgens steht sie da, während er joggt. Überall Tauben. Auf ihren Schultern, auf ihren Futterhänden, und Hubert Burda sieht keinen Grund, sie zu meiden. Aber die Vögel erschrecken und fliegen davon. Das ganze Glück des Weiberls. Was Wunder, dass sie ihm fluchend hinterherschimpft:»Du dreckerter Uhu, du dreckerter!«

Bald sagt er fassungslos und verbittert:»Meine Frau hat mich verlassen.« Warum? Nach außen gibt es keine wirklich stichhaltige Erklärung.»Ich wusste, in dem Moment, wo ich zum Vater zurückgehe, wird meine Ehe in die Brüche gehen.« Kann er heute eingestehen. 1972 wird er geschieden. Dabei wäre Hubert Burda sehr großzügig jeden Kompromiss eingegangen, wenn Christa nur die kleine Familie in München zusammengehalten hätte. Das Bild nach außen gewahrt, so wie er das von den eigenen Eltern kannte. Wenn sein kleiner Sohn Felix, den er vergötterte, da gewesen wäre, wenn er nach Hause kommt. Wenn es überhaupt noch so etwas wie ein Zuhause gegeben hätte. Immer ist er auf der Suche nach der großen Harmonie, die er im eigenen Elternhaus so entbehrt hat. Aber mit Christa – wie auch in zweiter Ehe mit Maria Furtwängler – heiratet er Frauen, die ihn mit ihrer Konfliktfreudigkeit bis aufs Äußerste reizen. Christa hat sich das Leben anders vorgestellt, als die Woche über allein zu Hause zu sein und darauf zu warten, dass er für ein kurzes Wochenende zu ihr nach München kommt. An einen Umzug ins Feindesland Offenburg ist für sie nicht zu denken. Auch sie ist eine Suchende. Sie fängt an zu fotografieren und mit einer Super 8 kleine Filme zu drehen. Und einige Jahre später legt sie den Namen Burda ab und gibt sich das Künstlerpseudonym: Christa Maar.

Er bleibt zurück in der großbürgerlichen Wohnung. Allein auf der riesigen Etage fürchtet er sich. Nachts schließt er sich in sein Schlafzimmer ein. Legt seine Lieblingsplatte auf. Simon & Garfunkel: *I have no need of friendship, friendship causes pain. It's laughter and it's laughing I disdain. I am a rock, I am an island. / Don't talk of love; I've heard the word before; If I never loved I never would have cried. / I have my books and my poetry to protect me. I am a rock.* Den Blick auf das Siegestor kann er nicht ertragen. Sein Leben ist eine einzige Niederlage.

Von Offenburg fährt er nach Straßburg. Sitzt im Dom und weint sich seine ganze Not von der Seele. Heult und heult. Vater, warum hast du mir das angetan? Wie oft ist er als Bub mit dem Vater ins

Straßburger Münster gekommen, und der gute Vater erklärte ihm die astronomische Uhr, die Weltgerichtspfeiler und die grandiosen Portale. Jetzt kniet der Sohn vor den Skulpturen, die ihn sonst verzauberten, vor dem »Eitlen Fürsten der Welt« und den »Törichten Jungfrauen«. Dieses Grinsen des Fürsten, galt das ihm? Bemitleideten ihn nun schon die törichten Weiber? Er fängt an zu summen: *I'm a long way from home and I miss my loved one so / In the early morning rain with nowhere to go.* Wenn es ihm dreckig geht, hält er sich an den Songs fest. An den Gedichten vom »Philosophenclub«.

Es muss nicht nur der große Name sein, dass er jetzt Hilfe beim Dichter sucht. »Er wusste nicht, was er machen soll. Will er doch lieber Kunsthistoriker werden, Privatgelehrter? Durch die Härte seines Vaters wäre er fast gescheitert. Wie im Alten Testament war es der Vater, der den Sohn zum Verlorenen machte.« Sagt Peter Handke, sein um zwei Jahre jüngerer Freund. »Aber der Sohn hat nicht akzeptiert, dass er der Verlorene wird.« Auch Handkes Ehe mit der Schauspielerin Libgart Schwarz ging damals in die Brüche. Er lebt jetzt alleine mit der Tochter, die wiederum zwei Jahre jünger ist als Burda-Sohn Felix. Hubert Burda besucht Handke, der für ihn noch ein Fremder ist, in der Frankfurter Gartenstraße. Der Anfang einer langen Freundschaft. »Er hat bei mir in dem Scheiß-Bungalow übernachtet. Er hat so eine Art Vertrauten gesucht.« Der Dichter, der die Einsamkeit kennt, weiß auch: »Ich habe noch nie einen so einsamen Menschen erlebt wie Hubert Anfang der siebziger Jahre.«

Kapitel 10

Patriarch und roter Gockel

»Je suis Burda! Je! Je! Je!« Der Sohn möchte in Grund und Boden versinken, als er mit dem selbstherrlichen Vater zu Gast ist in der Redaktion des *Paris Match*. Die Burdas sind auf Tour d'Horizon, wollen sehen, wie die Kollegen an der Seine den Gesellschaftsadel auf Hochglanz trimmen? Lässt sich von denen etwas für die *Bunte* lernen? Im Gegenzug weiß der Haudegen Burda auch in Paris nur von einem zu berichten: Ich! Ich! Ich! So steht er da, er kann nicht anders. Nur modisch ist er nicht ganz auf dem Quivive. Die Hosen sind wie immer zwei Zentimeter zu kurz, das Jackett ein bisschen zu eng. Dabei ist ihm der Anzug auf den Leib geschneidert. Liegt es an seiner gewaltigen Zupackfreude, dass er immer den Eindruck hinterlässt, ihm sei alles eine Nummer zu klein?

Franz Burda hat sein Feld gut bestellt. 1970, als er seinem Sohn Hubert das schrecklichste Jahr seiner jungen Karriere beschert, kann er selbst seine bisher beste Bilanz vorweisen: 550 Millionen Umsatz, 4 500 Mitarbeiter. Da konnten sie noch so spotten, die arroganten Hanseaten, über »Burdapescht« und mit »Wo-bitte-liegt-denn-Offenburg?«. Franz Burda, der Senator ehrenhalber, baute am deutschen Wirtschaftswunder und dieses an ihm. Auch wenn Henri Nannen, der Chefredakteur des *Stern*, frotzelt – Burdas Blätter liest man nur in Offenburg –, so muss er doch knurrend hinzufügen: Das Problem ist nur, dass es in Deutschland so viele Offenburgs gibt.

Der Ehrgeizling Burda war nie richtig zu packen. Hatte man ihn verärgert, konnte er in den Telefonhörer rufen: »Mit Ihnen bin ich fertig, Adieu, mein Land Tirol!« Bald darauf kam dann doch wieder eine dieser exklusiven Einladungen zum Bal paré, dem Ereignis des Münchner Balljahres schlechthin. Da ist man natürlich gern dabei, wenn die Unterhaltungsstars aus aller Welt mit den Größen aus deutschen Landen tanzen. Wenn Burdas Duz- und Jagdfreund Franz Josef Strauß mit Mireille Mathieu turtelt, Romy Schneider den Boxer Max Schmeling verzückt oder Vivi Bach Unternehmer Max Grundig unterhält. Franz Burda selbst sitzt am liebsten neben Gina Lollobrigida, die er mit gesammelter Hingabe verehrt! Aber was tun, damit das Rasseweib den Köder riecht? Er schenkt ihr Tassen aus Meissener Porzellan, lädt sie ein nach Offenburg, um ihr seine Druckmaschinen zu zeigen wie andere ihre Briefmarkensammlung. Dem Sohn ist es peinlich. Der bangt, die Mutter könne dahinterkommen und den Gatten wieder einmal in aller Öffentlichkeit mit einem Rosenstrauß ohrfeigen. Wenn es ums Feiern geht, lässt sich der Alte nicht lumpen. Da denkt er groß und international. Und unkompliziert. »Geh' her, Mädle!«, ruft er auf einem Bambi-Fest Fürstin Gracia Patrizia zu, als er mit ihr aufs Foto will.

Aber die weltmännische Attitüde ist nur die eine, die kleine Seite des Franz B. »Der Himmel über Schutterwald« bestimmt das Weltbild, das er am Kiosk verkauft. Schließlich ist er ein bunter Illusionist, der sich selbst da auf Goethe beruft: *In bunten Bildern wenig Klarheit, / Viel Irrtum und ein Fünkchen Wahrheit.* Also schickt er an schönen Tagen seine Fotografen los, damit sie ihm den blauen Himmel festhalten. Wenn der alte Hexenmeister seine heile Burdawelt erschafft, darf kein Wölkchen die Stimmung verdüstern. Regelmäßig fahren seine Reporterteams um den Globus, damit sie ergreifende Bilder heimbringen, die dem *Bunte*-Leser Abenteuer und Schönheit in die gute Stube tragen, Sehnsüchte wecken nach fernen Ländern. Welche Schande, dass ihm die Jungs eines Tages für sein gutes Geld das schmutzige Wasser des Nils anbieten, dunkelbraune Brühe! Franz Burda hat nur einen Reflex: Vor diesem Anblick muss er seine Leser schützen! Prompt fließt im *Bunte*-Nil klares Wasser in traumgeweihtem Swimmingpoolblau.

Immer noch hat er seine wichtigste Instanz vor Augen, »Frau Hauptlehrer Metzger« aus der Metzgerei Burg, in der Hauptstraße 13. Dort wo alles anfing. Die 13 ist seine Glückszahl. Mittlerweile hat er sich ein Denkmal gesetzt, hat sich ein Hochhaus bauen lassen mit 13 Stockwerken und einem Speicher darüber. Natürlich sitzt der

Patriarch ganz oben und schaut von seinem Büro hinaus auf seine Heimatstadt. Sitzt an dem enormen Schiffsschreibtisch, den ihm Axel Springer verehrte. Aus tiefer Bewunderung für diesen bodenständigen Menschen, der noch nicht von der Zerrissenheit der Welt eingeholt ist. Senator Burda ist gesegnet mit strotzend gesundem Selbstbewusstsein, das nicht vom geringsten Selbstzweifel attackiert wird. Und mit dem Stolz des Druckers zeigt er den Besuchern seinen alten Blaumann. Von der Wand hinter ihm blickt, auch in Zeiten schlimmster Ehekrise, seine Aenne rasend schön. Auf Zelluloid gebändigt, darf sie die ständige Begleiterin sein, die ihm auf die Finger guckt. Sonst überall Kunst. In der sozialen Rangordnung des Dr. Franz Burda kommen die Künstler vor den Bankern und Prinzen. Seit der Währungsreform 1948 sammelt er, was ihm ins Auge springt. Offenburger Lokalgrößen und auch die großen Namen. Chagall ist sein Favorit; »Le Coq Rouge« sein Lieblingsbild. Der rote Hahn.

Den roten Gockel sieht natürlich nur, wer auf die Höhe des Senators ist. Aber niemand dort unten in der Stadt entkommt dem großen blauen Schriftzug im Himmel über den badischen Weinbergen: B U R D A. Fünf übermannshohe Versalbuchstaben. Neben der Heilig-Kreuz-Kirche, in der die Burda-Söhne getauft und Franz wie Frieder auch vermählt wurden, sind sie das Wahrzeichen Offenburgs. »Meine liebe Firma« liebkost der Alte die Worte, wenn er von seinem Geschäft redet. Mit zunehmendem Alter kommen ihm auch Tränen der Rührung.

Seine Mitarbeiter sind seine Schäfchen. Der gute Hirte stiftet ihnen ein Erholungsheim, baut sogar eine Burdasiedlung; spendiert hier einen Bauplatz, dort eine Anzahlung für eine Eigentumswohnung. Bei ihm gibt es Lohnfortzahlung im Krankheitsfall schon 1955, einhalb Jahrzehnte vor der gesetzlichen Einführung. Seine Leute sollen auch in Bewegung bleiben. An seinem 65. bekommt die große Burda-Familie ein ansehnliches Sportgelände. Lässt auch eigens einen Zirkus in die Stadt kommen und beweist sich selbst in dieser Arena als Big Boss, der die Elefantenkuh Yolante bändigt, während Sohn Hubert den Esel reitet. So lange, bis er abgeworfen wird. Immer werden die Feste gefeiert, wie sie fallen. Zur Geburt des ersten Enkels, eines strammen Franz (IV.) natürlich, schenkt er jedem Mitarbeiter

Der 65. Geburtstag des Senators: Franz Burda als Dompteur in der Manege des Circus Burda in der Oberrheinhalle in Offenburg ...

eine Flasche Sekt. Insgesamt also 4 500 Flaschen. Und wenn der Frühling kommt und die Narzissen blühen, dürfen sich alle ein Sträußchen pflücken auf seiner Kronenwiese. »25 Stück maximal und die Blätter nicht vertrampeln«, wie es in der schriftlichen Anleitung »Strauß zum Sonntag« vom 17. März 1977 heißt. Besondere Leistungen werden besonders gewürdigt, und wer dem Patriarchen als vorbildlich auffällt, bekommt obendrein eine Kiste »Franzensberger«. Kurzum: Hier ist man Mensch, hier darf man's sein. Ein unterwürfiger Mensch, versteht sich. Jawohl Herr Doktor, selbstverständlich Herr Senator, so hört es der Alte gern. Widerworte sind nicht ratsam und werden auf der Stelle abgestraft. Hat einer Glück und darf mit ihm im Aufzug abheben, begleitet er den Herrn Doktor bis in den obersten Stock und fährt dann zurück in die eigene Etage. Wenn jene Sekretärin, Frau Weber, dabei ist, der der Ruf anhängt, »emanzipiert« zu sein, gibt's eine Extraportion Macho-Würze: »Passt bloß auf, Männer, die wollet uns alle den Sack abschneide'.« Sohn Hubert beobachtet die Herrschaftsrituale des Seniors sehr genau.

Noch aber sollen des Senators machthungrige Sprösslinge nicht auf voreilige Gedanken kommen. »Erst kommt mein Werk und dann erst meine Söhne!«, stellt er 1971 – wieder einmal per *Spiegel* – klar. Gehört sich solche Verkündung vor versammelter Republik für einen, dem man innere Noblesse nachsagt? Er ist eben voller Widersprüche, dieser Doktor Burda, baut immer an zwei Welten parallel. Neben seinen drei Söhnen zieht er sich in regelmäßiger Verlässlichkeit einen Nebensohn heran. Weil er dem eigenen Stamm nie ganz traut? Um

die Jungs durch Konkurrenzdruck anzuspornen? Weil er
nie vorbehaltlos seine Zuneigung geben kann? Weil er sich
immer ein Hintertürchen offen
halten muss? Oder weil es
ihm einfach gefällt, Leute wie
Kampfhunde aufeinander zu
hetzen?

Rührt es daher, dass er
selbst in die Zwiespältigkeit
hineingeboren ist? Wohl ist er
der älteste Sohn, aber als er zur
Welt kommt, sind schon vier
ältere Stiefbrüder da. In Zeiten
der Not kommt er zur Ersatz-
mutter Eva. Er ist erst neun
Jahre alt, als die leibliche Mutter an Brustkrebs stirbt und er

... derweil Sohn Hubert auf dem Esel
reitet, bis er abgeworfen wird.

sich bald darauf mit einer Stiefmutter zu arrangieren hat. Mit 26
muss er den Vater beerdigen. Steckt Franz Burda zwangsläufig voller
Verlustängste? Sogar für seine Ehe braucht er doppelten Boden, hält
sich immer eine Zweitfrau. Trotz aller schier unerträglichen Quere-
len würden er und Aenne sich aber niemals scheiden lassen – wo in
aller Welt gibt es schon ein zweites Ehepaar von solcher Geschäfts-
tüchtigkeit?

Aus innerem Reflex stachelt er Konkurrenz an; andererseits fordert sie ihn heraus wie den Stier das rote Tuch. Als sein Sohn Hubert *m* macht, muss Franz Burda gleich beweisen, dass er es besser
kann. Lässt Ziehsohn Axel Ganz – der später ein ganz Großer bei
der Konkurrenz Gruner + Jahr werden sollte – ein Konzept entwickeln, das »dem Klei'« demonstrieren soll: Junge, Erfolg geht nur so,
wie es dein Vater macht! Auch den Zeitpunkt hätte er nicht grob-
schlächtiger wählen können. Wenige Tage vor der Einstellung von *m*
erscheint im Juli 1970 erstmals die *Freizeit Revue*. Mit schnell gelös-
ten Kreuzworträtseln; mit Herz-und-Schmerz-, Mein-Promi-, Mein-

Rheuma-, Mein-Wellensittich-Geschichten. Alles burdarein. Selbst die *Bunte* erscheint dagegen als gehobenes Intelligenzblatt. Doch die seichte *Freizeit Revue* klettert in schwindelerregende Auflagenhöhe, ist mit über einer Million verkaufter Hefte bis heute die »Cash Cow« des Verlags. Die Kuh, die ihre Milch in klingender Münze abliefert. Als Axel Ganz in einer Konferenz dem Senator gegenüber eine spitze Bemerkung über das zweifelhafte Wesen des neuen Objekts macht, platzt die angestaute Wut nur so aus Hubert heraus: »Wenn ich so etwas sagen würde, wäre ich längst enterbt.«

Wie kommt ein Sohn an so einem Vater vorbei? Ist der Alte am Ende eifersüchtig auf den Jungen, auf dessen sorgenfreie Jugend, die privilegierten Studienjahre, das gemachte Nest, all das, was ihm selbst nie vergönnt war? Der Junior hat unterdessen verstanden, dass der revolutionäre *m*-Weg gescheitert ist, dass er eine neue Strategie einschlagen und das Haus von innen her erobern und weiterentwickeln muss. Aber wie? Die Zeitschriften des Vaters sind ihm zu primitiv. Mit Ausnahme der *Bunten*, aus der ließe sich noch am ehesten etwas machen. Doch da sitzt der Alte drauf wie ein eifersüchtiger Gockel. Der Sohn ist »ein Mann in Ketten«. »Deine Macht ist die Ohnmacht«, belehrt ihn sein wortgewaltiger Münchner Verhaltenstherapeut Jens Corssen, ein burschikoser, hoch gewachsener Mann. Wieder ist es ein *Spiegel*-Artikel, der wegweisend wird für den jungen Burda, ihn auf den Psychologen aufmerksam macht, den er schon aus Studienzeiten kennt, aber erst wieder wahrnimmt und trifft, als er bei der Konkurrenz über ihn liest. Bei ihm sucht er Rat und findet – noch mehr Wut: »Deine Macht ist die Ohnmacht«! Er kann die Wahrheit nicht ertragen.

Vater, warum siehst du nicht, wie tüchtig dein Sohn ist?, möchte er aufschreien.

Es ist das Jahr 1972, und Sohn Hubert übergibt dem Senior die Studie: »European Media Problems from the Point of a Publisher«. Auf Englisch! *Dad, in English! Father! Can't you see? Can't you see?* Erkennt der nicht, wie der Sohn das Haus rüstet mit der Sprache der Zukunft?! Darf in Vaters Zeitschriften noch keine einzige Zeile verantworten, studiert aber schon die europäischen Medienprobleme aus der Sicht des Verlegers. All das Streben seines »Schniggo«, der

Immer hält sich der Senator einen »vierten Sohn«. Hier Rüdiger Hurrle (l.), Senator, Hubert Burda (r.).

jetzt endlich bei seinem richtigen Namen genannt werden will!, stachelt den Vater nur noch weiter an. Er wird sich noch lange nicht aufs Altenteil zurückziehen. Mit 69 kennt er seinen Jungbrunnen und gründet eine weitere Zeitschrift: *Mein schöner Garten.*

Dann ist da »der vierte Sohn«. Rüdiger Hurrle, der Manager an der Seite des Senators, der ihm das Zahlenwerk ordnet. Vater Burda und sein »Wunschsohn«, der nur vier Jahre älter ist als sein Hubert, verstehen sich blind. Ihre Büros liegen Tür an Tür. Alle im 13. Stock, auch Hubert, hören das herzliche Lachen, das zur morgendlichen Begrüßung der beiden gehört. Rasend vor Eifersucht beißt er seine Fingernägel. Seine beklemmenden Herzbeschwerden und die quälenden Schlafstörungen, sind die auch dieser fröhlichen Vertrautheit zuzuschreiben?

Generaldirektor Hurrle soll für moderne Strukturen sorgen. Das Haus Burda ist rasant gewachsen, aber der Alte ist Architekt, Bauherr, Besitzer und Hausmeister in einem geblieben. Ist Chef der Chefredakteure, Drucker, oberste Finanzinstanz. Sein letztes Wort gilt in allem, ob beim Vertrieb der Burda-Zeitschriften, dem Anzeigengeschäft, erst recht beim Betriebsausflug. Die Entscheidungen über ein paar hundert Millionen Umsatz kommen nur »aus dem Bauch des Senators«, den sie ansonsten »die Nase« nennen. Wegen seines Gespürs für gute Themen. Weil also die patriarchalen Strukturen nicht in alle Ewigkeit tragen, soll Hurrle zum 70. Geburtstag von Franz Burda dem Familienunternehmen eine zukunftsträchtige Führung schreinern.

Ständig klagen die Burdas: Der Betrieb ist reich, aber wir sind klamm. »Ihre Gehälter waren ja bescheiden, gemessen an dem, was bei Springer und Gruner + Jahr bezahlt wurde«, weiß Hurrle und hat scheinbar eine Ideallösung parat: Zwei Jahre lang arbeitet er daran, Burda in eine Aktiengesellschaft umzuwandeln. »AG«, das klingt in den siebziger Jahren, als schon das Sterben der ersten Familienbetriebe beginnt, nach sicherer Zukunft. Hat Rüdiger Hurrle, das gut aussehende Cleverle mit dem Latinolook, auch eigene Beweggründe? Die »vier Buben« jedenfalls wären in einer AG gleichberechtigte Vorstände, mit dem Senator als Aufsichtsratsvorsitzendem. Die Gespräche mit einer deutschen Großbank sind schon weit gediehen. Werden bald alle glückliche Aktionäre sein? Und Hurrle sich nie mehr anhören müssen: »Blut ist dicker als Wasser«? Wer die Gespräche auf dem 13. Stock kennt, weiß, dass der Senator im erfolgreichen Hurrle auch den idealen Kandidaten für seine Verlegernachfolge sieht.

Sohn Huberts Sensoren rotieren. Er hasst diesen Hurrle! Der hat die ganze Zuneigung des Vaters, die doch eigentlich ihm zustände. Wie könnte er den Alten zur Besinnung bringen? »Vater!«, will er rufen, »ich bin Holz von deinem Holz, Goethe von deinem Goethe.« Aber zu tief sitzt noch die Enttäuschung des Vaters über den Sohn, den er innerlich verstoßen hat. Und der Sohn hat mächtig Angst vor dem Vater, befürchtet, der nächste Fehler könnte ihn endgültig ins Aus schleudern. Wie sollte er unter diesen Umständen zu einem entspannten Verhältnis zurückfinden? Er sieht sich nur noch von Feinden umgeben. Sein Misstrauen trifft alle, je näher jemand dem Vater oder den Brüdern steht, umso mehr. Der Anwärter für Höheres ist jetzt 34 Jahre alt. Zerknirscht und von psychosomatischen Attacken gepeinigt. Sieht so ein künftiger Großverleger aus, ein Medienmogul und Milliardenmann?

Kapitel II

»Burgund ist gefallen, die Lombardei wird genommen«

Ist dieses Hin und Her zwischen Vater und Sohn, dieses Katz-und-Maus-Spiel am Ende so ergreifend, dass selbst die Götter die Nerven verlieren und dazwischengehen? Es ist ein gewaltiger Schock für die Familie, als Franz Burdas Leben im Herbst 1974, 16 Jahre nach seinem geplatzten Blinddarm, wieder am seidenen Faden hängt. Der Mann, der nach außen hin baumstark und unverwüstlich dasteht, ringt dieses Mal wegen eines Magen-Darm-Durchbruchs mit dem Tode. Wieder triumphiert sein Lebenswille. Aber der Senator ist wochenlang ans Krankenhausbett gefesselt, ehe er zu seinen Geschäften zurückkehren kann.

Deus ex Machina: Nun steht Sohn Hubert an Vaters Stelle, als kommissarischer Leiter der *Bunte*-Redaktion. Jahrelang hat er diesen Moment herbeigesehnt! Hätte er nicht auf glücklichere Weise kommen können? Im Februar schon, nach seinem 34. Geburtstag, hatte ihn der Senator als seine Urlaubsvertretung auserkoren, und der Sohn durfte sogar ein paar Seiten verantworten; Nebenschauplätze. Nun haftet er für das ganze Blatt und gibt sich alle Mühe, die misstrauischen Blicke der Mannen des Senators zu übersehen. Ist entschlossen, kein zweites Waterloo zu riskieren. Wird der Vater, 71 Jahre alt immerhin, einsehen, dass er nicht unsterblich ist, und dem Sohn jetzt eine zweite Chance geben? Obwohl Burda junior natürlich eine ganz andere *Bunte* machen will als das allseits belächelte Soraya- und Blaue-Nil-Blatt. Aber das reibt er dem Alten, der Chefredakteur bleibt, nicht unter die Nase. Zum Ende des Jahres 1974 darf der Sohn, mittlerweile ein ausgebuffter Taktiker, als Redaktionsleiter offiziell auf dem *Bunte*-Dampfer mit dabei sein. Endlich auf der Schiffsbrücke! Ist Machtland in Sicht?

»Burgund ist gefallen, die Lombardei wird genommen!«, jubelt er bei seinem Coach Jens Corssen in München. Als er Jens J. Meyer als Nachrichtenchef engagiert, weiht er den Hanseaten gleich ein: »Wir sind das Schattenkabinett in einer Koalitionsregierung, später übernehmen wir den ganzen Laden.« Der auf Machtergreifung eingeschworene Meyer muss natürlich erst artig dem Vater vorgestellt werden und soll nach guter Sitte des Hauses von seinem Leben erzählen. »Den Senator hat das alles nicht interessiert. Als ich aber erwähnte, dass ich bei John Jahr Verlagskaufmann gelernt habe, da war das Eis gebrochen.« – »Des isch gut«, lobt der Alte. Und der neue Mann kann seinen Job antreten, zieht von Hamburg nach *Wo-bitte-liegt-denn?*-Offenburg. Doch schon die erste Redaktionskonferenz hält er für seine letzte: Der Senator sitzt am Kopfende des langen Filztisches – »mit dem Rücken nach Straßburg«. Links von ihm Sohn Hubert, rechts Meyer, der als Erster seine Themenvorschläge vortragen muss. Gebannt verfolgen die Redakteure jede Regung des Senators, der Vorschlag für Vorschlag mit demselben Kommentar abschießt: »Schissdreck.« Nur einmal hält er eine Sekunde inne, ehe er ungnädig schimpft: »Bibeleskäs.« Hubert Burda sitzt hilflos dabei und kann seinem Neuen nur aufmunternde Blicke zuwerfen.

Der Auftritt des Patriarchen läuft nach bekanntem Zeremoniell. »Männer«, salutiert er, und das ist auch der Augenblick für die Frauen am Tisch, den Rücken durchzudrücken. Assistentin Basner überreicht ihrem Herrn feierlich die Mappe mit den Themen, die er zusammengestellt hat, und jeder erhält nun Order, was er zu tun hat. Eine herausragende Rolle fällt einzig »Dr. Henses« zu. Seinen Ehrentitel verdankt er der Redewendung des Senators, mit der er sich nach jeder Direktive bei seinem akademisch unbeleckten Untertanen vergewissert: »Herr Doktor hen' Ses?« Noch ehe es vom Kirchturm zwölf Uhr schlägt, offenbart der Patron: »Männer, ich hab' Durscht! Wer will ein Gesöff?« Salvatore, der Kellner im weißen Jackett, wird aus dem Kasino gerufen, und alle bestellen. Zuerst der Senator, dessen Entscheidung auch für die anderen verbindlich ist: Franzensberger-Schorle. Demonstrativ verlangt Meyer, der Hanseat, nach Bier. Dann löst sich die Runde auf, begleitet von der Mahnung des Senators: »Sauft nicht so viel!« Meyer aber muss noch bleiben; er rechnet

Der Senator (Mitte) und seine Mannen bei der *Bunte*-Redaktionskonferenz in Offenburg.

mit seiner Kündigung. Stattdessen setzt es Lob. »Ihre Themen sind alle sehr gut«, versöhnt ihn der Senator unter vier Augen, »aber Sie müssen eines wissen – hier bin ich der Chef!«

»Zwischen zwölf und vier Uhr nachmittags hätte der Papst erschossen werden können – bei *Bunte* hätte es keiner erfahren.« Edgar Fuchs schüttelt den Kopf über diese merkwürdige Redaktion, auf die er trifft, als er 1976 von Burdas eingestellter *Sport Illustrierte* in München zu *Bunte* nach Offenburg wechselt. In diesem bunten Haufen spielt journalistisches Talent nicht die erste Geige, hier trifft er auf trinkfeste Zecher und passionierte Kartenspieler. Wie konnte der Ehrgeizling Hubert Burda mit diesem skurrilen Provinztrupp seinen Traum verwirklichen und aus der *Bunten* einen auf Optimismus eingeschworenen Gegen-*Stern* machen? »Die GROSSE ALTERNATIVE« zum Flaggschiff des Nordens, wie es ihm seine Marketing-Gurus formulieren.

»Das sind doch alles Säckel«, geifert Will Tremper über die Offenburger. Der junge Burda vergöttert Tremper, der sich mit der weithin

Der Senator übergibt Sohn Hubert offiziell die Chefredaktion von *Bunte*.
Samt einem Sträußchen Schneeglöckchen aus seinem Garten.

bekannten Serie »Deutschland, deine Sternchen« beim *Stern* einen
großen Namen gemacht hat. Er holt sich Tremper als Chefrepor-
ter, Stellvertretenden Chefredakteur und als seinen journalistischen
Ziehvater. Die braven Burdabürger sind entsetzt über diesen aufge-
dunsenen Zwerg mit der großen vierkantigen Brille, der jeden Freitag eine Plastiktüte voll Bargeld – 5 000 Mark in kleinen Scheinen
– an der Kasse abholt, um dann in seinem dicken Mercedes Richtung
München abzudüsen.

Das Projekt »neue Leute braucht die *Bunte*« kann der Junior erst
richtig starten, als der Vater ihn im März 1976 offiziell zum Chefredakteur ernennt. Er ist jetzt 36 Jahre alt und dies sein erster Job, bei
dem er jeden Tag antreten und Verantwortung übernehmen muss.
»Das Konzept der BUNTEN wird im Prinzip das gleiche bleiben«,
verspricht der Senator in der »Liebe Leser«-Ansprache und stellt
klar: »Sie werden regelmäßig weiter meine Leitartikel lesen.« In dem
entzückenden Sträußchen Schneeglöckchen, das der Alte im eigenen

Garten gepflückt hat und dem freudig strahlenden Filius zum hohen Anlass überreicht, steckt auch die Botschaft: Wir bleiben bodenständig und bescheiden. Hubert Burda lächelt dazu seine beiden reizenden Grübchen ins Gesicht. Insgeheim grübelt er längst darüber, wie der *Bunte*-Umzug von den Hügeln des Schwarzwaldes an die Ufer der Isar zu bewerkstelligen wäre. Seit *m* hat er sieben harte und magere Jahre hinter sich. Werden nun die sieben fetten kommen?

Der Senator, jetzt 73, kann es immer noch nicht lassen. Just wenn Hubert Burda seine Redaktionskonferenzen hält, ruft er die halbe Mannschaft zu sich in den 13. Stock und macht dort sein Blättle weiter wie eh und je. Der Junior übt sich in Geduld, er lässt sich nicht provozieren. »Er hat es wirklich ausgesessen.« So mancher Redakteur bewegt sich jedes Mal am Rande des Nervenzusammenbruchs, wenn sich die bizarre Situation wiederholt. Wem sollen sie sich verpflichtet fühlen, dem alten oder dem jungen Herrn?

Der Junior unterdes wedelt mit der Geldkatze und zieht durch die Presselandschaft, um gute Journalisten für einen eigenen Trupp zusammenzusuchen. Wie sonst könnte er die gut entlohnten *Stern*-Redakteure, auf die er es ganz besonders abgesehen hat, aus dem Hamburger Großstadtflair ins Provinznest Offenburg locken? Den Bildchef Dieter Steiner und Ressortleiter Ulrich Blumenschein gewinnt er als Erste. Aber er will auch keinen Geringeren als Henri Nannens langjährigen und berüchtigten Nachrichtenchef Norbert »Sako« Sakowski. Sako ist ein scharfer Hund. Groß, mit markantem Gesicht und scharfen dunklen Augen, schwarzem Haar und schwarzem Schnauzer. Er hatte Nannens Hals aus der Schlinge der Bevilacqua-Affäre gerettet. Als der rechtskonservative Fernsehmoderator Gerhard Löwenthal dem *Stern*-Chef durch bewusste Manipulation ein Kriegsverbrechen in die Schuhe schieben will, deckt Sako die Sache auf. »Ich war für ihn eine Ware, die er Nannen abspenstig machen wollte.« Wenn der junge Burda Sako bekäme, hätte er ein deutliches Zeichen gesetzt in der Branche: dass in Offenburg nun auf die Fahne der Professionalität anstelle von Paternalismus geschworen wurde. Diesem Vollprofi könnte auch der Senator den Respekt nicht verwehren. Und en passant hätte der kleine Burda tatsächlich auch dem großen Nannen noch eins ausgewischt. Immerhin war noch eine

Rechnung aus *m*-Zeiten offen: die »Journalisten sind wie Konserven-dosen«-Geschichte.

Er wird mit Sako handelseinig. Nicht zuletzt, weil sich auch für dessen Lebensgefährten ein guter Job im Hause findet. Allerdings muss abgemacht werden, dass die beiden nach Straßburg ziehen. Ein homosexuelles Paar ist den Offenburgern nicht zuzumuten. Leider kommt der *Stern*-Mann nicht gleich aus seinem Vertrag. Da rät ihm Hubert Burda: »Hauen Sie doch einfach ab, wir haben gute An-wälte.«

Der Himmel ist schneeverhangen, graue Kälte liegt über »Burda-pescht«, als Sako, der nicht vertragsbrüchig wird, am 1. Januar 1979 in Offenburg eintrifft. Schon in den ersten Wochen macht er eine höchst befremdliche Erfahrung: Der Alte bittet ihn, ihm doch zu hin-terbringen, was sein Sohn Hubert alles macht und plant. Ist es ein Zeichen für den üblichen geheimdienstlerischen Umgang, mit dem sich die einzelnen Mitglieder der Familie untereinander misstrauisch beäugen? Ist es ein Test des raffinierten Alten, um zu prüfen, ob Sako seinem Sohn die Treue hält? Jedenfalls ein Hinweis auf die kompli-zierten Schleich- und Umwege Burdascher Kommunikationsbahnen, wo ständig damit zu rechnen ist, dass einer aus der Kurve geschmis-sen oder gegen einen anderen ausgespielt wird. Eifersüchtig verfolgt auch Hubert Burda jede Bewegung der Vertrauten des Vaters. Erst recht die von Johannes Schulze, der Senators Editorials und dessen Biografie schreibt.

»Mit Sako kam das Böse«, behaupten mit Schaudern viele, die »den Henker von Burda«, wie er bald genannt wird, im Redaktions-alltag erleben. Mit sadistischem Genuss maßregelt er, wo immer er einen Vorwand findet. Ein bizarrer Hausmitteilungskrieg bricht aus, und das Kanonenfutter der Intrigen will nie zu Ende gehen. »Mit Sako kam endlich auch Professionalität«, fügen andere hinzu. »Ich musste durchgreifen«, erklärt der ältere Herr, der sich nach 15 Jahren als geschäftsführender Redakteur und stellvertretender Chefredak-teur bei *Bunte* ins Elsass zurückgezogen hat. Dorthin, wo nur noch Ruhe die Ruhe stören könnte. Er trägt Jeans mit Bügelfalte, eine Hel-mut-Schmidt-Lotsenmütze und könnte nicht liebenswürdiger sein. Wo ist das Diabolische geblieben? Ist er ein Opfer der Altersmilde ge-

worden? Bereut er seinen einstigen Brutalostil? »Manchmal war ich
vielleicht ein bisschen zu hart, aber als ich zu Burda kam, traf ich auf
einen schlimmen, undisziplinierten Haufen. Mir blieb nichts anderes
übrig als durchzugreifen.« Hat er in vorauseilender Dienstbarkeit gehandelt oder im Auftrag des jungen Chefredakteurs? »Es gab keinerlei Order von Hubert Burda, aber er hat mich immer machen lassen.«
Sagt der Ausputzer. »Im Grunde war ich die Spinne im Netz, die alles
machen musste.« Die Spinne, die die lästigen Fliegen fressen musste?
»Hubert brauchte einen Killer«, sagen seine Getreuen von damals.

Fest steht, dass mit Sakos ungalantem Durchgreifen die Senator-
leute, einer nach dem anderen, Stockwerk um Stockwerk tiefer ziehen und in den frei gewordenen Büros Hubert Burdas Leute Einzug
halten: Mathias Nolte, Pitt Severin, Charly Schmidt-Polex, Dieter Ei-
senlaub, Eberhard Henschel, erstaunlich viele auch aus der Anfangs-
mannschaft der *Jasmin* von Hagen und Prinz. Dann Manfred Geist,
Andreas Odenwald, Hans-Hermann Tiedje. Der junge Burda scheut
weder Kosten noch Mühe, um die zu bekommen, die er unbedingt
haben will.

Inge Byhan zum Beispiel, die begnadete Autorin. Er verdoppelt
ihr bisheriges *Bild*-Honorar, geht sogar auf ihre Bedingung ein, ihr
zu einem entsprechend anspruchsvollen Haus zu verhelfen, wie sie es
in München-Waldperlach besitzt. Dafür sorgt ein Mann, der für Hubert Burda in den nächsten 20 Jahren Unmögliches möglich machen
und sich derart für seinen neuen Herrn einsetzen wird, dass sogar der
schwer zufrieden zu stellende Burda beeindruckt ist: Kurt Werner.
Einst führte er Drückerkolonnen und ist nun auch nicht zimperlich,
in Baden-Baden alles auf den Kopf zu stellen, bis die Byhan ihr Haus
und Burda seine Autorin hat.

Im Vergleich zur Aktion Byhan ist Blumenscheins Bedingung, sein
Büro müsse mit Korkeiche ausgeschlagen werden, ein Kinkerlitzchen.
Aber Personalsuche und Fluktuation bleiben ein Grundübel. Kaum
haben sich die Leute in Offenburg niedergelassen, wollen sie auch
schon wieder weg. Die Anpassung erweist sich als ungeahnt schwierig. Die Kinder der neu gewonnenen Redakteure werden in der Schule
verprügelt, weil sie kein Badisch sprechen. So hoch sind die Zu- und
Abgänge, dass Andy Odenwald, ein früherer *Stern*-Mann, eine

Strichliste führt. Er sitzt in seinem Büro, die Vorhänge zugezogen, über der Lampe seinen Schal. Wenn er die Kemenate verlässt, hängt er ihn lässig um und löst damit eine ganze Modewelle aus. Tiedje bleibt sein treuer Nachahmer. Als Lothar Strobach, der schon seit Senators Zeiten im Haus ist, an einem strahlend schönen Sonnentag zu Odenwald ins Büro kommt, will er die Verdunkelung aufziehen. Da schreit ihn der Hanseat an: »Bist du wahnsinnig? Da draußen ist überall Schwarzwald. Ich ertrage das nicht!« Von Senators Leuten haben nur drei seiner Lieblinge die Zeiten des Umbruchs überlebt: Imre Kusztrich, Heinz Morstadt und Lothar Strobach. Als Brückenbauer? Andererseits hat der Sohn nie versäumt, dem Vater sämtliche Neuen vorzustellen. Sollte er doch das Gefühl haben, weiterhin der Herr im Hause zu sein.

Unter Hubert Burda etabliert sich derweil ein feines Hierarchiesystem, das nach ungeschriebenen Gesetzen funktioniert. Aber immer nach dem Grundmuster: Bestrafen und Belohnen. Wer in der Sonne steht, bekommt großzügig alles. Vor allem emotionale Zuwendung, Aufmerksamkeit, Anerkennung. Wer in Ungnade fällt, wird seines Lebens nicht mehr froh. Hubert Burda spricht nicht mehr mit dem Geächteten, ruft ihn nicht zu Redaktionskonferenzen, nimmt von seiner Existenz keine Notiz. Wen es ganz schlimm trifft, muss sogar ins »Sterbezimmer«. Ein kleines dunkles Kabuff im elften Stock, direkt neben der Toilette, wo die einzige Verbindung zu den Kollegen das scheußliche Geräusch der Klospülung ist. Die Kriterien, nach denen Burda liebt und demütigt, liegen im Dunkeln. Sind unvorhersehbar und einfach lächerlich? Als Odenwald wegen eines entzündeten Auges den Nottermin beim Arzt wahrnimmt und zur Konferenz seinen Stellvertreter schickt, trifft ihn der Groll des Chefredakteurs. Edgar Fuchs, der seinen Chefredakteur verehrt, erlaubt sich eine professionelle Selbstverständlichkeit. Im Gespräch über den Terroristen Stoll, dessen Familienalbum samt Hochzeitsfotos ein tüchtiger Rechercheur auftut, ist Burda erstaunt. »Der war verheiratet? Das stand noch nirgends.« – »Doch«, antwortet Fuchs wahrheitsgemäß, »das stand schon im *Spiegel*.« Da saust die Guillotine auf ihn nieder. Burda lässt sich von niemandem seine Illusionen zerstören. Wenn er ruft, haben alle anzutreten, und sollten sie darüber erblinden! Kleine napoleonische Anwandlungen gönnt sich der sonst so nette Burda-Junior schon. Überzieht auch die Redaktion mit einer Sprechanlage, aus der jederzeit seine herrische Stimme schnattern kann, wenn er jemanden sprechen möchte. Die Redakteure schauen sich mit hochgezogenen Augenbrauen an. Nur der Österreicher Kusztrich sagt eines Tages zu »der Gudlat«, Burdas junger Sekretärin, ein »Bitte« müsse doch drin sein. Es war drin. Mit entsprechendem Unterton.

Andere sind niemals hinter den Grund ihres Ungnade-Falls gekommen. Als es Strobach zum ersten Mal ereilt, lässt er sich nach einiger Zeit einen Termin bei seinem Chefredakteur geben und fragt nach. »Das ist ganz einfach«, erklärt ihm ein strahlender Burda. »Es ist so wie in der Bundesliga. Die einen spielen, und die anderen sitzen auf der Ersatzbank. Sie müssen spielen, dann kommen sie wieder in den Sturm.« Aber seine Redakteure konnten ihm noch so gut »die Tore vorbereiten, die er nur zu schießen brauchte«: Kaum hatte Burda einen neuen Star, war der alte vergessen. Was war da im Spiel: die Pirschfreude des Jägers, der das Interesse an seiner Beute verliert, sobald er sie erlegt hat? Oder der Lustgewinn des Schachspielers, der auf dem Brett immer wieder neue Kombinationen testet: wer ist Läufer, wer Pferdchen und Turm. Wann ist für den König die Rochade ratsam? Bis heute hat sich Hubert Burda die ungebremste Neugierde und den Spieltrieb bewahrt.

Und die Anziehungskraft! »Immer hat er die Leute dazu bekommen, für ihn durchs Feuer zu gehen. Aber wenn er sie so weit hatte, ließ er sie fallen wie eine heiße Kartoffel.« So mancher gestandene Kerl in der *Bunte*-Redaktion weiß alles über die Heimtücke der Macht, würde jeden offen ausgetragenen Kampf gewinnen. Und hat sich dann am Abgrund dieses Lächelns das Genick gebrochen. Dieses doppelbödige Lächeln sendet auch die Nachricht aus: Ich bin hilfsbedürftig und ausgeliefert! Welcher Held möchte da nicht zum Retter werden?

Lutz Bergmann ist 20 Jahre lang einer von Burdas führenden Mannen gewesen. Schon während Markworts *BiFu*-Exodus hat er Treue bewiesen. Er sagt: »Ganz unausgesprochen haben wir es uns zur Aufgabe gemacht, Dr. Burda zu schützen. Das war unser Job! Das waren wir ihm schuldig!« Warum? Mit welcher Münze hat Hubert Burda diesen »Job« bezahlt? »Man konnte nicht anders.« Die subtil ineinander greifenden Zahnrädchen der Macht, in Gang gesetzt von einem Lächeln! Wie hellhörig muss man werden, wenn Hubert Burda heute, von der sicheren Höhe des Verlegerolymps ausruft: »Mona Lisa! Wenn ich hinter das Geheimnis ihres Lächelns komme, dann erst werde ich ein gutes Stück weiter sein.«

Schritt für Schritt kommt er in *Bunte* weiter, wo neben den diffizilen Verhaltensregeln auch die Anrede eigenen Gesetzen unterliegt. Will Tremper und Mathias Nolte duzen »Hubert«. Andy Odenwald und Tiedje titulieren ihn nur mit »Dottore«. Mit den Älteren pflegt Burda das Sie per Vornamen. Alle anderen müssen ihn »Dr. Burda« nennen. »So viel Zeit muss sein«, spötteln sie. Ist der »Dr.« immer noch die wichtigste Stütze seiner Autorität? Seit *m*-Zeiten sind Jahre vergangen, aber Hubert Burda hat inzwischen kaum Erfahrung im Journalismus sammeln können. Nur unter Qualen kann er ein Editorial für seine *Bunte* verfassen, an eigene Artikel ist gar nicht zu denken. Verzweifelt sitzt er vor dem leeren Blatt Papier. »Journalistisches Schreiben, diese Literatur in Eile, diese gehobene Form der Umgangssprache, das konnte ich nicht!« Wenn der Chefredakteur zur Feder greift, klingt es zum Beispiel so: »Ich benötige immer einen handfesten Ausgangspunkt, ein Stück selbständiger Wirklichkeit wie ein Foto. Dabei immer die Erinnerung an Matisse, mein Forum Romanum, Projektion meiner Archäologie. Und dann eine allegorische Ebene nach Niederlagen im Geschäft, vor allem der geschlagene Krieger, Gallier, Niobe.« Zeilen aus seinem Notizbuch.

Gedankenketten und Bilder bettet er auch in die endlos langen Monologe seiner Redaktionskonferenzen. »Er hat faszinierende Vorträge gehalten, aber irgendwann haben wir uns nur noch fragend angeschaut: Wovon redet der Mann?« Seine damaligen – wie auch späteren – Getreuen kommen in der Erinnerung sehr schnell an diesen Punkt: Wovon redet er eigentlich? »Er hat uns ziemlich strapaziert.« Seine Rezitationen aus dem Stegreif lösen spontane Begeisterung aus, aber hinterher vermag keiner zu berichten, um was es dabei ging. Verrät das Notizbuch eine Antwort? »Ich als Zusammenhang unvereinbarer Fragmente«, erklärt er das eigene Wesen.

Aber Chefredakteur Burda weiß natürlich, dass er auch *Bunte*-Stil

Hubert Burda, Chefredakteur von *Bunte,* und sein journalistischer Ziehvater Will Tremper, 1976.

können muss. Wieder wird er zum Schüler, der sich als seinen Lehrer Will Tremper auserwählt. »Du Will, ich hab' ein wahnsinniges
Problem«, gesteht er dem Meister. Burda kann nicht journalistisch
schreiben. Sogar Briefe zu diktieren bereitet ihm unüberwindbare
Schwierigkeiten. »Um alles in der Welt – ich habe Angst vor dem
ersten Satz.« Will nimmt sich mitfühlend seines Chefredakteurs an,
sagt: »Komm, das bring ich dir bei.« Burda muss nun am Beispiel
eines vorbildlichen Artikels von Claus Jacobi über die Erschießung
von John F. Kennedy journalistische Geburtswehen durchkreißen.
Muss detailbesessen noch einmal jede Kleinigkeit der Mordszene re-
konstruieren: Wie viele Stufen waren da, gehe sie noch einmal hoch,
zähle nach, was siehst du, was spürst du, aus welcher Richtung bläst
der Wind die Blätter, wie steht die Sonne? Jetzt nimm den Bleistift
in die Hand und schreib auf. Nach dieser Lektion schreibt Burda
hemmungslos. Sagt er.

Tremper, zwölf Jahre älter und nur wenig angsteinflößende sechs
Zentimeter größer als Burda, wird sein neuer Gott. Nach bekanntem
Muster vertreibt er den bisherigen Mann in der Sonne, Art-Direc-

tor Kurt Kühne, der der *Bunten* ein allseits beachtetes neues Gesicht verliehen hat. Der Mohr hatte seine Schuldigkeit getan; er konnte gehen.

Ziehvater Tremper, auch bekannt als Romanautor, Drehbuchschreiber und Filmregisseur, inszeniert sich im Burda-Kosmos mit großer Selbstdarstellungsfreude. Residiert am langen Besprechungstisch im Konferenzsaal, um sich herum eine Batterie von Telefonen, vor sich eine Palette von Bleistiften, die ihm seine hübsche junge Muse, Kristina Göhner, spitzt. Sie achtet auch darauf, dass die Kaschmirdecke, die aus Zürich eingeflogen wurde, nicht verrutscht. Will Tremper hat empfindliche Nieren. Und wie Burda liebt er Süßes. Sie fahren ihm Mousse au Chocolat aus Straßburg an, Torte aus Basel, Mineralwasser für seinen Kaffee aus Güssing, besorgen ihm seine ausgefallene Zigarettenmarke Northstate filterlos, legen sie auf Eis, bis sie auf Wills Wunschtemperatur heruntergekühlt ist. Er wird gehätschelt wie ein kleiner Buddha; und so sieht er auch aus.

Verglichen mit der Ära des Senators wütet jetzt ehrgeizige Schaffensfreude überall. Edgar Fuchs, der empfindsame Melancholiker, und Tremper, der ungehobelte Draufgänger, hauen sich wieder einmal bis Mitternacht die Texte um die Ohren und wollen sich anschließend noch im burdaeigenen Schwimmbad entspannen. Das verstößt natürlich gegen alle vom Betriebsrat festgelegten Öffnungszeiten. Sein Vorsitzender, dem die Dreistigkeit sofort gemeldet wird, beschwert sich beim Senator, dass diese Typen den verlässlich guten Ruf des Hauses ruinieren. »Die führen sich auf wie in Hollywood.« Hubert Burda, der umgehend über die Affäre ins Bild gesetzt wird, lässt spontan und höchst amüsiert T-Shirts drucken: »Offenburg is California«. Und in einer zweiten Auflage: »Munich is New York«. In München spielt sein großer *Bunte*-Traum.

Versöhnt Burdas Humor seine *Bunte*-Kerle mit dem Offenburger Komödienstadl? »Er hat alles getan, um uns zu zeigen, dass es sich lohnt, in Offenburg und nicht in Hamburg zu leben.« Aber Einheimische und Eingemietete beäugen sich wie zwei fremde Stämme, und als eines Tages ein Erdbeben ausbricht in der Stadt – ein Erdbeben, das gab es noch nie zuvor in Offenburg! – da fragt man sich in dieser für kosmische Strahlungen sehr empfänglichen Ecke Deutschlands, aus der Rudolf Steiner und Graf Dürckheim stammen: Ob dahinter wohl das Bellen der bunten Hunde steckt?

Auf festem *Bunte*-Boden schaukeln sich Burda und Tremper anderntags wieder gegenseitig hoch. Beide lassen sich nicht aus den Augen. »Wenn einer vor Mitternacht das Haus verlassen hat, hat der andere schnell die Titelzeilen umgeschrieben.« Er war damals schon ziemlich schlau, hat Tremper alles abgeguckt und ihn auch mal ins offene Messer laufen lassen. Auch das gehört zur Erinnerung der Ehemaligen. Fordert der Schüler nun seinen Meister heraus?

Kapitel 12

Tief ist der Brunnen der Vergangenheit

Hubert und seine Brüder

»Wenn dein Vater einmal tot ist, werden deine Brüder dich umbringen.« Bazon Brock gibt diese Warnung von Rudolf Augstein 1982 an Hubert Burda weiter. Der versteinert, spricht zwei Jahre lang kein Wort mehr mit dem Freund und »Dramaturg meines Lebens«. Haben Augstein und Hiobsbote Brock seine empfindlichste Stelle getroffen, das Verhältnis zu seinen Brüdern Franz und Frieder?

Dreimal geht die hochschwangere Aenne Burda am kalten Winterabend des 8. Februar 1940 vom Heidelberger Scheffelweg 5 über die Brücke zum Krankenhaus. Jedes Mal glaubt sie, ihr Kind müsse jeden Moment kommen; und jedes Mal schickt die Hebamme sie wieder nach Hause. Als sie nach der dritten Rückkehr den Hausflur betritt, stehen ihre älteren Söhne an der Treppe, der vierjährige Frieder und Franz, ihr Erstgeborener, acht Jahre alt, ein aufgeweckter Junge mit großen braunen Augen. »Mutti«, sagt er in einem Ton, der Widerspruch nicht einplant, »du brauchscht nicht mehr gehn. Wir kriege' kei' Kind mehr!«

Am kommenden Tag, dem 9. Februar 1940, wirft Hubert Burda im Kreißsaal der Universitätsklinik seinen ersten Blick in die Welt. Welches Bild prägt sich dem Ikonen-Gläubigen ein? Er ist ein Kind des Tages, geboren um 15.30 Uhr, im Sternzeichen des Wassermanns. Wie seine Brüder hat auch er das dichte schwarze Haar der Mutter geerbt und den vollen Mund, das erotische Wahrzeichen der Aenne Burda. Aber bei ihm ist nur die Unterlippe ausgeprägt, die Oberlippe ist schmal. So steht von Anfang an ein auffälliger Widerspruch in seinem Gesicht: Schwer- und Fliehkraft in einem. Ihn drückt's hinab; ihn zieht's hinan!

»Bilder stabilisieren das hin- und hergerissene Ich.« Sagt der Augenmensch Burda. Werden sich die Bruchstücke seines widersprüchlichen Wesens einmal zu einem harmonischen Ganzen fügen? »Er ist unglaublich intelligent, aber auch völlig zerrissen.« Hallt es aus seinem Umkreis.

»Mit einem Krebs-Aszendenten ist Hubert Burda sensibel und introvertiert«, analysiert *Bunte*-Astrologe Winfried Noé. Burdas Geburtshoroskop vom Fachmann liest sich so: »Der Mond als Herrscher über den Aszendenten steht in den Fischen. Menschen mit dieser Konstellation möchten die trennende Grenze zwischen Mutter und Kind aufheben, spüren genau, was in anderen vor sich geht, und finden, konfliktscheu, wie sie diese Veranlagung macht, nur sehr schwer einen eigenen Standpunkt.« Konfliktscheu?! Da ist es wieder, dieses unvermeidbare Adjektiv, das die Zeugen seines Werdegangs schnell im Munde führen. Mal vor »zerrissen«, mal danach.

»Der Mond steht im achten Haus, der Hinweis auf eine starke Mutter, die Nähe durch Vorstellungen ersetzt. Mit dem Jupiter am absteigenden Mondknoten im zehnten Haus, macht es ihm das Schicksal leicht, die Rolle des Tüchtigen zu spielen.« Könnten die astrologischen Vorzeichen für den Ehrgeizling günstiger sein? Wird er mit seinem Leben der Mutter eine zufrieden stellende Vorstellung bieten können? Groß genug, um vor der Herausforderung des Namens Burda nicht in die Knie zu gehen? Und tatsächlich Mutters Nähe und ihren Beifall für seine Darbietung finden?

Die brüderlichen Voraussetzungen indes sind alles andere als glücklich. Franz, ein herrisches Kind, bleibt dabei – er braucht kein weiteres Geschwisterchen mehr, will von dem Kleinen nichts wissen. Aber ausgerechnet der, von dem er keine Notiz nehmen will, setzt ihm am heftigsten zu. Beide Burda-Söhne, der älteste wie der jüngste, werden verfolgt von einem Albtraum biblischen Ausmaßes. Über ihnen liegt der Schatten von Kain und Abel. Wer ist am Ende Opfer, wer Täter? Wer bekommt die Gunst des Gottes Vater, wer wird verstoßen?

Franzl ist Mamas Erstgeborener. Ein wonniges Maienkind! Die Mutter könnte nicht stolzer sein. Schon den zwei Monate alten Säugling setzt sie in die Kissen und fährt ihn im Kinderwagen, glücklich wie die Königin von Saba, durch Offenburg. Ihr majestätischer

Gang, ihre hoffärtigen Blicke sind ein einziger Schrei an die Welt – seht her, hier ist der nächste König Burda! Aenne ist 23, und so verzaubert sie in diesen Augenblicken auch ist, zum Muttersein fühlt sie sich nicht berufen. »Ich hab' gleich nach einem Kindermädchen und einem Hausmädchen verlangt«, stellt sie klar. Aber bis zur Geburt von Franz »versorgte sie die Hauswirtschaft allein, war ungeheuer sparsam wie später, als sie zu einer der erfolgreichsten Unternehmerinnen Deutschlands aufstieg«, schreibt Burda senior in seinen Memoiren.

Vier Jahre später, im April 1936, folgt auf Franzl der zweite Sohn, Frieder. Ein Sorgenkind von Anfang an. Und: »Er sollte seine Mutter bei der Geburt fast das Leben kosten, denn er wog, sage und schreibe, zwölfeinhalb Pfund«, erinnert der Vater. Und dann das: Frieder erlaubt sich gleich nach seiner Ankunft eine Ungezogenheit, die ihm seine Mutter nicht verzeiht – er spuckt sie an! Niemand spuckt Aenne Burda an, auch nicht ihr argloses Baby! Das gewichtige Kind hört nicht auf, sich zu übergeben, fängt jetzt an zu schrumpfen. Mit sechs Monaten wiegt es nur noch fünfeinhalb Pfund.

Die Burdas haben schon beinahe jede Hoffnung aufgegeben, da nimmt Frieder plötzlich die Kurve ins Leben. Er schreit und schreit, und Aenne will das plärrende Balg so weit weg wie nur möglich wissen. Sie gibt es 1937 zu einer jüdischen Kinderfrau, zu Hilde nach Wien. Dort bleibt Frieder über ein Jahr und wäre womöglich länger geblieben, hätte Hilde nach der »Reichskristallnacht« im November 1938 nicht flüchten müssen. Sein Hingezogensein zu Jerusalem und allem Jüdischen, davon ist Frieder Burda überzeugt, ist Hildes Vermächtnis.

Über Hubert, den jüngsten der drei Burdabuben, schreibt der Vater: »Er war von Anfang an ein rechter Sonnyboy.« Ein strahlendes Kind also? Hat die Mutter mit ihrem Jüngsten gespielt? Und was? Diese Fragen seiner heutigen zweiten Frau, Maria Furtwängler, kann Aenne Burda nicht beantworten. Wohl aber erinnert sie sich daran, dass »der Hubert« nie Probleme bereitet hat und schon sehr jung selbstständig war. Mit 14 Jahren fährt er allein nach Amsterdam, weil er dringend eine Rembrandt-Ausstellung sehen will. Sticht ihm damals schon das Bild von Abraham, der seinen Sohn Isaak opfert, ins Auge?

Familie Burda an Aennes 50. Geburtstag im Garten der Villa in der Offenburger Schanzstraße, 1959: Frieder, Senator, Franz, Aenne, Hubert (von
links nach rechts).

Innerlich ist der Jüngste aufgewühlter, als es nach außen hin erscheint. Fühlt sich vom großen Bruder Franz verletzt, empfindet ihn
immer als latent bösartig.

Dann Frieder, der Stotterer. »Oh, Fritzle«, seufzen die Eltern. »Den
Frieder haben die behandelt wie einen Deppen.« Der Satz klebt am
Burdaclan wie Schnittmuster und Druckerschwärze. Der zweite Sohn
ist niemandes Liebling. Weil Schwächen und Fehler für die Burdas ein
Verrat am Weltbild sind, ihr Anblick deshalb nicht zu ertragen? »Mir
war das alles zu viel mit den Buben«, räumt Aenne unumwunden ein.

Genießen die Eltern umso mehr das Nesthäkchen? Dieses pflege-
leichte Kerlchen, das herzig lächelt und ein richtiger Schlauber-
ger ist? »Oh Schniggo!« Seine ganze Zuneigung kann der Vater in
diese Kurzformel packen. Später auch all seine Zweifel. So weit hat
Schniggo sich von der Gedankenwelt des Senators entfernt, dass der
einige Jahre nicht mehr daran glaubt, der verlorene Sohn könne zurückfinden zu ihm ins Burdareich.

Die Brüder gleichen frei schwebenden Radikalen. Jeder völlig unterschiedlich, aber allzeit bereit zum Angriff auf den anderen. Mit keinem ist Heißblütlerin Aenne richtig glücklich. Franz ist groß und hübsch. Der perfekte Sohn? Wäre er nur nicht so ungeschliffen! Soziale Intelligenz, die guten Manieren im gegenseitigen Umgang gehen ihm ab. Als er zum Beispiel auf einem Schulfest beim Schwimmwettbewerb ins Finale kommt, springt er beim Anpfiff nicht ab. Warum? Franz Burda tanzt und schwimmt nach niemandes Pfeife. Natürlich ist er auf der Stelle disqualifiziert. Aber er lernt nichts daraus, benimmt sich weiterhin wie ein Neureicher in einer Karikatur über Neureiche. Ein Großkotz, laut, ungehobelt, der glaubt, er könne sich seine eigenen Gesetze schaffen und die anderen hätten sich gefälligst daran zu halten. Warum? Weil er ein Burda ist. »Der hat auf alle heruntergeschaut, auch auf Frieder. Auf Hubert erst recht«, wissen die Getreuen aus der Führungsriege im 13. Stock. Sind Erziehungsfehler der Eltern im Spiel? Als Sohn Hubert heranwächst, achtet der Vater auf mehr Bescheidenheit.

Dazwischen Frieder. Mit ihm läuft alles daneben, aus Elternsicht. Er verweigert sich dem Burda-Drehbuch und der Rolle des tüchtigen Aufsteiger-Sohnes. Auf dem Schiller-Gymnasium rasselt er gleich durch. Sie schicken ihn auf ein teures Schweizer Internat – hinausgeschmissenes Geld! Als er bei »Sun Printers« in England das Drucken lernen soll, verschwindet er eine Zeit lang von der Bildfläche. Ist nur hinter käuflicher Liebe her, glaubt Aenne, die ihren Zorn darüber in nicht zivile Worte, *not fit to print*, kleidet. Frieder mag es nicht, wenn ihm die Menschen zu nah kommen. Oder berühren. Als er zur Kur nach Bad Wiessee kommt, legt er der Physiotherapeutin, die seine muskulären Verspannungen lockern soll, gleich 1 000 Mark auf den Tisch und befiehlt: »Fassen Sie mich nie an!«

Der aufbrausenden Aenne rutscht öfter die Hand aus. Sie versohlt Frieder aus nichtigem Anlass, rücksichtslos und leidenschaftlich. Bis ihre Wut abgekühlt ist. Hubert trifft es auch, allerdings nicht mit dieser gnadenlosen Härte. Überhaupt, ihr Hubertle. So feinsinnig ist er, interessiert sich für Kunst und Poesie, kann mit den Malern reden, die im Haus der Burdas ein und aus gehen. Werner Gilles, Hans Kuhn, Hans Purrmann, Fritz Winter. »Der Hubert lernt, wo es was zu ler-

nen gibt. Bis heute.« Sagt sie.
Aber sie darf ihn nicht in voller Statur betrachten! Welcher
Teufel hatte jeden einzelnen
ihrer Zeugungsakte durch-
kreuzt und der nach höchstem
Ideal strebenden Mutter ein
ums andere Mal das Bild des
perfekten Sohnes zerstört? Der
erste derb, der zweite nicht
schlau genug, und was ist mit
dem dritten? »Warum bist du
bloß so klein, warum kannst
du nicht größer sein?«, jammert sie ständig. Der Sohn ist
tief verletzt, hat Komplexe.
Zum Tanzkurs kauft sie ihm
Schuhe, deren Sohlen mit di-

Aenne als »weiße Göttin« in Taor-
mina/Sizilien.

cker Staffage unterlegt sind. Die Freunde lachen sich kaputt über Hubert, der über Nacht so geschossen ist. »Damals hatte er noch so viel
Humor, dass er mitlachen konnte. Wir haben uns köstlich amüsiert«,
erzählt die Freundin vom »Philosophenclub«. Schließlich finden sie
doch eine passende Tanzpartnerin für ihn, aber es konnte nicht seine
Jugendliebe Monika Friedmann sein, die ist für ihn – zu groß.

»Meine Kindheit«, schreibt der Erwachsene in sein Notizbuch.
»Denke an die Ängste und Verzweiflungen. Jedem ist das geschehen: verstoßen, gekränkt, missverstanden.« Nie sind seine Aufzeich-
nungen klarer formuliert. Mit Unmut beobachtet er, wie sich Aenne
einen Ziehsohn hätschelt, den sie vollendet findet: Udo Jürgens. »Ach
Udochen, wenn nur einer meiner Söhne so geworden wäre wie du!«
Bunte-Produktionschef Lutz Bergmann ahnt nichts von dem seeli-
schen Abgrund, als er eine Reportage über eine Jürgens-Tournee in
Auftrag gibt. Als Chefredakteur Hubert Burda die Fotos sieht, rastet
er aus: »Wer hat den Scheißdreck gemacht?«

Franzl darf in einem Alter, da seine Kumpels ihre eigenen eroti-
schen Abenteuer suchen, mit Mutter Aenne auf Reisen. »Sie hat ihn

gehalten wie einen Liebhaber.« Auch das gehört zum unstrittigen Teil der Familiengeschichte. Der Älteste darf die Welt von ihrer nobelsten Seite kennen lernen: von New York, Paris, Mailand, Rom bis Sizilien. Auch in Taormina ist er dabei, als sich Aenne in den Sizilianer Giovanni Panarello verliebt. Seinetwegen baut sie dort ein Haus und kommt viele Jahre angereist, um in die Rolle der Sizilianerin zu schlüpfen. Franzl ist eifersüchtig, Aenne amüsiert. Er schafft es nicht, die Nabelschnur zur Mutter zu durchtrennen. Und sie unternimmt nichts, ihn ins Erwachsensein zu entlassen. Er begleitet sie weiterhin. Als männlicher Beschützer? Als genarrter Ödipus? Als Faustpfand gegen den Vater? Es ist ein Double-bind-Verhältnis geblieben. Sie stößt ihn weg und umklammert ihn gleichzeitig. Natürlich ist das auch mit Hassausbrüchen von Franzl gegenüber der Mutter verbunden.

Als Franzl 1958, mit 26 Jahren die 21-jährige Ursel Gamstätter heiratet, stimmt für die Burdas nicht nur die Herkunft der Braut. Die älteste Tochter des Chirurgen und Chefarztes am Städtischen Krankenhaus, Ursel, genannt »Bambi«, ist Aenne durchaus ähnlich. Eine herrische, schwarzhaarige Schönheit, mit dunklen Augen und unbändigem Lebenshunger wie Franzl. Sie gibt sich ganz in der Rolle der Grande Dame.

Aber Franzl emanzipiert sich auch über den Umweg Ehe nicht. Sein imposantes Herrenhaus in Offenburg grenzt an die Villa der Eltern; über den Garten sind Burda Alt und Jung verbunden. Auch Franz senior und junior haben ein inniges Verhältnis. Sie singen gemeinsam, halten ihre Jagdgesellschaften mit den Großen des Landes, schätzen sich als Drucker. Der Vater kann sich über Franzls T-Shirt köstlich amüsieren, auf dem der aller Welt verkündet: »I'm the best in print and love.« Aber das Verhältnis zu Aenne bleibt unerlöst. Noch an seinem 50. Geburtstag, 1982, erwähnt Franzl in seiner Rede, er sei immer noch der Sohn der Mutter. Die Gäste senken die Blicke. Was geht in den Kindern Franz und Cathrin vor, die aus der Ehe mit Bambi stammen? Was in seiner zweiten Frau Christa?

An diesem Geburtstag muss Aenne im Auftrag von Franzl mit Hubert reden: Hätte der fürs Verlagswesen zuständige jüngere Bruder, 42 damals, etwas dagegen, wenn der Ältere Verleger von *Burda*

Kronprinz Franz Burda (r.) mit Aenne (l.) und ihren Freundinnen.

Moden würde? Franzl braucht eine neue Aufgabe, er langweilt sich. Da explodiert der Jüngste ausnahmsweise, geht den Bruder mit lauten Beschimpfungen frontal an. Gewöhnlich hält er sich an seine verfeinerte Kunst, »über Bande zu spielen«, seinen taktischen Glaubenssatz. In dieser Situation kann er nicht mehr an sich halten. Sein sonst so warmes Lächeln zerläuft in kalter Wut, und Franzl bleibt, was er ist: der Drucker. Kain und Abel belauern sich weiter, dazwischen Fritzchen.

Auch Franz und Frieder sind sauer – auf den Jüngsten. Immer lässt der »den Schtudierten« raushängen, hat wegen seines »Dr.« eine Sonderrolle bei den Eltern. »Der Hubert hat die Unruhe ins Haus gebracht«, meint Edith Viertel, »ständig hat er versucht, die anderen zu bevormunden.« Selbst als Narren konkurrieren Franz und Hubert, verkleiden sich zum Fasching beide als königliche Wüstensöhne aus Tausendundeiner Nacht. Und hinter ihrem Rücken ist das Amüsement über »den großen und den kleinen Scheich« vollkommen.

Noch lebt der Vater, vor dem alle drei Söhne absoluten Respekt haben. Noch gilt es als ausgemacht, dass Kronprinz Franzl die Erbschaft des Senators antreten wird. Denken die Offenburger, denkt

Aenne Burda mit »Udochen« Jürgens, Bambi 1976.

die Familie. Aber welche Erbschaft? Die des Druckers? Die des Verlegers? Die des Unternehmenschefs? Die ideelle Rolle als »Chef des Familienclans«? Auf Anweisung von Hubert Burda wird Franzl in einer *Bunte*-Klatschspalte derart tituliert. Der Anlass ist Aennes 95. Geburtstag im Juli 2004. Zu diesem Zeitpunkt ist Franz Burda schon ein gebrechlicher alter Mann, der niemandem mehr gefährlich werden kann.

»Du bekommst die Krone des Unternehmens.« So soll es der Vater gesagt haben. Zu Franzl und zu Hubert. Jedem unter vier Augen. »Da kamen mir schon meine Zweifel über den Vater, als ich das von Franzl erfahren habe«, gesteht Hubert Burda. Aber das kommt alles erst nach dem Tod des Senators heraus. »Ich mache mir solche Sorgen«, jammert er bei Sohn Hubert, »der Franzl hat gar kein Interesse an der Arbeit, der säuft zu viel.« Dem Franzl klagt er anderes Übel: »Ich weiß nicht, ob der Hubert das schafft, die Zeitschriften zu führen, wenn ich einmal nicht mehr bin. Der ist ein furchtbarer Zauderer.« Haben sie wirklich nicht damit gerechnet, dass er auch sie, wie alle anderen, gegeneinander ausspielt? Auch Ziehsohn Hurrle wird in die Machtranküne verwickelt. »Immer hat der Senator Verbündete gesucht«, sagt der. »Das ging nach dem Muster: Sie sind doch auch der Meinung, dass der Hubert spinnt, oder?« Alle wissen von der quälenden Eifersucht zwischen Franzl und Hubert Burda, die sich oft zu blankem Hass steigert. Nur ein einziges Mal paktieren die verfeindeten Brüder: gegen ihn. »Der Hurrle ist ihnen zu mächtig geworden«, tönt das Echo aus dem 13. Stock.

Mit Hurrles Weggang verschwinden auch die Pläne, Burda in eine Aktiengesellschaft umzuwandeln. Nun soll Herbert Warth, den sie später den »Consigliere« nennen, eine zukunftsträchtige Geschäftsstruktur entwickeln. Mit jedem der drei Brüder als Geschäftsführer. Franz für die Druckereien, Frieder für die Finanzen und Hubert für den Verlag. Im Februar 1981 überschreibt der Senator dann seinen drei Erben jeweils ein Viertel des Unternehmens, das verbleibende Viertel behält er bis kurz vor seinem Tod noch selbst. Auch wenn in seinem Vermächtnis steht, »denn es sind geistige und nicht materielle Werte, die das Leben lebenswert machen«, so leidet er unter der Weggabe wie ein in die Jahre gekommener Großbauer. Er kann nicht loslassen, nicht einsehen, dass sein Land eines Tages ohne ihn und er ohne sein Land auskommen muss.

Franz Burda ist zum Zeitpunkt der ersten Erbaufteilung 78 Jahre alt und an Parkinson erkrankt. Für den Mann, dem es im Leben nie schnell genug gehen konnte, wird die Geschwindigkeit plötzlich zum Problem. Die ersten Symptome treten an seinem 75. Geburtstag, im Februar 1978 auf. Nach all den Aufregungen des Tages, all den Ehrerbietungen des »bürgerlichen Deutschlands«, wie Sohn Hubert es nennt, spürt Franz Burda beim Gehen, dass er immer schneller wird, bis er schließlich – stürzt.

Es dauert, bis die Ärzte hinter die Ursache kommen. Der Senator hat nicht die typischen kinetischen Probleme des Schüttel-Parkinson, sein Problem ist ein Bewegungsstupor. Nur das maskenhafte Gesicht verrät die Krankheit. Als der Medizinjournalist Udo Simonitsch im November 1978 bei *Bunte* anfängt, um das Ressort Medizin aufzubauen, zieht ihn Chefredakteur Hubert Burda ins Vertrauen.

Die Krankenhauskoffer sind schon gepackt. Der große Burda soll an der Uniklinik Freiburg, in der Neurochirurgie Lahr, am Gehirn operiert werden. »Wenn er diese komplizierte Operation überhaupt überstanden hätte«, erklärt Simonitsch, »wäre er an den Rollstuhl gefesselt gewesen.« Er rät dringend ab. »Hubert war der Einzige, der sich um die Krankheit des Vaters gekümmert hat, der wissen wollte, was kann das sein, was kann man tun?«, weiß »die Viertel«. Und Udo Simonitsch will von ihm wissen: »Warum gehen Sie denn von einem Schmiedl zum anderen? Warum gehen Sie nicht gleich zum Schmied?«

Simonitsch ist schon von Berufs wegen mit dem Schmied befreundet, mit Prof. Walther Birkmayer in Wien, *der* Kapazität für Parkinson schlechthin. Das illustre Detail, dass auch Mao Tse-tung zu des Professors Patienten gehörte, hat Hubert Burda bestärkt. Durch unzählige Gehirnobduktionen hat Birkmayer entdeckt, dass die Ursache von Parkinson im Mangel an Dopamin liegt, den Neurotransmittern, zuständig für die Balance der Motorik. Schon beim geringsten Verlust kann im Gehirn alles durcheinander funken.

»Da kommt der Burda zum Sterben nach Wien«, soll der Zollbeamte mit schwarzem Wiener Humor geäußert haben. Aber Birkmayer hatte eine erfreulichere Nachricht: »Keine Sorge, Herr Senator, in drei Tagen können Sie wieder laufen.« Der talentierte Entertainer Hubert Burda imitiert perfekt den Wiener Dialekt des Professors. Und tatsächlich: Drei Tage und eine ausgeklügelte Dopamin-Dosierung später geht der Senator wieder. Ein unfassbares Glück! Von diesem Wunder zutiefst bewegt, kniet der Sohn im Stephansdom nieder. Weil er den Vater so innig liebt? Weil er ihn noch so dringend braucht als Beschützer vor dem Kain-und-Abel-Schatten?

Burda senior genießt die neu gewonnene Lebensfreude in vollen Zügen; will jetzt nur noch arbeiten, »was mir am Herzen liegt«. Mit Edith Viertel tüftelt er an *PAN – Unsere herrliche Welt*. Fährt an die Cote d'Azur, um Chagall zu interviewen. »Der rote Gockel« lässt ihn noch einmal den Kamm stellen, und im April 1980 erscheint die Kunstzeitschrift mit der ehrgeizigen Auflage von 300 000 Stück. Unausweichlich freundet sich der Senator auch mit Udo Simonitsch an, der ihn an seinen Lebensretter vermittelte. Ein Götterbote! Sohn Hubert ist ebenfalls dankbar. Bald aber folgen eifersüchtige Regungen. Bahnt sich da etwa ein neues Vierter-Sohn-Drama an? Volle acht Jahre Lebenszeit hat Birkmayers Behandlung dem Senator noch geschenkt. Jahre, die Hubert Burda dringend brauchte, um sich im Verlag aufzubauen, wie er immer wieder in seinem engsten Kreis beteuert. Aber der Mann, der ihn zum Papst schickte, der ihm dazu verhalf, sich als Verleger etablieren zu können, Udo Simonitsch, wird dafür keinen Dank ernten.

Unterdessen nimmt Frieder eine zweite steile Kurve ins Leben. Ermuntert von seiner Frau Carina, die er bei *Burda Moden* kennen lernt. Er arbeitet sich in die Finanzen des Hauses ein, geht in therapeutische Behandlung, um sein Stottern loszuwerden und lernt Fliegen. Und Carina macht mit. Zu Hause – er wohnt in Darmstadt und später in Baden-Baden – lässt er sich einen Tower aufbauen und übt, über Mikrofon zu sprechen. »Das hat ihm geholfen, sich sein Stottern abzugewöhnen«, sagt die Exfrau Nummer eins. Seinen Freunden erläutert Frieder die Heilung spektakulärer: »Als ich ganz alleine da oben war, da musste ich sprechen, um meine Position durchzugeben.« Fortan fliegt er den Firmenjet, sagt Sätze, wie sie Piloten in alten Schwarz-Weiß-Filmen sagen: »Die Herren Redakteure trinken doch gern einen« und macht den Herren von der *Bunten*, wenn sie etwa zu Bambi fliegen, Zeichen, sich doch an der Bordbar zu bedienen. Redakteure sind bei Burdas die Hausintellektuellen, genießen Respekt. Mit gewöhnlichem Personal würde Frieder sich niemals unterhalten, verkneift sich aber Grobschlächtigkeiten von Franzlschem Kaliber. Als der in der Concorde von Paris nach New York Huberts wichtigen *Bunte*-Mann Kurt Werner mitfliegen sieht, rastet er aus. Ruft sofort in Offenburg an und tobt: »Ich hab' noch nie ein drittklassiges Arschloch First Class fliegen sehen.« Huberts Leute müssen nachweisen, dass der Flug, mit allen Tricks gebucht, billiger war als ein Linienflug.

»Frieders Rolle versteht man nur, wenn man Franz und Hubert kennt«, erläutern die Eingeweihten. »Er wurde zwischen den beiden psychisch zerrieben. Weil er schwach ist, hat er sich nach dem starken Franz gerichtet, der war für ihn auch der Zuverlässigere.« Hubert Burda schließt sich dieser Sicht an. Als Thronfolger steht Frieder nie zur Diskussion, aber er ist Zeuge des erbitterten Kampfes zwischen seinen Brüdern. »Der hat die beobachtet und sich auf die Schenkel geklopft vor Amüsement. Aus der Nähe wurde er distanziert.« Jahrelange Beobachtungen aus der 13. Etage.

Franzl lebt derweil wie der kleine König von Offenburg; hat sein Herrenhaus, seine schöne Frau, zwei wundervolle Kinder. Aber sein maßloser Appetit auf holde Weiblichkeit und ausufernde Feste bleibt. Aenne Burdas Modenverlag ist als Jagdrevier ein unerschöpfliches Reservoir.

»Im Geschäft war er wie ein Elefant«, sagt Herbert Warth. »Er ging los und ging durch. Im Grunde genommen sehr gutmütig. Aber wehe, es bildete sich Widerstand.« Der weiche Kern in harter Schale also? Es gibt unzählige Geschichten vom guten Franzl, der seinen Freunden in der Not aufs Herzlichste hilft. »Der Hubert tut vornerum nett, aber hintenrum intrigiert er«, sagt seine älteste Freundin. »Der Franzl hat diese Ebene nicht.« Dem fehlt diese Raffinesse, ihm ist hinten und vorne einerlei. Er ist, wie er ist. Bedauernd hebt Hubert Burda die Schultern und glaubt zu wissen: Die Erstgeborenen verfügen einfach noch nicht über die verfeinerten Gene der nachfolgenden Kinder.

»Als Jüngster musste Hubert erst einmal auf Augenhöhe kommen«, ist der einstimmige Tenor. Auf Fotos sieht man, wie er im wahrsten Sinne des Wortes an dieser Aufgabe arbeitet. Als er für offizielle Zwecke mit seinen Brüdern abgelichtet wird, findet er eine schlaue Lösung, um nicht als der Kleinste dazustehen. Sie gehen eine Treppe herunter, und als der Fotograf auslöst, bleibt er eine Stufe höher stehen. Wieder ist da diese Geste der emotionalen Landnahme: Er stützt sich auf den Schultern der Brüder ab.

»Er hat es nicht leicht gehabt in dieser Familie«, stimmen alle überein. »Hätte er es leichter gehabt, dann hätte er jetzt nicht diese Härte«, schließt der ehemalige Klassenkamerad Todenhöfer. »Ich bin im Feuer geboren und groß geworden«, flicht Hubert Burda, der leidenschaftliche Redner, allzu gern in die Ausführungen über seine Jugend ein.

»Er war der Cleverste der drei«, sagt Edith Viertel, »und sehr profitlich.« Hinter Geld her? »Geld hat ihn nie interessiert, davon hatte er immer genug. Er wollte in der Gunst beider Eltern stehen, sowohl beim Vater als auch bei der Mutter.« Auf seine Art hängt er früh den Burda raus. Als die Viertel von Aenne als »Zuhälterin« beschimpft wird, weil sie über jede Liaison des Senators im Bilde ist, will sie das nicht hinnehmen. »Sie haben kein Recht, sich zu verteidigen«, schleudert ihr der wortgewandte Hubert entgegen. Die Viertel schreibt ihm daraufhin einen geharnischten Brief, dann kehrt wieder gegenseitiger Respekt ein.

»Der Hubert ist ein Hosenscheißer«, jammert der Senator allen im 13. Stock vor. Und hinter des Bruders Rücken fordern Franz und Frieder von ihren Zuarbeitern: »Sie sagen dem Klei' aber nicht alles.« Ganz aus dem Nichts geboren kann also Hubert Burdas Misstrauen nicht sein, das er allen gegenüber hegt, die nicht zu seiner eingeschworenen Truppe gehören. Seine Engsten behaupten: Der wusste, dass ihn der Franzl mit den Druckpreisen sowieso bescheißt. Beim Frieder hat er sich erhofft, dass ihn die Beteiligungsgeschäfte so oft wie möglich ins Ausland führen, weg von Offenburg! Hätte mit dieser nüchternen Sicht doch alles gut werden können mit den drei Burda-Söhnen, hätten die drei Sonnensysteme nicht zwingend kollidieren müssen?

Frühsommer 2004. Ein Sonnentag in Offenburg. Das große Burda-Anwesen in der Schanzstraße. Seit dem Tod des Senators residiert Aenne Burda hier allein, nur in Gesellschaft ihres treuen Personals. Regelmäßig schaut auch ihr langjähriger und 25 Jahre jüngerer Liebhaber vorbei, haucht einen Handkuss und dosiert die Medizin. Eine einsame und stolze alte Dame, eine Legende hinter hohem Mauerwerk. Erst im Innern des Hauses geben große nüchterne Rechteckfenster den Blick nach Westen frei. Von hier aus konnten die Burdas einst bis zur Kronenwiese, zu ihrem »Geschäft« schauen. Mit diesem Ausblick ist Hubert Burda aufgewachsen: Alles unsers. Bis das Landratsamt einen depressionsbraunen Verwaltungsklotz dazwischenrammte. Linkerhand leuchtet Franzls Herrenhaus in warmem Ocker. Rechter Hand steht die Moschee Merkez Camii der Offenburger Türken. In zartem Kitschblau hebt sich das Minarett von dem dahinter liegenden Gefängnis ab. Ein Dorn im Auge von Frau Burda! Sie hat eine weitere Mauer hochziehen lassen. Dennoch mag sie gern daran erinnert werden, dass ihr Sohn der größte ausländische Verleger in der Türkei ist.

»Hubertle«, Mamas Liebling, im Alter von zwei Jahren und als 45-Jähriger beim Tanz mit der Mutter.

Unverändert ist jedoch »das grüne Zimmer«, wie es der Verlegersohn nach dem Abitur verlassen hat. Eine winzige Bude. Grüne Wände, abgewetzter Teppichboden, eine kleine Pritsche, Kleiderschrank, Bücherregal, ein selbstgemaltes Bild von Mutter Aenne, eine kleine Stereoanlage. Wachsen so die ganz Reichen des Landes auf? Auf dem Nachttisch liegen Gustav Schwabs *Sagen des klassischen Altertums* und Thorwald Dethlefsens *Schicksal als Chance*. Zerfleddert vom häufigen Gebrauch.

Aenne Burda empfängt in ihrem Wohnzimmer, trotz des

hohen Alters um königliche Haltung bemüht. Umhüllt von einer Aura, in der unverkennbar die weiße Göttin und die schwarze Aenne herrschen. Diese Frau ist nicht nur eine Legende, sie ist ein leibhaftiges Yin-Yang-Wesen, Licht und Schatten gleichmäßig dosiert. Liebe und Hass, Würde, Derbheit und Vitalität sind ihr ins immer noch schöne Gesicht geschrieben.

Überall blühen zartweiße Orchideen, leuchten rote Rosensträuße nebst anmutigen Tulpen und Ranunkeln. Und Kunst wohin das Auge blickt. An prominenter Stelle »Le Coque Rouge«, das Lieblingsbild des Senators. Der rote Gockel. Weiß Aenne Burda, warum sich ihre Söhne nicht mögen? Ihre Antwort kommt freimütig und prompt. »Die hassen den Hubert, weil sie glauben, dass er das Lieblingskind der Mutter ist!« Stimmt das? Die Vehemenz der Verneinung schürt den Verdacht, dass hier die Tür zu einem empfindlichen Thema aufgeht. Aus der Dunkelheit dahinter schießen harsche Wortfetzen. Was die sagen, ist ... dummer ... ist ... Dreck ... ist ...? Das nervtötende Rattern eines Zuges zerhackt die Sätze in unverständliche Fetzen. Aenne Burda, die Lokomotivführertochter, wohnt so nah an den Gleisen, dass in verlässlichen Abständen ihr eigenes Wort nicht zu verstehen ist.

»Denkwerk«: Hubert Burda komponiert als Bildmosaik für den Geschäftsbericht 1999.

Kapitel 13

I'm so lonely, man

Die Jungs waren meine Familie

H.B. H.B. H.B. H.B. H.B. H.B. H.B. H.B. H.B. H.B. H.B. H.B. H.B.
H.B. H.B. H.B. H.B. H.B. H.B. H.B. H.B. H.B. H.B. H.B. H.B. H.B.
H.B. H.B. H.B. H.B. H.B. H.B. H.B. H.B. H.B. H.B. H.B. H.B. H.B.
H.B. H.B. H.B. H.B. H.B. H.B. H.B. H.B. H.B. H.B. H.B. H.B. H.B.
H.B. H.B. H.B. H.B. H.B. H.B. H.B. H.B. H.B. H.B. H.B. H.B. H.B.
H.B. H.B. H.B. H.B. H.B. H.B. H.B. H.B. H.B. H.B. H.B. H.B. H.B.
H.B. H.B. H.B. H.B. H.B. H.B. H.B. H.B. H.B. H.B. H.B. H.B. H.B.
H.B. H.B. H.B. H.B. H.B. H.B. H.B. H.B. H.B. H.B. H.B. H.B. H.B.
H.B. H.B. H.B. H.B. H.B. H.B. H.B. H.B. H.B. H.B. H.B. H.B. H.B.
H.B. H.B. H.B. H.B. H.B. H.B. H.B. H.B. H.B. H.B. H.B. H.B. H.B.
H.B. H.B. H.B. H.B. H.B. H.B. H.B. H.B. H.B. H.B. H.B. H.B. H.B.
H.B. H.B. H.B. H.B. H.B. H.B. H.B. H.B. H.B. H.B. H.B. H.B. H.B.
H.B. H.B. H.B. H.B. H.B. H.B. H.B. H.B. H.B. H.B. H.B. H.B. H.B.
H.B. H.B. H.B. H.B. H.B. H.B. H.B. H.B. H.B. H.B. H.B. H.B. H.B.
H.B. H.B. H.B. H.B. H.B. H.B. H.B. H.B. H.B. H.B. H.B. H.B. H.B.
H.B. H.B. H.B. H.B. H.B. H.B. H.B. H.B. H.B. H.B. H.B. H.B. H.B.
H.B. H.B. H.B. H.B. H.B. H.B. H.B. H.B. H.B. H.B. H.B. H.B. H.B.
H.B. H.B. H.B. H.B. H.B. H.B. H.B. H.B. H.B. H.B. H.B. H.B. H.B.
H.B. H.B. H.B. H.B. H.B. H.B. H.B. H.B. H.B. H.B. H.B. H.B. H.B.
H.B. H.B. H.B. H.B. H.B. H.B. H.B. H.B. H.B. H.B. H.B. H.B. H.B.
H.B. H.B. H.B. H.B. H.B. H.B. H.B. H.B. H.B. H.B. H.B. H.B. H.B.
H.B. H.B. H.B. H.B. H.B. H.B. H.B. H.B. H.B. H.B. H.B. H.B. H.B.
H.B. H.B. H.B. H.B. H.B. H.B. H.B. H.B. H.B. H.B. H.B. H.B. H.B.
H.B. H.B. H.B. H.B. H.B. H.B. H.B. H.B. H.B. H.B. H.B. H.B. H.B.
H.B. H.B. H.B. H.B. H.B. H.B. H.B. H.B. H.B. H.B. H.B. H.B. H.B.
H.B. H.B. H.B. H.B. H.B. H.B. H.B. H.B. H.B. H.B. H.B. H.B. H.B.

H.B. Offenburg. Zweite Hälfte der siebziger Jahre. Er malt wieder,

Das »Schlössle« in Fessenbach/Offenburg.

und dieser kleine H.B.-Stempel findet sich an jedem der Dutzenden von Selbstporträts, die die Wände vom »Schlössle« schmücken. Burdas Bilder vom eigenen Ich sind mannigfaltig und in sämtlichen Stilrichtungen gepinselt. Impressionistisch, expressiv, pointillistisch und abstrakt; mal wohlgenährt, mal mit eingefallenen Wangen, mal unbeschwert, mal bedrückt, mal derb, mal elegisch. Auffällig oft als Goethe in Italien. Auf dem Gipfel des Berges. Der Blick in die Ferne.

Auch das »Schlössle« liegt oben am Berg, in Fessenbach, mit einzigartiger Sicht in die Rheinebene und die Vogesen. Sein Landsitz zu Offenburger Zeiten, als er Chefredakteur von *Bunte* ist. Seit seinem Auszug vor über zwei Jahrzehnten hat sich kaum etwas verändert. Dutzende Notizbücher in den Regalen. Eine verlassene Bibliothek; viel zum Thema Götter und Antike. Ein paar Imitationen griechischer Vasen, ein paar Antiquitäten, ein farbenprächtiges Jim-Dine-Werk. Auf der Schiefertafel in der Küche steht noch die Telefonnummer der ehemaligen Haushälterin. Als wären die Bewohner Hals über Kopf auf und davon, unschlüssig, ob sie jemals wiederkehren würden in dieses Haus der verschachtelten Romantik. »Mei, Hubert, du wohnscht armselig!«, entfährt es Bruder Franz während eines Abendessens. Der Jüngste und der Älteste laden sich, trotz oder gerade wegen ihres schlechten Verhältnisses, regelmäßig ein.

Die Herrin des Hauses heißt Kristina Göhner, Burdas Lebensgefährtin, mit der er zehn Jahre im Schlössle residiert. Als sie sich kennen lernen, lebt er noch im Hochhaus Nummer zwei aus dem Burdareich. Seine *Bunte*-Redakteure versuchten alles, es in »Langen Hubert« umzubenennen. Vergeblich. Dort wohnt er im Penthouse, das ihm der Münchner Society-Dekorateur Graf Pilati ganz nach dem modischen Diktat der Zeit einrichtete: kaltes Glas und schwarze Sessel. Kein wohliges Heim. Aber hier findet 1976 jene Badewannenszene statt, die sich die *Bunte*-Männer von damals immer noch erzählen. In der Hauptrolle Will Tremper? Oder wie immer Hubert Burda? Oder Kristina Göhner? Jedenfalls am Ende eines langen Abends, an dem Tremper sich als Kuppler übt, um seinem Schützling H. B. aus unerträglicher Tristesse zu helfen.

Einsamkeit und psychosomatische Beschwerden quälen Hubert Burda, seit seine Frau Christa sich 1972 von ihm scheiden ließ. Vier Jahre sind seitdem vergangen, und er ist immer noch Single. Obwohl er sich ganz liebeskrank um Uschi Glas bemüht. Sie ist damals Deutschlands jüngster Stern am Filmhimmel und beherrscht – was sonst? – die Schlagzeilen. Schon vor dem ersten Kuss denkt er im kleinen Männerkreis laut und pragmatisch: »Die könnte doch *Burda Moden* machen.« Aber es geht nicht zur Sache mit »Schätzchen«. Und auch mit keiner anderen. Verzweifelt fällt er eines Abends auf einem tristen Parkplatz – sie kommen von einem Essen mit Anzeigenkunden – seinem Hauspsychologen Ernst Tachler um den Hals: »I'm so lonely, man.«

»Immer wieder ging es um Huberts Einsamkeit.« Kristina Göhner ist zu dieser *Bunte*-Zeit Will Trempers Muse und allein für dessen Wohlbefinden zuständig. Sie spitzt ihm die Bleistifte und hat nichts weiter zu tun, als lebensfroh, unsichtbar und doch präsent, an seiner Seite zu sein. Auch morgens, wenn die vertrauten Gespräche zwischen Tremper und Burda stattfinden. Wenn der Ältere den Jüngeren mit guten Ratschlägen impft, wie er sein Heft und seine Leute zu führen hat. »Das war ein sehr enges Verhältnis, Will war Huberts Ersatzvater.« Hubert Burda seinerseits ist mehr als überrascht, als er Kristina Göhner eines Morgens an Wills Seite sieht. Er kennt die elf Jahre Jüngere, das »Mockele«, aus dem Skiclub, wo sie tolle Rennen gefahren ist. »Mucki«, wie er sie nennt, ist eine zierliche, blonde Frau, – nicht größer als er. Ist die hübsche Tochter des Eisenwarenhändlers Göhner, einer Institution im bürgerlichen Offenburg, noch.

Sie macht nur einen Ferienjob, will dann ihrem Freund nach Amerika folgen. Bis eines Abends Tremper mit ihr in einen Biergarten der Ortenau fährt. Kristina Göhner denkt sich nichts dabei. Es gehört zum Alltag, dass die Redakteure bis spät in die Nacht, meist in der Fessenbacher »Traube«, an Wills Lippen hängen und sich seine Hollywoodgeschichten anhören. An diesem Abend kommt keiner nach. Nur Hubert Burda.

»Irgendwann ging mir ein Licht auf. Ich hab' das Spiel einfach mitgemacht und auch genossen. Es war so komisch, so charmant.« Nach dem Essen findet das Stelldichein im Penthouse seine Fortsetzung. Der Champagner ist schon eisgekühlt und Trempers Mission erledigt. Er hat das Feuer tatsächlich entflammt. Während die Muse und der Chefredakteur turteln, endet seine Vorstellung von Glück in der heißen Badewanne. »Ich habe ihn nie entspannter gesehen. In dem Moment ist mir bewusst geworden, dass der dicke Bauch nun im Reich der Schwerelosigkeit ist.« Sagt die Muse.

Der glückliche Burda versüßt Tremper künftig das Leben noch großzügiger. An seinem 50. Geburtstag auch sprichwörtlich. Er schenkt ihm eine Torte von der Größe des journalistischen Ziehvaters, 1,76 Meter hoch und 400 Pfund Schokolade, Creme, Marzipan und Nougat schwer. Zuckerkunst im Wert von 10 000 Mark, die mit dem Gabelstapler in den Festsaal gefahren werden muss.

Anfangs wird Mucki noch versteckt. Bei offiziellen Anlässen steht Jugendfreundin Gitzi vom »Philosophenclub« an seiner Seite. Sie ist, die Kreise in Offenburg schließen sich schnell, die jüngste Schwester von Bambi Burda. »In seiner gesellschaftlichen Rolle war Hubert ziemlich gestelzt, sprach übertriebenes Hochdeutsch. Aber sobald wir allein waren, unterhielten wir uns auf Badisch, und er war

ganz der Alte. Total witzig.«
Bald aber wird Mucki als die
Frau an seiner Seite eingeführt.
Die beiden könnten sich nicht
prächtiger verstehen. Nach seiner Enttäuschung mit der un-
terkühlten Christa nun: »Eine
Frau mit Herz, so gut getan hat
ihm nie mehr eine«, klingt es
aus dem inneren Zirkel.

Mit Bleistiftspitzen und dem
süßen Nichtstun an Wills Seite
ist es allerdings gleich vorbei.
Die Geliebte des *Bunte*-Chefre-
dakteurs kommt, ehe sie weiß,
wie ihr geschieht, in Aennes
Modenverlag unter. Dort wird
die Sprachenstudentin im Kos-
metikressort zur Redakteurin
geschult.

Kristina »Mucki« Göhner und Hubert
Burda, ca. 1977.

Tremper aber, den wilden Zigeuner, hält es ihn nicht mehr lange
in Offenburg. Hat er nicht alles gegeben, professionelles und privates
Glück geschmiedet? Gerade schenkte ihm Hubert Burda ein 20 000
Mark teures Autotelefon; und doch kann ihm Tremper anderntags die
Offenbarung nicht ersparen: Er zieht zurück nach München. 1978.
Wieder wird es dunkel um Burda. Was sollte er jetzt nur machen? Von
seinem Meister verlassen, allein in der *Bunte*-Redaktion?

Tremper hatte alles, was ihm fehlte: Selbstbewusstsein unbegrenzt,
eine goldene Feder und immer die Chuzpe, eine griffige Schlagzeile
aus dem Ärmel zu schütteln. Er kümmert sich um keine Konvention, stellt alles auf den Kopf, was der gute Gott der Offenburger
strikt verboten hat. Zieht einfach sein Ding durch! Wie Burda das
imponiert! Für Tremper wird Burda eines Tages sogar auf eine Kir-
chenkanzel steigen und lobpreisend dessen Tod betrauern.

Bald schon begegnet er wieder einem dieser halbseidenen Grobiane,
die sich keinen Dreck um nichts scheren. Die »einfach den Song drauf-

haben«. Franz Josef Wagner, der ihn auf ewig in seinen Bann schlägt. »Ein ›Urviech‹ von Mann«, wie *Bunte*-Frauen wissen, »der allein schon durch seine körperliche Präsenz Angst einjagt, der säuft und hurt und genial schreiben kann.«

Hubert Burda hingegen, der Schöngeist, muss auf alle und alles Rücksicht nehmen: die Familie, die Leute, die Branche. Kein Wunder, dass er unter Ladehemmung leidet. Edgar Fuchs, sein sportlicher Ressortleiter, hilft ihm über den Trennungsschmerz mit Tremper. Jeden Montagabend spielen sie Tennis. Dann entdeckt Burda den vorteilhaften Einfluss des Waldlaufs auf Karma und Karriere. »Das war furchtbar.« Nun müssen sie mit ihm durch den Stadtwald laufen. »Hubert Burdas Elend als Sportler« tritt zutage. »Er ist ein ungeheueres Bewegungstalent«, urteilt der Fachmann. »Aber: Er will sich dann doch nicht plagen.« Fazit: Spieleinsatz grenzenlos, Krafteinsatz null. »Er hat sich immer sehr schnell gelangweilt.« Dieses eine Mal nehmen es die Mitläufer mit Erleichterung auf.

Auch der Redaktion wird sportlicher Teamgeist auferlegt. Gemeinsam wird Diät gehalten, immer nach der neuesten Theorie. Salvatore kocht unverdrossen, was von ihm verlangt wird, und neben dem Essen lernen die Zugereisten den Stil des Hauses Burda besser kennen. Ulrich Blumenschein zum Beispiel. Er isst mit seinem Chefredakteur Steak. Ein ungenießbar zähes Stück.

Salvatore fragt: »War's gut, Herr Blumenschein?«

Der antwortet: »Schlecht war's.«

Burda zuckt zusammen. »Uli«, besänftigt er ihn, »so können Sie das hier nicht sagen.«

»Warum darf ich nicht die Wahrheit sagen, Hubert?«

»Sie müssen sagen, es war gut, aber das gestern war besser.«

Im Umkehrschluss gilt bis zum heutigen Tag: Ein Lob von Hubert Burda ist nicht zwingend ein Lob. Es kann ebenso gut versteckte Kritik sein.

Nicht jedem leuchtet Burdas Strategie des »Über-Bande-Spielens« ein. Die langjährigen *Stern*-Redakteure tun sich schwer: »Das bei Burda war ein Weichei-System, ein ewiges Drumherum-Gerede. Beim *Stern* sagte man sich in den Konferenzen die Wahrheiten, da kam was bei rüber.« Auch zwischen den Chefredakteuren liegen

Welten. »Der Nannen war ein faszinierender Hund, da zählte nur hundert Prozent Professionalität, bei *Bunte* war es nicht annähernd so interessant.«

Wie ging es zu bei *Bunte*? »Im Grunde genommen war Hubert Burda ein intellektueller Spinner. Er hatte keine Ahnung vom Blattmachen.« – »Aber er hatte ein Gespür für Themen und Bilder.« – »Von 200 Bildern ziehe ich Ihnen auf Anhieb den Aufmacher heraus«, behauptet Hubert Burda. – »Er lernte sehr schnell.« – »Man musste sehr auf der Hut sein vor seiner Eifersucht.« – »Er hat einen ganz an sich gezogen. Aber wehe, man kam ihm nahe. Dann hatte man das Gefühl, man verbrennt.« – »Er wollte immer neue Leute, wie ein Kind, das ständig nach dem nächsten Spielzeug schreit.«

Jedes Wochenende fährt der Chefredakteur nach München und trifft sich mit seinen Dichter-, Künstler- und Schauspielerfreunden. Auch mit seinem Edelschneider Harry Lindmeyer, der ihn ausstattet. Der Anzug für Erfolg und Macht ist ein Zweireiher. Bei Hubert Burdas Größe empfiehlt der Fachmann zwingend Einreiher. Aber Burda, ganz im Bann des Machtkodex, kann sich auf den bloßen Gedanken nicht einlassen. Also ist sein Zweireiher dunkelblau und immer zwei Zentimeter zu lang. Die Antwort des Sohnes auf den Vater, dessen Anzüge immer zwei Zentimeter zu kurz sind?

Seine Münchner Freunde hinterbringen ihm auch Gesellschaftsklatsch, den er liebt; und natürlich diskutieren sie, wie eine richtig tolle *Bunte* auszusehen hätte. Entsprechend gebrieft kommt der Chefredakteur zurück nach Offenburg. »Wir wussten nie, wen er am Wochenende getroffen hat«, erinnert Andreas Odenwald sich an die Verzweiflung der Montagskonferenzen. »Das Spektrum lag zwischen Peter Handke und Fritz Wepper; entsprechend mussten die Themen sein.« Burda also wie zu *m*-Zeiten, immer noch ein flatternder Wimpel im Winde?

So eng verzahnt sind Leben und Arbeit bei der *Bunten*, dass er schwärmt: »Die Jungs waren meine Familie!« Burda will, dass sich seine Stars bei ihm wohl fühlen, aber bloß nicht einnisten in provinzlerischer Gemütlichkeit. »Sie müssen hinaus in die Metropolen«, spornt er sie an und spendiert großzügig Reisekosten. Hält Brainstormings im »Palace-Hotel« in Sankt Moritz, wo sie über künftige

Themen und Perspektiven diskutieren. Aus den Augenwinkeln wird auch der Gesellschaftsadel beobachtet, und der Chefredakteur hat sehr genau die Manieren seiner Leute im Blick. Wer beherrscht die Benimm-Regeln, und mit wem kann man sich auf keinen Fall im »Dracula«-Club blicken lassen?

»Leute von heute / gestern / morgen« ist eine neue Rubrik in *Bunte*, erfunden von Tremper und Karl-Heinz Hagen. Gott Hagen kommt tatsächlich für ein paar Wochen nach »Burdapescht«. Hubert Burda wachsen Flügel! Nun mussten bessere Zeiten anbrechen. Und siehe da. Die Sache wird ein Erfolg. *Bunte* fährt jetzt die gesellschaftliche Messlatte aus. Erstmals schlägt man in *Bunte* nach, wer angesagt ist und wer schon im Aus vertrocknet. Noch weiß Burda nichts von der »Ökonomie der Aufmerksamkeit«, die für den Großverleger von heute das Orientierungssystem schlechthin ist.

Wieder konzentriert sich Hubert Burda auf das, was er neben der Organisation seiner Macht am besten kann: Anzeigen verkaufen. Der Doktor der Kunstgeschichte ist ein visueller Mensch; und *Bunte* soll eine ganz neues Image bekommen. Aber wie? Durch eine sensationelle Werbekampagne. Nicht etwa, um neue Leser zu gewinnen, sondern neue Anzeigenkunden. Frisches Geld! Bald hat das Bild, das die *Bunte*-Werbung vermittelt, nicht mehr viel mit ihrem redaktionellen Inhalt zu tun, aber die Werbebranche horcht auf. Teil eins der Rechnung ist aufgegangen. Erstmals in der Geschichte des Hauses Burda hagelt es Auszeichnungen vom Art Directors Club. Hubert Burda und seine Anzeigenprofis werden eingeladen nach New York und nach Cannes, in die Mekkas der Werber. Eine Anzeigenserie, gestaltet von der damals angesagtesten aller Agenturen, der GGK, wird im Herbst 1978 ausschließlich im *Spiegel* lanciert.

Schon zu *m*-Zeiten, sagt Hubert Burda, »war ich ›the beloved baby‹ von allen GGKs, der Hoffnungsträger, ein Verlegerkind auf dem richtigen, modernen Weg«. Aus dieser Zeit stammt die Freundschaft mit Rogoski, die sich nun aufs Bunteste entwickelt. Er hat die zehn Collagen entworfen, die die Medienbranche damals aufscheuchen. Da mustert eine schwarze Katze mit furios grünem Blick den Betrachter; daneben setzt sich eine Bluessängerin lasziv in Szene; im Hintergrund der Blick auf die Metropole New York und dazwischen schiebt Miss Germany ihr schönes Blendax-Lächeln in die Kulisse. Schön? Frech? Provokant? Jedenfalls sollen die Betrachter glauben, hier gehe es um pure Lebensfreude. »Ob man eine Nein-Zeitschrift macht oder eine Ja-Zeitschrift wie *Bunte*, ist keine Frage des Temperaments«, steht auf der dazugehörigen Banderole.

Im eigenen Haus hat kaum einer die avantgardistischen Auftritte kapiert. Aber draußen versteht man: Aus dem weltfremden »Fürstenblatt« soll nun ein buntes Universum werden. Mit den drei Pfeilern: »Erlebnis-, Traum- und weite Welt«. So verrät es die Broschüre *Von Werbeleuten für Werbeleute*. An dieser »Objekt-Philosophie« hat Hubert Burda schon jahrelang gearbeitet. Als er das *Bunte*-Ruder 1976 übernimmt, zeigt sich schlagartig, wie gut er darauf vorbereitet ist. Der Stratege, der hinter den Kulissen längst vorgeplant hat, ist jetzt unverkennbar.

Hätten die großen Brüder den »Klei'« nur genau beobachtet, anstatt ihn als unfähigen Wirrkopf hinzustellen. Hätten sie dann im Herbst 1986 auch so überrascht dagestanden? Da hat es sie kalt erwischt, als Bruder Hubert ihnen ein perfektes Verlagsorganigramm präsentierte. »Ich hab' davon profitiert, dass ich jahrelang unterschätzt wurde«, lächelt Burda sein entzückendes Lächeln.

Kapitel 14

Der 84-Millionen-König

Wie lange noch zum Burdareich?

1979 ist das Jahr des großen Sprungs nach vorn. Wohl gehen die Auflagen aller großen deutschen Illustrierten zurück, aber das Anzeigengeschäft boomt. Davon will Hubert Burda unbedingt profitieren. Er hat ein großes Ziel, das er keinem in Offenburg anvertrauen kann. Nicht einmal Mucki, der Lebensgefährtin, und schon gar nicht der Mutter oder dem Vater. Noch nicht. Um es zu verwirklichen, bräuchte er sehr viel Geld; das wiederum kann er nur über Anzeigen bekommen. Mit seinen Eingeschworenen lotet er die Ziellinie von 4 000 Seiten aus. So viel mussten sie einfach schaffen! Ein ehrgeiziger Plan, beinahe unrealistisch. »Wir hatten ein gemeinsames Feindbild, auf das wir uns leidenschaftlich eingeschossen hatten«, sagt Rudi Reiff, sein Anzeigen-Adlatus von damals. »Das war Gruner + Jahr. Für uns der Inbegriff der arroganten Hamburger!«

Diese Hassschimäre kommt nicht von ungefähr. Überall sickert durch, mit welch weltmännischer Herablassung die Hamburger in *Spiegel*, *Stern* und *Zeit* ins Badische grinsen. Zu den Burdas hinter den sieben Bergen, die Schmerzensgeld bezahlen müssen, damit überhaupt jemand aus der Branche von Rang und Klasse den Weg dorthin suchte. Wie das wehtut! »Hubert Burda litt unheimlich darunter, dass er nicht ernst genommen wurde.«

Der wahre Feind aber sitzt im eigenen Haus. Unablässig provoziert er Schlachtformationen: die Brüder. Auch die haben ihre Bataillone, die nun gereizt beobachten, wie Hubert mit seinem kleinen Rollkommando, Ernst Tachler und Jens Meyer stets an seiner Seite, landauf und landab zieht. Burda übt mit ihnen die Gesetze des gewichtigen Auftritts: Wir müssen immer mindestens einer mehr sein als der »Gegner«. Das schafft unbewusst ein Gefühl der Übermacht.

»Gemeinsam einmarschieren« ist Regel Nummer zwei. Alle stellen sich hinter ihm auf, und dann schreitet der Kapitän voran. Aber sie spüren auch, dass Hubert Burda damit »sein Problem mit dem Kleinsein überspielt«. Wenn sie dann beim Kunden sind, sind alle nur Staffage. Alle außer IHM. Er kann nicht zuhören, ächzen sie. Kaum spricht jemand anderes mehr als drei Sätze, trommeln seine ungeduldigen Fingerkuppen auf der Tischplatte. Er will allen seine Welt erklären und redet *sehr*, wirklich sehr ausführlich. »Das ging mit ihm durch. Er konnte nicht aufhören zu schwafeln.« Tut dabei intellektuell so überheblich, dass seine Leute manchmal verletzt sind. Warum lässt er die Kunden nicht zu Wort kommen? Seine Gefolgsleute schwitzen diese Frage ein ums andere Mal in ihre weißen Hemden. »Hubert Burda redet 90 Prozent der Zeit und hat hinterher das Gefühl, das war ein gutes Gespräch!« Trotzdem ist es ein überwältigender Vorteil für das Anzeigengeschäft, dass das Haus Burda einen jungen Verleger zum Anfassen hat. Auch zum Bestaunen. Ganz systematisch arbeitet er die Vorstandetagen der deutschen Wirtschaft ab und baut sich auf diese Weise geschickt auf. Verschwendet sein herzlichstes Lächeln, schiebt die Unterlippe ernsthaft interessiert nach vorn und beobachtet en passant, wie die Granden in Deutschland ihre Macht möblieren. Es ist sein größter Genuss, allen über die Schulter zu schauen.

Seine Werbeprofis erklären ihm die Märkte. Hubert Burda versteht sehr schnell. Wird hellhörig, dass ein Großteil der Anzeigen aus nur drei Konsumbereichen stammt: Auto, Foto und Optik, HiFi und Video. Bei noch näherer Betrachtung zeigt sich, dass über die Hälfte der Gelder aus japanischen Unternehmen fließen. Was also läge näher, als selbst nach Nippon zu fliegen und Kunden-Schmoozing vor Ort zu zelebrieren? Damals ist eine Reise nach Tokio eine kleine Sensation. Blumenschein und Anzeigenchef Nadler leiten die Expedition. Verbindungsmänner agieren als Türöffner, und der kleine Trupp aus Offenburg bekommt tatsächlich seine Termine. »Jetzt weiß ich alles über Japan!«, ruft am Ende der erfolgreichen Woche ein begeisterter Hubert Burda aus. Seine Leute schauen sich wissend an. »Wohin fahren wir nächstes Jahr?« – »Nach China«, antwortet Blumenschein prompt.

Hubert Burda vor dem Kaiserpalast in der Verbotenen Stadt, China 1982.

Ein Jahr lang laufen die komplizierten Vorbereitungen. Aber dann macht sich derselbe Trupp 1982 auf die Reise nach Peking. Freund Michael Krüger aus der Münchner Intellektuellen-Clique des Jungverlegers wird dazu geladen. Zwecks kultureller Ernährung. Der verfasst hinterher den kleinen Roman *Warum Peking?*.

»Mit Hubert zu reisen, war wunderbar. Er stand jeden Morgen Punkt acht mit seinem Aktenköfferchen bereit.« Damals hat der Verleger seine sieben Sachen noch selber gepackt. In seiner Begleitung kein Schattenmann, sondern seine Polaroid. Bei jeder Gelegenheit drückt er auf den Auslöser. Aber das entscheidende Foto dieser Reise stammt von Uli Blumenschein und spricht Bände. Es zeigt Hubert Burda vor dem Kaiserpalast in der Verbotenen Stadt. Nach chinesischer Denkart ist dieser Palast nicht nur Regierungssitz; er ist auch das irdische Spiegelbild der im Kosmos waltenden Ordnung. Kosmos! Zentrum der Macht! Derart getroffen ist Burda vom Bannstrahl der Symbolik, dass er wie Napoleon die rechte Hand über die Herzseite schiebt, mit ausholenden Schritten über den Platz marschiert und auffällig lange in dieser Haltung verweilt. Pose, Posse?

Immer wieder muss Lothar Nadler an die Fragen seines Einstellungsgesprächs vom Oktober 1972 denken: Was lesen Sie? Welche Sendungen schauen Sie an? Welchen Sport treiben Sie? Teamsport? Nadler spielt Mittelfeld, macht die Vorlagen für die Stürmer. Das überzeugt Burda.

Sieben Jahre später nun dieser Triumphzug: Schon im Herbst 1979 ist völlig klar, dass sie ihr Ziel erreichen! Kein Klischee ist groß genug, um die Sensation zu beschreiben. Es ist atemberaubend. Eine völlig neue Situation in Offenburg. Wieder einmal steht es auch im *kressreport*. Hubert Burda hat die *Bunte* auf das Siegerpodest der Anzeigenchampions nach *Stern* und *Spiegel* gehievt. Auf Anhieb Platz drei. »Wir haben in unserem Werbekonzept die Yuppie-Bewegung vorweggenommen«, erläutern die Heroen. Damit hat das Haus Burda unter dem Strich in einem Jahr satte 84 Millionen Mark zusätzlich eingenommen. Das musste erst einmal verbucht werden: 84 Millionen!!!

Der Senator ist fassungslos: »Oh Schniggo!« Mutter Aenne siegestrunken. Sie wusste es doch immer: ihr Hubert! Die Brüder schauen noch misstrauischer. Lob ist in ihrer Strategie nicht eingeplant. Die Redakteure tanzen auf den Tischen. Wie hat Hubert Burda das nur gezaubert? Es muss an diesem Lächeln liegen! Nie wirkt er verbissen. Aber sein Ehrgeiz ist grenzenlos. Natürlich haben die anderen mitgewirkt. Tachler etwa mit seiner schlauen Strategie der Reichweitenerhöhung. Aber das will jetzt keiner hören. Jetzt wird gefeiert. »Kurti« Werner, der Mann für alles, muss ein biologisch gemästetes Schwein organisieren. Bei *Bunte* ist man gerade auf dem Ökotrip. Ernst Tachler spendiert Champagner für alle! Nur allzu deutlich hört er im Erfolgsjahr 1979 noch einmal jene Frage von 1971: »Sind Sie bereit, mit mir zusammen den Laden zu übernehmen? Dann kommen Sie mit nach Offenburg! Ich brauche Sie jetzt in Offenburg« Acht Jahre ist er nun schon hier, hat dunkle Stunden durchgestanden, aber seinen Glauben an IHN nie verloren. Auch Tachler und Jens J. Meyer, der »Innen-« und der »Außenminister« sind ein eingespieltes Duo, Kombattanten der Stunde null. Das schweißt zusammen.

Der Teamgeist könnte nicht feuriger sein. Wir schaffen das mit *Bunte*! Wir zeigen es diesen Nordlichtern! Mit Hubert Burda und für Hubert Burda! Er gibt ihnen das Gefühl, dass an seinem Aufstieg nicht zu rütteln ist und dass noch etwas ganz Tolles passieren wird. Lässt ihnen auch Freiheiten, die es in keinem anderen Verlag gibt. Es sind eben Pionierzeiten, da darf und muss jeder Grenzen überschreiten. Allen fällt auf, dass hier ein Verlegersohn aufs Seil geht, der nicht Erbsen zählt, sondern groß denkt. Und ebenso investiert. In die redaktionelle Qualität von *Bunte*, aber auch in ein neues visuelles Erscheinungsbild des Verlags.

Die namhaften Gestalter des Landes fahren jetzt an der Kronenwiese vor. Vilim Vasata und Willy Fleckhaus; Karl Gerstner und Paul Gredinger, die Mitbegründer der GGK. Bruder Franz beäugt diese Typen in schwarzen Priesterhemden argwöhnisch. Wenn er auf den Grund seines Herzens schaut, rumorte da immer noch der Wunsch, Verleger von *Bunte* zu werden. Aber die Führungspositionen im Haus sind aufgeteilt. So kann er nur darüber toben, wie viel Kohle diese Spinner abziehen. »Der Klei'« haut das gute Geld nur so zum Fenster 'naus. »Geh'n wir einmal vor die Hunde, schuld daran ist nur die *Bunte*« wird die neue Angriffslosung seines Kampfbataillons, der Drucker. Sie sind ein gut gelaunter Schlachttross.

Hubert Burda ärgert sich darüber, aber von seinem Weg lässt er sich nicht ablenken. »Er hatte seine missionarische Vorstellung, dass er ein großes Unternehmen führt. Und ganz egal, welche Niederlagen er auch erlebt hat und welche Hürden zu nehmen waren, letzten Endes würde er den Gesamtfeldzug gewinnen.«

Jens J. Meyer, mittlerweile Unternehmenssprecher, beginnt, die Vorzüge fester Rituale zu erkennen. »Concentration, repetition, domination.« Er hält sich an den Werbeklassiker – Durchsetzung durch Konzentration auf die eine Sache, die es unbeirrbar zu wiederholen gilt. Also fängt er jede Presseerklärung mit dem Satz an: »Wie Verleger-Chefredakteur Dr. Hubert Burda bekannt gab.« Dr. Hubert Burda wächst mit jedem Mal an dieser Formulierung mit. Jens Meyer baut auch mit Geduld an einem journalistischen Netz. Immerhin hat er schon erreicht, dass die lieben Kollegen jetzt nicht mehr schreiben: Hubert Burda aus *Offenbach*. Auf der Landkarte der deutschen Medienlandschaft existiert nun tatsächlich Offenburg. Doyen Günther Kress verweist ausdrücklich auf seinen Status als unabhängiger

Beobachter, als er über *Bunte* schreibt: »Was dort seit einiger Zeit an Farbreportagen erscheint, hatte es in dieser Qualität zuvor ausschließlich im *Stern* gegeben.«

Trotzdem schleicht sich die Frage ein, warum sich Burda immer über einen »Gegner« definieren muss? Nannen wollte immer seinen *Stern* machen. Augsteins Mission war der *Spiegel*. Und Bucerius hat alle Trickregister gezogen, um die *Zeit* durch gute und durch schlechte Zeiten zu bringen. Warum aber definiert Burda seine *Bunte* als »die große Alternative« zum *Stern*? Als »JA-System« im Gegensatz zum Hamburger Miesmacher-Prinzip? Wieso braucht er über das normale Maß an Konkurrenzdenken hinaus immer einen Gegner? Weil er besser reagieren als agieren kann? Weil er das Leben nicht anders kennt und schon zwei gegnerische Brüder da sind, als er zur Welt kommt? Das Gegner-Muster behält er bei. Auch als er über ein Jahrzehnt später mit *Super!* gegen *Bild* antritt und mit *Focus* gegen den *Spiegel*. Dient diese Strategie dazu, sich über den größeren Namen selbst erhöhend ins Gespräch zu bringen? Ist es womöglich das bessere Werbekonzept?

Hubert Burda nutzt jetzt, 1979, die Gunst der Stunde für ein Vier-Augen-Gespräch mit dem Vater. Sie machen häufig Spaziergänge durch die Weinberge. Der Vater erklärt dem Sohn, wie viel Öchslegrad das Klima für den nächsten Jahrgang »Franzensberger« hergibt, und erteilt gute Ratschläge fürs Aufpäppeln des liebsten seiner Kinder, der *Bunten*. Der Sohn wiederum erläutert dem Vater mit aller Vorsicht die Zukunft deutscher Magazine. Vater, du musst eines einsehen. In Offenburg kann man keine Weltstadt-Illustrierte machen. Die *Bunte* muss nach München! Vor seinem inneren Auge sieht der Sohn, der Mythen und biblische Bilder liebt, den Auszug der Israeliten aus Ägypten. Lass uns ziehen, Vater. Wird er?

Der Senator ist mittlerweile, auch krankheitsbedingt, weicher und wohlwollender. Sieht, dass sein Jüngster zumindest Geld heranschaffen kann, und der pfeift leise sein Lieblingslied von den Rolling Stones vor sich hin: *You're searching for good times, but just wait and see ... Time is on my side, yes it is! On my side. Yes it is!* Die *Zeit* spielt ihm in die Hände. Wartet nur alle ab. Auf der CD-ROM des Geschäftsberichts von 2003, zum 100-jährigen Burda-Firmenjubiläum, erklingt das Lied wieder. Eine Reminiszenz an die Zeiten des Guerillakampfes?

Das Thema München wird ganz und gar unter dem Siegel der Verschwiegenheit behandelt. Nicht einmal Sakowski, der sonst alles riecht und spitzkriegt, weiß davon. Er glaubt, Stimmen und Gerüchte vernommen zu haben, und fragt nach bei Hubert Burda: Stimmt es, dass Sie mit der *Bunten* nach München umziehen wollen? Er ist kurz davor, ein Haus im Elsass zu kaufen. Sollte der Umzug kommen, lässt er die Finger davon. Die *Bunte* bleibt in Offenburg, sagt der Chefredakteur, ohne mit der Wimper zu zucken. Rät gar: »Kaufen Sie Ihr Haus.« Unmöglich kann er jetzt öffentliche Diskussionen gebrauchen. Außerdem ist noch nichts spruchreif, aber er hat da etwas im Auge. Frieder Burda, der für die Finanzen des Hauses zuständig ist, will mit dem vielen Geld, das der kleine Bruder mit seinen Anzeigen heranschafft, eine Tiefgarage in Salzburg kaufen. Aber Hubert erzählt ihm von einem neuen Stadtviertel, das der Baulöwe Schörghuber im Münchner Südosten aus dem Boden stampft. Das Viertel soll übrigens Arabellapark heißen. Ist das nicht der Name einer schönen Frau? Geschickt wird Frieder, der sich auf keinen Fall bevormundet fühlen darf, mit Schörghuber zusammengebracht.

Auch redaktionell bekommt die *Bunte* Auftrieb durch ein Ereignis, das Burdas Karriere entscheidend beeinflussen wird.

Der Fall Kronzucker 1980

Im Sommer 1980 werden die beiden Töchter des ZDF-Reporters Dieter Kronzucker und deren Cousin entführt. Die Gründe für das Kidnapping, das quälende 68 Tage lang dauert, sind unerklärlich. Ein deutsches Drama, das sich in Italien abspielt und die Gemüter des Publikums monatelang aufrührt. Nördlich wie südlich des Apennin. Wie sich später herausstellt, liegt dem erpresserischen Coup eine Verwechslung zugrunde. Der Anschlag sollte eigentlich den Kindern des toskanischen Fürsten Corsini gelten. Die Tragödie ist perfekt.

Gegen ein Millionen-Lösegeld kommen die Geiseln schließlich

Die Kronzucker-Kinder vor den Fotos ihrer Entführer, 14.7.1982.

frei. Umgehend gilt auf dem deutschen Pressemarkt als abgemacht, dass der Doku-Thriller für zwei Millionen Mark an den *Stern* verkauft ist. Auch Nannen und seine Hartgesottenen, Peter Koch und Victor Schuller, sind sich ihrer Sache sicher. Zumindest noch am Tag der Freilassung, am Donnerstag, dem 2. Oktober 1980.

Bunte-Mann Lutz Bergmann, mittlerweile Bürochef in München, versucht dennoch, im Gespräch zu bleiben. Reiner Sportsgeist. Er rechnet damit, dass Dieter Kronzucker eine kurze Presseerklärung abgeben wird, und schickt ein Reporterteam nach Italien. Tatsächlich findet anderntags eine kleine Konferenz bei Lugano statt, und Bergmanns Boten übergeben einen Brief. Sind Nannens Leute blind? Sauer auf jeden Fall. Kronzucker plaudert zu viel, finden sie. Feilschen sie deshalb um den Preis? Dieses Gerücht geht jedenfalls um.

Zur selben Zeit, es ist jetzt Freitag, der 3. Oktober, befindet sich die vergnügte *Bunte*-Redaktion auf einem lange geplanten Betriebsausflug nach Paris. Eingeweihte glauben, das habe Nannens Kronzucker-Kommando in Sicherheit gewiegt, garantiert den Zugriff auf den spannenden Stoff zu haben. »Die lachten sich in Hamburg einen über die Offenburger Hinterwäldler im Sonderzug.« Aber Nachrichtenchef Sakowski und sein Chefredakteur verstehen was von Bahnhof. Am Gare de l'Est haben sie eine Dauerleitung nach München geschaltet.

Dort will Bergmann wissen, wie weit er verhandeln kann. Es ist früher Nachmittag, die Sache jetzt dringend. Da fährt Hubert Burda mit Sakowski und seinem neuen Mann, Hans-Hermann Tiedje, umgehend ins Pariser Büro. Greift wie in einer heiligen Zeremonie zum roten Telefon. Offensichtlich hat der »Schisser und Zauderer«, für den der Vater ihn hält, in kürzester Zeit entschieden. Er stellt das Telefon laut. Seine Stimme ist getragen und jegliche Spur badischen Dialekts verschwunden, als er anhebt: »Herr Bergmann.« Theatralisches Räuspern. »Als allein vertretungsberechtigter Geschäftsführer der Burda Verlags GmbH erkläre ich: Sie haben Handlungshoheit in der Höhe von drei Millionen.« Gemeint sind Mark.

Bergmann ist sprachlos. So entschlossen kennt er seinen Chefredakteur nicht. Vor Schreck reagiert er geradezu tollkühn. »Herr Dr. Burda«, sagt er, »würden Sie das bitte wiederholen. Ich hab' vergessen, mein Tonbandgerät einzuschalten.« Dr. Burda wiederholt. Sako und Tiedje halten die Luft an. Drei Millionen sind damals eine gigantische Summe. Ein derartiger Betrag wurde im deutschen Journalismus noch nie zuvor für einen Stoff bezahlt. Es ist das Jahr zwei *vor* den Hitler-Tagebüchern des *Stern*.

Hubert Burda war sehr blass, taute überhaupt nicht auf und versammelte seine Stellvertreter um sich, erinnern sich einige Ausflügler. Während sie nach Versailles weiterziehen. »Es war wie immer vom Feinsten.« Sakowski und Ressortleiter Imre Kusztrich, der ebenfalls ins Vertrauen gezogen ist, flüstern hinter vorgehaltener Hand. »Jetzt ist Hubert Burda glücklich«, sagt Sako. »Er hat das Gefühl, mit am Verhandlungstisch zu sitzen. Die Sache geht sowieso an den *Stern*.«

Bergmann hat sein Angebot abgegeben. Über Mittelsmann Andreas von Ferenczy schrieb er an Kronzucker: »Ich gehe über jedes Angebot. Lutz Bergmann.« Was heißt das in Zahlen?, will Ferenczy wissen. Zwei Millionen für Kronzucker und 300 000 Mark für Franz Tartarotti, den Südtiroler Freund der Kronzuckers. Der spricht Deutsch und Italienisch, führte daher die Verhandlungen mit den

Kidnappern und übergab das Lösegeld. Bergmann will den Mitwisser unbedingt einbinden. Tartarotti hat nur einen Schönheitsfehler – er war früher *Stern*-Redakteur. Ein weiterer Vorteil für die Hamburger?

Hätte er doch ein bisschen höher gehen sollen? Oder nicht ganz so hoch? Der Schweiß läuft Bergmann herunter, weicht den frisch gestärkten Hemdkragen auf. Sein Herz rast. Aber nach außen gibt er nach wie vor den abgebrühten Mann, den nichts aus der Ruhe bringen kann. Er hofft, dass die Helden vom *Stern* einen Fehler machen. Allzu gern hätte er deren Strategie gekannt. Glaubten sie wirklich, sie hätten die Katze im Sack und könnten nun mit dem Prügel draufhauen? Oder kommt es den Hanseaten auf ein paar hunderttausend Mark mehr oder weniger gar nicht an?

Es ist einer dieser milden Münchner Spätsommertage, mit freiem Blick bis zu den Gipfeln der Voralpen. Niemand weiß, dass Kronzucker bereits im ZDF-Studio vor den Toren Münchens, in Unterföhring sitzt. Mit ihm die *Stern*-Männer, über die er sich zunehmend ärgert. Derweil steht Bergmann wie festgenagelt am Fenster seines Büros in der Herzog-Heinrich-Straße, denkt an die literarisch Großen seiner Zunft. Wie hätten sich die Helden von Graham Greene und Evelyn Waugh jetzt wohl verhalten? Hunter Thompsons *Angst und Schrecken in Las Vegas* kommt ihm in den Sinn. Dieser Spruch, den jeder Reporter auswendig kennt und ins Kopfkissen flüstert, wenn er von brenzligen Momenten träumt. *When the going gets tough the tough gets going.* Wenn's dick kommt, marschieren echte Kerle erst richtig los. Verdammt! Warum zerrte alles an seinen Nervensträngen? Dieser unerträgliche Reiz des großen Spiels, in dem es nur um hop oder top geht. Gewinnen oder verlieren. Sollte es sich nicht etwas toller anfühlen, dass er jetzt in dieser Region zockt? War er nicht der Auserwählte des Jungverlegers, der jüngst zu ihm sagte: »Gell Lutz, wir beide brauchen keinen Antreiber. Wir haben den Motor in uns.« Er durfte seinen Chefredakteur nicht enttäuschen. Der Scoop musste einfach gelingen!

Vor dem Schloss von Versailles, im Park des Sonnenkönigs Ludwig XIV., nimmt Hubert Burda derweil seinen treuen Kurt Werner zur Seite. »Sie müssen jetzt allein klarkommen«, sagt er, »ich fliege zurück. Die Leute sollen aber nichts merken, sondern Spaß haben.« Werner gehört zu den Männern, die sofort spüren, wenn eine Situation keine weiteren Fragen verträgt. Auch Uli Blumenschein wird mit der Verantwortung betraut und ein paar andere ebenfalls. Damit garantiert niemand merkt, dass ihr Chefredakteur abfliegen muss? Jedenfalls ist es typisch für ihn, dass er gleich mehreren das Gefühl gibt, ihn vertreten zu müssen, und sie dabei gegeneinander wetteifern lässt.

Sie stecken im dichten Verkehr fest. Ein Anschlag auf die Synagoge in Paris hat die Stadt ins Chaos gestürzt. Was ist denn das für ein Omen, fragt sich Hubert Burda. Er ist jetzt vor lauter Aufruhr innerlich erkaltet! Alles ist verdrängt. Nur noch Konzentration bleibt. Als sie in Le Bourget endlich in den Burda-Jet steigen, greift er ins Kühlfach. Plopp! Champagner, die Herren? Sako und Kusztrich wissen, dass Hubert Burda sich jetzt selbst feiern will. Seine mutige Entscheidung. Wissen auch, dass sie die Stimmung jetzt auf keinen Fall mit Zweifeln vergiften dürfen. Ahnen sie, dass auch ihr Chefredakteur nicht an den Sieg glauben mag? Aber der Mächtige darf jetzt keinen Wankelmut bloßlegen. Landeten sie den Scoop, hätte er sich von Anfang an selbstsicher gezeigt. Das wird sich herumsprechen. Geht die Geschichte an den *Stern*, heißt es erst recht, Haltung zu bewahren und ein guter Verlierer zu sein. Prosit, die Herren. Wer deutet das Burda-Lächeln?

Bei Bergmann in München klingelt mitten in die stille Folter des Wartens das Telefon. »Ihr habt's«, sagt Ferenczy junior. Die Ruhe, die Bergmann bis dahin nur spielte, überkommt ihn jetzt wirklich. Ein Blick auf die Uhr. Das Timing könnte nicht perfekter sein. Er zieht das frische Hemd an, das für alle Fälle im Schrank seines Redaktionsbüros hängt, und macht sich auf den Weg zum Flughafen Riem. Dort muss er sich noch einmal in Geduld üben, bis Burda mit seinen Kämpen landet.

Als Erstes steigt natürlich der Jungverleger aus. »Was ist denn los?«, fragt er, als wäre er überrascht, Bergmann – wie verabredet – hier anzutreffen. Es ist kurz nach 19.30 Uhr.

»Wir haben's«, sagt der Bergmann jetzt so klar und nonchalant, wie in der letzten halben Stunde eingeübt.

»Waas?!«, ruft ein völlig überraschter Hubert Burda aus. Am liebsten hätte er hier und jetzt am Rande dieser Landebahn einen Luftsprung gemacht. Und noch einen und noch einen. Einen erlösenden Schrei ausgestoßen, um die Überanspannung der letzten Tage loszuwerden. Aber er muss sich jetzt am Riemen reißen. Mann sein. Verleger sein. Die Würde der Macht hochhalten. *Nur die Macht ermöglicht es Menschen, edel zu sein.* Er hat alles über die Macht studiert. Den Willen zur Macht. Wie man mit der Macht lebt. Machtsymbole. Es war seine Hauptbeschäftigung der letzten Jahre und Michael Korda sein Lieblingsautor. Nun tatsächlich das: sein erster großer Coup! Das schöne Gefühl, auf dem langen, steinigen Weg zur Burda-Macht einen Riesenschritt weiter zu sein.

»Was hast' denn ausgeben?«, fragt er den Bergmann, den er sonst siezt.

»Es ist noch was übrig«, antwortet der und erntet ein kräftiges Schulterklopfen.

»Und jetzt?«, fragt Burda, als hätte er keine Ahnung, was sie nun mit sich und der ganzen Situation anfangen sollten.

»Ich nehme doch an, dass Sie Herrn Kronzucker begrüßen wollen«, gibt sich Bergmann routiniert. »Der wartet auf Sie in der Schackstraße.« Burdas großbürgerliche Wohnung am Siegestor. Sein Wochenenddomizil und Treffpunkt für geschäftliche Anlässe.

Als der Chauffeur die vier Helden der *Bunten Illustrierten* nach Schwabing fährt, ist die Luft im Wagen zum Schneiden dick. Der pure Atem der Geschichte. Hubert Burda saugt ihn ein wie den Weihrauch im Hochamt. Gegen die Erhabenheit dieses Augenblicks sind die darauf folgenden Stunden nichts. Es wird gegessen, es wird getrunken. »Unbewusst kennen wir noch immer die eigentliche Bedeutung des Essens«, schreibt Korda unter dem Kapitel »Machtrituale«: »Als Geste friedlicher Absichten.« Wohl ist Hubert Burda in seiner Position als Erbe des Imperiums noch lange nicht gefestigt, aber als Gastgeber ist er schon Legende.

Morgens um halb drei schließlich setzen Kronzucker und Burda ihre Unterschriften unter den von den Anwälten ausformulierten Vertrag.

Kronzucker – ein Nachspiel in drei Akten

In den wenigen verbliebenen Stunden dieser Nacht ist die Angst des Dr. Burda wie weggeblasen. Die Türen zu den Privatgemächern, die er gewöhnlich doppelt sichert, bleiben unverriegelt. Sein Blick streift die Bilder an den Wänden, bleibt hängen bei Max Beckmanns »Nordsee«. Eine triste Landschaft. Aber am Horizont »dieses Beckmann-Weiß!«. Es reißt die traurige Szenerie auf, und wie durch einen Sog zieht es den Betrachter geradezu in eine neue Ebene! Würde der Kronzucker-Scoop dem Vater endlich die Augen öffnen für die ganze Größe seines Kleinsten? Für dessen Mut, dessen Entschlossenheit! In dieser Nacht beschließt Burda, sich die Rembrandt-Radierung zu kaufen, die ihn in Gedanken schon so lange verfolgte – »Abrahams Opfer«. Das Bild, das in grausamer Detailgenauigkeit zeigt, wie Stammvater Abraham seinem Sohn Isaak die Kehle durchschneiden und ihn Gott zum Opfer verbrennen will. In letzter Sekunde erscheint der Engel des Herrn und entreißt ihm das Messer. Der Vater hat seine Glaubensprüfung bestanden. Was aber ist mit dem Sohn?

Als am anderen Morgen um zehn Uhr Ressortleiter Kusztrich in die Schackstraße kommt, führt ihn Hubert Burda in den blauen Salon. »Da war ein riesiger gelber Rosenstrauß, so groß wie ein Wagenrad!«, erinnert sich Kusztrich. »Imre«, sagt Burda, »die hat mir der Senator geschenkt.«

Von Anfang an steht fest, dass es bei *Bunte* nur eine Autorin gibt, die in der Lage ist, das Kronzucker-Thema zu bewältigen: Inge Byhan. Aber schon auf dem Rückweg nach Offenburg äußert Chefredakteur Burda seine Bedenken. »Imre, das ist ja ein immenser Druck, der da auf Inge lastet. Eine Frau, die allein 2,3 Millionen hereinholen soll. Da muss noch ein Autor dazu.« Schließlich einigen sie sich auf Franz Josef Wagner, der damals für *Bild* schreibt. Und Imre Kusztrich muss einen doppelten Salto springen. Sowohl Byhan als auch Wagner sind »zickige Diven«, die keine fremden Götter neben sich dulden. Aber Kusztrich ist es gelungen – »das kann nur ein Österreicher« – die beiden zu einem Team zusammenzuschweißen. Schon am darauf folgenden Donnerstag erscheint die erste Folge. Neun weitere sollen nachkommen. Die Geschichte ist so großartig, dass sie ihre Leser zu

Tränen rührt. Sie könnte heute noch genauso im *Stern* oder *Spiegel* stehen. Sogar Henri Nannen »zollte der Konkurrenz Respekt«, wie es im *kressreport* heißt. »Die Geschichte in der *Bunten* ist gut, sehr gut.« Was wollte Hubert Burda noch mehr?

Er will Wagner wieder raushaben! Kusztrich traut seinen Ohren nicht, als ihm sein Chefredakteur nach Abgabe der packenden ersten Folge sagt: »Imre, es war falsch, Franz Josef dazuzuholen. Der hat ja gar kein Gespür für die Story. Der beglückwünscht mich ja gar nicht zum Verleger des Jahres.« Tatsächlich kommt keine Silbe eines Kompliments aus dem großen berüchtigten Mundwerk Wagners, als er Burda das Manuskript übergibt. Ohne die geringste Ergebenheitsgeste reißt er einfach die Tür zu dessen Büro auf, reicht ihm das Opus und bleibt stehen. Aber Burda will alleine lesen. Als sich Wagner schließlich mehr von seinem Text als vom Chefredakteur verabschiedet, beharrt er darauf, dass kein einziges Wort geändert wird.

Kusztrich weiß sofort, was mit »FJW« falsch gelaufen ist. Er spricht ihn ganz unmissverständlich an. »Wie fand'st du denn den Hubert Burda? Das war doch eine fantastische verlegerische Leistung!« Wagner versteht – und lässt sich gegenüber Hubert Burda sofort zu einem unüberbietbaren Kompliment hinreißen. »Sie sind ein genialer Dilettant!«, ruft er vor versammelter Runde. Einige Wochen später, datiert am 28. Oktober 1980, schickt er ihm mit der Adresse seines Hamburger Elbchaussee-Domizils sogar eine Postkarte. Schreibt mit seiner kleinen krakeligen Handschrift: »Lieber Dr. Burda, erinnern Sie sich, als wir uns zufällig in New York trafen? Sie kamen von Angel-Ferien aus Kanada, ich aus Kalifornien. Ich interessierte mich nur für Bundesliga-Ergebnisse und Sie sagten: ›Mich interessieren nur die Kronzucker-Kinder. Ihr Schicksal ist das Thema des Jahres.‹ Im Café ›Reginette‹ sagten Sie's. Sie haben Recht behalten. Und Sie haben Recht, dass die Kronzucker-Story in Bunte steht. Ein großer Chefredakteur muss Feelings haben. Sie haben sie. Respekt! Franz Josef«

Wie gut dem Dr. Burda diese Zeilen tun! Sie sind der Anfang einer langen und sehr teuren Freundschaft aus der Rubrik »schicksalhafte Begegnungen«. »Wenn der Franz Josef bei mir im Zimmer ist, bleibt die Zeit stehen«, sagt Hubert Burda nicht nur einmal über seinen

Autor und späteren Chefredakteur. »Das war eine intellektuelle Liebesbeziehung«, beobachten die aus dem inneren Zirkel.

Ende gut, alles gut? Da brodelt es schon wieder an einer anderen Front: »Herr Kusztrich«, ruft der Senator im 13. Stock an einem der darauf folgenden Morgen den *Bunte*-Mann zu sich. Zürnt: »Es ist jetzt 11 Uhr.« Und zeigt mit ausgestrecktem Zeigefinger auf die Kopfseite seines Büros. »Hinter dieser Wand sitzt seit 9 Uhr mein Sohn Hubert. Der hat mir noch nicht guten Morgen gesagt. Sagen Sie ihm, wenn er Krieg haben will, kann er Krieg haben!« Was ist mit dem Sohn? Will er dem Vater zeigen, dass er sich nicht mehr gängeln lässt?

Wenige Wochen später passt dem Vater ein *Bunte*-Stück nicht. Er will noch am Sonntag die Druckmaschinen anhalten lassen. Aber der Sohn lässt sich das ganze Wochenende über verleugnen, ist für den Vater nicht erreichbar. Für die Ressortleiter ist es eine schlimme Tortur. Wem sollten sie in dieser Situation des familiären Machtkampfes die Treue halten? »Dr. Burda war respektiert, aber der Senator wurde verehrt«, sagen sie. Hubert Burda aber will von Gewissenskonflikten nichts hören. Seine Parole lautet: »Ich muss wissen, dass ich mich jederzeit auf meine Leute verlassen kann.«

Kapitel 15

Dichter und Fürst

Er will endlich seine Offenburger Eierschalen abwerfen! Übt mit Mucki am Wochenende Metropolenleben. In München mit Fritz Wepper und dessen Freundin, Angela Prinzessin von Hohenzollern, der späteren Frau Wepper.

Dann Willy Bogner. Mit ihm geht Burda durch dick und dünn. Sie sind in ähnliche Kampfsituationen geboren. Beides die jüngsten Söhne herrischer Mütter, fürchten sie den Bruderschatten. Obendrein fühlen sie sich astrologisch verwandt im Sternzeichen des Wassermanns. Kreativität geht ihnen über alles. Sie geben sich als schräge Typen, kultivieren sich als progressive Außenseiter. En passant wächst eine Freundschaft heran. Bogner weiß: »Hubert ist extrem vorsichtig, Leute an sich heranzulassen und aus sich herauszugehen. Das dauert ein paar Jahre, bis ein Vertrauensverhältnis aufgebaut ist.«

Die beiden verstehen sich auch sportlich. Bogner war im Gegensatz zu Burda im olympischen Kader der Skiläufer. Er nimmt den Offenburger mit nach Sankt Moritz, stellt ihn seinem Skilehrer Andrea Florineth vor. Der ist natürlich kein x-beliebiger Schneefex, sondern der Lehrer des Schahs! Mit so einem übt Burda gern den Hüftschwung. Im Sommer steigen sie gemeinsam auf die Berge; und als Burda mit Mucki und dem 13-jährigen Felix zum Angeln nach Alaska fährt, ist Naturbursche Florineth auch dabei. Weil Deutsche damals in der Schweiz nur sehr schwer und eher gar nicht an eine Immobilie kommen, hilft der eidgenössische Freund selbstverständlich weiter. Tragischerweise wird Andrea Florineth 1987 unter einer Lawine begraben. Seine Kinder sind nun auf Burdas Hilfe angewiesen; und der lässt sie nicht im Stich.

Auch die Treffen mit den Münchner Literati finden noch regelmäßig statt. Am Samstagmorgen gibt es ein Frühstücksritual in der Schackstraße. Man spielt ein bisschen Fußball, »damit wir auch im Alter noch über die körperliche Frische verfügen«. Rast in die Pinakothek, schaut zwei bis drei Bilder an. Tizians »Eitelkeit der Welt«, Tiepolos »Anbetung der Könige« oder Rubens' »Höllensturz der Verdammten«. Alte Meister jedenfalls, bei deren Betrachtung sich trefflich über »die geronnene Zeit« philosophieren lässt. Dann hetzt Dr. Burda zum Weißwurstessen in den »Franziskaner«, wo er sich zwischen den tragenden Säulen der Klatschspalten-Gesellschaft niederlässt. »Das Tempo war unerträglich«, stöhnt Mucki Göhner, »kaum war Hubert an einem Ort, trieb es ihn schon wieder zum nächsten.« In seinem Notizbuch *Festina lente*, in dem er sich mit literarischer Distanz mal als *Ludwig*, mal als *Gregor* stilisiert, steht: »Wo fliege ich am Wochenende hin? Wer geht mit mir? Dabei hatte er den heimlichen Wunsch, dass er durch den Ortswechsel etwas ›ausspannen‹ konnte. Zurückkehrend war er dann immer sehr stolz, weit weg gewesen zu sein.« Wenn Mucki schlappzumachen droht, ruft er sie zur Ordnung: »Streng dich an!« Er fühlt sich immer noch als Fremder in der Welt der Mächtigen. »Je mehr sie ihn so behandelten, umso mehr zog ihn diese Welt an«, notiert er.

High und low, ernst und jovial, wissenschaftliche Labors und die Gerüchteküchen der Society, Therapeuten und Sport-Asse, Soziologen und Starlets: Von allen und allem fühlt sich der umtriebige Dr. Burda magnetisiert. Wächst da ein Medien-Humboldt heran, der in unermesslicher Neugier akribisch jedes gesellschaftliche Terrain abschreitet und vermisst? Oder hüpft nur ein hyperaktiver Hans Dampf durch alle Gassen?

Rennt er auf ein Ziel zu oder nur vor sich selbst weg? Über all der Hektik und dem Leben durch die Medien verliert er den Kontakt zum eigenen Ich, schreibt er in *Festina lente*, »sodass er wie aus einem Mangel an eigener Tätigkeit in Unmengen aß und trank«. Seine Bibel dieser Zeit stammt vom Bestsellerautor Paul Watzlawick und beleuchtet die Frage, die ihn nicht zur Ruhe kommen lässt: Wie wirklich ist die Wirklichkeit? Und wie wirklich ist sein Platz darin? »Manchmal hatte er das Gefühl, erst im eingebildeten Schmerz spüre er seinen Körper wieder.« Er sucht Rat beim Psychoguru Graf Dürckheim und

den »Weg zur Mitte«. Begibt sich zu Prof. Dietrich Langen am Lehrstuhl für Psychotherapie und Medizinische Psychologie in Mainz.

An einem jener Samstagvormittage, im Jahr 1974, lesen Burda und
Krüger beim Frühstück *Süddeutsche* und erfahren so vom 600. To-
destag des Dichters Petrarca. Peter Handke ist gerade aus Paris angereist. Petrarca? Alle sind in heller Aufregung über den großen Dichter
des »eiskalten Feuers«, wollen sich umgehend Gedichte von ihm vorlesen. Aber Hubert Burda wird in seinem Bücherregal nicht fündig.
Zu dritt marschieren sie über die Leopoldstraße zur Buchhandlung
»Lehmkuhl«. Auch dort – nichts. Eine Schande!, ereifern sie sich.
Den »Vater des Humanismus« der Vergessenheit zu überlassen! »Wir
haben dann einfach beschlossen, einen Petrarca-Preis zu stiften«,
erzählt Krüger. Der großzügige Financier heißt natürlich Hubert
Burda. Zunächst auf fünf Jahre begrenzt, lobt er ein Preisgeld von
25 000 Mark aus, samt einer fürstlichen Einladung an eine Wirkungsstätte Petrarcas. Ein ganzes Wochenende lang einmal im Jahr
soll es der Jury, den Preisträgern und fast drei Dutzend geladenen
Gästen an nichts mangeln: Luxushotel, feinste Verpflegung und *un
poco de vino* bis zum Abwinken. »Ich habe ein Italien-Bild, das ich
mir nie hätte leisten können«, sagt die Fotografin Isolde Ohlbaum,
die die legendären Reisen der Petrarcisten mit der Kamera festhält.
Zwanzig literarische Pilgerfahrten sind aus den anfänglich geplanten
fünf schließlich geworden, und Hubert Burda hat nie gegeizt. »Was
die beiden älteren Brüder in ihre Yachten gesteckt oder versoffen und
verhurt haben«, rechnet eine ehemalige Führungskraft vor, »das hat
der Hubert für die Dichter und seine Nassauer verpulvert.«

Vorträge von Bazon Brock inklusive. »Bazon, was sollen wir den-
ken?«, wird nach einer Schlagzeile im *Spiegel* bald zum geflügelten
Wort. Der erste Preisträger im Juni 1975 heißt Rolf Dieter Brink-
mann. Eine posthume Ehrung für »ein Ich, das quer liegt zur Welt«,
von dem keine »Gratis-Menschlichkeit« (Handke) zu erwarten ist.
In sakralem Einverständnis besteigt der gesammelte Burda-Petrarca-
Trupp auf einem steinigen Marsch den »tatsächlich windumtosten«
Mont Ventoux. Vorneweg die Juroren Nicolas Born, Urs Widmer,
Brock, Handke und Krüger. Obwohl auch Frauen und Kinder dabei
sind, wird hier doch in erster Linie Männerfreundschaft zelebriert.

Im Juni des darauf folgenden Jahres geht die Reise nach Arquà Petrarca, zum Sterbehaus des Dichters. Die Preisträger heißen jetzt Sarah Kirsch und Ernst Meister. In einer lyrikfreien Pause beobachtet Hubert Burda einen hübschen Kerl, Typ: junger Wilder. Kaum größer als er selbst, mit dunklem Haar, schwarzen melancholischen Augen. Er spielt vergnügt Fußball mit Peter Handke. »Wer bist du?«, will der Gastgeber bei nächstbester Gelegenheit wissen. Es ist Mathias Nolte vom Hanser Verlag, Mitbewohner von Michael Krüger in der Münchner Herzogstraße. »Und wer bist du?«, fragt der den Mäzen mit der Unschuld des Unbedarften. »Ich bin Hubert.« – »Ach, du schmeißt das hier?!«

Eine Woche später klingelt bei Nolte Samstag früh in München das Telefon. »Kannst du mal für mich, Felix, Mucki und dich Karten für den Zirkus Roncalli besorgen«, wünscht Hubert Burda in Offenburg. Nolte kann. Er besitzt tatsächlich noch 100 Mark. Dass er dann pleite ist, vergisst er über dem Umstand, dass der Chauffeur ihn am Abend abholt. Kaum hat die Vorstellung begonnen, flüstert Burda: »Komm, Mathias, wir gehen; Mucki und Felix können hier bleiben.« Nolte staunt. Aber bald erfährt er den Grund des schnellen Abgangs: »Ich kann nichts länger als 20 Minuten.« Dabei ist es geblieben. Ob er einen Film anschaut, ein Buch liest oder ein Gespräch führt. Im Verlag gilt das Gesetz, Mitteilungen an den Verleger dürfen nicht länger als eine Seite sein. Seine Geduld ist begrenzt. Nur Reden halten kann er ohne Limit.

Burda und Nolte lassen sich in die Schackstraße fahren, wo sie sich gegenseitig Hölderlin-Gedichte vorlesen. Als Mucki und der damals 9-jährige Sohn nach Hause kommen, »da fragt Hubert mich, ob ich nicht auf Felix aufpassen kann. Hab' ich gesagt, mach' ich. Die Wohnung war auch toll. Ich hatte so was noch nicht gesehen.«

Drei Tage später wieder ein Anruf aus Offenburg. »Du, ich möchte dich gerne haben als Redakteur. Mal gucken, ob die Leute dich hier mögen.« Mathias Nolte ist gerade 23 Jahre alt und bar jeder journalistischen Erfahrung. Er hat Verlagsbuchhändler gelernt und übt sich jetzt in Lektoratsarbeit beim Hanser Verlag für einen Monatslohn von 350 Mark. Aber eines weiß er – man wird ihn mögen. Er gehört zu den Jungs mit dem magischen Lack auf der Haut, die immer umarmt werden – oder verachtet. Aber das weiß Nolte noch nicht. Er denkt nur, »das klingt nach Geld«, kauft seinen ersten schwarzen Anzug, fährt nach Offenburg und lässt sich einen Tag lang herumzeigen. Am Abend sagt Hubert Burda in seiner Penthouse-Wohnung: »Du kannst hier schlafen, die wollen dich haben.« Als Nolte am nächsten Morgen in die *Bunte*-Redaktion kommt, fragt sein künftiger Chefredakteur: »Wie viel willst du verdienen?« – »Weiß ich nicht«, zuckt der Neue mit den Schultern, »2 100 Mark?« – »Ist gut«, sagt Burda, »jetzt bist du ein richtiger Redakteur.«

Nach diesem Muster laufen Burdas Einstellungen immer wieder. Frisst er einen Narren an jemandem, glaubt er auch an dessen Fähigkeiten und wirft ihn ins kalte Wasser. Verteilt auf derart unkonventionelle Weise unglaubliche Karrierechancen. Geht's gut, ist das Erfolgserlebnis nicht zu überbieten. Läuft's schief? Pech gehabt, der Nächste bitte. Behaupten auch deshalb viele seiner Weggefährten, »er spielt mit Menschen«?

Mit Nolte könnte es nicht besser laufen. Er ist einer der ganz wenigen Duz-Freunde in der Redaktion, darf am Wochenende mit nach München fliegen, nach Sankt Moritz oder auch ins Ferienhaus nach Antibes. Burda ist entschlossen, den jungen Freund vor Tremper zu schützen, der ihn unbedingt als Assistenten will. »Nein Will, du bekommst ihn nicht. Du machst ihn kaputt. Du hast sechs Assistenten kaputtgemacht in einem halben Jahr und sieben Sekretärinnen. Das lass ich mit Mathias nicht machen.« Aber bald darauf ist Mathias Nolte, auf eigenen Wunsch, Trempers Assistent. Umgehend wird sein Gehalt verdoppelt. Als Tremper die *Bunte* verlässt und Nolte der finanziellen Verlockung ihm zu folgen, nicht nachgibt, stockt Burda sein Gehalt auf 7 000 Mark auf. Nolte ist 24 Jahre alt. Was soll jetzt noch kommen? Ein paar Jahre als Unterhaltungschef bei *Bunte*, Erfahrung, Geld und noch mehr Selbstvertrauen, dann verabschiedet er sich als »dirty young man«-Chef zu *Penthouse*. Schreibt anschließend den »saftstrotzenden« Roman *Großkotz*. Ein viel versprechendes Erstlingswerk. Wiederbegegnung mit Hubert Burda ist garantiert.

Der ist, nachdem er als Chefredakteur von *Bunte* fest im Sattel sitzt, vollauf beschäftigt, sich auch gesellschaftlich zu positionieren.

In Sankt Moritz stellt ihn Michael Krüger endlich Rudolf Augstein vom *Spiegel* vor, der dort auch ein Haus besitzt. »Daraus wurde eine nette, respektable Freundschaft, die sicher dazu geführt hat, dass es bei der Einführung von *Focus* nicht zum Crash kam«, glaubt Krüger. »Die vom *Spiegel* hatten ja dann die moderate Haltung: ›Schau'n wir mal, was die aus München so machen.‹« Auch Fritz Wepper sorgt für entspannte Stimmung. »Ich hab' da einen Abend von Appaloosas erzählt«, grinst Wepper. »Sind das Kartoffeln?«, fragt Augstein. »Nein, Pferde«, entgegnet Wepper. Irgendwie ergötzen sich die Hamburger ja doch an den bunten Vögeln, die Burda umschwirren.

Alles was Rang und Namen hat, muss der kennen lernen. Auf einen hat er es ganz besonders abgesehen. Die Sonne, die jeden in den Schatten stellt: Gianni Agnelli, der unnahbare Patriarch des italienischen Fiat-Clans. Für Hubert Burda der Inbegriff des dynastischen Weltenlenkers. Charisma in Hochpotenz! Noch heute glänzen die Augen des Verlegers, wenn er vom »Pater Patriae« spricht. Was würde Burda nicht alles geben, so ein Mann zu sein. Er bewundert auch Agnellis Frau Marella! Eine göttliche Mischung aus Fürstin und Femme extravagante. Eine Frau voller Geheimnis und Grazie, der man umgehend Respekt zollt. So richtig zum: Herzeigen!

Seine Mucki dagegen: eine Frau fürs Herz, witzig und charmant, gewiss. Eine »liebe Person«, die nicht nach Macht und Pomp verlangt, die noch erröten und einfach glücklich sein kann und sich ganz um sein Wohlergehen sorgt. Die perfekte Frau: für die eigenen vier Wände! Auf die Bühne der Mächtigen und vor Eitelkeit strotzenden Selbstdarsteller, zu denen auch er eines Tages gehören wollte, passte sein »Mockele« wirklich da hin? Wo könnte er Antworten finden auf die besorgten Fragen, die schon am Horizont aufziehen? Bei den Bussi-Bussi-Gelehrten der *Bunten*? Den Courths-Mahler-Exegeten? Bei Sigmund Freud? Beim eigenen Ich? Er verdrängt.

Noch heißt es, auf heimischem Pflaster die kleinen Schritte zu üben, um eines Tages eindrucksvolle Pirouetten auf dem großen Gesellschaftsparkett drehen zu können. In der Schackstraße gibt Burda auf Trempers Vermittlung 1977 eine Gartenparty für Billy Wilder. Das Stadtgespräch in der Hauptstadt der Schönen und Halbseidenen. Helmut Berger und Hildegard Knef kommen, Wim Wenders und Lisa Kreuzer und all die üblichen Verdächtigen. Auch Anneliese Friedmann, die *Stern*-Kolumnistin und Verlegerin der *Abendzeitung*. Damals ist Burda froh, dass die Geladenen überhaupt kommen. Michael Graeter, der Leute-Kolumnist der *AZ*, zieht plötzlich das literarische Register und fühlt sich wie in Gorkis *Sommergästen*. Wenn nur der Kaviar nicht »eine Winzigkeit zu hart« wäre. Zzzzhh, unverzeihlich? Dafür ist die Consommé froid ja so köstlich, und neben dem »Gesöff« des Senators, dem Franzensberger, serviert der Sohn auch: 1969er Dom Perignon; wie bei der Queen.

An Burdas 40. Geburtstag, 1980, sitzt erstmals der Soziologe Nicolaus Sombart mit an der Tafel. Der Sohn des berühmten Werner Sombart, Autor von *Liebe, Luxus und Kapitalismus*. Sprössling einer kosmopolitischen Intellektuellen-Dynastie, aufgewachsen in der Berliner Salongesellschaft. Jetzt Europaabgeordneter in Straßburg, in unmittelbarer Nachbarschaft zu Offenburg. »Nicolaus Sombart öffnete mir eine Welt, die ich bis dahin nicht kannte.« Wieder ist Burda im Bann! Und wieder wird ihm schmerzlich bewusst, dass er bis in alle Ewigkeit dazu verdammt ist, »der Sohn zweier Selfmade-People zu sein, die sich Gläser an die Köpfe schmissen«, wie es Sombart ausdrückt.

Der instinktsichere Soziologe spürt sofort, wonach sich der jungen Burda sehnt. Er nimmt ihn unter seine Fittiche und verspricht, ihm gesellschaftliches Raffinement beizubringen. Den Schwarzwälder Bub, an dem er die gute Kinderstube vermisst, zum Homme cultivé zu trimmen. Welche mephistophelischen Charakterzüge Sombart selbst auch immer verbergen mag, unübersehbar besitzt er im Überfluss, was Burda idealisiert. Eine eindrucksvolle Erscheinung aus lässiger Eleganz, gepaart mit der nonchalanten Unverfrorenheit des Bohemiens; schlangenzüngige Eloquenz und großbürgerliche Patina; und natürlich hat er den sicheren Blick für die Millimeter, die den guten vom perfekten Maßanzug unterscheiden. Umgehend setzt der um 17 Jahre ältere Sombart höfische Maßstäbe, drückt dem jungen Verleger jenes Buch in die Hand, das die Grundlage seiner Erziehung zur Noblesse sein wird und ihn formt wie kaum ein anderes – *Das Buch vom Hofmann*, den Renaissance-Klassiker des Baldassare Castiglione.

Zielstrebig soll Burda in seine Rolle als Fürst hineinwachsen! Umringt von einem Hofstaat, in dem jeder seine Funktion hat. Er muss lernen, »im Umgang wohlgesittet, gefällig und von feinen Manieren zu sein«. Auf keinen Fall darf der Fürst dabei bemüht wirken. »Sprezzatura« zeichnet ihn aus. Leichtigkeit, universale humanistische Bildung, wahrhaft souveräne Haltung in allen Lebenslagen. Moralisch soll er unanfechtbar sein. »Sein Wert bemisst sich allein nach seinem Ruf, der sich aus dem Urteil der Umwelt ergibt.« Lebt Hubert Burda deshalb zutiefst im Außen?

Die höfische Idee als Machtform fasziniert ihn. Er übt mit Sombart sein neues Vokabular ein, sagt ohne zu stocken bald solche Sätze: »Jeder muss seine Eleganz zu einer höheren Schwingung bringen.«

Hand in Hand mit Sombart arbeitet Bazon Brock. »Der Dramaturg meines Lebens«, sagt Burda. »Bazon hat mich an die Hand genommen, mich inszeniert.« Und Brock erläutert: »Wir haben immer schon nach Wilhelm Meister gelebt, diesem großen Projekt der Erziehung. Deshalb heißt der Sohn auch Felix.« Nun darf Brock den Fürsten aufbauen. Er ist für Burda qua dynastischem Status legitimiert. Die Brocks waren ostpreußische Großbäcker, Unternehmer großen Stils.

Burda ist kein Alphatier. Die Härte der Mächtigen allerdings, die hat er schon. Sich byzantinisch zu organisieren, entspricht seinem Wesen. Mit dem Mittel des »Placements« gibt er zu erkennen, wer in der Sonne steht und wer im Schatten. So mancher seiner Leute empfindet das als Psychoterror; immer dieses Zittern: Wird man in seiner Nähe sitzen und die Luft der Macht atmen oder in die hintersten Ränge verbannt sein? Patricia Riekel, heute seine erfolgreiche *Bunte*-Chefin und bei Festivitäten immer am Tisch des Verlegers, mal neben ihm, mal gegenüber, sagt: »Wenn das nicht mehr so wäre, würde ich mir große Gedanken machen.«

Zum großen Fürsten gehört natürlich auch ein generöses Herz; er muss Mäzen sein. Wo immer bedürftige Künstler oder Literaten Brocks oder Krügers Wege kreuzen, werden sie weitergereicht an Fürst Burda. Der zahlt, ohne großes Aufheben davon zu machen, Krankenhaus- und Zahnarztrechnungen, vermittelt hier einen Bildkauf und dort einen Job. Auch Nicolaus Sombart hält die Hand auf, und Burda legt hin und wieder großzügig 5 000-Mark-Umschläge hinein. Der gelehrige Schüler spendiert ihm auch kleine, stilvolle Luxusreisen nach Venedig und knausert nicht mit Einladungen. Selbst Sombarts Sohn Alexander, ein Tänzer, studiert auf Burdas Kosten ein Jahr lang bei Balanchine in New York. Zum alljährlichen Weihnachtsritual gehört, dass Burda mit Mucki den Sombart-Clan in Straßburg besucht. Um so Einblick in die Gepflogenheiten eines bürgerlichen Haushalts zu bekommen, in dem Ehe und Erotik an sauber getrennten Adressen gelebt werden.

1982 zieht Sombart nach Berlin. Als Fellow am Wissenschaftskolleg, das ihn mit einem üppigen Stipendium versorgt. Wichtiger noch: Dort ist er umgeben von den Größen der internationalen Kultur- und Wissenschaftselite. In der Charlottenburger Ludwig-Kirch-Straße bezieht er eine Beletage mit Parkett und Stuck, blätternde Grandezza, und führt einen Salon eigener Art. »Ich bin kein Sublimierer, sondern ein Erotiker«, schreibt er in seinem *Journal intime 1982/83*, das er erst 20 Jahre später, 2003, veröffentlicht. Wegen des Skandals, den es selbst dann noch hervorruft? »Das hat doch niemand geahnt, dass der Nicolaus so ein Leben führt und dann auch noch minutiös protokolliert«, sagt Hubert Burda, überrascht über den Freund, aber keineswegs empört. Der Schützling, der bis heute großzügig unterstützt wird, hat nicht nur seine intellektuelle Neugier befriedigt. Auch seine erotische.

Das *Journal intime* ist ein Dokument über Geschlechtsverkehr und Geistesgrößen; alle und alles wird beim Namen genannt. Getrieben von einer Klatschsucht, von der sogar *Bunte*-Redakteure lernen könnten. Durchzogen einzig von der Angst Sombarts, wie er wohl die Inszenierung seines 60. Geburtstages (1983) finanzieren soll. Kosten von 40 000 Mark türmen sich auf, und ausgerechnet in dieser Situation ist Mäzen Burda tagelang nicht erreichbar.

Aber dann: »Mittwoch, den 30. März. Der sehnlich erwartete Anruf von Hubert! Die Finanzierung des Festes ist gesichert!« Der Mäzen hat 12 000 Mark Zuschuss versprochen. Fast alle Geladenen erscheinen zum Fest, das schnell zur Legende des Berliner Gesellschaftsjahres wird. Nur Hubert Burda ist verhindert. Ein Desaster, ist doch dessen Rede und Rolle fest eingeplant. Der Grund des Aus-

Hubert Burda und sein Hofsoziologe Nicolaus Sombart, 1982.

bleibens: »Montag, den 22. April. Hubert ... zufrieden mit seinem Protegé. Er fliegt in die USA, Interview mit Reagan. Der Scheck ist unterwegs!« In Ausgabe Nr. 20/1983 dann »Bunte bei Reagan«. Auf dem Foto, das die Szene belegt, ist nicht zu übersehen, dass die schwarzen Koteletten des Chefredakteurs schon von grauen Spuren durchzogen sind. Er ist jetzt 43.

Sombart findet das Geplänkel im Weißen Haus »très drôle«. Ist er noch nicht zufrieden mit dem Fürsten, den er heranzieht? Der wiederum sagt: »Der Sombart ist natürlich kein einfacher Charakter, aber das übersehe ich einfach. Ich übersehe überhaupt alles an Leuten, was mich stört. Sonst käme ich ja gar nicht zu meinen Dingen. Mich interessiert nur, was ich machen will.« Dazu gehört natürlich die Inszenierung der eigenen Macht.

Für sich selbst braucht Burda keinerlei Pomp. In den heimischen vier Wänden fühlt er sich am wohlsten in alten ausgeleierten Pullovern. Stefan Schaffelhuber, sein Mann für das wöchentliche Inner Coaching auf dem Tennisplatz, beobachtet, dass der mächtige Verleger seit 17 Jahren dasselbe rosa Hemd und den gleichen grünen

Pullover trägt. Jedes neue Loch wird von der Haushälterin sorgfältig gestopft.

»Wenn's ums Zahlen ging, hatte Hubert selten Geld dabei«, erinnert sich nicht nur Willy Bogner. Auch *Bunte*-Redakteure und die Frauen, mit denen er ausgeht, können ein Lied davon singen. Mutter Aenne wird sogar in der Münchner *T.Z.* zitiert: »Dr. Hubert Burda, befragt, was er in seiner Abendkleidung habe, ließ seine Mutter antworten: ›Wie üblich keinen Pfennig.‹« Immer hat er Angst, angepumpt zu werden. Also zahlen die anderen. »Bei großen Sachen musste man ihm schon mal die Rechnung hinterher schicken. Aber mittlerweile hat Hubert immer viel Personal um sich, das die niedrigen Tätigkeiten erledigt.« Sagt der alte Freund.

Auch Sombart ärgert sich in seinem *Journal intime* über den Geiz des Mäzens. »Mittwoch, den 6. Oktober. ... das Wiederfinden von Denise Becker. Wir entdecken ihre extreme Armut – sie trägt einen billigen Foulard – und schlagen vor, ihr einen Hermès-Schal zu schenken. ›Ach, davon habe ich genügend (Lüge) – aber ihr könnt mir Geld geben.‹ Wir ziehen unsere Brieftaschen, ich gebe ihr zwei Hundertmarkscheine. Hubert, zu meinem Ärger, kratzt Münzen aus seiner Tasche zusammen.«

Zunehmend verinnerlicht Burda die Rolle des Fürsten, bewundert Lorenzo de' Medici, der als »der Prächtige« in die Geschichte einging. Il Magnifico. An ihm hängt der Glanz der Renaissance. Er umgab sich mit Dichtern und Künstlern und vernachlässigte doch neben all den grandiosen Festen niemals seine Geschäfte. Seine »ausgeprägten physischen Mängel«, schreibt Lorenzos Biografin Ingeborg Walter, wurden »durch glänzende Geistesgaben und ein anziehendes Wesen aufgehoben«. Hubert Burdas Sohn Felix plauderte in der Festschrift *Kunst und Medien* zum 60. Geburtstag des Vaters ein bisschen aus dem Nähkästchen: »Da er unsere Familie hemmungslos mit den Medici gleichsetzte, hatte ich in Florenz kein Problem, mich scheinbar im sozialen Kontext der Stadt des 15. Jahrhunderts einzuordnen. Selbstverständlich sprach ich den Namen Pazzi nur mit Verachtung aus und hatte für die Strozzi oder Tuornabuoni nur ein hochmütiges Lächeln übrig.« Lebt also Fürst Burda in einer Soap-Opera mit antiker Tapete?

Warum mag er die Dichtermenschen so gern: Weil sie zum prachtvollen Bild des Hofes dazugehören? Weil sie verletzlich sind – so wie
er – und im Gegensatz zu ihm Schwäche zeigen dürfen? Weil sie unanfechtbar sind in einem Universum, das sie sich selbst erschaffen?
»Das Einzige, was übrig bleibt von uns allen, ist nur das Reich der
Dichter und Maler.« Er kann es nicht oft genug wiederholen.

Jeden Sonntag zieht er sich für ein, zwei Stunden an die Staffelei
zurück. Heute mehr denn je. Niemand darf ihn dann ansprechen. In
sein Notizbuch *Künstlicher Horizont* schreibt er damals: »Die Zeit
in meinem Atelier. Mich zu verbinden mit den anderen Malern des
Jahrhunderts, dem einzigen Volk, zu dem man wirklich gehört. Den
Menschen in den Farben.«

Doch auch die Menschen in den Farben können ihm die Tanta-
lusqualen nicht lindern. Jens Corssen, von dem Burda sagt, »er ist
der Chiropraktiker meines Gefühllebens«, geht mit ihm wieder auf
lange Spaziergänge im Englischen Garten. Sie sprechen über seine
Ängste. Sie sprechen über die Macht, zum Greifen nah und doch so
fern. Bald wird er Offenburg hinter sich lassen! Was dann? Burgund
ist gefallen – aber die Lombardei, ist sie wirklich schon genommen?
Es ist 1983.

Kapitel 16

1983: Die Stadt, der Springer und das richtige Stadion

Plötzlich ist da der schwere Schritt. Hängt er damit zusammen, dass Hubert Burda drei Tage nach seinem 41. Geburtstag, am 12. Februar 1981, genauso wie seine Brüder ein Viertel des väterlichen Unternehmens überschrieben bekommt? Nun zieht es ihn, mit Sohn Felix, wieder nach Weimar, in die Stadt der Dichterfürsten. Eine Reise zu *seinem* Goethe, gewissermaßen auch eine Wallfahrt zum eigenen Vater. *Wer immer strebend sich bemüht, / Den können wir erlösen!* Zu *seinem* Schiller. *Brüder! Über'm Sternenzelt muss ein guter Vater wohnen.*

Noch immer ist da die Angst vor dem Vater, muss er sich ihm beweisen. Jeden Tag fährt er zum Mittagessen ins Elternhaus in die Schanzstraße. Und täglich wird Gericht gehalten. Mit der Auflage von *Bunte* sieht es nicht gut aus. Der Rückgang trifft zwar alle Illustrierten, aber im Vergleich zum *Stern* geht es bei *Bunte* kontinuierlich nach unten, während die Hamburger immer wieder Zwischenhochs verzeichnen können.

Zu Vaters Zeiten war das noch anders. Der Senator kann es sich nicht verkneifen, dem Sohn das ständig unter die Nase zu reiben. 1972 zum Beispiel, im dritten Quartal: Die *Bunte* hat eine verkaufte Auflage von 1 680 093 Exemplaren vorzuweisen; der *Stern* 1 615 768. Solche Zahlen vergisst man nicht! Im Vergleichsjahr 1980 ein drastisch umgekehrtes Verhältnis. Die *Bunte* verkauft jetzt 1 392 362, der *Stern* 1 774 255. Wo soll das noch enden, Schniggo? Willst du dich so vorführen lassen?

Hubert Burda hat jetzt viel um die Ohren. Innerlich fiebert er bereits seinem Umzug entgegen. Es ist nur noch eine Frage der Zeit, dann wird er den Schwarzwald hinter sich lassen und in der Metropole einziehen. Verleger-Chefredakteur Dr. Hubert Burda muss sich jetzt für die große Stadt rüsten. »Eine bestimmte Wichtigkeit drückt man schon im Gang aus«, erläutert sein Tenniscoach Stefan Schaffelhuber, »mit großen Schritten zum Beispiel«.

Dr. Burda übt große Schritte. Zuerst für sich ganz allein im Flur des »Schlössles«. Er klemmt sich Bücher über Götter und Mythen unter die Arme und – schreitet. In seinem Geist zu neuen Ufern. In seiner gefesselten Existenz von der Wand zur Haustür und retour. Wenn er sein Haus verlässt, dreht er sich nicht um. Würdigt die Lebensgefährtin mit keinem Blick mehr. Noch ist es nur eine Trockenübung, aber bald würde er für den Ernstfall gewappnet sein müssen. Ganz in seiner Aufgabe und der Macht aufzugehen, heißt Opfer bringen. Beim kleinen Glück zuerst. Niemand wird ihn von seinem Ziel abbringen. »Sich einlassen auf das Geschäft der Mächtigen: keine Liebe zu nichts«, notiert er in *Festina lente*. Eines Tages würde er zu der Hand voll wichtiger Meinungsmacher im Lande gehören. Mit jedem Tag wird sein Gang selbstverständlicher, und eines Tages fällt es allen in der Redaktion und im Verlag auf. Dr. Burda hat sich verändert. Was genau ist es? Es ist der Gang. Er kauft jetzt seine Schuhe noch größer als bisher. »Ich musste mich ja selbst erfinden«, sagt der mächtige Mann über seinen Werdegang.

Dann plötzlich und wieder »schicksalhaft«, eine Epiphanie am Himmel der Pressegötter: Der Burda Verlag bekommt das Angebot, mehr als die Hälfte des Springer Verlags zu kaufen! 51 Prozent. Man muss sich das heute noch einmal mit den Zahlen von damals vergegenwärtigen: Mammut Springer, mit einem Umsatz von zwei Milliarden Mark macht sich an das Elefantenbaby Burda heran – Umsatz 800 Millionen – und trägt ihm die Führung seiner Horde an. Was für eine Paarungsabsicht! Was steckte dahinter? Ein durchgeknallter Goliath, der plötzlich sein Sentiment für den kleinen David entdeckte?

Hubert Burda ist berauscht. War da nicht die natürliche Selektion des Schicksals am Werk? Kein anderer als er dazu auserkoren, auf den Stuhl des Springer-Chefs emporgehoben zu werden? »Vielleicht ist Macht die Unverfrorenheit, sich so viel zuzutrauen«, liest er bei Korda. Es ist ein gewaltiges Gedankenspiel: Springer und Burda zusammen, mit der ganzen Zeitschriftenpalette und dem Tageszeitungsgeschäft, vorneweg der *Bild*, das wäre eines Tages automatisch der größte Verlag Europas. Schon auf Anhieb könnten sich enorme Synergien ergeben: Kostenersparnis im großen Maßstab durch gemeinsamen Papiereinkauf und Vertrieb. Wenn die Produkte aus den Häusern Burda und Springer nicht mehr auf zwei unterschiedlichen Lastwagen durchs Land gefahren würden, sondern auf einem: sagenhaft! In seinen Äußerungen bleibt Burda, wie immer, vorsichtig. Das Laute, Prahlerische ist nicht sein Stil. Damals so wenig wie heute. Auf langen Spaziergängen in Sankt Moritz tastet er sich mit den Freunden Willy Bogner und Michael Krüger in eine neue Realität. »Burda war eine regionale Luftlinie, Springer ein *national carrier*«, sagt er. Sein Selbstbewusstsein wächst beachtlich. Sein Lächeln bleibt mehrdeutig wie sein Wesen.

Wie viele große Entscheidungen, fängt auch diese mit einer kleinen Beobachtung an. Auf der Beerdigung von Axel Springers Sohn, Axel Springer junior, der sich am 3. Januar 1980 auf einer Hamburger Parkbank erschossen hatte, in Hamburg Groß-Flottbek. »Unter den prominenten Trauergästen«, so schreibt die *Zeit*, »befand sich ein Mann, der den Chronisten keine Erwähnung wert war, aber Axel Springer junior näher gestanden hatte als die meisten anderen – und dies nicht nur wegen ihrer gemeinsamen Jagdleidenschaft: Franz Burda, 50, ältester Sohn des Offenburger Großdruckers und Zeitschriftenverlegers Senator Franz Burda.« Franz junior ist zu dem Zeitpunkt erst 48, aber es stimmt, dass Axel Springer senior gerührt ist und sich durch den Freund dem eigenen Sohn womöglich näher fühlt.

Nach dem tragischen Selbstmord seines einzigen denkbaren publizistischen Erben unter seinen Kindern »ist Axel Springer zusammengebrochen, richtig zusammengebrochen«, sagt Friede Springer, seine Witwe. »In diesem Jahr erfuhr er auch noch, dass sein zweiter Sohn Raimund – der jetzt Nikolaus genannt wird – Krebs hatte. Das war noch ein Schlag. Furchtbar.«

Axel Springer, den sein Pressereich längst mehr belastet als beflügelt, mag nicht mehr in der Verantwortung stehen. Er will einen Großteil seines Verlages verkaufen, »die Zukunft seines Hauses sichern«, wie es dann in Zeitungsdeutsch heißt. Springer ist 69 Jahre alt und gesundheitlich angeschlagen. Aber das Sagen in seinem Reich will er dennoch behalten.

Wie ergriffen ist er, als er auch Christian Kracht mit am Grab stehen sieht? Der ehemalige Generalbevollmächtigte, zwei Jahrzehnte freundschaftlich und zuverlässig an seiner Seite, dann über ein Jahrzehnt verstoßen, kommt eigens aus Amerika angereist. Springer, am Herzen gebrochen, wünscht Versöhnung. Jens J. Meyer, das Hamburger Unterseeboot von Hubert Burda, erspäht das alles und fährt umgehend seine Antennen aus. Die Fakten sind schnell auf dem Tisch: Christian Kracht soll für Springer die Aktion »Verkauf mir den Laden!« durchziehen. Wieder einmal. Schon ein Jahrzehnt zuvor hatte er sich daran die Finger verbrannt. Als er ein Drittel von Springer an Bertelsmann »von der Gütersloher Wiese«, damals noch relativ klein ohne Gruner + Jahr, veräußert hatte. Ein Handel, der, kaum getätigt, schon wieder rückgängig gemacht wurde. Nicht gerade bester Hamburger Kaufmannsstil. Nach dieser peinlich geplatzten Fusion soll der Senator auf Kracht zugekommen sein mit den Worten: »Wenn mal wieder die Gelegenheit kommt, denken Sie an mich.«

Nun war die Gelegenheit wieder da. Und Axel Springer wird sich womöglich noch gern an seinen Besuch im Offenburger Burda-Hochhaus erinnern, der schon im Vorfeld eine Menge Aufregung bescherte. Und Farbtöpfe verschluckte. Der ganze Eingangsbereich im hohen Burda-Haus und der Weg zu den Liften wurde frisch ausgemalt und auf Hochglanz gewienert. Ebenso der 13. Stock, in dem der Senator sein Büro hatte mit dem gewaltigen Schiffsschreibtisch, einem Geschenk einst von: Axel Springer. Alle anderen Stockwerke blieben, wie sie waren. Die bekam der prominente Gast ja nicht zu sehen.

Auch Hubert Burda sitzt in seinem Büro im 13. Stock, als er Jahre nach diesem Ereignis zum Telefonhörer greift und jene freundlich-konspirativen Sätze spricht: »Ich höre, du sprichst mit einigen Verlagen. Sprich auch mit mir, bitte. Wir können zusammenkommen.« Genauso habe sich der junge Burda damals ausgedrückt, erzählt Christian Kracht heute. Und sein Blick wandert dabei aus seiner Residenz am Genfer See hinaus in seinen Privatpark und über die Hecken weiter zum majestätischen Montblanc.

Christian Kracht und die Burdas, das ist die Geschichte einer langen Freundschaft. Schon der Senator hat Mitte der sechziger Jahre versucht, Kracht, Springers Stellvertreter in geschäftlichen Dingen, in seinen Verlag zu locken. Hubert Burda wiederholt 1969, zu *m*-Zeiten, noch einmal das Angebot. Kracht dankt und bleibt bei Springer. »Aber ich habe damals dem Vater wie dem Sohn gesagt, wir können überall dort, wo die Grenzen des Anstands und meiner Loyalität dem Hause Springer gegenüber gewahrt bleiben, Informationen austauschen.« Was immer das im Einzelnen bedeutet hat, Kracht behält das Haus Burda und den Jüngsten fest im Blick. »Bei uns sprang ein Funke über. Hubert und ich waren uns freundschaftlich verbunden.« Überhaupt: die anderen Häuser, die waren erstarrt, sagt er. *Der Spiegel*, Gruner + Jahr, Bauer sonnten sich im eigenen Erfolg. »Aber Hubert Burda war noch von dieser kreativen Unruhe getrieben. Der wollte kein Erbe sein, der sah sich als Zeitschriften-Macher.«

Christian Kracht wird dem Jüngeren ein väterlicher Freund. Während des Zerwürfnisses zwischen Vater und Sohn wegen *m* redet er Hubert zu, bloß nicht hinzuschmeißen. Spuck links, spuck rechts, aber bleib im Haus.

Natürlich würde der Verleger auf offener Bühne nie vom Fädenziehen hinter dem Vorhang erzählen. Stattdessen reicht er die Lorbeeren an Bruder Frieder, den Finanzmann, weiter: »Es ist die Lebensleistung von Frieder, das Springer-Paket verhandelt zu haben.« Hinter Frieder wiederum steht Herbert Warth, der »Consigliere«. »Wer die *Bild*-Zeitung hat, der hat die Macht im Land«, urteilt Frieder, wie vor und nach ihm auch andere. Aber Kracht sagt, er habe immer öfter mit Hubert gesprochen. »Der hat einfach mehr vom Geschäft verstanden und die präziseren Fragen gestellt.«

Axel Springer ist auf Krachts Empfehlung hin entschlossen, die absolute Mehrheit an die Burdas zu verkaufen. Aber es ist die Entschlossenheit eines Wankelmütigen. Er wollte und er wollte doch nicht verkaufen. So erlebt es nicht nur Kracht. So deutet es auch Bernhard Servatius, der Jurist im Springer-Haus. So schildert es Ernst Cramer, Leiter des Verlegerbüros, Aufsichtsrat, Leiter der Stiftung, einer der wenigen Freunde Springers.

Die bundesdeutsche Öffentlichkeit aber empfindet die geplante

Fusion als Liaison dangereuse. Allenthalben sieht man die Pressefreiheit gefährdet. »Eine unkeusche Ehe« bahne sich an, schreibt das
manager magazin. Erbost, dass die Offenburger »Kurtheaterinten-
danz« überhaupt in Verhandlungen steht mit der »Staatsopernbühne
Springer«. Noch einmal wird Burda abgewatscht als »Mode-Frei-
zeit-Rätsel-Handarbeits-Clan«. Die *Süddeutsche Zeitung* sieht »ka-
pitale Wirtschaftsinteressen mit der Irrationalität von Sehnsüchten«
vermischt. »Was bleibt vom Hause Springer?«, sorgt sich ausgerechnet der *Spiegel*. Umsonst, denn das Kartellamt untersagt die Fusion
wegen drohender Marktbeherrschung. Trotzdem versuchen Burda/
Springer, ihre Pläne zu retten. Sie werben beim Wirtschaftsminister
Graf Lambsdorff um Sympathie und Verständnis. Beantragen eine
Ministerialerlaubnis, die einzige Möglichkeit, um sich über die Kar-
tellwächter hinwegzusetzen.

Aber auch dieser Weg führt nicht weiter. Am Dreikönigstag 1983
schließlich, fast auf den Tag drei Jahre nach dem Freitod von Axel
Springer junior, gibt Burda diese Presseerklärung ab: »Mit Wirkung
vom 1. 1. 1983 ist die Burda Verwaltungs-KG mit 24,9 Prozent am
Verlagshaus Axel Springer beteiligt.« Gegen diese Beteiligung hat das
Kartellamt keine Einwände, denn sie bringe »keine unternehmerischen Einflussrechte auf Springer«. Der König war um 255 Millionen
Mark reicher. Aber hatte er die wirklich nötig? Wichtiger noch: War
der verlegerische Erbe jetzt gefunden? »Eine Lösung für den Papier-
korb«, sieht der *Spiegel*, »ein Torso, auf eine reine Finanzbeteiligung
reduziert«. Von den Führungskräften im Springer-Verlag werden die
Burdas alles andere als freundlich empfangen. Sie hatten zwar einen
Fuß in der Tür, aber die Herren Vorstände würden ihnen schon noch
ordentlich Knüppel zwischen die Beine werfen.

Schon zuvor ist Günther Kress mit eigener Interpretation auf den
Plan getreten. »Selbst wenn der ganze Schnee zu nichts verbrennt«,
schreibt er im *kressreport* vom 19. August 1982, »die Burdas haben
an Ansehen gewonnen. In der Branche, in der Öffentlichkeit, unter
Flachdenkern, denen zu Burda immer nur Schwarzwald eingefallen
war. Da gab es doch tatsächlich drei Musketiere, die bereit und of-
fenbar auch finanziell fähig waren, im großmächtigen Springer-Haus
die Herrschaft zu übernehmen. Nicht die teuerste, raffiniertest ge-

plante Promotion hätte diesen Image-Gewinn zustande gebracht. Es ergab sich so.«

Sicher ist Hubert Burda, der mit seinem Verlagsleiter Karl-Heinz Hiller bereits erörtert, wann er in Hamburg bei Springer und wann er in seinem eigenen Haus arbeiten würde, enttäuscht, dass der ganz große Coup geplatzt ist. Dennoch punktet er: Die Springer-Beteiligung verschafft ihm Respekt im eigenen Haus. Schließlich ist sie seinen Verbindungen zu verdanken. Schon damals funktioniert sein Informantensystem hervorragend. Wie perfekt mag es erst heute sein? »Mit der Zeit kann der Mann, der die Informationen kontrolliert, sein Monopol in jeder Diskussion nutzen«, weiß er von Korda.

Auch 24,9 Prozent sind keine schlechte Ausgangsbasis für künftige Träume. Außerdem sind Hubert und Frieder Burda fortan im Aufsichtsrat des Springer Verlags vertreten. Übung im Umgang mit den Mächtigen ist gewährleistet. Und dem Senator, der ein Jahrzehnt zuvor noch den Springer-Flirt suchte, fällt ihm jetzt wirklich ein Stein vom Herzen, weil aus der ganz großen Hochzeit nichts wurde? »Mit Springer will ich nichts zu tun haben«, sagt er ganz offen. »Haltet mir den Spinner vom Hals, ich ertrag' den nicht mehr.« Eifersüchtig beobachtet er die glänzenden Augen seiner drei Söhne schon bei der bloßen Nennung des Namens Springer. »Was wollt ihr denn mit dem?«, appelliert er an den gesunden Menschenverstand seiner Buben, »Macht erst mal eure Burda-Sache ordentlich.« Hubert Burda sagt: »Mit Springer konnten wir auch ein bisschen der väterlichen Fuchtel entkommen, indem wir uns eine Art Stiefvater imaginierten.«

Springers langjähriger Privatsekretär Claus Dieter Nagel behauptet, die Liaison sei nur zustande gekommen, weil Axel Springer den Senator und sein Wirken im Schwarzwaldreich bewunderte. Als zur selben Zeit *Der Senator* erschien, ein Schlüsselroman des Reporters Gerhard Eisenkolb über die Burdas, hätten Springers Männer alles versucht, um die Existenz dieses Buch vor ihrem Verleger zu verbergen. Wird der Senator darin doch als »unberechenbarer Tyrann« beschrieben, »empfindlich wie eine Mimose, aufbrausend, vernichtend«. »Das Buch hat den Burdas sehr geschadet. Die ganze Branche hat sich auf die Schenkel geklopft.«

Burda wie Springer sind konservative Häuser; das Fundament

beider Imperien ist der Profit aus einer Rundfunkzeitschrift, hier *Bild und Funk,* dort *Hörzu.* Und doch hätte man sich 1982 zwei unterschiedlichere Verlage und Verleger nicht vorstellen können. Die Burdas lieben das irdische Leben, Springer ist schon ganz Asket und in seinem religiösen Reich. »Die Burdas konnten ja genießen«, schwärmt Friede Springer. »Axel nicht. Er aß wie ein Staubsauger. Wschschsch und schon war der Teller leer.« Der alte Burda ist ein bodenständiger Provinzfürst, explizit unpolitisch. Wenn er sich überhaupt zu Parteispenden hinreißen lässt, gibt er trotz eigener Prioritäten an alle gleichermaßen. Die gesetzliche Möglichkeit, seine guten Gaben von der Steuer abzusetzen, nimmt er nicht in Anspruch. Als im Zuge des Flick-Parteispendenskandals das Finanzamt auch bei Burdas prüfen kommt, sind die Beamten sprachlos. »Richtig sauer waren die, weil sie das nicht für möglich hielten«, sagt »Consigliere« Warth. Burda senior bestreitet solche Ausgaben nämlich aus eigenem Säckel. Von seinem privaten »PDC«, dem Konto mit dem Spitznamen: Possen-des-Chefs. Darüber werden Investitionen in Liebe, Politik, Weinberge und andere Pläsierchen verbucht. Natürlich sind auch die Burdas gegen »Kommunischte«, aber das musste man doch nicht hinausposaunen. Im Notfall arrangierte man sich selbst mit der Nomenklatura. Schließlich will Burda im kommunistischen Osten Geschäfte machen und hat das auch geschafft. Die Burdas haben einen Illustriertenverlag. Sie bauen am Reich der Illusionen und machen damit schöne Gewinne. Das Geschäft der Tageszeitungen ist ihnen fremd.

Springer hingegen atmet Zeitungen und hasst »Hochglanzkacke«. Obwohl in Hamburg-Altona geboren, legt er größten Wert darauf, Berliner Verleger zu sein. Ein trotziger König der alten Hauptstadt, der die Teilung Deutschlands niemals akzeptieren würde. Streckenweise ernährt er sich wie ein Bettelmann, löffelt nur Haferflockensuppe. Mager will er sein und jesusgleich. Er träumt von einer intakten Familie, flüchtet aber von einer Ehe in die nächste, bis er sich schließlich bei Friede ganz geborgen fühlt. Aber sie muss ihm zusichern, auf eigene Kinder zu verzichten. Aufmerksamkeit und Liebe ist er nicht willens zu teilen. Er steigert sich derart in seinen Kampf gegen den Kommunismus und in die Ost-West-Konfrontation, dass er am liebsten glauben will, er habe von Gott dem Allmächtigen den Auftrag erhalten, die Mauer im Notfall ganz alleine niederzureißen. Als Fanal dieser Mission baut er sein Pressehaus direkt an die Grenze in der Berliner Kochstraße. Mit Blick auf den Todesstreifen und in das Reich des Bösen.

Oben im 19. Stock hat jetzt die tüchtige Friede Springer, die Witwe, die Fäden in der Hand. Sie ist zwei Jahre jünger als Hubert Burda. Ihre Aussicht über Reichstag und Regierungsviertel, über die alte und die neue Mitte Berlins und weit hinaus Richtung Osten ist fantastisch. Am Arbeitszimmer ihres um 30 Jahre älteren Mannes, in dessen Auftrag sie das eigene Wirken stellt, hat sie kein Jota verändert. Nur ein Computer ist hinzugekommen. Wie sehr bedauert sie, dass Axel Springer nicht wenigstens noch den November 1989 erleben konnte! Den Fall der Mauer und den Zusammenbruch des unseligen Sowjetreichs. Und all die Schleimer, die sich einst öffentlich über Springer und seinen Kommunistenhass brüskierten und die ihr nach 1989 aber aufs Herzlichste gratulierten mit dem immer gleichen Standardsatz: »Ihr Mann hatte ja so Recht.«

Wollte Springer letzten Endes wirklich an Burda verkaufen? Friede Springer, damals in geschäftlichen Dingen noch nicht bewandert, empfiehlt, die Antwort bei Christian Kracht und Bernhard Servatius zu suchen. Aber die sind sich nicht einig. Noch am Morgen der notariellen Beglaubigung, die aus Kostengründen in der Schweiz, in Zürich stattfindet, habe Servatius versucht, ihn telefonisch zu erreichen, erzählt Kracht. »Er will nicht mehr«, habe Servatius nur gesagt. Es war klar, wer gemeint war. Der König war wieder von seinen Zweifeln eingeholt worden. Zu spät. Die Tinte war wohl noch nass, aber die Unterschriften schon getätigt.

Bernhard Servatius, lange Jahre Berater, Aufsichtsratsvorsitzender und schließlich auch mit dem Vorsitz der Testamentsvollstreckung Springers betraut, widerspricht. Sagt, er habe nur einen kleinen Änderungswunsch durchgeben wollen. Hingegen bestätigt auch er, dass »die drei Buben« Axel Springer politisch zu unbedarft waren. »Er setzte aber darauf, dass sie in die Politik hineinwachsen werden, so wie er selbst erst sehr spät zu einem wirklich politischen Menschen wurde.« Hat Axel junior dem Vater nie vom politischen Niveau seines

Freundes Franz junior berichtet? Er war bekannt für seine Sprüche; über die Terroristen etwa: Herrgottsakramenthallelujah, am liebsten hätte er die aus seinem Flieger über dem Schwarzwald abgeschmissen.

Außer einem despektierlichen Naserümpfen hatte Springer auch nichts übrig für Veranstaltungen wie Bambi. Das waren für ihn Seifenopern. Aber der Vertraute Nagel erinnert an den regen freundschaftlichen Briefwechsel zwischen dem barocken Burda und dem asketischen Springer, in dem die beiden nicht müde wurden, sich gegenseitigen Respekt zu versichern. Weil sie sich nicht fremder sein konnten? Tatsächlich also »Kurtheater« und »Staatsoper«? Derzeit lässt sich der Briefwechsel nicht sichten. Diese Dokumente stehen im Springer-Archiv unter Verschluss. Und Frieder Burda, bei dem die Kopien der väterlichen Briefe beziehungsweise die Originale von Axel Springer lagern, sieht nicht ein, dass er in den Keller marschieren soll. Das wäre doch alles nur für die Geschichte seines Bruders Hubert. Frieder beharrt darauf, mit der Burda-Vergangenheit abgeschlossen zu haben. Heute interessiert er sich nur noch für seine Kunstsammlung. Sagt er.

»Axel hat diese drei Söhne sehr bewundert, die ihre Talente aufgeteilt hatten«, weiß Friede Springer. »Er sagte, das sind im Grunde meine Nachfolger.« Kracht weiß natürlich von dem schlechten Verhältnis der ungleichen Brüder. Warum verschweigt er es seinem Auftraggeber Springer? Hat sonst keiner gemerkt, dass die drei sich spinnefeind sind und allein aus diesem Umstand eines Tages ein Desaster erwachsen könnte? »Überhaupt nicht, das war ein fürchterlicher Schock, der mich getroffen hat wie ein Blitz aus heiterem Himmel«, versichert die Witwe. Beim Gedanken an all den Ärger, den ihr der Burda-Springer-Deal nur wenige Jahre später einbrachte, zeigt sich Unmut in ihrem Gesicht. »Ich hab' ja bis letztes Jahr an den 500 Millionen abbezahlt.« Friede Springer sagt das trotz alledem auf ihre nüchterne, heitere Art, dreht dabei den dezenten Vierkaräter ein paarmal um den rechten Ringfinger. Axel Springer mag auch befürchtet haben, dass drei Burdas nicht ausreichen, um ihn, den Einzigartigen, zu ersetzen. Denn als der Burda-Handel vollzogen ist, fliegt Christian Kracht gleich weiter

Die Handauflegung von Axel Springer, April 1982.

nach London, um mit Rupert Murdoch über das restliche Springerterrain zu verhandeln.

Umgehend richtet sich Hubert Burda mit großem Ernst in der Rolle als künftiger Springer-Erbe ein. Dabei interessiert ihn nicht die politische Mission. Es ist die Erscheinung Springer, die ihn verzaubert. Diese Eleganz! Dieser Mann von Welt mit nordischer Noblesse und kühler Grandezza! Ein urbaner Charakter mit perfekten englischen Manieren. Eloquent und staatsmännisch. Ein Souverän, bei dem die Fäden zusammenlaufen! Und diese Macht! Auf einem Fest im April 1982 stehen die beiden nebeneinander. Ein ungleiches Paar. Der hagere Springer überragt den pausbäckigen Burda um Haupteslänge; er legt seine Linke auf die rechte Schulter des Jüngeren, wohlwollend und doch distanzierend. Welche Weihe!

Sporadisch lässt Axel Springer die drei Burda-Jungs durchaus teilhaben an seinem Leben. Einmal fliegen sie mit dem Burda-Jet in sein Schweizer Landhaus, die »Fuxfarm«, am Berghang in Klosters. Dort essen sie zusammen Mittag, und »König Axel« lässt sich von ihren jeweiligen Aufgaben im Burda-Verlag erzählen. »Springer hat Hubert Burda als Redakteur gesehen, nicht als Verleger«, weiß Ernst Cramer.

»In ihm sah er als Einzigem der drei auch den Keim und die Möglichkeit der Weltläufigkeit.« – »Am liebsten mochte er Frieder«, sagt Intimus Nagel.

»Der Weg zu mir führt über Jerusalem«

Als die Burda-Junioren Springer auf Gut Schierensee aufsuchen, wird er ans Telefon gerufen. Ein wichtiges Gespräch. Er geniert sich nicht, offen vor ihnen zu reden. Anschließend sagt er: »Das war Shimon Peres.« Hubert Burda ist gefesselt. Dieser vertraute Umgang mit den Großen dieser Welt. Dann spricht Springer jenen Satz, der sich laut Hubert Burda ihm und Frieder sofort ins Gedächtnis meißelt. »Der Weg zu mir führt über Jerusalem«, sagt er. »Der Weg jedes deutschen Verlegers führt über Jerusalem.« Frieder Burda will davon nichts gehört haben. Kann sich auch nicht vorstellen, dass Springer so etwas je gesagt hätte. Kann er seinem Bruder Hubert einfach nicht Recht geben, oder hat der sich derart in Springers Gedanken hineingesteigert, dass er sich die griffigen Sätze selbst formuliert?

Bald darauf lässt Frieder Burda der Jerusalem Foundation eine Million Mark zukommen. »Das waren nicht der Burda Verlag, nicht Hubert und Franz«, behauptet Servatius, der ihnen erklärt hat: »Eintrittsgeld für Springer wird in Jerusalem bezahlt.« In der *Bild* vom 7. Mai 1986 steht: »Frieder Burda hat die Renovierungsarbeiten am Jerusalemer Löwentor (Via Dolorosa) eröffnet. ›Durch Axel Springer habe ich Israel kennen und lieben gelernt. Ich will in seinem Geiste dieses Land anderen Menschen näher bringen.‹«

Springer seinerseits überweist großzügig an Burda. Nie wollte der kleine Partner Bücher über Einnahmen und Ausgaben sehen. Der Presselord sei so überrascht gewesen, sagt Hubert Burda, dass er von sich aus eine jährliche Dividende von 20 Millionen Mark überwiesen habe. Viel zu viel, fand man bei Burda und freute sich.

Auch Hubert Burda überweist kurze Zeit später ins gelobte Land eine andere Art Gebühr: Im Sommer 1985 kauft er für eine Million Mark höchst brisantes Material, das auch in Jerusalem und ganz Is-

Rolf, der Sohn des weltweit gesuchten Nazis Mengele, erläutert dem Historiker Norman Stone die Tagebücher seines Vaters, Sommer 1985.

rael für Aufsehen sorgt. Es sind Tagebuchnotizen, Briefe und Fotos des KZ-Arztes Josef Mengele, des »Todesengels« von Auschwitz. Dessen Sohn Rolf, der die Dokumente in der Hand hat, wird dafür von Hubert Burda über Nacht zum Millionär geadelt. Inge Byhan, die aus politischen Überlegungen wohl gegen die Geschichte ist, als Autorin aber wiederum herausgefordert ist, schreibt eine hervorragende *Bunte*-Serie, in fünf Folgen. Hubert Burda zittert. Hat eigentlich keinen Nerv für den hochexplosiven Stoff, den ihm sein Stellvertretender Chefredakteur Norbert Sakowski eingehandelt hat. Immer noch glaubt Sako, die *Bunte* könne ein süddeutscher *Stern* werden. Aber die Illustrierten-Landschaft in Deutschland ist noch verwüstet vom Hitler-Tagebuch-Skandal des *Stern*, und Burda fürchtet, auch er könnte zum Opfer einer Fälschung werden. Nachdem aber alle Prüfungen durch namhafte Historiker die Echtheit der Dokumente belegen, will er auf den Scoop nicht verzichten. Auf Josef Mengele ist das höchste Kopfgeld je ausgesetzt: 10 Millionen Mark. Nur ein kleiner Kreis um Burda weiß vom Sohn jetzt verbindlich, dass Mengele senior tot ist. Die Story verspricht eine Menge Aufmerksamkeit und Auflage.

Aber was sagen wir, wenn herauskommt, dass wir den Sohn eines Naziverbrechers geschmiert haben? Die Frage lässt Burda nicht ruhen. Bis Norbert Sakowski, der eine massive Springer-Kampagne gegen die Veröffentlichung befürchtet, schließlich eine großartige Idee kommt. Wir fahren zu Springer, zu »Ernie« Cramer und bitten ihn um Rat! Cramer und Sakowski sind seit den fünfziger Jahren Weggefährten. Gemeinsame Zeiten bei der amerikanischen Nachrichtenagentur UPI verbinden sie. Der Ältere ist dort schon eine beachtliche Größe, als der 17-jährige Sako dazustößt. Cramer, ein verschwiegener Gentleman, der jede Gelegenheit schnell nutzt, um in Israel zu helfen – »Du mit deiner jüdischen Hast«, wie Springer ihm vorhält –, hat für Sako umgehend einen Ratschlag parat: Zahlt eine Million an einen Wohltätigkeitsfonds in Jerusalem. Das trifft zwei Fliegen auf einen Schlag. Cramer hat Geld für einen guten Zweck und Burda eine prima Antwort auf die peinliche Frage: Was habt ihr dafür bezahlt?! Die Überweisung wird umgehend auf den Weg gebracht.

An jenem Tag, als »die drei Musketiere« in Schierensee zu Gast sind, fragt Axel Springer den um 28 Jahre Jüngeren: »Hubert, kennen Sie junge Reporter?« Natürlich will der Grandseigneur keine Namen hören. Er will sich nur vergewissern, ob Jung-Burda das Kapital jedes Verlegers, die Kreativen, zu schätzen weiß. Und ob! Mit Springer eint Burda eine innere Ablehnung der Zahlenmenschen und Juristen. »An jeder x-beliebigen Bushaltestelle lassen sich aus zehn Wartenden neun gute Manager machen. Aber die Wahrscheinlichkeit, dass ein Chefredakteur darunter ist, liegt bei null.« Sagt Springer. Kreative sind Auserwählte.

Hubert Burda kennt nicht nur nachwachsende Genies, er kennt sich auch aus im publizistischen Geschäft. Als er dem großen Axel S. in allen Einzelheiten erzählt, wie ein Illustriertenfoto nach der Aufnahme in New York in nur fünf Minuten in die *Bunte*-Redaktion kommt, ist der *Bild*-Erfinder beeindruckt. Freunden vertraut er an: »Da sieht man die verlegerische Begabung.« So steht es im *Spiegel*. Die beiden älteren Brüder sollen während Huberts Erläuterung betreten zu Boden geblickt haben. Schon 1971, als Springer die Burdas in Offenburg besucht, erlebt der 31-jährige Hubert sein Hosianna mit dem Berliner Granden. Gerade hatte er die *Sport Illustrierte* gekauft, und Springer zeigte sich informiert. Lobte sogar zwei Artikel der aktuellen Ausgabe. Eine Höflichkeitsgeste. So sieht es auch Burda heute. Aber damals ist es ihm heilige Segnung!

Kleine nette Geschichten. Bieten sie genügend Anlass für Hubert Burdas tiefe Überzeugung, der legitime Nachfolger Springers zu sein? Claus Dieter Nagel, der Privatsekretär, erzählt auch vom Spott Axel Springers über den jüngsten Burda. In seiner Ausgabe 27/1981 hatte der *Spiegel* zum Fusionsthema Burda-Springer ein merkwürdiges Foto gedruckt. Es zeigt Hubert Burda in Bänkelsänger-Pose. Gegen eine offene Autotür gelehnt, mit Borsalino, ungeknöpftem Zweireiher, darunter ein quergestreiftes Polohemd; mit großen unpassenden Schuhen. Springer ist entsetzt.

»Hubert Burda hat sich in diese Sohnrolle hineingeredet«, behauptet Günter Prinz, Burdas langjähriger Freund aus dem Haus Springer, der bei gegebenem Anlass zu seinem Intimfeind wird. »Keine zwanzig Stunden hat er mit Axel Springer verbracht, wahrscheinlich nicht einmal mehr als zehn.« Prinz glaubt das zu wissen, schließlich sei er ja immer dabei gewesen oder dazugerufen worden. »Springer hat die Brüder immer durcheinander gebracht. Er sprach auch immer von Offen*bach* anstatt Offenburg.« Und was sagt Friede Springer auf die Frage: War Hubert Burda der Liebling und designierte Verlegererbe Ihres Mannes? Sie lächelt. »Das wird immer so kolportiert. Aber wir haben gar keinen Kontakt zu ihm gehabt. Ehrlich.« Nur einmal, da holte Hubert Burda sie mit dem Musikkritiker Joachim Kaiser von der *SZ* in Springers Haus in der Londoner Upper Brook Street ab. Die drei waren eingeladen von Lord Weidenfeld in ein Konzert zur Erinnerung an Wilhelm Furtwängler.

Völlig überraschend stirbt Axel Springer am 22. September 1985, nur 73-jährig. Nicht einmal drei volle Jahre der kleinen Burda-Springer-Vermählung hat er erlebt. Hubert Burda weint hemmungslos. Er hat zum Hamburger Presselord ein tief emotionales Verhältnis. Alles deutet darauf hin, dass es einseitig ist. Immer hat Hubert Burda nach einer großen respektablen Vaterfigur gesucht, die er bewundern kann. Bucerius, Hagen, Prinz. War Springer die Krönung der Vater-Sehnsucht?

»Endlich spiele ich im richtigen Stadion«

Das Jahr 1983 ist in jeder Hinsicht ein Wendejahr. Im Januar die Burda-Springer-Liason. Im Herbst zieht Burda mit *Bunte* von Offenburg nach München um. Der Himmel über Schutterwald zeigt sich noch einmal in seinem schönsten Blau. Was hatte dieses Blau nicht alles schon verzaubert – den Nil, die Donau, die Herzen der *Bunte*-Leser. Zum letzten Mal fliegt die Burda-Staffel ihre Bahnen: BYE BYE BUNTE ADIEU, schlängeln die Großbuchstaben durch das wolkenlose Traumblau. Die Offenburger verrenken die Hälse, die Gastronomen und Hoteliers stimmen Wehklagen an. Der schmucken Kleinstadt kommt ihr glamouröses Aushängeschild abhanden. Die Eingemieteten, so sehr man ihnen misstraute, ziehen zum Bedauern der Kaufleute davon, geben ihr gutes Geld fortan in München aus. Die verrückten Reporter und Fotografen, die zur Kronenwiese anreisten, nie mehr würde man sich über diese komischen Gestalten belustigen können. Noch darüber aufregen, dass sie mit ihren lüsternen Blicken hinter den feschen Schwarzwalddirn' her waren. All die Anzeigenkunden erst und die Promis mit ihren überzogenen Ansprüchen und dicken Spesenkonten – sie alle würden schmerzlich fehlen. Worüber konnte man künftig tratschen, wovon sollte man leben? Würde Offenburg jetzt untergehen?

Im Interview mit dem *Offenburger Tageblatt* beschwichtigt *Bunte*-Chefredakteur Hubert Burda die aufgebrachten Gemüter, dämmt die Angst, dass eines Tages der gesamte Burda Verlag nach München ziehen könnte. Doch in seine innersten Gedanken lässt er sich nicht blicken. Nie und von niemandem. So sehr er es liebt, Interviews zu geben, so sehr hat er gelernt, seine Geheimnisse für sich zu behalten.

Welche Gründe waren für die Verlegung der *Bunten* ausschlaggebend, will das Heimatblatt wissen. »München ist eine Medienmetropole. Dort erscheinen täglich fünf Zeitungen. Nur in London erscheinen mehr«, schwärmt Burda. »In keiner deutschen Stadt erscheinen mehr Zeitschriften. In München hat die Medienzukunft bereits begonnen. Dort startet in Kürze das erste deutsche Kabelfernsehprogramm.«

Nur wenige Tage zuvor hat Burda einen »Erlaubnisantrag« beim Kabelpilotprojekt gestellt. 1983 ist auch das Jahr, in dem das öffentlich-rechtliche Fernsehen seine Monopolstellung verliert. Das Gerangel um das so genannte Verlegerfernsehen, damals noch Sat.1, beginnt. Bald besitzt Burda einen 10-prozentigen Anteil. Um dem Senator den Horror vor den neuen Medien zu nehmen, heißt die entsprechende Abteilung, die nun im Haus Burda gegründet wird, PAN-TV. Der Hirtengott soll noch einmal das gute Gefühl hüten. Liegt im Fernsehgeschäft am Ende die Zukunft der Verleger? Die Frage wird so heiß und kontrovers diskutiert wie ein Jahrzehnt später die Rolle des Internets. Burda glaubt an diese Zukunft. Die Brüder Franz und Frieder trauen dem »Teufelszeug« nicht, ziehen aber mit. Vorerst. In geschäftlichen Dingen müssen sich die drei einig sein. So steht es in ihrer Geschäftsordnung.

Zur Organisation des Umzugs von Offenburg nach München schlägt wieder die Stunde des Kurt Werner. »Herr Werner«, sagt Hubert Burda mit priesterlichem Ernst, »es darf nichts passieren.« Der Chefredakteur will auch nicht darauf verzichten, am Freitagmittag noch seine *Bunte*-Heftkritik in Offenburg zu absolvieren. Am Montagmorgen soll dann alles geregelt in München weitergehen. Keine Spur von Chaos darf aufkommen. Burda braucht geordnete Verhältnisse, alles muss klar strukturiert sein. Fürs Improvisieren ist er nicht geschaffen. Der treue Herr Werner gibt sich alle Mühe. Wie immer.

»Hubert Burda hat gewusst, wie er alles aus einem rausholt, aber er war dabei nie bösartig, nie laut.« Es gibt kein Gespräch über Burda, in dem dieser Satz nicht fällt. »Er hat von uns ja immer den Fallrückzieher verlangt, die ganz außergewöhnliche Leistung«, sagt Rudi Reiff, sein engagierter Kampfgefährte seit Tag eins. »Er holt alles aus einem heraus«, sagt auch Jürgen Todenhöfer, sein Schulfreund und Spitzenmanager, »nicht aus Zynismus, sondern weil er Topleistung in Toptempo will. Es kann ihm nie schnell genug gehen.« Aus allen Ecken klingt das durch.

Mit Sondergenehmigung fahren von Freitagabend bis Sonntag früh die LKWs vom Schwarzwald ins Münchner Pionierviertel Arabellapark, wo gerade eine neue Welt aus dem Boden gestampft wird. Und Hubert Burda ist mit dabei. Auf den Flachdächern der Nachbar-

schaft wächst schon das Koniferengrün. Bald gibt es am Rosenka-
valierplatz den allwöchentlichen Markt, im Arabellahaus sind Kon-
gresszentrum und Schönheitsklinik untergebracht; und als die Me-
dizinstudentin Maria Furtwängler ein Praktikum im nahe gelegenen
Bogenhausener Krankenhaus macht, hört sie, wie sich zwei junge
Ärzte verabreden:»Komm, wir gehen nachher rüber zum Burda, da
gibt's die schärfsten Weiber.« Aber da liegt der Umzug schon einige
Jahre zurück, und aus dem Stadtviertel auf der grünen Wiese ist eine
kleiner Burda-Kosmos geworden.

Sonntag, der 30. Oktober 1983 ist ein kühler Herbsttag. Hubert
Burda trägt einen dünnen Kaschmirmantel, als er am Nachmittag
das neue Verlagsgebäude in der Arabellastraße 23 offiziell betritt.
Mit diesen schweren Schritten, die er in Offenburg so lange eingeübt
hat. Um seinen Hals weht ein roter Schal, unterm Arm klemmt die
Zeitung. Voilà – le flair du philosophe! Künftig wird er sich als urbaner Vordenker der Medienlandschaft inszenieren! Vorbei die Zeiten,
da man ihm der geografischen Abgeschiedenheit wegen Hinterwäld-
lerei unterstellte. Kaum hat sich vor ihm der gläserne Rundbogen
geöffnet, empfangen ihn: ein fescher bayerischer Bua und ein liebrei-
zendes Schwarzwaldmädel in ihrer jeweiligen Tracht.

Punkt 16 Uhr. In seiner Begleitung seine beiden engsten Mitarbeiter, Ernst Tachler und Ruth Gudlat, der Hauspsychologe und die
Chefsekretärin. Burda schreitet die Etagen ab, kontrolliert penibel,
ob alle Türschilder angebracht sind, ob wirklich alles an seinem Platz
ist und die Arbeit am kommenden Montag so reibungslos aufgenommen werden kann, als wäre nichts geschehen. Die Offenburger haben
ihre alten Möbel mitgebracht, als Zeichen von Sparsamkeit und Bescheidenheit.»Hubert Burda hat immer das Geld zusammengehalten«, weiß Kurt Werner, der es für ihn verwaltet hat. Nichts hilft
besser über tiefe Umbrüche hinweg als der Trott der Routine und der
Anblick von Vertrautem. Ohnehin verlangt Burda, dass die Macht
stets ihren verlässlichen Platz hat. Geht ein Ressortleiter in Urlaub
oder erkrankt, muss der Stellvertreter dessen Schreibtisch und Telefon besetzen.

Am Nachmittag kommt Sohn Felix, 16 jetzt, der mit seiner Mutter
Christa Maar immer in München geblieben ist. Stolz zeigt ihm der

Vater das neue Domizil und den Andruck der »Umzugs-Nummer«. Die erste Ausgabe der *Bunten* aus der Isarmetropole, die Nr. 45/1983, die sich wirklich sehen lassen kann. Sie bietet den Auftakt der Serie »Mein Freund John F. Kennedy«. In bester *Stern-* und *Spiegel*-Manier schreibt Pierre Salinger die Geschichte von JFK und verleiht der *Bunten*, was sie davor und danach selten hat: ein urbanes Gesicht.

Für sein Büro im siebten und obersten Stockwerk hat sich der sparsame Burda einen Empire-Tisch geleistet. Ein gewaltiges Stück. Seine neue Verlagszentrale mag er sich modern wünschen, seine persönliche Macht möbliert er majestätisch. Ersteigert für sein Thronzimmer eine Gemäldekostbarkeit des niederländischen Meisters Jan van Goyen. »Flusslandschaft« aus dem Jahr 1651. Auf dem Schreibtisch thront Götterbote Hermes mit ausgestrecktem Heroldsstab, der Schutzgott der Kaufleute und Reisenden, der Schelme und Diebe. Und als Seelenführer geleitet er die Toten vom Diesseits ins Jenseits. Hermes ist aber auch der Vater des Pan – der vom Senator favorisierten Gottheit. Fängt der Sohn, der allzu gern die Sprache der Symbole spricht, nun an, sich über den Vater zu erheben?

Ansonsten ist das Büro unspektakulär. Brauner Teppichboden. Zwei weiße Sofas, die bald zur Legende werden durch den oft zitierten wöchentlichen Jour fixe, das Kamingespräch, zu dem Hubert Burda seine Chefredakteure empfängt. Ein Kamin ist allerdings nicht in Sicht; und eine Heftkritik findet auch nicht statt. »Es ist eine philosophisch-soziologische Veranstaltung, eine Vorlesung«, berichtet Patricia Riekel zwei Jahrzehnte nach dem Einzug. Das Büro ist derweil unverändert geblieben. Nur die holzgetäfelten Wände, einst gezimmert in vornehm-solider Absicht, sind nachgedunkelt. Ihr Anblick ruft die Spötter auf den Plan. Als »Zirbelstube« deklarieren sie die Machtzentrale des Dr. Burda; das erzürnt ihn.

Wie pop-artig dagegen das Foyer! Dafür hat Andy Warhol gesorgt. Er durfte bereits den Rohbau besuchen. Anschließend schickte man ihm die Fotos der Münchner Wahrzeichen nach New York: Frauenkirche, Bierseidel, Hofbräuhaus und natürlich auch den Arabellapark. Warhol übersah das unscheinbare Burda-Haus. Er hielt die markant ineinander verwinkelten Dreiecke der Hypobank für die Machtzentrale des Doktor Burda. So kommt es, dass auf dem enormen Siebdruck, der über Dekaden den Eingang prägt, das falsche Objekt verewigt ist.

Über dem Bau strahlt mannshoch ein anderes Wahrzeichen: das Möbiusband! Das »Wollsiegel«, wie es genannt wird. Die visuelle Identität des Verlags. In Burdablau Anfang der achtziger Jahre entwickelt von Paul Gredinger und Karl Gerstner von der Agentur GGK. Es war ein langer Findungsprozess, bis das Zeichen schließlich stand. Dann schien es perfekt: ein auf den Kopf gestelltes Dreieck, bei dem jede Seite einen der Burdabrüder symbolisieren soll. Ein Objekt, das man in sich drehen kann, damit keiner vorn und keiner hinten ist. Zumindest die Gestalter hatten die Eifersucht der künftigen Erben in den Griff bekommen. Nun sollte das Möbiusband auf dem Hochhaus des Vaters ins badische Land leuchten. Ein Plan, der sich zerschlägt. Die Fachleute stellen fest, dass es dafür zu windig ist in Offenburg.

An diesem Sonntagabend des 30. Oktober 1983 möchte sich Hubert Burda den Göttern zu Füßen werfen. Dankbar, dass er nach 13 Jahren »Galeere« in Offenburg zurückkehrt in die Stadt seiner Studienjahre und Promotion. »Das war die Basis, sonst wäre die *Bunte* nie nach München gekommen.« In sein Notizbuch schreibt er: »Endlich spiele ich im richtigen Stadion.«

Als ihm im November 2000, als Nachschlag zu seinem 60. Geburtstag Ministerpräsident Stoiber im Kuppelsaal der Residenz den Bayerischen Printmedienpreis überreicht, lobt Burda das noble Ambiente. Als routinierter Namedropper und Schmeichler nutzt er die Gelegenheit, darauf hinzuweisen, dass er so viel festliche Eleganz wie in diesem Saal sonst nur vom Metropolitan Museum in New York kenne. Dort feierte er mit Gianni Agnelli dessen 70. Geburtstag. Plötzlich aber fällt ihm jener Sonntag im Oktober wieder ein. Und seine Augen strahlen, als er ausruft: »Nichts gegen meinen Offenburger Verein, aber ich wollte immer im Stadion des FC Bayern spielen.«

Kapitel 17

Tod und Verwandlung

1986: Schwarzes Jahr mit Schwarzem Peter

In München zu arbeiten gleicht einer Befreiung. In seiner neuen Metropolen-Zentrale empfängt er sogar seinen alles bewunderten – Gianni Agnelli! Lutz Bergmann hat die Aufregung darüber am frühen Abend des 26. Juli 1984 voll abbekommen. Er ist noch im Büro, als das Telefon klingelt und ein verzweifelt flüsternder Hubert Burda etwas erbittet, das Bergmann nur nach und nach entschlüsseln kann. Burda kann nicht laut reden, weil Agnelli nur einen Höflichkeitsabstand entfernt steht. Du Lutz, wird langsam klar, ich bin hier in Brüssel mit Agnelli und William Paley*. Denen hab ich gesagt, wenn wir morgen in München sind, können wir den Ministerpräsidenten sehen. Lutz, ich hab' den Mund zu voll genommen, der Agnelli will den wirklich sehen! Der Jungverleger hat sich beim mächtigen italienischen Großindustriellen wichtig getan.

Und was macht Lutz? Der organisiert seinem »Chief«, wie er Hubert Burda unter vier Augen nennt, tatsächlich für den nächsten Morgen um 9.30 Uhr den Besuchstermin bei Franz Josef Strauß in der Staatskanzlei. Anschließend lassen sie sich in der Neuen Pinakothek vom Prinzen von Hohenzollern noch ein paar alte Meister erklären. Hätte sein Leben nicht ewig so weitergehen können? Mit der kleinen Macht und Herrlichkeit.

Aber zunehmend bedrängen ihn die Brüder: Hubert, schaff endlich neue Zeitschriften an – oder zieh dich zurück! Franz braucht Futter für seine Druckmaschinen und Finanzmann Frieder schwimmt im Geld. Doch der Jüngste, der jede Pressemeldung nutzt, sich als Verleger zu empfehlen, scheut den publizistischen Zeugungsakt. »Wir hätten auch

---

* Dem CBS-Gründer.

gern so was gemacht wie Gruner + Jahr«, sagt Consigliere Warth. Die Hamburger nämlich expandieren derweil mit größter Unternehmerlust. Hauptsächlich in Frankreich, wo der ehemalige Ziehsohn des Senators (!), Axel Ganz, mit Prisma Presse ein neues Imperium aufbaut. Hubert Burda hingegen hat keine einzige verlegerische Idee, die sich in die Tat umzusetzen lohnte. Oder hält er sie unter Verschluss? Will er doch einmal ein Projekt angehen, wie etwa *Besser leben,* ein Magazin über Gesundheit und Medizin, wird es von Franz und Frieder gnadenlos niedergeschmettert. Jahrelang wird auch an *KFZ* getüftelt, einer Fernsehzeitschrift für Kinder, aus der nichts wird. Einzig *Ambiente* ist im Mai 1980 neu auf den Markt gekommen: eine »Wohnen International«-Zeitschrift für »verfeinerten Lebensstil«, mit Blick auf die exklusiven Anzeigenkunden des Lifestyle-Marktes. Aber seit der Einführung sind nun über fünf Jahre vergangen und das Haus Burda präsentiert sich als kreative Ödnis. Mit knapp einer Milliarde Mark Umsatz – ohne die Beteiligungen – ist Burda nach den Hamburger Verlagen Heinrich Bauer sowie Gruner + Jahr der drittgrößte Zeitschriftenkonzern des Landes. Aber der *Spiegel 50/1986* erklärt, dass Burda »Favorit zum Abstiegskandidaten« ist, und Franz und Frieder sind sich einig, der Sündenbock heißt Hubert.

Der ist wie eh und je extrem zögerlich. Seine schnelle intellektuelle Auffassungsgabe setzt sich nicht im Handeln fort. »Hubert hatte seinen Bereich völlig abgeschottet«, erinnert sich Herbert Warth. »Er war seinen Brüdern gegenüber so misstrauisch, dass er sogar einen eigenen Controller einstellte. Er hat alles blockiert.« Wohin Hubert Burda auch schaut – überall sieht er sich von Feinden umstellt. Das Verhalten von damals will er heute gar nicht abstreiten. Es war eben eine dieser beklemmenden Situationen: Ich kann nicht anders.

Hatte er Grund, sich bedroht zu fühlen? Die Brüder waren ihm nicht wohl gesinnt, wollten, dass er scheitert, schallt es unisono aus der Verlegerfraktion des Hauses. Dennoch stimmen auch seine Anhänger mit der Warthschen Sicht überein: Die Ursache für das störrisch-unfähige Verhalten des Jungverlegers ist nur in seiner Psyche zu finden. »Er hat sich als Außenseiter gesehen und sich deshalb als Verstoßener stilisiert. Er fühlte sich immer allein, mit dem Rücken an der Wand, und so hat er sich auch verhalten. Eigentlich schade.«

Seine engen *Bunte*-Mitarbeiter spüren oft, dass ihr Chefredakteur trotz aller Bemühungen um distanzierende Machtrituale seine Stimmungswechsel nicht im Griff hat. Im Notizbuch *Festina lente* sucht er die »Erklärung für meine Niedergeschlagenheit an manchen Tagen« in der Bibel (1. Mose 2,7): entdeckt, dass im Hebräischen »da bildete er« denselben Wortstamm hat wie »Leidenschaft«. Deprimiert, weil er nicht leidenschaftlich an sein Werk gehen kann? Ein unerfüllter Gestalter? Wer hindert ihn denn, welcher Schatten lähmt ihn immer noch? »Hubert Burda war nicht kalkulierbar, auch nicht für seine Leute«, kommt es aus der Fraktion von Franz und Frieder. »Wir hätten uns auch einen starken Verleger gewünscht.«

Frieder und Warth haben derweil mit den üppigen Burda-Geldern nach Herzenslust ein- und aufgekauft. In Amerika gehört schon seit den siebziger Jahren der Druckereikonzern Meredith/Burda Corp. mit zwei großen Unternehmen in Virgina und North Carolina zur Hälfte den Burdas. Dank der Druckerqualitäten von Franz junior; er hat die amerikanischen Druckereien aufgebaut, die unaufhaltsam expandieren. 1980 kommt im elsässischen Vieux Thann, gegen Hubert Burdas Willen, noch die Imprimerie et Editions Braun hinzu, deren Konkurrenzdruck die Offenburger Drucker ein Jahrzehnt später zum »Burda-Modell« zwingt: flexible Produktionszeiten und Lohnverzicht gegen Arbeitsplatzsicherung. Auch die weltweiten MD-Papierfabriken kauft Burda fast zu einem Drittel auf. Alles Notlösungen, so der ehemalige Finanzmanager. Hätten die F&F-Brüder, wie sie genannt werden, wirklich lieber in neue Zeitschriften investiert? So genervt die »drei Buben« mit- und übereinander sind: Bald wird sich herausstellen, dass es diese Beteiligungen sind, die ihr Schicksal bestimmen werden.

Der Vater, mittlerweile schwer von Parkinson gezeichnet, spricht 1985 ein Machtwort, nachdem Auflagen- und Anzeigenschwund der *Bunten* nicht mehr schönzureden sind: Hubert, du willst Verleger sein, dann sei auch einer. Du kannst nicht ewig nur *Bunte* machen. Natürlich weiß er, wie schwer es ist, von seinem Lieblingsblatt loszulassen. Weiß er auch, dass Juniors Interesse für die *Freizeit Revue*, obwohl der Goldesel des Verlags, sich in Grenzen hält. Genauso wie

Der Goetheverehrer Franz »Senator« Burda mit seinem schwarzen Pudel »Bläcky« auf dem Weg in seine »liebe Firma«.

seine Leidenschaft für *Mein schöner Garten, Meine Familie & ich* oder *Das Haus*. Ungute Erinnerung hat er noch an die *Bild und Funk,* und die *freundin* kann sein Verlegerherz auch nicht betören. Alles Objekte des Vaters. Auch die Literaten-Freunde drängeln, allen voran Hanser-Verleger Michael Krüger: »Hubert, du kannst nicht als der Verleger der *Bunten* in die Geschichte eingehen. Da muss noch was kommen!«

Er kommt nicht umhin, noch einmal dem Druck des Vaters nachzugeben. Es sollte das letzte Mal sein. Trotz der harten Jahre hat Hubert Burda bei *Bunte* seine beste Zeit verbracht. Hier hat er die kreative Bewährungsprobe bestanden und die Bühne der Selbstdarstellung erobert. Er ist fasziniert vom Jonglieren mit Themen, braucht die Konferenzen, wenn ihm alle gebannt lauschen – wie er glaubt –, die Hektik des Alltags; die Reisen; das Komm-her-ich-lieb-dich-/Geh-weg-ich-verstoß-dich-Spiel mit den Redakteuren. Obendrein hat er dem Haus Burda gutes Geld verdient. Und die *Bunte* dieser Phase ist die beste in ihrer ganzen Geschichte.

Noch heute überkommt ihn Melancholie, wenn von seiner Zeit als *Bunte*-Chefredakteur die Rede ist. Eine volle Dekade, von 1976 bis 1986, war er offiziell verantwortlich, de facto sogar zwei Jahre länger. »Herr Dr. Burda, diese zwölf Jahre als Chefredakteur, die kann Ihnen niemand nehmen.« Das hat der Markwort neulich zu ihm gesagt. Endlich ist er damit herausgerückt. »Markwort hält bis heute von mir als Journalist nichts. Er denkt: ›Bleib du in deinem Verlegergeschäft, der Chefredakteur bin ich.‹«

Auf der Suche nach einem Chefredakteur-Nachfolger muss ein

Kandidat her, der allen genehm ist, den Brüdern wie dem Vater. Schließlich fällt die Wahl auf Peter Boenisch. Er war der Erste, der unter Verleger Axel Springer selbstständig die *Bild*-Zeitung machte. Über 20 Jahre war er dort im Haus, später als Chefredakteur von *Bild am Sonntag* und *Welt*. Hubert Burda hat eine Schwäche für Springer-Leute. Um seine Verbundenheit mit dem Haus, an dem Burda – noch – einen Anteil von 24,9 Prozent hält, weiter zu vertiefen? Dass Boenisch bei Springer gerade in Ungnade ist, scheint ihn nicht zu stören. Auch nicht, dass er wegen seiner scharfmacherischen *BamS*-Kolumnen gegen sozialliberale »Giftzwerge«, »Revolutionsathleten« und »rote Ameisen« oder wegen seiner Heinrich-Böll-Attacke, dem er den »Meistertitel in Drecksarbeit« verleihen wollte, als der »umstrittenste Journalist der Bundesrepublik« gilt. Offensichtlich schon gar nicht, dass Boenischs guter Ruf ruiniert ist, als herauskommt, dass er als Chefredakteur bei Springer nebenbei neun Jahre lang einen Beratervertrag mit Mercedes unterhielt und einfach nicht daran dachte, das Millionenhonorar zu versteuern. Wie vergesslich ein Mensch doch sein kann. Als Folge muss Boenisch, mittlerweile Regierungssprecher von Kanzler Kohl, sein Amt aufgeben. Wird aber nur wenige Monate später, zum 1. Januar 1986, von Burda rehabilitiert. Als Redaktionsdirektor und Geschäftsführer für den Bereich Journalismus.

Um *Bunte* soll sich »Pepe« in erster Linie kümmern, auch um neue Projekte. Hubert Burda, inzwischen 46, will dagegen in die Rolle des Verlegers wachsen.

Unbedingt muss Ernst Tachler vor Weihnachten 1985 einen Dirigentenstock besorgen, was sich als schwieriges Unterfangen herausstellt. Aber hundertprozentig davon überzeugt, dass der damals 59-jährige Boenisch den Takt und guten Ton im Haus angeben wird, ist Burda dann doch nicht. Zur Amtseinführung im Januar 1986 bleibt der edle Stab unter Verschluss. Lothar Strobach, im Glauben, ihm sei die Chefredaktion für die *Bunte* von Hubert Burda fest zugesagt, erfährt aus einem Branchendienst vom Schachzug Boenisch. Zu diesem Zeitpunkt ist neben Norbert Sakowski bereits Karin Dietl-Wichmann, die ehemalige Verlobte Markworts, stellvertretende Chefredakteurin. »Zu mir hat der Hubert gesagt, mach mir die *Bunte* bunt, während Boenisch einen süddeutschen *Stern* machen wollte.« Zwei

Konzepte, die nicht zusammenkommen und weiteres Chaos in die Redaktion bringen. Ohnehin wird die Stimmung beherrscht von Mobbing und Intrigen. Es ist ein Kommen und Gehen.

Auch Imre Kusztrich kündigt. Einer von Burdas engsten Mitarbeitern, einer, auf den er sich blind verlassen kann. Ein Mitbewohner noch aus dem »Langen Franz«. Wie viele Nächte haben sie dort zusammengesessen, Niklas Luhmann und Bourdieu diskutiert, »Messwein getrunken und Billard gespielt«. Aber Burda erwidert das Vertrauen nicht. Als Josef von Ferenczy sich bei ihm beschwert, dass er seine Autoren nicht hinreichend in *Bunte* platzieren kann, muss sich Kusztrich sagen lassen: »Ich höre, mit Ihnen kann man nicht gut zusammenarbeiten.« Der geschäftsführende Redakteur, der 20 unterschiedliche Besetzungen von Hubert Burdas Stellvertretern miterlebt hat, ist fassungslos. »Ich bin von einer tiefen Dankbarkeit zu den Burdas erfüllt, aber ich dachte mir, wenn der meine Fähigkeiten von 1967 bis 1985 noch nicht begriffen hat, worauf warte ich dann noch?« Lässt sich dann aber überreden, seine Kündigung wenigstens nicht publik zu machen. Tags zuvor hatte nämlich auch Hans-Hermann Tiedje seinen Abschied eingereicht. Das erfährt Kusztrich aber erst viel später.

Bald stellt sich heraus, dass die Chemie zwischen Boenisch und Burda nicht stimmt. Burda verdächtigt Boenisch, im Auftrag und Dienst seiner Brüder zu arbeiten. »Völliger Blödsinn«, sagt Boenisch. »Ich war Huberts Mann.« »Das sehe ich anders«, kontert Burda. Er wisse verbindlich, dass Boenisch sich heimlich mit den Brüdern und deren Geschäftsführern getroffen habe. Chauffeure und andere hätten es ihm berichtet. »Misstrauen ist Huberts große Schwäche«, weiß Boenisch, »und seine zweite große Schwäche ist, dass er auf Zuträger hört.« Nolens volens sieht sich Boenisch ständig in den gefährlichen Strudel Franz – Frieder – Hubert gezogen. »Wann immer es einen Konflikt zwischen Hubert und mir gab, brachte er als letztes Argument: ›Blut ist dicker als Wasser‹ und meinte wohl, dass die Brüder letztlich zu ihm halten werden. Mir als Einzelkind war dieser Bruderkrieg völlig fremd.« Hubert Burda hingegen sieht Boenisch als Feind in seinem Haus, der den Brüdern helfen soll, ihn zu entmachten.

Im Dezember 1985 überschreibt der Senator seine restlichen Ge-

Der Senator mit seinen drei Söhnen Franz (umarmend), Frieder (m.) und Hubert (r.), 1984.

sellschaftsanteile an seine drei Söhne, sodass nun jedem ein Drittel des Hauses Burda gehört. Galt bis dahin in letzter Instanz das Wort des Vaters, denken die Söhne nun an die Zeit, wenn der nicht mehr sein wird. Eine Neuordnung des Konzerns und seiner Führung wird festgelegt. Eine Verwaltungs-KG soll künftig die übergeordnete Instanz sein. Jeder Bruder soll gleichberechtigter Gesellschafter mit jeweils einer Stimme sein. In der Hierarchiestufe darunter wird jedem ein Geschäftsführer zugeordnet. Die Entscheidungen für die einzelnen Bereiche – Verlag, Druck, Finanzen – werden mehrheitlich gefällt. Bis dahin galt, dass jeder Bruder Geschäftsführer seines jeweiligen Bereiches ist. Mit der Neuordnung wollten die Brüder Franz und Frieder geregelt wissen, dass sie für den Verlag mit entscheiden. Bruder Zauderer, wie sie Hubert sehen, sollte damit »entmachtet« sein. Durch den schlichten Umstand, dass künftig alle Entscheidungen mindestens 2:1 gegen ihn standen.

Franz und Frieder, acht beziehungsweise vier Jahre älter, wollen sich auch aus dem operativen Geschäft zurückziehen und nur noch als eine Art Aufsichtsrat fungieren. Hubert soll es ihnen gleichtun, fordern sie ihn auf. Der fühlt sich mit 46 zu jung fürs Altenteil. Die Aussicht, dass der um 13 Jahre ältere Boenisch als Geschäftsführer seine Verlagsentscheidungen treffen soll, erscheint ihm bizarr. Er will ja selber erst loslegen. Aber wann? Und wie?

Die ausgekochte Idee der Brüder, jedem von ihnen einen Geschäftsführer – Boenisch für den Verlag, Spraul für die Druckereien, Warth für die Finanzen – zur Seite zu stellen, bringt automatisch mit sich, dass künftig in jedem Fall *gegen* ihn abgestimmt würde. Selbst wenn Boenisch auf seiner Seite stände, wäre der optimale Endstand 4 : 2. Keine gute Aussicht! Der Vater befürwortet die juristische Neukonstruktion ausdrücklich. Hubert Burda kann es sich also nicht erlauben, dagegen zu sein. Eine Ablehnung käme einem Aufstand gegen den Vater gleich. Er unterschreibt und – wittert Unheil.

Was konnte er nur tun: Seit 20 Jahren war er unter dessen Knute, sollte er sich nun für den Rest seines Lebens von seinen Brüdern fesseln lassen? Seine Herzschmerzen verschlimmern sich wieder, die Schlafstörungen, die Ängste. Der ganze Körper ächzt und quält, mal an dieser, mal an jener Stelle. Einige im inneren Zirkel halten ihn für einen schweren Hypochonder.

Mittlerweile hat sich Hubert Burda in München mit Schörghubers Anwalt Robert Schweizer angefreundet, der im Nachbargebäude, in der Arabellastraße 21 arbeitet und zunehmend auch ihn berät. Schon einige Jahre später wird Schweizer laut *juve* als der schärfste Hund im kleinen, bissfreudigen Rudel der namhaften deutschen Pressejuristen bekannt sein. Aber noch hält Burda seinen neuen Berater vor den Brüdern versteckt. Die sollen nicht wissen, dass er sich gegen ihre Pläne auflehnt. Er hält sich streng an Kordas fünfte Machtregel: »Mach keine Wellen, bewege dich ruhig, wühle nichts auf! So wie ein guter Jäger an einer Stelle bleibt und das Wild auf sich zukommen lässt, anstatt sich bei der Verfolgung zu erschöpfen.«

Schweizer ist einer dieser gewieften Schwaben, denen immer noch eine Idee kommt, wie man einen Cent oder einen Paragrafen am besten dreht und wendet. Außerdem kennt er sich gut in Hubert Burdas Lieblingsbranche aus, der Marktforschung. Er ist ein hagerer Mann und »sehr sympathisch, bis zu dem Moment, wo er dich verklagt«. So und ähnlich erzählen es jene, die von der »Schweizerschen Vernichtungsmaschinerie« eingeholt wurden.

Bei der Erinnerung an das schlimme Jahr 1986 schießt Hubert Burda noch immer der Adrenalinspiegel hoch. Auch Robert Schweizer. »Der Druck auf Dr. Burda war halt unendlich.« Schweizer ist zwei Jahre älter als sein neuer Auftraggeber und muss fieberhaft nach einer Lücke im neuen Konzern-Konstrukt suchen, die Hubert Burdas Hals aus der juristischen Schlinge rettet, bevor die sich zuzieht.

Der »Schwarze Peter«

In der Branche geht das Gerücht um, die Brüder hätten Boenisch »dem Hubert vor die Nase gesetzt«. Gleichzeitig hat der aber Boenisch ins Haus geholt. Auf Druck des Vaters. Weshalb er wiederum behauptet, er habe Boenisch nicht geholt. Burda-Antagonismen. Gepaart mit einem Lächeln. Aber Vorsicht. Hinter der Maske des Lächelns steckt ein gerissener Taktiker, der seine Methoden mit den Jahren verfeinert. »Wenn er mich nicht geholt hat, dann hat er es zumindest perfekt inszeniert, denn ich habe nur mit ihm verhandelt«, sagt Boenisch. »Aber ich wusste auch, dass mich der Vater schätzt. Er hat mich eindringlich gebeten, für Frieden unter seinen Söhnen zu sorgen.« Für den Vater geht mit Boenischs Einstieg ein Traum in Erfüllung. Schon seit den siebziger Jahren war der sein Wunschkandidat. In der Presse kursiert das Schlagwort vom »Retter«.

Während der Senator noch träumt, kommt es zwischen Hubert Burda und Peter Boenisch schnell zum Bruch. Im Zuge einer journalistischen Auseinandersetzung fragt Burda im Zorn, sich der Antwort natürlich sicher, seinen Redaktionsdirektor: »Wer hat denn hier das Sagen, ich oder du?« Boenisch antwortet mit dem vollen Timbre seiner Herrenreiterstimme – »Ich.« Damit hat der Anwärter auf die Burda-Macht nicht gerechnet. Der 59-jährige Boenisch, schon unter Axel Springer daran gewöhnt, selbstständig zu entscheiden, kann den Jüngeren nicht als journalistische Autorität anerkennen. »Bei aller Wertschätzung für den Hubert. Ich habe ihn damals schon für den tüchtigsten unter den jüngeren deutschen Verlegern gehalten, den begabtesten und auch den einfühlsamsten. Aber im Vergleich zu Springer war er eine halbe Portion.« Boenisch wie später auch Günter Prinz haben Burda verachtet, glaubt hingegen Anwalt Schweizer. »Kaum einer hat in seinem Leben so viel Verachtung genossen wie Dr. Burda.«

Pepe Boenisch ist, wie vertraglich festgelegt, »allein verantwortlich, allein zeichnungsberechtigt, allein zuständig für die Wahrung der grundsätzlichen journalistischen Belange und umfassend bevollmächtigt zur Regelung aller organisatorischen, sachlichen und personellen Belange«. War es da verwunderlich, dass das Gerücht, Burda sei entmachtet, nicht aus der Welt zu schaffen ist? Schon das Ondit empfindet er als ehrverletzend. Aber er weiß: Er ist de facto entmachtet. Weiß auch: Er muss Boenisch loswerden. Aber wie? Die Brüder mussten darüber gemeinsam entscheiden. Und Franz und Frieder stehen hinter Boenisch. Weil Hubert Burda den großen Feldzug nicht führen kann, verlegt er sich auf den Partisanenkampf. Im Gegensatz zu den Brüdern versteht er sich darauf.

Am 24. Oktober 1986 schreibt er mit dem Vermerk »persönlich/streng vertraulich«, mit Kopie an die Herren Franz und Frieder Burda: »Lieber Peter, das September-Ergebnis liegt vor und zeigt einen Verlust von 5,7 Mio. DM bei *Bunte*. Im letzten Jahr hatte ich einen Gewinn von 10,3 Mio DM erwirtschaftet. Dabei hat das Heft 41 wiederum zum dritten Mal in diesem Jahr die 300 000-Grenze unterschritten. Bitte unterbreite Deine Vorschläge, wie wir die Ergebnissituation bei *Bunte* verbessern können [...]. Mit freundlichen Grüßen Hubert.«

»Lieber Hubert«, schießt der »Schwarze Peter« erst fünf Tage später zurück, »Leider müssen wir uns nach wie vor mit dem Vorurteil herumschlagen, dass *Bunte* ein ›Blatt für alte Frauen‹ ist. Schließlich und endlich haben die Werber erkannt, was Du einmal ebenso lapidar wie richtig in dem Satz zusammengefasst hast: ›Die Illustrierten sind zu teuer geworden.‹ Hätte ich gewusst, wie schwindsüchtig unsere Auflage tatsächlich war, wie angeschlagen unsere Anzeigenposition ist, wie unzureichend die Werbeansätze und wie lückenhaft die Redaktion, dann hätte ich mehr als 10 Millionen Sonderinvestitionen beantragt. [...]. Mit freundlichen Grüßen Peter.«

Die freundlichen Grüße zwischen dem sechsten Stock, wo Boenisch sein Büro hat, und dem siebten, dem Sitz des Jungfürsten, werden wie atomare Sprengkörper hin- und hergetragen. Eine klassische Hausmitteilungsfehde ist im Gange, in der die Geschosse täglich schärfer werden. Der Ältere und Erfahrenere im Zeitungsgeschäft denkt nicht daran, einzulenken. »Ich habe meine Zukunft nicht bei Burda gesehen«, gibt er unumwunden zu und sagt, was alle ehemaligen Führungskräfte des Berliner Presselords sagen: »Ich war im Herzen ein Springer-Mann. Ich konnte mir eine Zugehörigkeit zu einem anderen Verlag gar nicht richtig vorstellen.« Hat Hubert Burda damals erkannt, dass Springer und Burda zwei völlig unterschiedliche Häuser mit ganz anderem Führungsstil sind. Lernt er daraus?

In drei Jahrzehnten an der Seite ihres Verlegers hat Ruth Gudlat nur zweimal geweint. Das erste Mal in der Ära Boenisch. Frau Gudlat, von Offenburg mit nach München umgezogen, ist *die* Instanz in der siebten Etage. Die treue und unerbittliche Zerbera von Hubert Burda, die absolut Zuverlässige, die duldende Dienerin, die hoch qualifizierte Chefsekretärin, die Verschwiegene, die gute und die strenge Mutter, sein Alter Ego, seine ganz persönliche Managerin. Niemand kommt an ihr vorbei, niemand kümmert sich so aufopfernd um sein Wohl. Wenn der Verleger nachts nicht schlafen kann, gehört sie zu denjenigen, die er dann anruft. Immer ist ihr höchstes Anliegen, ihren Verleger zu beschützen. Und er versteht sich bestens darauf, bei anderen diesen Instinkt hervorzurufen.

Ruth Gudlat, Jahrgang 1951, gehört zu jenen schmalen Menschen, die kampftüchtig sind, zäh und endlos einsatzbereit. Im Einstecken so versiert wie im Austeilen. Als sie als junge Frau zu Burda kommt, ist ihr hübsches Gesicht von zarter Weiblichkeit gezeichnet. Aber im Laufe der Jahrzehnte hat sich die Patina der Härte darüber gelegt. Erst recht, nachdem ihr Mann, Jürgen Gudlat, der ebenfalls bei Burda arbeitet, völlig überraschend an einem Herzinfarkt stirbt. Jetzt wird sie noch schmaler. Doch unverändert kann jeder an Ruth Gudlats Verhalten seinen momentanen Beliebtheitsgrad beim Verlegerfürsten ablesen. Alle wissen das. Ist »die Gudlat« freundlich, steht man in der Achtung, ist sie unwirsch, ist Vorsicht geboten. Ohnehin hält sich der Hofstaat an die strenge Regel: Gehe nie zum Fürsten, wenn du nicht gerufen wirst.

Aber an jenem Tag im Sommer 1986, als der Verleger von unterwegs anruft, ist »die Gudlat« hinterher am Ende. Es geht in dem Telefonat um die aktuelle Media-Analyse (MA), die der ehemalige Chefredakteur in einer Kolumne kommentieren möchte. Wann ist Redaktionsschluss? Boenisch sagt, der ist schon verstrichen. Da rastet der Verleger aus. Wie dünn muss sein Nervenkostüm nach dem bereits monatelang währenden Gezerre sein? Ohne Punkt und Komma beschimpft er seine treue Verbündete. Hubert Burda wird dabei nicht laut, nur unerhört ausfallend. Ordinär. Irgendwann legt sie einfach auf. Weint. Weint den restlichen Tag und auch die ganze Nacht.

Das Verhältnis der Brüder wird immer unerträglicher. Entscheidungen, die im vollzähligen Entscheidungsgremium, dem Eigentümer- plus Geschäftsführerkreis Boenisch, Spraul und Warth getroffen werden, kippen, sobald sich anschließend die Brüder allein zusammensetzen. Die Entscheidung über die Beteiligung an Sat.1 zum Beispiel. Am Vormittag wird einstimmig beschlossen: Burda bleibt im Fernsehgeschäft. Nachmittags, nach der Brüderrunde, ist alles obsolet. Nun gilt als beschlossen, dass Burda aussteigt. »Da ich wusste, dass Hubert dabeibleiben wollte, kann ich mir ja denken, wie das gelaufen ist«, sagt Boenisch und zieht die Augenbrauen hoch. »Sat.1, das war der einzige Punkt, in dem sich Hubert und Boenisch mal einig waren«, weiß Warth, »viele Entscheidungen sind 5:1 ausgegangen.« »Ihr seid ja Drittelverleger«, hören die Leitenden im Burda Verlag den ehemaligen Springer-Mann höhnen. Zwischenzeitlich wird der Senator zunehmend schwächer.

Die letzte Reise des Senators

Schon lange hat sich Hubert Burda mit der Stunde X befasst. Als am 2. April 1974 in Paris der französische Präsident Pompidou stirbt, sagt er zu seinem Stabschef Ernst Tachler: »Es gibt keinen Nachfolger. Das darf uns bei Burda nicht passieren.« Tachler muss umgehend

Der letzte Besuch des Senators im Münchner Verlagshaus in der Arabellastraße im Büro seines Sohnes. Mit Norbert Sakowski (l.) und seinem
Wunschkandidaten Peter Boenisch (r.) am 23.1.1986.

eine »Studie« ausarbeiten für den Fall der Fälle; darin wird die Rolle
jedes Bruders analysiert und auch die von Mutter Aenne. Als Hubert Burda die Familienexegese, das »Pompidou-Papier« gelesen hat,
kommt es unter Verschluss. Höchste Geheimhaltungsstufe. Niemand
sonst aus dem Burdaclan weiß davon.

Am 23. Januar 1986 besucht der Senator noch einmal die Münchner Verlagszentrale in der Arabellastraße. So abgemagert ist er, dass
ihm die markanten Backenknochen und die großen Augenhöhlen die
Wehmut eines traurig-heiteren Zirkusclowns verleihen. *Der Mensch
erfährt, er sei auch, wer er mag / Ein letztes Glück und einen letzten
Tag.* Der Senator braucht jetzt seinen Goethe nicht mehr zu zitieren.
Er steht ihm ins Gesicht geschrieben.

Der große alte Mann wird mit allen diplomatischen Ehren des
Hauses empfangen, mit aller Herzlichkeit, zu der die zerstrittene
Bunte-Leitung fähig ist. Gestützt von Boenisch und Sohn Hubert, es-
kortiert von Ziehsohn Strobach. In der »Zirbelstube« gruppieren sich

um ihn herum Burda und Boenisch, jeder auf einem Ende des Weißen Sofas. Die Vize-Chefredakteure Dietl-Wichmann und Sakowski, ebenfalls verfeindet, tapfer lächelnd auf Empire-Stühlen. Strobach im Freischwinger. Die Sitzmöbel passen so wenig zusammen wie die Menschen, die darauf platziert sind.

Die üblichen Münchner Rituale werden zelebriert: Weißwurstessen und »Schnitt« trinken im Franziskaner, in der angestammten Lieblingsecke des Senators. Herrenschneider Harry kommt vorbei, Mick Flick und sogar Franz junior junior. Liebevoll busselt er den Großvater. Der Jüngste in der Franzenskette hat schon eigene Verlegerträume, obwohl er – »Ich bin schließlich ein Burda« – nichts vom Arbeiten hält. Später einmal wird er seinem Vater verbittert vorwerfen: »Du hast mein Erbe vertan.«

Am Faschingsdonnerstag, kurz nach seinem 83. Geburtstag, feiert der alte Burda den »Schmutzigen« im Offenburger Narrenkeller. »Beim Abschied hat er ganz traurig gewunken, als hätte er genau gewusst, dass er zum letzten Mal hier ist.« Im April lässt er sich vom Geschäftsführer des Sohnes Franz, Gerd Spraul, in die Druckerei nach Darmstadt fahren. Nach und nach besichtigt er sein Lebenswerk, überall stehen seine Leute auf und zollen ihm Anerkennung. Fröstelnd vor Respekt und dem Blick in das Angesicht des Todes. Der Senator wäre nicht mehr er selbst, hätte er nicht auch noch die langjährige Geliebte Hill-H. »Das war außer seinem Sohn Hubert die Einzige, die ihn wirklich aufopfernd gepflegt hat«, sagt Edith Viertel, die ihr eigenes Leben in des Senators Dienst gestellt hat. Regelmäßig fährt sie mit ihm in die Kliniken nach Wien und Graz.

Der gebrechliche Patriarch kommt trotz Krankheit jeden Tag in sein Büro. »Das war sein Zuhause.« Frau Viertel liest ihm vor, schreibt Briefe an die Nebenfrau. »Ich hab's halt geschrieben und hinterher weggeworfen.« Ihre wichtigste Aufgabe aber ist: ihrem Dr. Franz Burda seine Tabletten zurechtzulegen. Eines Morgens, Anfang September, kommt »der Chef« nicht mehr. Niemand gibt ihr Bescheid, bis sie Franz trifft, der zu ihr sagt, »meinen Vater, den sehen Sie nicht mehr lebend«. Es ist jeden Tag dieselbe entsetzliche Leere, die sie in ihrem Büro empfängt. Drei Wochen lang. Am 30. September dann – der Anruf.

Derweil bietet sich in der Familienvilla der Burdas in der Schanzstraße ein ungewohntes Bild. Christa Maar, die geschiedene Frau
von Hubert Burda, sitzt am Bett des Patriarchen. Die einst verhasste
Schwiegertochter kümmert sich um ihn. Auch mit der Kamera begleitet die passionierte Fotografin die Vergänglichkeit des Franz Burda.

Sohn Hubert verpuppt sich derweil in einem Kokon aus mys-
tischem Zwirn. Goethes Metapher von Kette und Schuss, die Fäden,
aus denen das Schicksal gewoben wird, lässt ihn nicht mehr los,
während er des Nachts beim Vater liegt, ihn fest im Arm hält. Wie
würde sein Lebensteppich weiter gewirkt werden, wenn der Vater
nicht mehr ist? Wie alle Sterbenden sieht der seinen Lebensfilm noch
einmal ablaufen. Die Härte, die Süße, den Hunger der Kindheit, den
Krieg, den Aufstieg und die Pracht, die Köstlichkeit des Erfolgs, die
Sattheit der fetten Jahre, immer getrieben von der Suche nach Liebe,
Liebe, Liebe. Der Sohn indes sieht andere Bilder: den 9-Jährigen,
der zur Weihnachtsfeier im Betrieb das Gedicht aufsagen sollte, *Von
drauß' vom Walde komm ich her ...*, und vor lauter Nervosität stecken bleibt. Hört das Lachen der Erwachsenen, schluckt am bitteren
Schaum des Versagens. Erinnert sich an die Angst, als er als junger
Verleger seine erste Rede vor ein paar Tausend Mitarbeitern der großen Betriebsversammlung halten muss. Immer soll und will er den
Vater beeindrucken. Auch an dessen 65., an dem er für ihn sogar auf
dem Esel reitet.

Erst auf dem Sterbebett bietet Franz Burda dem Sohn ein Bild,
das er sich und anderen ein Leben lang verwehrte. Er zeigt Schwäche. Mit diesem Bild findet der Sohn den Weg zur Aussöhnung mit
dem Vater, der ihn so oft und so unendlich gedemütigt hat. Während sich für Franz Burda die Pforte zum Reich der Toten öffnet,
sterben im Sohn die Wut und der tief vergrabene Hass. Die Schwäche des Vaters gibt ihm endlich die Chance, stark zu werden. Als
sein Kokon abfällt, hat sich der Jungverleger vom Joch des ewigen
Sohnes befreit.

Immer noch bewahrt er die Polaroids von sich und dem sterbenden
Vater; und in seinem Gedächtnis lebt der Tote, den er jahrelang,
Samstagmorgen für Samstagmorgen auf die Leinwand malt. Eine li-
turgische Handlung? Die Metamorphose der Befreiung regelmäßig

aufs Neue wachrufend? »Plötzlich hat er sich mit dem Vater, dem Aggressor identifiziert«, stellt Peter Hamm erstaunt fest.

Auf Wunsch von Aenne Burda betritt Herbert Warth das Sterbezimmer. »Ich weiß nicht, warum sie das wollte, es war so intim und so intensiv, dass ich erschauderte. Hubert war völlig weggetreten. Er saß am Bett des Senators, der nicht mehr bei Bewusstsein war, und hielt ihm die Hand. Verstandesmäßig konnte ich das nicht erfassen, aber ich habe gefühlt, wie er in dem Vater aufging.« In all den Jahren hatte Hubert Burda mit Warth Bilanzen lesen gelernt und immer wieder über Nathan den Weisen und die Stabsübergabe gesprochen. In diesen Wochen, Tagen und Stunden des Sterbens hat er den Stab an sich genommen.

Am 30. September 1986, einem Dienstagmorgen gegen fünf, hört Hubert Burda im Nebenraum den Todesseufzer. Oder spürt er ihn nur? Er hatte sich vom Vater verabschiedet und dem Ältesten Platz gemacht. Wie sich das gehört bei Bauern wie bei Fürsten. Franz verkündet der Familie, den Druckern, allen im Betrieb die Nachricht vom Ableben des Vaters. Er sieht sich als den neuen Wortführer des Burdaclans. Ein Jahr genau nach Axel Springer ist der Senator gestorben, und Hubert Burda fühlt sich als verlegerischer Erbe von beiden berufen.

»Der große Burda tot«, titelt anderntags die *Bild*. Ganz Burdaland ist in tiefer Trauer. Der Übervater fehlt. Der Mann, der für Zusammenhalt und Kontinuität stand. Natürlich ist bekannt, dass die Nachfolge längst geregelt ist, aber die Burdianer spüren, dass nun nichts mehr sein wird, wie es einmal war. »Es zieht sich durch die Firma ein sehr trauerndes Gefühl«, spricht ein Drucker, die trockenen Tränen schluckend, einem Radioreporter vom Südwestfunk ins Mikrofon.

»Die Welt ist ärmer geworden«, schreibt Friede Springer. »Er hat Enormes geleistet, ohne je seine Menschlichkeit zu verlieren«, Rudolf Augstein. Und Henri Nannen schickt dem Verstorbenen das größte Kompliment hinterher, das er zu vergeben hat: »Er war nicht nur ein großer Verleger, er war auch ein großer Journalist.« Und natürlich fehlt auch eine bestürzte Mireille Mathieu nicht: »Je suis absolument bouleversée, j´ai le sentiment de perdre un second papa.« Nicht nur sie hat das Gefühl, einen zweiten Vater verloren zu haben.

Am Tag der Beerdigung, am 6. Oktober, stehen 3 500 Burdianer Spalier, halten rote, gelbe, weiße Rosen in der Hand, als sich des Senators letzter Wunsch erfüllt und er – in der Totenlade auf dem Pickup – noch einmal durch das Werksgelände gefahren wird. Auf seinem Eichensarg ein feuriger Berg aus roten Rosen, durchzogen von zartweißen Orchideen. Im kilometerlangen Konvoi der schwarzen Mercedeslimousinen, die dem Toten folgen, fährt auch Hubert Burda mit. An seiner Seite Kristina Göhner, die Lebensgefährtin seit zehn Jahren. Später sagt sie: »Mit dem Tod des Vaters hat Hubert sich völlig verändert, auch körperlich. Fortan ging es nur noch darum: *Burda sein*.«

Der Bayerische Staatsopernchor singt aus Mozarts *Requiem aeternum*, begleitet vom Bayerischen Staatsorchester, das dem letzten Geleit des Provinzfürsten und leidenschaftlichen Musikliebhabers großstädtische Aura beigibt. Dem Chopinschen Trauermarsch der Offenburger Stadtkapelle; Franz Schuberts »Heilig« der Betriebskapelle und dem dramatischen Trommelwirbel der Offenburger Feuerwehr.

Ins Requiem in der Heilig-Kreuz-Kirche dürfen nur geladene Gäste. Das Gotteshaus ist überfüllt. In der ersten Reihe unterm schwarzen Schleier Aenne, auch in ihrer Trauer berückend schön, 77 Jahre alt und noch voller Schaffenskraft. Es ist womöglich die einzige Situation ihres Lebens, in der sie mit einem Hauch von Demut ihr herrisches Haupt zur Seite neigt. Zu ihrer Linken der Älteste, Franz. Rechts von ihr Frieder und Hubert; die Enkelkinder Felix, Cathrin, Franz. Dahinter die (Ex-)Schwiegertöchter, dann Grundig, Flick, Tamm, Ferenczy, Späth, Scheel, Schmeling. »Die Prominenten wurden ja abgeliefert wie Brötchen«, sagt der Freund Peter Kammerer. »Mit jedem vorfahrenden Mercedes eine neue Tüte voll.« Entertainment, Medien, Politik – keine Branche, die nicht ihre Vertreter schickt. Eine Totenmesse, wie sie sich der Senator nicht gelungener hätte inszenieren können. All die attraktiven Frauen in Schwarz mit weißen Perlencolliers, eleganten Hüten, zarten Spitzen verleihen der Feier glamourösen Trauertau. Und wie in einem Courths-Mahler-Roman muss ein tränendes Herz der Zeremonie fern bleiben, die Nebenfrau Hill-H.

Über all der Aufregung mit den hohen Gästen passiert eine Panne. Die Burdasche Trauergemeinde vergisst, dem Pfarrer für den Weg zum Grab einen Platz in einer der Karossen anzubieten. Der ist verzweifelt. Die ganze Stadt ist abgesperrt, an ein Taxi nicht zu denken. Wie soll er die vier Kilometer bis nach Weingarten zum Gottesacker kommen? Dort herrscht schon peinliches Schweigen. »Wenn der jetzt nicht kommt, dann machen wir's allein«, spricht schließlich Aenne, die zu ihrer Resolutheit zurückfindet, ein Machtwort. Aber in letzter Minute keucht Pfarrer Eberwein heran. Der Jugendfreund des Senators ist per Anhalter zur Bestattung gefahren. Hubert Burda hat nun die Haare nach hinten gekämmt wie der Vater. Betrachtet noch einmal die Grabstätte, die der Senator unbedingt haben wollte, ganz vorn im zentralen Eingangsbereich. »Engele, wenn wir dort liege«, hat er seine Frau beschworen, »dann seh'n uns alle.« Dieses Argument gefällt »Engele«. Noch im Tod an der Eitelkeit der Welt hängen. In Ewigkeit Amen.

2004: »Das war wieder typisch für ihn«, sagt der Verleger bewundernd und gleichermaßen genervt, »dass der Vater sein Grab am Marktplatz hinstellen musste.« Legt der Sohn dem Vater dann und wann einen *Focus* auf die letzte Ruhestätte? »Gewiss nicht. Er hätte nicht gewollt, dass Burda ein politisches Magazin macht.«

Aber Hubert Burda, der Verleger, der in Bildern und Gleichnissen denkt, besucht 1990 mit Helmut Markwort das Grab des Vaters, bevor die beiden sich ein zweites Mal zusammentun. Immer noch hat der Sohn die Worte des Vaters im Ohr: »Der kommt mir nie mehr ins Haus. Nur über meine Leiche« und bittet nun auf seine Art um Versöhnung und seinen Segen. »Wir hatten das Gefühl, dass der Vater uns von Wolke sieben aus gerne zusammen sieht«, schreibt Markwort in seinem Beitrag zum 60. des Verlegers. Markwort hat die symbolische Handlung umgehend verstanden.

Kapitel 18

Bruderkrieg und Realteilung

»Wenn ihr euch nach meinem Tod streitet, dann zündet die Bude doch gleich an.« So mahnt der Vater zu Lebzeiten immer wieder zum Frieden unter den Söhnen. Nicht von ungefähr. Er weiß um den Zwist, den Neid, die Eifersucht. Fühlt er sich wie der Vater in der Fabel des *Dekameron*: *In einer Familie ist seit Generationen dem jeweils ältesten Sohn ein Ring vererbt worden, der die Gabe hatte, vor Gott und den Menschen angenehm zu machen. Nun hatte ein Vater drei Söhne, und, bekümmert, dass nur der Älteste den Ring erben sollte, ließ er noch zwei weitere Ringe anfertigen und hinterließ jedem Sohn einen Ring als den echten. Die Söhne gerieten in Streit, sie gingen vor den Richter. Dieser erklärte sich außerstande, den echten Ring herauszufinden; doch: der echte Ring habe eine wundertätige Kraft; an ihr sollten die Söhne den echten Ring erkennen.*[*]

Um solche Echtheit zu erfassen, braucht es Fantasie und den Glauben an mystische Kräfte. Über beides verfügt Hubert Burda im Überfluss. Aber das genetische Erbe von Franz, dem Kronprinzen durch Ältestenrecht, kommt nach Mutter Aennes Lemminger-Seite. Er ist ein Mann der Ratio. Seine Nüchternheit ertränkt er wohl von Zeit zu Zeit im Alkohol. Doch niemals würde ihm dabei ein wegweisender Derwisch erscheinen, eher ein Heer von Pin-up-Girls.

»Auch von Büchern kann man einen Rausch bekommen«, steht 1969 in der Nummer 12, Seite 178 von Hubert Burdas *m*. Hier wird ein Buch besprochen, dessen Verfilmung den jungen Burda, der vieles kann, aber »nichts länger als 20 Minuten«, tatsächlich dazu bringt, einen ganzen Film durchzusitzen, Mario Puzos *Der Pate*: »Das Motto

---

[*] Zitiert nach Gero von Wilpert: *Lexikon der Weltliteratur*.

Franz Burda III. Sollte er wirklich die Burdaherrschaft übernehmen, wie die Offenburger glauben?

stammt von Balzac: Hinter jedem großen Vermögen steht ein Verbrechen. Der Roman führt in eine der mächtigen Familien der Mafia New Yorks ein. Absoluter Herrscher ist Don Corleone: Er verlangt unbedingte Gefolgschaftstreue. Welcher seiner Söhne wird Nachfolger? Es gelingt dem Jüngsten erst, nachdem er sich zum steinharten ›Helden‹ entwickelt hat.« Immer wieder will der jüngste Burda diesen Film sehen. Als Gay Taleses Mafiaklassiker *Ehre Deinen Vater* erscheint, verschlingt er auch den.

Wie wird Hubert an die Burda-Macht kommen, die immer ein Franz innehatte? Er bestreitet, auch nur die geringste usurpatorische Absicht gehabt zu haben. Aber im Herbst 1986, nach dem Tod des Vaters, gibt es nur eine Alternative: kämpfen oder untergehen. Sagt er.

Ihm gehört wohl ein Drittel aller Burda-Unternehmen: des Burda Verlags, des Springer-Anteils, der deutschen und internationalen Druckereien, der Industrie-Beteiligungen, der Speditionen, der Immobilien. Gleichzeitig ist er in ein juristisches Korsett eingezwängt, das ihm die Luft nimmt. Auf der einen Seite die F&F-Brüder, auf der anderen Seite er; und nirgendwo auch nur die geringste Aussicht, dass die Fronten aufbrechen könnten. Ihm kann niemand sein Erbteil streitig machen, aber wenn er keine Gestaltungsmöglichkeit hatte, was wäre sein Erbe dann wert, außer einem Haufen Geld? Den Traum vom Verleger müsste er für immer beerdigen. Daran würde er zerbrechen! Entspringt der nun folgende Blitzkrieg also nicht der Angriffslust, sondern reiner Verzweiflung?

Unversehens wird sein Kampf gegen Boenisch auch zur Schlacht: Burda gegen Burda. Die Situation ist immer noch wie gehabt. Hubert Burda will Boenisch entlassen. Franz und Frieder wollen ihn halten. Wer hat das letzte Wort? Die Mehrheit der Geschäftsführer und der Geschäftsführenden Gesellschafter-Konferenz (GGK), sagt das juristische Konstrukt. Er steht also wie immer ganz allein da: fünf gegen einen. So kann er nichts ausrichten!

Wieder einmal versucht er, die Mutter auf seine Seite zu ziehen, und Boenisch erweist ihm dabei ungewollt einen riesigen Gefallen. Während der Vater noch in der Totenkapelle liegt, tanzt Boenisch auf dem Oktoberfest auf den Bänken, hinterbringt er ihr. So steht es zumindest in der *Abendzeitung*. Aber Vertraute Hubert Burdas behaupten, er habe daran mitgewirkt. Boenisch erläutert die Umstände, auch in einem Brief an Burda, so:»Wir saßen am Tisch mit Gauweiler und sollten aus Protest gegen irgendetwas aufstehen. Da habe ich mich mit auf die Bank gestellt. Ich kann doch nicht sitzen bleiben wegen Trauerfall.« Hat sein Taktgefühl schon im Vorfeld versagt? Hätte Boenisch es gewagt, ins größte Festzelt der Welt zu ziehen, während Axel Springer auf der Totenbahre lag?

Einige Tage danach erreicht Boenisch ein Brief von Aenne Burda, der»Zur Kenntnis« auch an Hubert Burda geht. Warum nicht ebenso an Franz und Frieder? »Lieber Herr Boenisch«, schreibt die mächtige Clan-Mutter,»es drängt mich, etwas von der Seele zu bekommen, was mich drückt. Die Veröffentlichung in der *AZ* vom 3. Oktober hat nicht nur uns, die Familie, sondern viele Menschen, die sich gerade in diesen Trauertagen mit uns verbunden fühlten, zutiefst getroffen. (Zitat) ›da tanzte Herr Boenisch bei Bier und Blasmusi auf allen Bänken.‹ Bei dieser Gelegenheit möchte ich Ihnen auch sagen, wie armselig die Veröffentlichungen in der *Bunten* über den Tod meines Mannes waren, insbesondere ihr Leitartikel. In seinem Lebenswerk, in seiner geliebten *Bunten* hat man ihm nur armselige 8 Seiten als Nachruf gegeben. [...]. Sie haben die *Bunte*-Leser enttäuscht und das wird man der *Bunten* nachtragen. Mit freundlichen Grüßen Aenne Burda.« Wieder wirft sich die Mutter wie eine Löwin vor ihren Jüngsten.

Trotzdem sinkt Hubert Burdas Selbstbewusstsein langsam gegen null. Er hätte sich damals mit so wenig zufrieden gegeben, das kann man sich heute gar nicht mehr vorstellen. Mit *PAN*, das war ihm ein wichtiges Objekt, und *Ambiente*. Es ging ihm nur darum, überhaupt Verleger zu sein. So wissen es noch einige wenige. Es sind dieselben, die ihn in absoluter Nibelungentreue unterstützen und aufbauen. Der Verleger in spe ist über Wochen und Monate dem Zusammenbruch nah. Der Verleger heute meint:»1986 war vielleicht das härteste Jahr.« Der Kreis derer, denen Hubert Burda vertraut, ist klein. Robert Schweizer, Ernst Tachler, Ruth Gudlat natürlich. Einem besonders, der in München nie in Erscheinung tritt: Jugendfreund Jürgen Todenhöfer. Die Telefonleitung zu ihm wird zum Infusionsschlauch für Burdas Selbstbewusstsein.

Todenhöfer ist mit den familiären Problemen seines Freundes bestens vertraut. Er kennt die Mutter, kannte den Vater und weiß natürlich um die Beschaffenheit der Brüder. Burda und Todenhöfer sind Brüder im Geiste. Als Zehnjährige haben sie sich in ihre Blutrunen geschworen, einander niemals zu verraten. Schon früh riecht und schätzt der eine den Machtinstinkt des anderen. Als junge Männer werfen sie, mit dem wissenden Lächeln der Eingeweihten, Nietzsche-Zitate hin und her. Der Philosoph, der sich über die Sklavenmoral des Christentums und das verlogene Bürgertum erboste, seine Vorliebe für das antike Drama, all das fasziniert die beiden Freunde. Plötzlich aber spielt sich das Drama im wahren Leben ab. Was sprach Zarathustra nun: Wird auf der Bühne der Burda-Erben gerade ein Brudermord inszeniert? Wie weit jenseits von Gut und Böse waren sie bereits angelangt?

Noch ehe der Vater starb, hatte Burda mit Todenhöfer verabredet, dass er sein Generalbevollmächtigter wird. Aber unter den neuen Umständen geht es nur noch um die Frage: Wie überleben? Als Jürgen Todenhöfer seinem Freund zum 50. Geburtstag 1990 schreibt, »Nietzsche hätte wahrscheinlich gesagt, Du seist ein dionysischer Mensch, der das Leben rechtfertigt selbst in seinem Furchtbarsten, Zweideutigsten und Lügenhaftesten«, hat er da an das Todes- und Verwandlungsjahr 1986 gedacht?

Hubert Burda geht in diesen Herbstwochen 1986 wieder oft um den Kleinhesseloher See. Die nachhaltigeren Gedanken entstehen beim Gehen, davon ist er überzeugt. In seiner Begleitung der »Dramaturg meines Lebens« und »der Chiropraktiker meiner Seele«. Seine Sparringspartner Bazon Brock und Jens Corssen.

Und dann findet sich auch des Pudels Kern! Robert Schweizer, Anwalt und Berater, hat zwischenzeitlich die Nächte über den neuen und alten Unternehmensverträgen gebrütet und das Sesam-öffne-dich im juristischen Verlies des Verlegers entdeckt. Für ihn ist es der Heilige Gral. Für den Laien klingt es ernüchternd und allzu fraglich: Kann es sein, dass am Anfang der großen Verlegerkarriere eines Mannes, der die Dichter liebt und die Maler, die alles entscheidende Formel lautet: § 10 Absatz 2? »Er ist der Schlüssel«, wiederholt Robert Schweizer und weiß, von 1 000 Anwälten hätte ihn höchstens einer gefunden.

»Weil Schweizer das gelungen ist«, erläutert der Verleger, der sich für Juristerei nicht erwärmen kann, »kam er in den Vorstand.« Er ist seit 1995 assoziiertes Vorstandsmitglied, kann somit an allen Vorstandssitzungen teilnehmen und gleichzeitig Rechtsvertreter von Burda sein. Wieder eine dieser Cleverle-Konstruktionen. In seiner Kanzlei beschäftigt Schweizer jetzt 15 Anwälte, fünf allein für die juristische Maschinerie der Hubert Burda Media.

Er ist auch Honorarprofessor für Rechtssoziologie an der Münchner Ludwig-Maximilians-Universität. Als Autor ist ihm *Die Entdeckung der pluralistischen Wirklichkeit* zu verdanken, die Kanzler Schröder in einer Springer-Zeitung als seine Lieblingslektüre nannte.

Worin also liegt das zauberhafte Wesen des § 10? Schweizer erläutert: »Das Weisungsrecht der Gesellschafterversammlung greift gegenüber dem Geschäftsführer nicht, wenn einem geschäftsführenden Hauptgesellschafter besondere Rechte zur Geschäftsführung eingeräumt worden sind. Genau diese verhältnismäßig unbekannte Ausnahme liegt hier vor.« Zu Deutsch: Neuordnung hin oder her – Hubert Burda, der schon vor der juristischen Trickserei Geschäftsführer war, hat für seinen Verlagsbereich weiterhin das Sagen!

»Es liegt einzig an mir, Boenisch zu halten oder zu entlassen«, teilt er auf seine ruhige Art Bruder Franz mit. Es ist Anfang Dezember 1986. Sie fliegen im Burda-Firmenjet von München nach Baden-Baden. Dort ist mittlerweile ein weiterer Verwaltungssitz eingerichtet, weil man im kleinen Offenburg nichts geheim halten kann. »Frag den Warth, der Schweizer hat ihm alles schon genau auseinanderklamüsert.«

Franz wird stutzig über den selbstsicheren Auftritt des Jüngsten, den er gelegentlich immer noch »den Studenten« nennt. Er fragt den »Consigliere«: »Stimmt das?« Der nickt. Die Kündigung von Boenisch steht jetzt außer Frage. Am Nikolaustag 1986 dann die Schlagzeile in *Bild*: »Trennung Burda/Boenisch mit goldenem Handschlag.«

»Rein juristisch hätten die älteren Brüder den Jüngsten weiterhin durch Mehrheitsbeschlüsse bändigen können, mittels der Finanzpolitik etwa«, hält Warth dagegen. »Aber sie haben einfach nicht mehr daran geglaubt, dass sie gemeinsam mit Hubert das Unternehmen führen können.« Was nun? Am Fall Boenisch hat sich wieder einmal das grundlegende Dilemma der Brüder gezeigt: Sie blockieren sich gegenseitig.

Wie jedes Jahr ist der Monat Dezember der gefährlichste im Familienleben der Burdas. Die Bambi-Verleihung ist gerade abgefeiert. Ausgekostet einmal mehr Erfolg und Ansehen, der Glanz und das Bild, das die Burdas der Öffentlichkeit präsentieren. Nun geht es auf Weihnachten zu, und da bricht regelmäßig eine Krise aus. »Immer wurden vor Weihnachten die ganz großen Entscheidungen getroffen«, weiß nicht nur Warth, »das hat uns manchen Urlaub gekostet.«

War der 24. Dezember erst einmal da, fuhr der Senator mit Sohn Hubert und Enkel Felix nach Colmar, um den Isenheimer Altar zu bestaunen. Aenne schmückte inzwischen den Baum, und abends traf man sich nebenan im Herrenhaus von Franz junior zum Weihnachtsgansessen.

Im Dezember 1986 steht das erste Fest der Liebe ohne den Senator vor der Tür. Während in Offenburg und der ganzen schönen Ortenau noch laue Temperaturen herrschen, ist das Stimmungsbarometer bei den Burdas schon unter den Gefrierpunkt gesunken. »Gleich nach dem Tod des Senators wurde die Unruhe zwischen den Brüdern explosiv.« Mutter Aenne sieht sich nicht in der Lage, ihre Söhne an einen Tisch zu bekommen.

Hier Franz und Frieder, F&F, dort Hubert; dazwischen: blanker Hass. Kain und Abel. Franz schlägt mit der Faust auf den Tisch,

Die drei Brüder als Silkscreen von Andy Warhol, ca. 1975.

hat endgültig genug vom Bruder Versager, für den er den Jüngsten hält. Der Mann der Tat sieht nur noch eine Konsequenz: Notbremse und Schluss! »Man hätte Mittel gehabt, dass F&F sich durchsetzen, aber damit hätte man sich zerfleischt und das Unternehmen kaputtgemacht«, sagt Warth. »Alle waren sich einig, dass sie nicht streiten wollen. Das war eine große Leistung der Brüder. Deshalb sahen sie keine andere Möglichkeit, als: die Trennung.« Kaum ist das väterlich verordnete Tabu gebrochen, gibt es kein Halten mehr.

Hubert Burda erwischt es nicht kalt. Seine Verbündeten suchen schon länger fieberhaft nach einer Lösung. Jens Meyer, der juristisch beschlagene Unternehmenssprecher, der »Außenminister«, hat in den vorangegangenen Wochen verdächtig oft über einem Klassiker der Wirtschaftsliteratur gebrütet: *Realteilung*. Drückt ihn auch »Innenminister« Tachler in die Hand. Sie kennen Burdas Maxime: »Man muss die Front immer nach vorn verlegen.« Sein knappes wie kontinuierliches Motto: »Vorwärts!« Der Rechtsweg, auf dem die Burdas auseinander gehen werden, hat nun einen Namen: Realteilung.

Alle sind völlig verblüfft über die Geschwindigkeit der Ereignisse. Schweizer wie Todenhöfer wie auch Warth. Genauso wie Finanzmann Fritz Burkhardt, dessen Stellvertreter. Weil das ganze Unternehmen in Brüderfraktionen geteilt ist, gehört Burkhardt zum Lager von Frieder. Er beschließt dennoch, beim Verleger zu bleiben. »Hubert musste dankbar sein, dass ihm dieser integere Mann erhalten blieb. Er war jetzt der Einzige, der die Zahlen des Unternehmens kannte«, weiß Warth.

Sonst ist nur noch Wolfgang Scheuer eingeweiht, der Münchner Anwalt der Brüder. Die Aktion Realteilung muss absolut geheim bleiben und soll innerhalb von 14 Tagen vollzogen werden. Der Scheidungstermin wird festgelegt auf Donnerstag, den 18. Dezember 1986 im Verwaltungssitz in Baden-Baden.

Warum ist von vornherein klar, dass sich Frieder Burda mit dem Ältesten zusammentut? Warum nicht mit dem Jüngeren? Warum beschreitet er nicht eigene Wege? »Franz war für ihn der Zuverlässigere von uns beiden«, glaubt Bruder Verleger. »Frieder ist eigenbrötlerisch und labil, er musste geführt werden.« Sagen die, die mit ihm gearbeitet haben, und beeilen sich hinzuzufügen: »Er war menschlich der angenehmste von den drei Brüdern. Franz hingegen war über Jahrzehnte der Zuverlässige.« Ausnahmsweise stimmt Hubert Burdas Sicht mit der des »anderen Lagers« überein.

Am 18. Dezember 1986 ist es so weit. Noch morgens um neun Uhr, als die ungleichen drei auf der Lichtentaler Allee 74 in Baden-Baden eintreffen, weiß keiner, mit welchem Erbteil er in dieser Nacht nach Hause gehen wird. Sagt Hubert Burda. Herbert Warth hat das Medien- und Industriereich, das Senator Burda seinen Söhnen hinterlassen hat, taxiert und aus steuerlichen Gründen eher unter- als übertrieben. Dennoch kommt er auf die gigantische Summe von 2 100 Millionen Mark. Es ist ein unglaublicher Zufall der (Wirtschafts-)Geschichte – schon ein Jahr später wäre es aufgrund veränderter Aktien- und Konjunkturlage nicht mehr möglich gewesen –, dass es in drei gleich große Teile zerlegt werden kann: den Burda Verlag, das so genannte Stammhaus mit den dazugehörigen Druckereien; die Springer-Beteiligung mit einem Wert von über 500 Millionen; die amerikanischen Druckereien, den immensen Industriebesitz, die Immobilien.

Wer sollte und wollte welchen Teil bekommen? Unter wohlwollenden Parteien könnte jeder seinen Wunsch äußern. Aber unter den

Burda-Brüdern musste jeder sein eigentliches Ziel verbergen, aus Angst, der andere werde alles daransetzten, es zu vermasseln. Würden sie losen? Würden sie es mit dem Florett ausfechten oder Pokergesichter aufsetzen und sich gegenseitig nicht in die Karten schauen lassen? Hubert Burda weiß, dass seine Brüder nicht mehr arbeiten wollen; *industria*, der unerbittliche Fleiß des passionierten Unternehmers, wie ihn der Senator hatte und wie er selbst ihn besitzt, ist ihre Sache nicht. Trotzdem, so glaubt er, werden sie ihm den Verlag nicht überlassen. Vaters Acker.

Hat er also wirklich um die Springer-Aktien gerungen, nur um sein Interesse am Burda Verlag, den er um alles in der Welt haben will, zu kaschieren? Todenhöfer hat ihm diese Strategie empfohlen. Franz Burda widerspricht. Er wisse von dieser Forderung nichts. Niemand kann beweisen, was die drei tatsächlich unter sich besprochen haben. Ihre Berater, Rechtsanwalt Scheuer und Herbert Warth hier, Rechtsanwalt Schweizer und Fritz Burkhardt dort, dürfen nicht mit an den Verhandlungstisch. Beide Parteien haben größte Befürchtungen für ihre Schützlinge. In dieser angespannten Lage konnte der Bruderkrieg jeden Augenblick ausbrechen. Die Luft ist zum Schneiden dick. Das Wetter schlecht.

Hubert, Frieder und Franz Burda – was geht in ihnen vor? Denken sie an den Vater? Er hat ihnen sein Lebenswerk anvertraut. Hat in seinem Vermächtnis festgehalten, dass sie es gemeinsam zusammenhalten sollen. In einer eigens einberufenen Zusammenkunft im Foyer des Hochhauses ließ er auch seine Führungskräfte darauf schwören. Er lag noch keine drei Monate in seiner badischen Erde, und schon zerstückelten sie alles mit den scharf gewetzten Messern der Missgunst und Machtgier.

Als gegen Mittag die Tür aufgeht, ist noch alles offen. Aber wenigstens gehen sie wieder zurück an den Verhandlungstisch. Gegen 13 Uhr nieselt es nur noch leicht. Burda, Schweizer und Burkhardt brauchen frische Luft, ehe der Poker in die nächste Runde geht. Am frühen Nachmittag zeichnet sich langsam ab, dass F&F zusammen sämtliche Beteiligungen bekommen werden – alles, was sich schnell zu Barem verflüssigen lässt – und Hubert tatsächlich das Verlagsgeschäft samt den dazugehörigen Druckereien in Offenburg, Darmstadt und Vieux Thann. Es ist unfassbar!!! Er möchte jubeln, darf sich aber nichts anmerken lassen.

Seine Berater drängen jetzt darauf, dass er das Haus schuldenfrei übernimmt. Schließlich bekommt er auch viele Verpflichtungen aufgebürdet: die betriebliche Altersvorsorge, die Verantwortung für über 4 000 Arbeitsplätze. Wieder zeigt sich Burdas Steherqualität. Fritz Burkhardt, sein künftiger Finanz- und Verwaltungschef beobachtet:»Hubert Burda hat gekämpft wie ein Löwe. Er wurde mit jedem Mal besser, weil er merkte, dass die Brüder mürbe wurden.« F&F verzichten auf Ausgleichszahlungen.

Aber Vorsicht. Für Franz ist gleich die Grenze der Zumutbarkeit erreicht. Wie gern hätte Burda in den Verträgen ein Vorkaufsrecht auf das Springer-Paket. Nur für den Fall, dass es eines Tages zum Verkauf feilgeboten würde. Aber das Risiko, dass der Ältere hinschmeißen wird, wenn er noch einen Punkt verhandeln soll, ist zu groß. So steht nur ganz allgemein formuliert unter Punkt 7:»Die Brüder räumen sich gegenseitig für die übernommenen Beteiligungen Vorkaufsrechte ein.« Ein folgenreicher Satz.

Um 14 Uhr schließlich ist die Einigung da. Jetzt machen sich die Berater an die »nur« acht DIN-A4-Seiten umfassende *Grundsatzvereinbarung*. Darin stellen Franz, Frieder und Dr. Hubert Burda, »gemeinsam Brüder genannt«, dar, wie sie die Teilung des Burda-Imperiums mit Wirkung zum 1. Januar 1987 vornehmen werden. Es ist die Grundlage einer unendlich komplizierten juristischen und steuerpolitischen Maschinerie, die nun in Gang gesetzt wird. Hat jetzt jeder der Brüder, was er von Anfang an bekommen wollte? Um 18 Uhr unterschreiben sie. »Es war wie bei Lovis Corinth, als er den tanzenden Derwisch direkt aus dem Pinsel auf die Leinwand schleuderte«, sagt Rechtsanwalt Schweizer. »Entweder gelingt der große Wurf, oder das Projekt misslingt gänzlich.« Die Realteilung ist gelungen. Ist also das Ende einer langen Tragödie besiegelt? Können die drei nun aufatmen und endlich getrennte Wege gehen, um eines Tages vielleicht doch noch brüderlich zusammenzukommen?

Das Burda-Drehbuch sieht anders aus. In der vordergründigen Beilegung ihrer alten Feindschaft liegt schon der Beginn einer neuen: F&F sind sich sicher, dass »der Klei'« den Burda Verlag bald ruiniert haben wird, sodass sie ihn per Vorkaufsrecht doch noch übernehmen können. Hubert Burda hingegen spekuliert darauf, eines Tages auch noch den Zugriff auf das Springer-Paket zu erlangen. In einer Blitzaktion hatten die F&F-Brüder im Frühjahr 1988 nach einem raffinierten Poker mit Leo Kirch ihr Paket an Springer zurückverkauft. Für 530 Millionen Mark. Das war mehr als das Doppelte des Preises, den die Burdas 1983 bezahlt hatten. Aber warum verkaufen sie das Filetstück ihres neuen Reiches? »Springer war für F&F ein paar Nummern zu groß«, weiß der »Consigliere« Warth aus eigener Anschauung. Wissen auch ehemalige Manager aus dem Springer Verlag.

Hätte es Hubert Burda mit der Hausnummer aufnehmen können? Jedenfalls will er in Berufung auf die brüderliche *Grundsatzvereinbarung* ein Vorkaufsrecht geltend machen. Ein Traum, den die Zweite Zivilkammer des Offenburger Landgerichts im November 1988 erst einmal beflügelt. Aber in zweiter Instanz hebt das Oberlandesgericht (OLG) Karlsruhe, Außenstelle Freiburg unter dem Aktenzeichen 14 U 2627/88 dieses Urteil am 11. April 1990 auf. »Beim Rechtsstreit zwischen den Brüdern Burda handelt es sich um einen der größten Wirtschaftsprozesse der Bundesrepublik«, schreibt die *FAZ* tags darauf. Die Kosten des Verfahrens über beide Instanzen hat das OLG Hubert Burda auferlegt. »Die Gerichtskosten betragen etwa 5,2 Millionen DM, die Anwaltsgebühren mehr als 11 Millionen DM.« Hubert Burda sagt, es waren 19 Millionen, die ihn der Kampf um Springer kostete. Während einer seiner ehemaligen Manager gar auf die exorbitante Summe von 36 Millionen DM kommt. Eindeutig aber steht fest: Mit diesen Prozessen wurde die Feindschaft der Brüder erneut besiegelt. Jahrelang sprechen Franz und Hubert Burda kein Wort mehr miteinander. Wieder steht Frieder dazwischen.

Am 18. Dezember 1986 aber ist die Welt noch geordnet. Zwar steht alles unter dem Vorbehalt der steuerneutralen Durchführung, doch Hubert und F&F Burda können getrennte Wege gehen. Im Juni 1987 beurkundet der Offenburger Notar Himmelsbach unter dem Aktenzeichen 2 UR1300/87 die Vereinbarung. Zwei Jahre später winkt die Landeskonferenz der Finanzminister die Erbaufteilung der Burdas durch. Die Realteilung ist steuerfrei. Welch ein Geniestreich vor dem Finanzamt, was für eine Lektion für die Lehrbücher!

Als Hubert Burda und Robert Schweizer im Burda-Hubschrauber nach München zurückfliegen, können sie noch immer nicht frohlocken. Sie haben den gegnerischen Anwalt Wolfgang Scheuer dabei. In München nieselt es, so wie am Tag zuvor, als sie in Offenburg durch die Weinberge liefen in unerhörter Nervosität vor diesem Tag, über den sich nun die Dunkelheit legt. Trotzdem spazieren Burda und Schweizer noch von der Schackstraße, Hubert Burdas Wohnung am Siegestor, in den Englischen Garten. Auf dem Weg prophezeit der Anwalt dem Jungverleger, was ihm noch nie zuvor einer gesagt hat, nicht einmal der Vater, dessen Verlag er nun sein Eigen nennen darf und es noch gar nicht fassen kann: »Sie werden einmal ein ganz großer Unternehmer.«

Herbert Warth, der Gegner und, wie vorausgesehen, der künftige Geschäftsführer der F&F, der den Jüngsten zum Zeitpunkt der Realteilung noch, wie viele andere auch, für einen »Spinner« hält, sagt heute: »Es ist unglaublich, welche Wandlung Hubert nach dem Tod des Vaters und der Realteilung durchgemacht hat. Man hat ihn nicht wiedererkannt. Ab dem Moment ist er Unternehmer geworden.«

Was sagt Hubert Burda heute auf die Frage: Was ist damals mit Ihnen passiert, welcher Schalter wurde umgelegt? Er zuckt die Schultern, lächelt gütig und ist doch von gehetzter Atemlosigkeit, als er versucht, es ganz beiläufig klingen zu lassen: »Man war halt plötzlich allein verantwortlich.«

Auch nach dem historischen Einschnitt hat die Hast noch kein Ende. 24 Stunden später, am Freitag, dem 19. Dezember 1986, sitzt Hubert Burda schon wieder im Firmenflieger. Er holt am Genfer Flughafen eine sehr junge Frau ab, die er in der Schackstraße »versteckt«. Am Samstag muss er dringend nach Offenburg, wo sich die ganze Familie zu einer Adventsfeier bei Mutter Aenne einzufinden hat. Die ist außer sich über ihre drei Buben. »Des, was mein Mann geschaffa hat, dass die die das so auseinander dividieren, als ob das nichts wär«, empört sie sich. Mehr noch bestürzt sie die Aussicht, dass ihr Jüngster den Verlag ruinieren wird. All die Jahre hat sie verhindert, dass er weggemobbt wird, aber an der Spitze des Burdareiches wollte sie ihn auch nicht sehen. Bei aller Liebe: In die Fußstapfen des Senators zu treten, das traut sie ihm einfach nicht zu. »Den kriegsch ja net, den kannscht net fanga«, beklagt sie sich bei ihren Führungsmännern im Verlag über das schwammige, undurchschaubare Wesen des jüngsten Sohnes. Jetzt der Verlagserbe und damit Repräsentant der Familienehre.

Immer noch darf nichts an die Öffentlichkeit dringen. Wenn es darauf ankommt, kann der schwatzhafte Burdaclan dicht halten. Damit niemand Verdacht schöpft, gesellt sich Hubert Burda sogar mit seinen Brüdern und der üblichen Prominenz noch einmal zur Jagd. Endgültig zum letzten Mal. Danach hängt er die Flinte für immer an den Nagel. Auch sein Freund Fritz Wepper ist dabei. Burda, der nicht möchte, dass er den Skandal aus der Presse erfährt, klärt ihn auf. »Fritzi« kann die gedrückte Stimmung nicht aufhellen. Sein Ludwig-Thoma-Weihnachtsgedicht trifft auf einen düsteren Advent. Dann drängt Hubert Burda zum Abflug: In den Münchner Arri-Studios feiert Helmut Markwort – mit der üblichen »Datterich«-Aufführung – seinen 50. Geburtstag. Sein Chefredakteur aus den wilden Zeiten bei *Bild und Funk*, sein freundschaftlicher Begleiter über all die Jahre. Seine zweite Wahlverwandtschaft nach und neben Todenhöfer. Den durfte er nicht versetzen. Den brauchte er jetzt.

Hinter Burdas Rücken wird heftig getuschelt – »wie sieht denn der aus?« – und gemutmaßt: »Der ist fertig!« Von Tisch zu Tisch huscht das Verdikt und ist nicht mehr einzufangen. Nicht von ungefähr: Er hat 10 Kilo abgenommen, sieht völlig erschöpft aus. »Sind Sie krank?«, fragt Markwort besorgt. »Ich erklär' Ihnen alles später«, antwortet Burda. Der Verleger, der so gerne klatscht, muss die Neuigkeit, die er mit »dem Markwort« am liebsten sofort feiern würde, noch unter Verschluss halten. Bis zum Montag. Dann sollen es die Mitarbeiter erfahren. Danach wird sich auch die Presse auf die Sensation stürzen.

Markwort merkt schnell, dass es dem Verleger so schlecht nicht gehen kann. Sie sind noch keine zehn Minuten zusammen, da spinnen sie schon wieder an ihrer Idee von einem Nachrichtenmagazin. Ist es ihre alte Besessenheit oder langsam nur noch ein abgestandener Running Gag? An diesem Abend des 20. Dezember 1986 findet auch jener Dialog statt, der eines Tages in die Pressegeschichte eingehen wird. Niemand kann ihn bezeugen, und nicht einmal Markwort ist

Helmut Markwort in seiner Lieblings-
rolle als »Datterich«.

sich sicher, ob er tatsächlich stattgefunden hat. Aber Hubert Burda entsinnt sich an jede einzelne Silbe:

»Wenn Sie ein Nachrichtenmagazin machen würden«, fragt er den stets gut gelaunten Markwort, »wann würde das erscheinen: montags oder donnerstags?«

»Natürlich montags!«, ruft Markwort, ohne auch nur eine Nanosekunde zu zögern. Umgehend weiß Burda in seiner jetzt ganz autarken Verlegerseele: Mit dem mach ich das! *Das ganz große Ding.* »Hätte Markwort Donnerstag gesagt, wäre ich nicht überzeugt gewesen.«

Vier Jahre später, am symbolträchtigen 18. Dezember 1990, dem vierten Jahrestag der Realteilung, unterschreiben Burda und Markwort einen folgenreichen Vertrag: Helmut Markwort wird »Erster Journalist« im Burda Verlag.

Obwohl völlig übermüdet, findet Hubert Burda auch in dieser Nacht keine Ruhe. Seine Gedanken wandern immer wieder zum Bild des Vaters, der genau im selben Alter, in dem er jetzt ist, 1949 mit 46 Jahren anfing, sein Presseimperium aufzubauen. Ihm, dem Sohn, traut das außer einer Hand voll Vertrauter, keiner zu. »Genau das hat mich angestachelt, und da beginnt dann die andere Geschichte.« Seine Geschichte.

Die Bombe platzt

Montag, 22. Dezember 1986, nur noch zwei Tage bis Heiligabend. Keiner der Chefredakteure, die an diesem Morgen gegen zehn Uhr ihre Redaktionen in der Arabellastraße betreten, hat auch nur die geringste Ahnung. Auch nicht Lothar Strobach, nach Boenischs vergoldetem Abschied nun dessen *Bunte*-Nachfolger. Das treue »Strobächle«, wie ihn der Senator liebevoll nannte, hat verinnerlicht, dass Burda ein Orden ist, dem man beitritt und den man nie mehr verlassen kann. Immer bleibt man innerlich an diesen Familienbanden haften, an dem lockenden Gurren, mit dem Dr. Burda seine Leute einfängt, nur um sie vielleicht schon fünf Minuten später ratlos am Wegesrand zurückzulassen. Dutzende von unerlösten Seelen hadern dort, mit der Erinnerung an die Momente, in denen Burda sie verzaubert hat und sie dann einfach sich selbst überließ. »Man wirft mir ja vor, ich könne Freundschaft nur auf Zeit schließen«, sagt er.

Zu diesen Unerlösten gehört Strobach nicht. »Burda wurde für mein persönliches Leben zu einem Glücksfall«, sagt er. Aber ein einziges Mal war er tatsächlich bereit zu kündigen. Gerd Schulte-Hillen, der Vorstandsvorsitzende von Gruner + Jahr bietet ihm und seiner Frau Viola mehr als das Doppelte ihres Burda-Einkommens. Das Angebot ist unwiderstehlich!

Als Strobach zum Senator hochfährt, um ihm seinen Weggang persönlich mitzuteilen, freut der sich derart über den Besuch, dass Strobach es nicht übers Herz bringt, mit der Kündigung herauszurücken. »Zu sehr liebte ich den großen alten Mann.« Strobach bleibt. Macht alle Auf und Abs und Hin und Hers des Hauses mit. Auf oder Ab, das ist die Frage, als ihm seine Sekretärin am Morgen des 22. Dezember 1986 sagt, er werde um elf Uhr dringend beim Verleger im siebten Stock erwartet!

Derweil ist Ernst Tachler bereits unterwegs ins Büro von Elisabeth Bär, der *freundin*-Chefin. »Die soll es als Erste erfahren«, verlangt Hubert Burda, weil er in ihr eine Gegnerin vermutet. »Heißt das, dass dem Hubert jetzt alles gehört?«, fragt sie fassungslos. »Was hat er jetzt vor?« An Tachlers Stelle antwortet Bärs Stellvertreterin wie aus der Pistole geschossen: »Kaputtspielen!« Sie ist nicht die Einzige, die kein gutes Gefühl bei der überraschenden Nachricht hat.

»Wir standen ja alle unter Schock.« Jeder im Haus Burda, der die Realteilung miterlebt hat, schickt der Erinnerung daran diesen Satz voraus. Als Hubert Burda seine Chefredakteure in München in die neue Situation eingeweiht hat, lässt er sich nach Offenburg fliegen. Im Casino im 13. Stock des Hochhauses versammeln sich alle leitenden Mitarbeiter von Verlag, Druck und Verwaltung, die Chefs von *Freizeit Revue, Glücks Revue* und *Mein schöner Garten.*

Als die drei Brüder einmarschieren, sind die Fakten schnell verkündet. Franz Burda braucht dafür nur drei schnörkellose Sätze. Die Nachricht schlägt ein wie eine Bombe. Die Gesichter von Franz' und Frieders Leuten gleichen Kraterlandschaften. Keiner sagt ein Wort, Kopfschütteln lediglich. Huberts Leute hingegen können die Freude nicht verhehlen. Franz und Frieder wollen sich das nicht mit ansehen! Umgehend sind sie wieder verschwunden. In den folgenden Tagen lassen sie im Casino noch Bilder abhängen; einige Andy Warhols und Fritz Winters hinterlassen ihre Schatten an der Wand. Von Stund an betreten die Brüder F&F das väterliche Unternehmen nicht mehr. Es ist nun in Feindeshand.

»Franz und Frieder fühlten sich total verlassen. Die waren innerhalb von zwei Wochen arbeits- und heimatlos«, weiß ihr neuer alter Topmanager Herbert Warth. »Das war eine große Kränkung für die Brüder, dass Hubert Burda die Rolle des Vaters eingenommen hat«, konzediert Jens Meyer. Für ihn ist in Erfüllung gegangen, was ihm der Verleger-Jungspund vor knapp 20 Jahren versprochen hatte: »Später übernehmen wir den ganzen Laden.« Später war jetzt.

»Die haben sich auf Französisch verabschiedet«, grollen die ehemals treu ergebenen Mitarbeiter von Franz und Frieder Burda heute noch. »Nicht einmal ein warmer Händedruck war für uns drin.« Bis heute bleibt die Frage unbeantwortet: Warum hat Franz Burda, der Kronprinz durch Geburtsrecht, den Verlag kampflos aufgegeben? Wieso hat er zugelassen, dass »der Klei'« ihm die Krone entreißt? Dass ein derart gigantischer Konzern zerschlagen wird, in dem ein Teil wie ein Zahnrädchen in den nächsten greift? Also doch § 10 Absatz 2? Franz Burda verweigert die Auskunft.

Hubert Burda, um einen friedlichen und geordneten Übergang bemüht – »ich hab' ja immer versucht, Aggressionen abzubauen, anstatt die Dinge hochzuschaukeln« –, hält jetzt eine kleine Rede, wie man sie in solchen Situationen halten muss: ... freue mich auf unsere Zusammenarbeit, schätze mich glücklich mit Ihnen ... – Er weiß, dass die Drucker seinen Bruder Franz lieben. Dasselbe gilt für Frieders Leute. Aber er weiß auch, sie alle hätten ihr Blut für den Senator gegeben. So fehlt in seiner Ansprache nicht der Satz: »Gemeinsam werden wir das Erbe des Senators wahren und mehren.« Er umschmeichelt die Burdianer, die nun alle »seine« sind, lächelt sein bestes Lächeln! Und einigen fällt gleich auf, dass er plötzlich wieder Badisch spricht, ziemlich übertrieben sogar.

Auf allen Ebenen versucht der neue Verleger, zur Tagesordnung überzugehen. Keine Diskussionen, kein Blick zurück im Zorn. Die Weihnachtstage nutzt er, um seine Neujahrsrede vorzubereiten. Zum ersten Mal wird er ganz allein nicht nur vor seinen Leuten stehen, sondern auch vor den »feindlichen« Fraktionen der Drucker und der Verwaltung. Er hofiert die Gegner, den Geschäftsführer der Drucker Gerd Spraul, der immer gegen ihn gestimmt hatte, ganz besonders. Manche schütteln schon den Kopf über dieses übertriebene Antichambrieren. Aber er braucht den Mann. Alle muss er für sich gewinnen. Im Januar 1987 formuliert er das neue Ziel: Verdoppelung des Umsatzes von einer Milliarde auf zwei Milliarden Mark. Das neue Motto ist sein altes: Vorwärts! Er hat eine Mitgift von 700 Millionen Mark in Gestalt eines vor Gesundheit strotzenden Unternehmens mit 4 000 motivierten Mitarbeitern, die sich zur großen »Burda-Familie« zählen. Noch.

Von den drei wichtigsten Stationen seines Lebens ist er nach der ersten, der Promotion in München, die den Umzug der *Bunten* nach sich zog, nun bei der zweiten, der Realteilung angekommen. Wie wird die dritte heißen? Das steht noch in den Sternen. In dem Gestirn Kastor und Pollux, das nur gemeinsam leuchtet. Noch ist es nicht beisammen.

Kapitel 19

Das Herz ist ein einsamer Jäger

Maria Maria Maria

30. Juni 2003, 19.30 Uhr. Im Audimax der Münchner Ludwig-Maximilians-Universität tummelt sich illustres Volk: Künstler und Architekten, Art-Direktoren und Mode-Designerinnen, Musen und Models. Gehirnforscher, die Museumsdirektoren der Stadt, Filmemacher, Journalisten und tatsächlich auch ein paar versprengte Studenten und Professoren. Saal und Empore sind dicht besetzt. Umso erstaunlicher, da die Stadt unter einer Hitzeglocke dampft.

Pflichtgemäß haben die Tageszeitungen die Veranstaltung angekündigt, über die die Eingeweihten längst im Bilde sind: »Video Art, Sense Perception and Human Experience«. Ein Vortrag des amerikanischen Künstlers Bill Viola. Der visuelle Barrikadenstürmer ist auf Einladung der Hubert Burda Stiftung in München, und Hubert Burda, der Stifter, begrüßt seine Gäste auf Englisch: »It's a full house. Be sure it's a royal flash!« So spricht der Pokerspieler.

Seit einigen Semestern schon holt Burda, der umtriebige Medien-Humboldt, auf seine Kosten die internationale Geisteselite nach München. Wie immer bei dieser Vortragsreihe geht es um den »Iconic Turn«. Um die Macht der Bilder. Die visuelle Revolution. Um ein Zeitalter, das sich nicht mehr an Sprache, sondern an Images, an Bildern orientiert. Bill Viola beherrscht jetzt die Bühne mit der Projektion: *Ein Mensch verbrennt sich für die Kunst.* Der Verleger sitzt in der ersten Reihe, neben sich den einzigen freien Stuhl. Im letzten Moment noch, bevor die Lichter ausgehen und die Expedition ins Reich der Wahrnehmung beginnt, huscht eine junge Frau herbei. Der Platz an seiner Seite ist nun besetzt. Bussi Bussi. Die junge begrüßt herzlich die ältere Frau zu ihrer Rechten, streift auch Hubert Burda mit einem Lächeln. Wohlwollend tätschelt die ältere der jungen den

Rücken. Würde einer der Fotografen im Saal jetzt auf den Auslöser drücken, das Bild der Familienidylle wäre vollendet: Ein gediegenes Paar, in dessen Mitte das prächtige Kind ihrer Liebe strahlt. Mutter und Tochter sehen sich erstaunlich ähnlich. Beide sind groß und schlank, blond und gut aussehend; mit markanten und etwas spitzen Gesichtszügen, blauen Augen und diesem entschlossenen Blick, der kein Hindernis im Weg duldet. Das Bild trügt.

Tatsächlich begrüßen sich hier aufs Liebevollste die erste und die zweite Frau Burda, Christa Maar und Maria Furtwängler. »Wir sind uns in gewisser Weise ziemlich ähnlich«, sagt Christa Maar über ihre Nachfolgerin. Volle 19 Jahre hat Hubert Burda gebraucht, bis er nach der Scheidung, 1972, wieder heiratet. »Maria ist eine Frau, die vielleicht nicht immer weiß, was sie will, dafür umso genauer: was sie nicht will. Sie ist sehr gerade, direkt und loyal, einer der Gründe, warum wir uns so gut verstehen.« Eine Frau, die Selbstbewusstsein atmet. Kritisch und mit betont eigenständiger Sicht auf die Welt, in der sie lebt. »Das ist nicht leicht für ihn. Aber er braucht die Spannung, sonst hätte er sich eine andere Frau zum Heiraten ausgeguckt.« Wieder einmal hat der Mann, den alle auf Harmoniesuche wähnen, den Nervenkitzel gewählt.

Wie aber steht es um das Verhältnis der Geschiedenen zum Verleger? »Wir sind die besten Freunde.« Regelmäßig kommt Christa Maar bei Burda-Furtwänglers zum Abendessen, sie mag die Kinder, und die Kinder mögen sie. Sagt sie. Sie wohnt auch gleich um die Ecke, im noblen Bogenhausen. Hubert Burda indes sagt über die Frau, die ihn einst hat sitzen lassen: »Sie ist eine ›magna anima‹, eine große verwandte Seele, das hat sich trotz der Scheidung nie geändert. Es gibt nur eine Hand voll Menschen, mit denen ich so ein Verhältnis habe, Maria, Peter [Handke], die Kinder natürlich. ›My bunch of people‹ sozusagen.«

Als sich Maria Furtwängler und Hubert Burda am 5. Juli 1985 kennen lernen – ein Datum, an dem er noch viele Jahre ein Sommerfest ausrichten wird –, ist er 45. Mehr als doppelt so alt wie die 18-Jährige, die nur ein Jahr älter ist als Burdas und Christa Maars gemeinsamer Sohn Felix, den Hubert Burda vergöttert. Der Sohn hat jedoch bereits, wonach der Vater noch sucht: die Frau fürs Leben. Und doch

Hochzeitsfoto Maria Furtwängler und Hubert Burda, 1991.

ist er nicht rundum glücklich. »Dass der Vater eine Freundin hat, die so alt ist wie er, das war schwierig für Felix. Ich war da auch nicht souverän«, sagt Maria Furtwängler über ihr Verhältnis zum Stiefsohn. »Wir hatten leider, und ich bedaure das wirklich, keine so enge Beziehung.« Überhaupt: »Ich war noch so jung und hatte keine Ahnung von gar nichts. Aber ich fühlte mich, als hätte ich die Weisheit mit Löffeln gefressen. Rückblickend denke ich, es muss damals schon komisch ausgesehen haben, so ein Kerl mit seiner jungen Geliebten.«

»Wir haben das als Inzest empfunden«, gestehen einige aus dem Freundeskreis und senken noch zwei Jahrzehnte später die Stimme. Damals hätte es erst recht keiner laut gesagt. Aber mittlerweile hat sich das Thema sprichwörtlich verjährt; und selbstredend bestehen zwischen Hubert Burda und Maria Furtwängler keinerlei verwandtschaftliche Bande. »Und doch hatte diese Beziehung zu Maria etwas sehr Eigentümliches«, erklärt ein Intellektueller aus Burdas höfischem Kreis. »Sie kam einem vor wie die Fortsetzung seiner Bewunderung für Flori Furtwängler auf einer anderen Ebene.«

Wen treffen Amors Pfeile zuerst, den Namen oder die Frau? »Das geht doch Hand in Hand.« Entfährt es Burda augenblicklich. Sehnte er sich doch immer schon danach, Teil einer namhaften Dynastie zu sein. Nomen est Omen. Darauf baut er sein Glück. »Die Maria kommt aus einem guten Stall.« Es gefällt ihm, seine Engsten immer wieder darauf hinzuweisen. Maria hingegen sagt: »Ich habe keine Vorstellung, dass man sich in einen Namen verlieben kann. Mit Burda habe ich sehr wenig assoziiert. Er hatte natürlich Stil und die Haltung, der man vielleicht Erfolg anmerken konnte. Aber

Furtwängler verkörperte für ihn die Welt des großen deutschen Humanismus.«

Die Bewunderung ist nicht gegenseitig. Für die von Haus aus linksintellektuellen Furtwänglers kommt der reiche Burda aus dem Lager der »Koof-michs«, auf die man geringschätzig herabblickt. »Für meine Mutter war das problematisch«, sagt Maria Furtwängler. »In meiner Familie wurde das Ideal des Künstlers hochgehalten.« Dennoch ist es ausgerechnet die Mutter, Schauspielerin Kathrin Ackermann, die darauf besteht, dass ihre Tochter, mit der sie bis heute ein enges Verhältnis verbindet, Medizin studiert.

Ackermann, nur ein Jahr älter als Hubert Burda, kennt ihren künftigen Schwiegersohn noch aus dessen Studentenzeiten und seinen Besuchen in Tanneck. Genauso wie Schwiegervater Bernhard Furtwängler; ein durch und durch freundlicher Mann und neun Jahre älter als der Schwiegersohn. Die sich knüpfenden Liebesbande sieht er illusionslos. »Dem Hubert, also dem Dr. Hubert Burda, hat noch die Patina des deutschen Bildungsbürgertums gefehlt, und die hat er dann halt angeheiratet.«

Die Furtwänglers dagegen haben nur noch ihren klangvollen Namen. Ihr legendäres Anwesen Tanneck befindet sich schon in der Hand von gierigen Bankern, die darauf eine Spielbank errichten wollen. Aber da ist in letzter Minute dann doch Dr. Burda vor. »Diese Ehe ist die schönste Vereinigung von Namen und Geld.« So sieht es das Publikum, das immer einen Hang zur Vereinfachung hat. Schließlich ist es von den bunten Illustrierten so erzogen. Wer kann schon ermessen, wie vollkommen und erhaben es sich für ihn anfühlt, diesen Satz aussprechen zu dürfen: »Sie wissen ja, dass meine Frau aus der Furtwängler-Dynastie kommt.« Burda verpasst keine Gelegenheit, darauf hinzuweisen. Erst recht nicht vor großem Publikum, wie etwa beim Fernsehauftritt bei Gero von Boehm im Juni 2002. »Eine Furtwängler«, kommentiert sein mittlerweile über 80-jähriger Hof-Soziologe Nicolaus Sombart, »das ist das Beste, was man in Deutschland bekommen kann, wenn es keine Gräfin ist.« Also doch nur zweite Wahl?

Maria ist, neben den fünf Söhnen von drei Frauen, Bernhard Furtwänglers einzige Tochter. Er wiederum der Sohn von Walther, dem

Bruder des berühmten Dirigenten Wilhelm Furtwängler. So weit ist die Verwandtschaft noch überschaubar. Dann wird es komplizierter: In erster Ehe heiratet Bernhard Furtwängler die Schauspielerin Kathrin Ackermann, die in die Ehe mitgebrachte Tochter von Wilhelm Furtwänglers zweiter Frau Elisabeth. Er ehelicht also seine Stief-Cousine. So kommt es, dass die gemeinsame Tochter, Maria Furtwängler, Großnichte *und* Stiefenkelin des Dirigenten ist. Interessanterweise liegt zwischen Maria Furtwängler und Hubert Burda derselbe Altersunterschied, gute 26 Jahre, wie einst zwischen Elisabeth und Wilhelm Furtwängler.

»Sie ist nur eine Seitenstrang-Furtwänglerin«, rollt es lästernd über manche Zunge. Besteht also keinerlei Hoffnung auf ein Genie-Gen, oder ist einmal mehr nur Neid im Spiel? Bernhard Furtwängler amüsiert sich über solche Haarspaltereien. »Heute werde ich sowieso nie mehr gefragt: ›Sind Sie mit dem Dirigenten verwandt?‹ Jetzt heißt es immer: ›Haben Sie etwas mit der Schauspielerin zu tun?‹« Er hat. Maria Furtwängler brachte es nämlich als *Tatort*-Kommissarin Charlotte Lindholm zu eigener Prominenz.

Auch Hubert Burda ist 1985 ziemlich nervös und unsicher wegen des gewaltigen Altersunterschieds zwischen ihm und seiner jugendlichen Geliebten. »Meinst du nicht, dass die Maria viel zu jung ist für mich?«, fragt er immer wieder Christiane Krüger, seine ständige Begleiterin auf dem gesellschaftlichen Parkett. »Überhaupt nicht!« Sie ermuntert ihn, zu der Beziehung zu stehen. In seinen Beschreibungen von »Maria auf der Blumenwiese« überschlägt er sich in romantischem Überschwang, zieht ständig den literarischen Vergleich zu »Lolita«. Kein Wort fällt dabei über den alternden Mann, der sich neben der jungen Göre lächerlich macht. In Nabokovs Roman.

Neuerdings haben viele Männer in Hubert Burdas Kreisen sehr junge Frauen. Das »Trophy Wife« als Beutestück der Mächtigen ist zum Aushängeschild geworden. Trotzdem zählt im Gotha der reichsten Deutschen neben dem Kontostand auch das Foto Burdas zu den Attraktionen. Das liegt am Glamour von Maria Furtwängler, der auch ihn überstrahlt. Sein Lächeln spricht Bände: So eine Frau zu angeln, das mach mir erst mal einer nach! »Anfangs hat man sich noch nach uns umgedreht«, erzählt er, nicht ohne Stolz, mal wieder einer der Ersten im Trend gewesen zu sein. Sie plaudert aus dem Nähkästchen, über eine dieser Situationen, die ihn wahnsinnig geärgert hat: Da folgen sie einer 1A-Einladung in 1A-Kreise; beste Gesellschaft ganz unter sich. Er kann endlich aufwarten mit der Frau seines Lebens, nach der er so lange gesucht hat. Dann das: Während er an der Tafel der Großen speist, wird sie »dezidiert« an den Kindertisch abgeschoben! Welche Erniedrigung.

Für das junge Ding gibt es auch modische Fragen zu klären: Was zieht man an zu solchen Anlässen? »Die sah mit ihrer langen Lockenmähne damals aus wie ein moppeliges, verfilztes Schaf.« Burda weiß sich nicht anders zu helfen, als für die Geliebte Hilfe ins Haus zu holen, Fashion Coaching. Seine Offenburger Jugendfreundin Corry Müller ist für ihn eine Autorität in diesen Dingen. Schließlich ist sie die Frau des Unternehmers Axel Müller-Vivil. Auch Heidi Schoeller, die PR-Fachkraft, wird zurate gezogen und Maria Furtwängler standesgemäß verpackt. In ein tomatenrotes Kleid mit dicken weißen Punkten drauf, oben schräg gerafft und unten schräg gerafft. Corry Müller sagt: »Dazu zieht man weiße Strumpfhosen an und rote Pumps.« Heidi Schoeller verpasst ihr noch eine Goldbrosche und der Frisör ein in Alu-Folie gedrücktes Horn, aus dem oben fünf Federn Haare rausschauen. »Gruselig.«

Derart verschnürt und dekoriert, geht die mittlerweile 19-jährige Furtwängler mit Burda auf eines dieser exklusiven Feste, zu Michael Otto in Hamburg. »Wir waren sehr verliebt, da merkt man das Drollige daran nicht so.« Ihr abgefeimter Sinn für Humor und Komik ist bemerkenswert. Ein unübersehbares Talent, ob mit oder ohne Wilhelm-Furtwängler-DNS. Sie wirkt auch äußerst unterkühlt. Wenn zur Ortung einer Ehe die Temperatur gehört, tendiert er zum Siede-, sie zum Gefrierpunkt. Sie weiß um ihre Ausstrahlung. Aber wieder einmal trügt das Bild. Sagt sie. »Ich bin leicht verletzbar und entgegen meiner Wirkung sehr emotional. Daher brauche ich länger, mich jemandem zu öffnen, muss vertrauen, ehe ich meine Gefühle offenbare.« Ein Freund ihrer Mutter hat sie da schon besser durchschaut. Es tut ihr leid, dass es eitel klingt, aber er sagte ganz treffend: »Deine Tochter ist ein eisgekühlter Vulkan.«

Bevor für Hubert Burda das Abenteuer mit der heißkalten Frau beginnt, sollte die Auserwählte eigentlich Christiane Krüger sein. Die Schauspielerin und der Verleger lernen sich im Dezember 1984, ein halbes Jahr vor der Begegnung mit der Furtwängler, auf einem Fest in der Rosenthal-Villa in Starnberg kennen. Hubert Burda ist völlig hingerissen von Hardy Krügers blonder Tochter, »der deutschen Deneuve«, wie sie im *Bunte-Spezial* zur 50. Bambi-Verleihung bejubelt wird. Sie ist eine erfolgreiche Frau im schnelllebigen Filmgeschäft. Aufgewachsen in namhaften Schweizer Internaten, bestens bewandert auf dem internationalen Society-Parkett, das Burda so dringend erobern will. Aber alles an ihm riecht noch nach Provinz. Bald lässt er sich für Christiane Krüger etwas ganz Besonderes einfallen. »Die Gudlat« überbringt ihr, dass sie mit dem Verleger nach Hollywood fliegen wird, First Class natürlich. Dort ist bereits ein Treffen mit Aaron Spelling arrangiert, dem bekannten Produzenten des *Denver Clan,* dessen Machenschaften laut Aenne von den Burdas dreimal übertroffen werden. Sieht Hubert Burda seine Angebetete schon in bester Soap-Opera-Besetzung? Krüger sträubt sich. Aber die Seifenoper des Lebens wirft auch reichlich Schaumbällchen.

In die Beziehung mit Christiane Krüger kommt einfach kein erotisches Feuer. Schlimmer noch: Sie ist ganz von Sinnen wegen – eines anderen. Der lebt in Paris. Regelmäßig macht sie ihre Ausflüge dorthin. Das Angebot des angehenden Verlegers ist von bestechender Klarheit: Du kannst deinen Liebhaber behalten. Das Verhältnis darf jedoch nicht an die Öffentlichkeit dringen. Das Bild nach außen muss stimmen. Tritt der Sohn schon in die Fußstapfen der Eltern?

»Sein höchstes Anliegen war immer, von den Mächtigen ernst genommen zu werden«, sagt Christiane Krüger. »Er hatte diese Chuzpe, am besten Tisch sitzen zu wollen und von allen gegrüßt zu werden.« Seine Ruhelosigkeit ist selbst für die unruhige Krüger ein Phänomen, genauso wie seine in der Medienszene außergewöhnliche Eigenschaft, »sich nie negativ über jemanden zu äußern«. Am 21. April 1986 platzt ihm dann doch der Kragen. Da schlagzeilt Springers *Bild der Frau*: »Hubert Burda: Trennung für Christiane Krüger!« Offiziell ist er ja immer noch liiert, und die Ahnungslose muss nun aus der Zeitung erfahren: »Mit ihrer Fröhlichkeit riss ›Mucki‹ ihn immer wieder mit. Jetzt ist es aus. Hubert Burdas neue Liebe: Die schöne

Schauspielerin Christiane Krüger, Moderatorin und auf allen Festen an seiner Seite.«

Burda tobt. Wie konnte das passieren?! Wer hat das eherne Gesetz gebrochen, dass eine Krähe der anderen kein Auge aushackt?! Immer haben sich die Burdas und die Springers gegenseitig aus ihren Klatschspalten herausgehalten und tun das heute noch. Burda beschwert sich umgehend bei Springer-Vorstand Günter Prinz, seinem guten Freund, noch. Der entschuldigt sich schriftlich, auch bei Mucki.

Warum reagiert Burda so empfindlich? Ein Mann in seiner Position, der vom Bettgeflüster anderer vorzüglich lebt, muss doch wissen, dass die Buschtrommeln des Klatsches auch vor seiner Tür nicht verstummen. In seiner großen Wut wird er kleinlich, schimpft auf die Krüger ein. Die schreibt ihm: »Lieber Hubert, es war Deine Entscheidung, Dich mit mir in der Öffentlichkeit zu zeigen. Nicht ich bin mit Mucki befreundet, sondern Du. Ich habe ein völlig reines Gewissen.«

Wieso muss ihn offiziell überhaupt Christiane Krüger begleiten? Was ist das Problem mit der langjährigen Frau an seiner Seite? Auch im zehnten Jahr ihres Zusammenlebens denkt er nicht daran, sie zu heiraten. Denn in seinem Verhältnis zu Frauen gibt es für Burda nach wie vor nur entweder – oder: schwach oder stark, herrschen oder beherrscht werden. Eine Beziehung auf Augenhöhe kommt in seinem Muster nicht vor, und an Ehe ist nur mit einer aus der Gattung der Herrscherinnen zu denken. Mutter Aenne hat es ihm vorgelebt – die starke und mächtige Frau, vor der man sich fürchten muss, als Selbstverständlichkeit. Diese Erfahrung hat er den meisten Männern in den deutschen Chefetagen voraus. So hat ausgerechnet die konservative *Bunte* mit Beate Wedekind schon zu Beginn der neunziger Jahre, was die großen Illustrierten anderer Häuser bis heute nicht bieten können: eine Chefredakteurin. Hubert Burda sucht auch privat kein kuscheliges Kätzchen, das sich mit seinen dicken Mäusen zufrieden gibt. Ihn reizt die gefährliche Löwin.

Mucki aber hat einfach keinen Appetit auf Macht, erlaubt sich obendrein Befindlichkeiten. »Du mit deinen Gefühlen!«, erbost er sich. Sie ist eine ehrliche Haut und möchte ein ehrliches Leben. »Die Einzige, die nicht hinter seinem Geld her war«, hallt es aus seinem Umkreis. Stattdessen ist sie hinter Hubert Burdas wahrem Ich her. »Der Hubert in seinem Hubertsein ist etwas ganz Besonderes; sinnlich, verzaubernd, wahrhaftig; meine große Liebe.« Sagt Göhner. »Ich wollte immer nur den Hubert, nicht den sich mächtig gerierenden Burda. Aber je mehr er auf Burdakurs ging, umso mehr wurde der Hubert verschüttet, bis für mich schließlich nichts von ihm übrig blieb, von seltenen Augenblicken abgesehen.«

Der Akrobat im Zirkus der Macht muss sich höher hangeln. »Vorwärts!« Mit dem Umzug der *Bunten* nach München, mit der Wandlung, wie er glaubt, von einer Provinz- zu einer Großstadt-Illustrierten muss auch er sich häuten. Muss Offenburg hinter sich lassen, mitsamt dem Stallgeruch des einst wohlhabenden Eisenwarenhändlers Göhner, der seine Firma ganz rapide auf das wirtschaftliche Abstellgleis fährt. Im Gegensatz zu den Burdas, bei denen es immer nur bergauf geht! Um den Göhners einen Bankrottskandal und sich selbst die Verwicklung seines Namens darin zu ersparen, hilft Hubert Burda diskret aus. Trotzdem ist unübersehbar: »Mucki war einfach nicht mehr standesgemäß. Sie stammt ja auch nicht von Beethoven direkt ab.« Spöttelt ein ehemals gewichtiger *Bunte*-Mann.

Obwohl Mucki bis 1986 die offizielle Frau an seiner Seite ist, sucht Hubert Burda hinter den Kulissen schon lange und verzweifelt nach der perfekten Partnerin. Wieder kommt Nicolaus Sombart ins Spiel. Seine schöne Tochter Elisabeth bricht Burda das Herz. »Da hätte der Clan gestimmt und die große bürgerliche Realität, nach der ich mich so gesehnt habe und die ich heute lebe.« Aber Elisabeth, die Pianistin, verführt mit ihren aufregenden Klängen einen anderen. Was der Verschmähte abbekommen kann, ist nur noch eine Einladung zu ihrer Hochzeit.

Dann ist da die Tochter von Gianni Agnelli, Margherita Elkann. Name und Abstammung sind *perfectissimo*. Man muss sich das vorstellen, ein Burda in der Agnelli-Dynastie! »Aber das war mir von Anfang an zu kompliziert«, resigniert der Verleger auf Brautschau schnell. Die Frau, die Träume weckt, aber nicht erfüllen kann, lebt mit drei Kindern in kriselnder Ehe. Später lässt sie sich scheiden und heiratet Graf Serge von der Pahlen. Und viel später, im September 2004, dürfen die *Bunte*-Leser exklusiv miterleben, dass der deutsche

Medientycoon und seine Gattin zu den handverlesenen Auserwählten gehören, die zur kirchlichen Trauung des Sprösslings Jaki Elkann geladen sind. Der 28-Jährige ist der neue Chef des Agnelli-Imperiums und öfter zu Gast beim Verleger in Tanneck. Der hegt väterliche Gefühle für den Erben aus Turin und hilft ihm, das Netz zum deutschen Unternehmertum zu knüpfen. Ist Jaki nicht ein bisschen jung für die große Rolle? »Wenn einer seinen Richelieu hat, kann jeder regieren«, gibt sich Hubert Burda staatsmännisch.

Natürlich sind da auch die kleinen, süßen Früchte, die ein Mann im Vorübergehen kostet. Gesine B. und Barbara F. aus der *Bunte*-Redaktion sind durchaus mehr als nur Gespielinnen nach Redaktionsschluss. »Er hatte manchmal Frauen, wo ich mich wunderte, wie er es mit denen aushält«, sagt Christa Maar, die seit 1989 geschäftlich wieder an seiner Seite ist. Zuerst als Chefredakteurin der Kunstzeitschrift *PAN*, heute als die enorm tüchtige Vorsitzende der Burda Stiftung.

Auf der Kosmetikschule, die Mucki besucht, um ihr Frauenblatt-Metier zu lernen, freundet sie sich mit der jüngeren Schülerin Katja Flint an, verhilft der noch Unbekannten zu einem ersten Foto-Shooting in *Carina*. Mucki ist dort zur Stellvertretenden Chefredakteurin gekürt worden, damit sie nicht mit nach München umziehen kann. Natürlich weiß sie, dass hinter diesem Schachzug Hubert Burda steckt, aber darüber schweigen sie sich aus.

Katja Flint ist in ihrem Drang nach oben zielstrebiger als ihre neue Freundin und macht sich deren Beziehung in jeder Hinsicht zu Eigen. Über den Umweg Sankt Moritz riskiert sie einen Versuch mit *ihm*. Auf der kurz darauf stattfindenden Bambi-Feier flüstert sie Mucki ins Ohr: »Wenn ich es nicht gewesen wäre, wäre es eine andere gewesen.« Leckerstes *Bunte*-Futter.

Die Schauspielerin Katja Flint hat längst ihre eigene Karriere und auch ihren Platz in den Society-Postillen. Die Leser sind im Bild über Ex-Mann und (Ex-)Liebschaften. Wissen auch von der aktuellen Liaison mit Schriftsteller Peter Handke. Dem einzig wahren Hubert-Burda-Kenner. Ein Zufall literarischer Natur?

Was aber ist mit Mucki, mit der er auf dem romantischen Hügel in den Weinbergen von Fessenbach lebt? Ist sie blind, oder betört er sie mit seinem unwiderstehlichen Charme, auf dass sie ihm alles nachsieht? Immer noch träumt sie vom Glück mit ihm, das Schwarzwaldmädel mit dem Schwarzwaldbub. »Wir hatten diese Liebe zum einfachen Leben«, sagt sie. »Zumindest in den ersten Jahren führte er nicht das Leben eines reichen Mannes.« Damals gab es »nur« Chauffeur und Haushälterin. »Wir haben viel gelacht. Die gemeinsame Mundart schaffte Vertrauen, war Heimat.« Sie will ein Kind. Er nicht. Da schneidet sie sich das lange, seidige Haar ab. Das Lachen verändert sich. Die idyllischen Vorstellungen bleiben.

Aber ihr wird der Schuh nicht passen, sie wird nie Königin werden. Er weiß das. Warum spricht er sich mit ihr nicht aus? Kann er nicht, will er nicht? »Mucki und Hubert waren ein Paar, bei dem alles gepasst hat; die waren sehr glücklich.« Glaubt, wie viele andere, Fritz Wepper, Verlegers Freund, und fügt hinzu: »Die haben sich ja nicht im Bösen getrennt. Wir haben alle über das Warum gerätselt, aber es hat sich verboten, darüber zu sprechen.«

Es hat eben doch nicht alles gepasst. Freund Harry sieht den Grund ganz klar: »*He is a power man*, das habe ich schon früh gesehen. Dass Mucki nicht mit nach München umzieht, war eine typische Hubert-Entscheidung.« – »Sie wäre hier nicht glücklich geworden«, sagt Burda. Als mit der Neuen alles klar ist, ruft »Wahlverwandtschaft« Todenhöfer bei der Verlassenen an und schenkt ihr reinen Wein ein. Aber mit dem Korkengeruch des Mystischen: Hubert musste dem Ruf seiner Visionen folgen. Er wirbt um Verständnis. Der Verleger muss Opfer bringen.

Sitzen gelassen in der Kleinstadt, vom mächtigsten Erben, den Offenburg zu bieten hat. Was glaubte die auch, wer sie sei? Flink werden die Zungen gewetzt und die Zeigefinger in ihre Richtung ausgefahren. Eine kleine Hexenverbrennung, gezündelt mit dem Feuer der Häme. Das ist Hubert Burda, dem urban gepuderten Schwarzwald-Fürsten, dem literarisch sich Verzehrenden, Einfühlsamen, durchaus bekannt. Ausgerechnet der Schriftsteller Hermann Lenz, zu dessen Gedenken Burda seit 1999 jährlich einen Literatur-Preis vergibt – die sparsamere Fortsetzung des prachtvollen Petrarca-Lorbeers – beschreibt in seinem Roman *Freunde* die letzte gemeinsame Schiffsreise von Mucki Göhner und Hubert Burda. Auf Bruder Franzens Yacht

»Garuda«. Auch Sohn Felix, Peter Handke, dessen Freundin und die Lenzens sind mit dabei. *Das Weinen. Warum? Er will doch weg von ihr. Hat eine andere in Aussicht mit bekanntem Namen. Mit der, die er jetzt noch hat, ist er seit zehn Jahren beisammen. Der kleinwüchsige Herr mit böhmisch spitzbübischem Gesicht.*

Zehn Jahre mit Trauschein gelten vor dem Scheidungsgesetz als Langzeit-Ehe. Eine immens teure Angelegenheit für einen »Besserverdienenden« wie Burda. Stattet der spitzbübische Böhme, der großzügige Mäzen, der schon 1986 zu den reichsten Männern des Landes gehört, die Frau ohne Trauschein wenigstens mit einer dicken Abfindung aus, wie das in solchen Fällen und Kreisen selbstverständlich ist? Damit sie sich hinter den Gemäuern des Wohlstands verschanzen kann. Oder überlässt er das gutgläubige Schaf den Beuteblicken der Wölfe? Unter diesen Blicken bringt es Mucki, trotz einiger Versuche, nicht fertig, weiterhin im Burda Verlag zu arbeiten, wo sie hervorragend verdient hat. Beruflich bekommt sie überhaupt kein Bein mehr auf den Boden. Sieht sich, wohin sie auch kommt, überall als die Verlassene bestaunt. Wird unter diesen Umständen zur unfreiwilligen Aussteigerin.

Kristina »Mucki« Göhner wird die »Mucki« einfach nicht los. Sie ist jetzt Anfang fünfzig. Eine jugendlich wirkende Frau mit freundlichen blauen Augen und immer noch herzlichem Lachen. »Eine Frau, die einfach nicht berechnend ist.« Gibt es so etwas wirklich? In Offenburg zeigt sie das »Schlössle«, aus dem sie ausziehen musste, weil die Leute sonst über *ihn* hätten tuscheln können. »Ich bin ein verheirateter Mann; du weißt, wie die *Bunte*-Leser sind.« Noch besser weiß sie, was es heißt, von Existenzängsten geplagt zu sein. Sie lebt heute zurückgezogen und sehr bescheiden im Elsass. Ihr französischer Lebensgefährte lehrt Informatik an der Universität, aber sie findet keinen Weg zurück ins Berufsleben.

Die Geliebten des Senators brauchten an Geld ihre Gedanken nie zu verschwenden. Deren einzige Sorge bestand immer nur darin, von Aenne zerfetzt zu werden. Alle wurden, nicht erst am Ende, reichlich versorgt mit Immobilien, prall gefüllten Schmuckkästchen und guten Jobs im Hause Burda. Und um die letzte, Hill-H., kümmerten sich sogar Hubert Burdas Leute Bergmann, Sakowski und Strobach liebevoll. Auch Aennes einstiger Liebhaber, der Sizilianer Giovanni, hatte lange Jahre keinen Grund zur Klage. Genauso wenig wie sein Offenburger Nachfolger das hat.

Einen dotierten Sittenwächter hatte der alte Burda natürlich nicht. Nicolaus Sombart, am Hofe Hubert Burdas zuständig für die Lehren des *Hofmanns*, für vorbildlichen höfischen Benimm, musste seinen Mäzen nach der Trennung von Mucki darauf aufmerksam machen, dass zu den guten Sitten ein schmückendes Abschiedsgeschenk gehört. So kommt es zu einem Abstecher zu Cartier. Eine Uhr – als Symbol, dass sich die Zeiten nun ändern?

»Was Frauen betrifft, war ich eher schüchtern und linkisch«, sagt der Verleger. »Ich bin kein *hommes à femmes*, ich bin ein *homme d'entrepreneurs*. Draufgängerisch war ich nur als Unternehmer.« Und ein Unternehmer braucht nun mal nicht viele, sondern die eine, die Richtige. Die viel beschworene starke Frau hinter dem starken Mann, die selbstredend auch ein Wirtschaftsfaktor ist. Besonders für jemanden, der so viel repräsentieren muss und will wie Burda. So gesehen ist 1986 ein tolles Jahr: Maria betritt die Bühne.

Noch wird sie versteckt. Aber während des Semesters ist sie ohnehin weit weg von der kleinen Szene an der Isar. Sie studiert Medizin in Montpellier. Alle zwei Wochen fliegt Burda mit seiner Privatmaschine ein, um sie zu entführen in die Welt des Luxus und der Moden. Venedig im Cipriani etwa. Welches junge Mädchen hätte sich da nicht gefühlt wie die vom Prinzen wachgeküsste Prinzessin? In ihrer winzigen Studentenbude gibt es nur »eine plattgelegene Gummi-Matratze«. Wenn sie da liegt, denkt sie manchmal an ihre Cousine Anna, die Tochter von Onkel Flori. Die bekam als Kind von ihrem reichen Patenonkel immer die unglaublichsten Sachen unter den Weihnachtsbaum gelegt. Wie gerne hätte Maria damals auch solche »Renntiger«-Skier gehabt wie Anna. Stattdessen musste sie mit den abgewetzten Brettern des Bruders vorlieb nehmen. Der großzügige »Onkel« hieß Hubert Burda, und als der Maria begegnet – 1985, auf der zweiten Hochzeit von Vater Bernhard –, sind auch die Cousinen Anna und Olivia mit dabei unterm Apfelbaum in Tanneck. Burda fühlt sich wie in Tschechows *Drei Schwestern*. Welche würde er erlösen? Er geht auf Krücken und humpelt, als müsste ihm gleich ein Bein amputiert werden, wie die drei Grazien befürchten. Doch die sorgenvolle Nachfrage kommt nur einer winzigen Operation am Zeh auf die Spur. Mag sein Blick schmerzgetrübt sein, seine Wahl fällt klar auf Maria: die junge Wilde mit dem herausfordernden Blick und dem unbezähmbaren Wesen. Wenn sie nur wollte, könnte für sie jetzt jeden Tag Weihnachten sein. Noch 20 Jahre nach dieser Begegnung schwärmt er:»Das war ein Coup de foudre, so wie damals mit Christa. Maria war mein Senkblei während der Realteilung, mein ganzer Halt.« Das war 1986. Eine 19-Jährige der ganze Halt eines 46-Jährigen?

»Mir war nie bewusst, dass ich so spielentscheidend war«, sagt Maria Furtwängler heute. Sie sitzt aufrecht und »göttlich«, so wie sie es seit Jahren mit Iyengar Yoga übt, auf der cremefarbenen Couch in ihrem großen hellen Wohnzimmer in der Burda-Villa. Im Gegensatz zum Erdgeschoss, das ganz den höfischen Empfängen dient – schließlich führt man ein großes Haus –, herrscht eine Etage höher austarierte Feng-Shui-Harmonie. Hinter der Hausherrin thront auf einer edel-schlichten Holzkommode eine Buddha-Skulptur, ein Monument ruhiger Gelassenheit. In diesem Haus der Pracht und Macht wird regelmäßig meditiert.

Neben ihr liegt das Handy. Sie erwartet ein dringendes Gespräch, will aus einem Vertrag aussteigen, aus der Rolle der Magda Goebbels. Die promovierte Ärztin Maria Furtwängler ist TV-Schauspielerin. Jahrelang spielte sie in der vorabendlichen Serie *Eine glückliche Familie*. Neben Maria Schell und ihrer Mutter Kathrin Ackermann. Ihr Mann beklagte sich regelmäßig bei seinen Engen:»Die Schauspielerei meiner Frau – das ist ja alles nicht so toll.« Aber mit jedem Jahr wird es besser, werden ihre Rollen ein bisschen größer. Bis sie schließlich – obwohl Burda es nicht erträgt, wenn sie einen anderen küsst – mit schmachtenden Rosamunde-Pilcher-Verfilmungen in die Prime Time kommt: 20.15-Uhr-Schauspielerin, das ist doch was. Es folgt *Die achte Todsünde* und schließlich wird sie »die Kommissarin«. Aus dem Mund von Aenne Burda, die nicht bekannt ist für liebevolle Zuneigung zu ihren Schwiegertöchtern, klingt das abfällig. Aber so wie Aenne mit *Burda Moden* steile Auflagenhöhen eroberte, so hat Maria Furtwängler die *Tatort*-Spitze erklommen und als Charlotte Lindholm enorme

Maria Furtwängler und Aenne Burda,
Bambi 1995.

Einschaltquoten erzielt. »Geballert hat dabei nur *Er*. Seine ganze Medienmaschinerie hat er in Bewegung gesetzt, damit sie – endlich! – berühmt wird.« Immer wieder stolpert man am Hofe des Verlegers über einen Giftnapf. Einerlei: Millionen Menschen kennen heute Maria Furtwängler. Wer aber wüsste schon das Gesicht von Hubert Burda zu orten?

Dennoch heißt ihre tragende Rolle natürlich: Frau Burda, die Verlegersgattin. Obwohl sie sich zunächst zierte und über seinen Antrag so schallend lachte, dass er ihn nie mehr wiederholte. Während ihrer zweiten Schwangerschaft ist sie es dann, die auf geordnete Verhältnisse drängt. Die Ehe wird im November 1991, im Schwabinger Standesamt in der Mandlstraße, geschlossen. Trauzeugen sind Burdas delphische Verbindung Peter Handke und Furtwänglers Freundin Mon Müllerschön, die Sachwalterin von Burdas Kunstsammlung. Den Namen Burda nimmt die Braut nicht an. Auch die Kinder, Jakob und Elisabeth, heißen Furtwängler. Weil man 1991 noch nicht ahnte, dass Burda eines Tages nach mehr als nur nach Schnittmustern, Druckerschwärze und illustren Geschichten klingen würde? Noch ist der Aufstieg auf die Höhen des Verlegerolymps nicht abzusehen. Im Gegenteil: Das Drama mit der *Super! Zeitung* ist gerade in vollem Gange.

Aber wenn die Kinder eines Tages in den Verlag einsteigen wollen, steht die Burda-Taufe an. Dieses Diktat hat Vater Verleger ausgesprochen. Nach wem werden die Sprösslinge kommen? Schon immer herrscht betriebsame Konkurrenz zwischen Maria Furtwängler und Hubert Burda, den beiden Ehrgeizlingen. »Widerspruch ist der Motor des Lebens«, ist beider Motto. Sie selbst sind ein einziger Widerspruch. Er hält das hehre Gesetz der bürgerlichen Konvention hoch, für sie ist jedes Verkehrsschild schon eine Provokation. Sein Denken ist unendlich sprunghaft und emotional, sie ist rasiermesserscharf logisch. Er widmet sein Leben und Werk der Ewigkeit, sieht sich als tragende Säule einer Dynastie. Sie lebt für den Tag. Sagt: »Ich habe noch nie eine Vorstellung von Dauer gehabt.« Er ist rund, sie ist eckig. Als sie sich kennen lernen, lädt er sie zum Golfen ein. »Für meine Familie war das absolut verpönt, wir sind da meistens nur hoch und haben Golfbälle geklaut.« Es konnte durchaus auch passieren, dass sie Mercedes-Sterne knickte. Der Erfolg des Mannes, gewöhnlich das beste Parfüm der Frau, stachelt Maria nur zu neuer Leistung an. Es ist einfach nicht zu übersehen: In dieser Ehe wiederholt sich der Konkurrenzkampf von Aenne und Franz Burda.

Überhaupt. »Die Maria kommt ziemlich nach der Aenne, die ist kein dezidierter Charmebolzen, eher raubeinig und rustikal.« Sagt Hubert Burda und fügt voller Anerkennung hinzu: »Sie ist eine sehr geschäftstüchtige Frau.« Neben der Schauspielerei produziert sie mit ihrer kleinen Firma Atalante auch Filmstoff. Wird Deutschland mit ihr eines Tages womöglich eine neue Verlegerin bekommen? Kann sie sich vorstellen, eine Rolle im Verlag Hubert Burda Media zu spielen? »Im Aufsichtsrat selbstverständlich. Solange man mir nicht die Verantwortung für Verlagsentscheidungen abverlangt.« Er bezieht sie durchaus in geschäftliche Dinge mit ein, und sie hilft ihm, Menschen einzuschätzen, zu schauen: Wer wär' gut für den Verlag.

Dazu kommt ihre Weltläufigkeit. Sie spricht fließend Englisch, Französisch und Italienisch. Ihre Freundinnen, und auch der Vater, schwärmen von ihrer Verrücktheit, ihrer Lebenslust. Mit ihr kann man Pferde stehlen. Wo ihr Mann schwärmerisch das Ideal der Freundschaft hochhält, lebt sie es – auf Augenhöhe. Eine Lebensqualität, die sich Mächtige wie Hubert Burda selten leisten.

Die schöne widerborstige Furtwängler ist auch ein ernster Mensch. Sie hat ihr Leben unter Kontrolle, glauben ihre Vertrauten. Das Leben einer jetzt 39-Jährigen mit einem 65 Jahre alten Mann. »Ich bin ein extrem verantwortungsbewusster Mensch, nicht sprunghaft«, sagt Maria Furtwängler, »und kann mich auch zunehmend mit Dauer, Klarheit und Konsequenzen anfreunden.« Obwohl sie von Natur aus alles und immerzu infrage stellen muss. Zitiert – ihm zur Freude?

– sogar Goethe: *Und solang du das nicht hast, / Dieses: stirb und werde! / Bist nur ein trüber Gast / Auf der dunklen Erde.* »Das trifft für mich zutiefst zu.« Das Prinzip Zerstörung und Wiederaufbau, das die Astrologin sogar in ihrem Horoskop entdeckt hat.

Hubert Burda vergöttert Maria. Maria sagt dies, Maria sagt jenes, Maria ist jetzt in dem Alter, in dem sie den Reiz der Persönlichkeit spürt. In keiner wichtigen Tischrede vergisst er, Maria zu danken. »Vor allen Dingen für die beiden wunderbaren Kinder.« Schaut er in Marias Gesicht, sieht er die bezaubernden Frauenfiguren von Botticelli, die Fresken des Piero della Francesca. Glücklich der Mann, der so kunstvoll blicken kann, der so viel Fantasie in die Liebe bringt und festhält an der Liebe zur Fantasie?

Maria Furtwängler genießt die Sicht ihres Mannes, die schmeichelnden Farben, in denen sich die griechische Göttin Artemis und die Bäuerin vom Tegernsee spiegeln. Sie scherzt. »I love my husband, but not for lunch.« Zum Mittagessen will sie ihn nicht um sich haben. Dabei tut er, Widerspruch muss sein, nichts lieber, als mittags zu Hause essen. Er wäre so gern durch und durch Familienmensch. »Er ist immer wieder faszinierend, weil er ein Besessener ist. Er ist kein wirklicher Beziehungsmensch, mehr ein Werksmensch.« So charakterisiert Maria Furtwängler ihren Mann. Der Mächtige, klärt der Burda-Dramaturg Bazon Brock auf, sucht seine Frau nicht nach Verliebtheit aus. Entscheidend ist der Respekt. Zu flüchtig der Kitzel der Erotik. Respekt hingegen überdauert den Tag.

Dem Mann zuliebe hat Maria Furtwängler sich durch das Werk von Peter Handke gelesen. Denn: »Handke ist der Einzige, der meinen Mystizismus versteht.« Burda sagt das beinahe triumphierend. »Das ist kein Mystizismus«, kontert der missverstandene Versteher. »Es ist ein Bedürfnis, dass es nicht linear geht, nicht unverbunden. Das Religiöse haben wir ziemlich gemeinsam. Im alten Testament heißt es: ›Jedes Ding hat seine Zeit.‹ Das verbindet uns.«

Kann die Gattin das übersetzen? »Was er durch Handke gelernt hat, ist dieses Innehalten in den einfachen Dingen: die Geste, mit der jemand sein Heft weglegt, etwa. Das Verklären des kleinen Augenblicks, die Mystik des Alltäglichen.« Kurzum: Nichts weniger als »die Suche nach dem Göttlichen«. Eine kluge Art, das Leben anzugehen, findet die Frau und hat längst durchschaut, welche Haltung des Mannes sich dahinter verbirgt: Ich bin einzigartig.

Neben Handke gehört auch die *Bunte* zur Familienlektüre. Maria Furtwängler liest sie gern auf Flügen; will auch wissen, »wer mit wem«. »Ich fühle mich da bestens unterhalten.« Von Haus aus ist sie eher kritisch und gehört zur Zielgruppe des *Spiegel*. Aber ihr Mann hat sie »gebrieft«, auch *Focus* zu lesen. Beiden ist wichtig, nicht in die Klatschspalten zu kommen. »Society-Objekt zu sein, das finde ich einen Abturner. Es sei denn, ich kann die Popularität nutzen, um etwas Sinnvolles zu tun.« Sie unterstützt seit Jahren die Organisation »Ärzte für die Dritte Welt« oder das »Bündnis für Kinder gegen Gewalt«. Und natürlich ist auch sie schon mit einem Bundesverdienstkreuz bestückt. Ein geradliniger Weg nach oben also? »In meiner persönlichen Erfahrung habe ich auch schon viel Scheiße gefressen«, lässt sie im NDR-Interview durchblicken.

Eines Tages wird es womöglich zu Maria Furtwänglers Pflichten gehören, ihren Kindern den Weg in den Burda Verlag freizuhalten. Obwohl sie offen in die Zukunft blickt. »Ich will ihnen das Gefühl geben, dass sie in ihrer Entscheidung absolut frei sind, was sie machen wollen.« Noch aber drängt es den Verleger selbst, seine Karriere zu vollenden, die nach der Realteilung am 1. Januar 1987 begonnen hat. Kurz vor seinem 47. Geburtstag ist er erstmals sein eigener Herr. An seiner Seite Maria, die ihn so beflügelt.

Teil II

Der Verleger

Kapitel 20

Der Stellvertreter und der Pressegott

Jürgen Todenhöfer und Günter Prinz

Jürgen Todenhöfer ist da

Think big. Von Anfang an denkt Hubert Burda ganz groß. Jetzt, da der Verlag ihm gehört, kann er schalten, wie es ihm gefällt. »Monopole knacken« lautet seine Formel, die ihn begleitet wie ein Mantra. »Seine innere Bescheidenheit ist so erstaunlich wie seine megalomane Größenvorstellung«, analysiert der Soziologe Sombart. Und sein scharfsinniger Anwalt Schweizer erklärt: »Für Dr. Burda ist das Unternehmen Burda viel zu klein.« Jürgen Todenhöfer sagt: »Am Anfang habe ich das nicht verstanden, dieses *big, big, big*. Aber ein Grund des Erfolgs von Hubert Burda ist, dass er große Träume hat und die nie aufgibt.«

Mit wem könnte er diese Träume umsetzen? Hubert Burda, der Axel Springer verehrt und doch Welten von ihm entfernt ist, teilt mit dem *Bild*-Gründer einen wesentlichen Charakterzug. »Er [Springer] hatte ein abgrundtiefes Misstrauen gegen alle Menschen, oft auch gegen sich selbst.« Ernst Cramer spricht aus langjähriger Erfahrung. Aber Springer machte eine Ausnahme: bei Friede. Wer wird Hubert Burdas Ausnahme sein? Nach der Realteilung ist er innerlich noch völlig verwundet von seinem Krieg mit Boenisch; sein Argwohn größer denn je. In dieser Situation baut der Goethe-Verehrer auf seine »Wahlverwandtschaft« Jürgen Todenhöfer. Burda hatte ihm einst geholfen, sich als Politiker zu *branden*; als »JGT« (»JottGeTe«) wollte er ihn bekannt machen, und zu Wahlkampfzeiten half er ihm sogar mit seinem Hubschrauber aus. Im Gegenzug hatte Jürgen Gerhard Todenhöfer ihm in langen nächtlichen Telefonaten Mut gemacht, sich durchzuboxen gegen die Brüder, hatte ihm von Boenisch abgeraten und am Ende Recht behalten. Jetzt holt Burda den Branchenfremden an seine Seite. Im Februar 1987 wird er Geschäftsführer von *PAN-TV*.

Todenhöfer ist fremd im Mediengeschäft, aber kein Nobody. Man kennt den CDU-Mann als aufsehenerregenden Alleingänger. 1984 legte er als erster CDU-Abgeordneter seine Einkommensverhältnisse offen. Seine Reisen zu den afghanischen Freiheitskämpfern besetzen 1980 und 1984 die deutschen Schlagzeilen. Unvergessen das Bild des turbangekrönten Todenhöfer; »husarenhaft-selbstverliebt«, wie die Zeitungen schreiben; unerbittlich auf dem Kriegspfad gegen den Obersten aller Kommunisten, Leonid Breschnew. Dessen Sprecher Samjatin lässt sich zu der martialischen Äußerung hinreißen, wenn man Todenhöfer zu fassen bekomme, werde man ihn »auspeitschen und töten«. Ist seine Reise bis dahin gezeichnet vom gefährlichen Kitzel des Abenteuers, erhebt sie ihn nun in den Rang des Helden! Seinen Überzeugungen treu bis in den Tod! Eine Aufführung so ganz nach dem Geschmack des ängstlichen Hubert Burda. Wo der schwärmerische Katholik in seiner Fantasie mit den Göttern des Olymp spielt, frönt der unterkühlte Protestant Todenhöfer dem Ideal der Nibelungen. Burda weiß, auf diese Treue kann auch er bauen.

Parlamentskollege Wehner verhöhnt derweil Todenhöfer als »Hodentöter«. Doch welcher Teufel hat den »Strauß-Spezi« geritten, als er sich mit Kohl anlegt? »Im Schlafwagen kommt man nicht an die Macht«, liest er dem Parteivorderen die machiavellistischen Leviten. Solche giftigen Pfeile verträgt Kohl nicht in seinem empfindsamen Politfleisch. Todenhöfers Stern erlischt. Wie konnte der clevere Machtstratege sich seine Karriere so vermasseln? Noch heute kann er es nicht erklären. Sagt nur: »Man muss schon einen Sprung in der Schüssel haben, um das zu machen. Aber ich sage immer, was ich denke.« Hat Jürgen Todenhöfer gelegentliche Allmachtsanwandlungen oder einfach nur Momente, in denen er sich nicht im Griff hat, er, der Heroe mit 101-prozentiger Selbstbeherrschung?

Bei Burda hat Todenhöfer eine neue Karriere begonnen. Unausweichlich verändert sich dabei auch die Freundschaft: »Seitdem ich für Hubert Burda arbeite, haben wir nur noch wenig privaten Umgang.« Sein Büro ist im obersten Stockwerk, auf der Fürstenetage. Einige Türen weiter residiert der Verleger. Nichts gemahnt hier an eine prachtvolle Herrschaftszentrale wie etwa bei Springer. Keine großräumige Grandezza, abhörsicher gedämmt und getäfelt. Bei Burda ist das Stockwerk der Macht hellhörig. Auf den schmalen Flur dringen Lachen und Gesprächsfetzen aus dem Büro der »Gudlat«. Zu Todenhöfers Sekretariat ist die Tür zu. Stille. Hier gibt es nichts zu lachen.

»JGT« trägt mal Rollkragenpullover zum Anzug, mal Hemd mit offenem Kragen. Mit Schlips sieht man ihn selten. Das Jackett hängt über dem Stuhl. Jürgen Todenhöfer trägt eine andere (Zwangs-)Jacke: Der Mann muss arbeiten, immerzu hart arbeiten. Als Quereinsteiger hat er einen ungewöhnlichen Aufstieg genommen und wurde dabei nicht geschont. Aber er hat sich durchgebissen. Unerbittlich gegen sich – und andere. Von Tausend Fleißigen ist er der Fleißigste, von Tausend Perfektionisten ist er der Perfekteste, von Tausend Sparsamen ist er der Sparsamste und rechnet dann vorsichtshalber noch einmal nach. Geizig sei er, sagen sie ihm nach. Spare die guten Magazine des Hauses kaputt, investiere nicht in die gute Laune der Mitarbeiter. Erkenne nicht, dass auch der Wohlfühlfaktor eine wirtschaftliche Komponente ist. Gebe einen Euro aus, um einen Cent zu sparen.

Der Vorwurf kann ihn nicht erreichen. »Wenn ich tatsächlich so wirtschaften würde, stände das Haus nicht so gut da.« Seine Kritiker kontern: Der Erfolg bei Burda werde nicht von Todenhöfer gemacht, sondern von den tragenden Titeln *Bunte, Focus, Freizeit Revue*. In wechselnder Reihenfolge.

Jürgen Todenhöfers Pokergesicht bleibt undurchdringlich. Die Panzerung in seinen dunkelbraunen Augen erlaubt nicht den geringsten Einblick in sein Inneres. Was schützt er? Ein verletzliches Ego oder den strategischen Hinterhalt? Warum fällt für seine Charakterisierung an erster Stelle immer dieselbe Vokabel: »eiskalt«? Spricht nicht der Umstand, dass er sich seit Jahren nach den Regeln des Maharishi Mahesh Yogi in Transzendentaler Meditation übt, Bände? Oder ist auch das nur ein Verweis darauf, dass er sogar die Entspannung erarbeiten muss?

Aber der scheinbar kalte Materialist hat neben dem Haben durchaus das Sein im Blick. 2001 zeigt Sat.1 das Porträt *Sie nennen ihn T.*, eine einzige Selbstinszenierung. Eingefädelt von Philipp Welte, seinem Ziehsohn und Geschäftsführer der Burda People Group. In diesem Interview mit sich selbst äußert sich »T« auch zur Existenz Gottes: »Es gibt ihn. Diese Welt ist kein Zufall.« Geht auch gleich in die irdischen Hierarchien: »Alle wirklich großen Menschen haben an Gott geglaubt.«

Todenhöfer ist groß. Sein graues Haar kurz geschnitten. Er ist gut in Form. Regelmäßig spielt er Fußball im Englischen Garten und ist stolz auf seine Mannschaft: »Da sind viele Arbeiter darunter.« Er joggt und stählt den Bizeps im Starnberger Fitnessstudio. Zum Essen bestellt er frisch gepresste »Vitaminbombe« anstelle von »un poco di vino«, der am Verlegerhof großzügig ausgeschenkt wird. »Der schöne Tödi«, flüstern sie hinter ihm her. Die Sache hat einen ernsten Kern. Seine Schönheit ist Todenhöfer viel wert. Und in jüngeren Jahren hörten seine Männer Hubert Burda häufig seufzen: »Wir haben es immer schwerer als der Todenhöfer. Der kommt irgendwo hin, strahlt und alle Frauenherzen fliegen ihm zu. Und wir sitzen in der letzten Reihe, niemand schaut bei uns auf.«

Im April 1977 heiratet Todenhöfer die hübsche Französin Françoise Laval, eine Offizierstochter. Die Trauung findet in der evangelischen Dorfkirche seines Wahlkreises, im pfälzischen Mölschbach statt. Trauzeuge ist Hubert Burda. Auch die *Bunte*-Leser dürfen das hübsche Paar in der Ausgabe 17/1977 in der Hochzeitskutsche bewundern. Die Braut ganz in Weiß mit einem Blumenstrauß. Es ist Todenhöfers zweite Ehe. Seine erste Frau ist das Opfer einer tückischen Krankheit geworden. Immer umweht den verschlossenen Todenhöfer auch ein Hauch von Tragik. Er ist der älteste Sohn eines tyrannischen Vaters, des Amtsrichters und späteren Senatspräsidenten am OLG Karlsruhe, Zivilsenat Freiburg, Werner Todenhöfer. Ausgerechnet an diesem Ort der Gerichtsbarkeit ist für Hubert Burda in zweiter Instanz die Klage gegen seine Brüder in Sachen Vorkaufsrecht für das Springer-Aktienpaket verloren gegangen. 1989. Jürgen Todenhöfer ist da bereits im Jahr drei seiner Manager-Reifeprüfung bei Burda.

Als er 1987 dort anfängt, ist der Aufschrei groß. »Es war ein typischer Hubert-Burda-Schachzug«, interpretiert er. »Als alles wieder ganz ruhig war, die Wogen sich geglättet hatten und alle dachten, ›von dem ist nichts zu befürchten‹, da hat er mich zu seinem Stellvertreter gemacht.« Das war schon zum Jahresende 1987, wenige Monate nach Todenhöfers Einstieg und einfach unglaublich: Ein Fachfremder soll einen der größten und namhaftesten deutschen Verlage führen! Was ist nur in das Verleger-Greenhorn gefahren, dass er sich mit einem noch grüneren Frischling verbindet?

Die Mutmaßungen laufen immer wieder darauf hinaus, dass er nun mal keinem vertraue außer seinem Todenhöfer. Einige Monate später trifft sich Medien-Inspektor Kress zu einem Hintergrundgespräch mit ihm und fragt: »Herr Todenhöfer, wenn Hubert Burda

»Wahlverwandtschaft« Todenhöfer, der nach der Realteilung 1987 Stellvertreter des Verlegers wurde.

morgen gegen einen Baum fährt und Sie keine Ahnung von dem Verlagsgeschäft haben, was dann?« Todenhöfer, ins Mark getroffen, antwortet: »An nichts anderes denk ich Tag und Nacht.« Er lernt auch Tag und Nacht, und erstaunlich schnell beherrscht er die Regeln des Geschäfts. Die ersten Jahre sind dennoch furchtbar. Überanspannung und Anfängerfehler zerren an den Nerven des Perfektionisten. Und an denen seiner Mitarbeiter.

1972 schon hätte Todenhöfer im Burda Verlag einsteigen können. Damals bietet ihm der Senator ein stolzes Monatssalär von 9 500 Mark an und eine Stelle als leitender Jurist; Todenhöfers Fach, in dem er sich über »Die deliktische Haftung des Hehlers« den Dr. jur. erwarb. Aber Todenhöfer fordert 10 000 Mark. Der Senator bleibt bei seinem Gebot, bittet: »Jürgen, jetzt komm doch.« Jürgen kommt nicht. Längst geht es nicht mehr um die 500 Mark Meinungsverschiedenheit, sondern ums Rechtbehalten. Keiner der beiden kann und will über seinen Schatten springen. Jürgen Todenhöfer fährt zu-

Hubert Burda und Jürgen Todenhöfer als junge Männer auf der Jagd mit dem Senator.

rück an die Universität Freiburg, wo er einen mies bezahlten Job als wissenschaftlicher Assistent hat. »Ich bin Skorpion, ich bin stur«, kommentiert er.

»Der war schon immer ein knallharter Karrierist«, berichtet ein Jugendfreund aus Freiburger Tagen, der eine Szene nie mehr loswird: Sie sitzen in einer Clique am Rappen am Münsterplatz, als ein kleines Marlboro-Team zielstrebig Todenhöfer ansteuert. Hat er Interesse an einem kleinen Werbejob? Das Honorar ist immens, zumindest aus Studentensicht. Die anderen wären geplatzt vor Stolz und hätten sofort angenommen, schon des Geldes wegen. »Aber der bekam natürlich das Angebot, weil er so unverschämt gut aussieht.« Und was macht Todenhöfer? Er lehnt ab. Bist du verrückt? Sie halten ihn für grenzenlos arrogant. Da erklärt er: »Das kann ich mir nicht leisten. Ich will in die Politik. Stellt euch mal vor, das käme eines Tages raus.«

Kein Zweifel, Jürgen Gerhard Todenhöfer denkt weit über den Tag hinaus. »Er war ein absoluter Glücksfall für Dr. Burda.« Sagen die Interpreten. Burda-Sympathisant Kress weiß auch warum: »Der Hubert kümmert sich ja um alles, zwischendurch auch um sein Geschäft.«

Todenhöfer kümmert sich um nichts anderes. »Second to none« will er den Verlag positionieren. Eine Maxime, die ursprünglich die

Militärstrategie des US-Präsidenten Reagan beschreibt: Der Bestbewaffnete sein. Erster sein. Die Wahlverwandten Burda-Todenhöfer wollen aus der geerbten Druckerei mit angeschlossenem Verlag den größten Medienkonzern Deutschlands machen. Ein ambitioniertes Ansinnen 1987. *Think big* eben.

Todenhöfer, der Fußballspieler, beschreibt ihre Taktik so: »Während Hubert Burda nach vorne geht, um Tore zu schießen, sichere ich nach hinten ab.« Seine Stimme ist samten und hollywoodmännlich. Auch an dieser Stimme hat er hart gearbeitet. Früher, als er noch Reden im Bundestag hielt, fand er sie viel zu hoch. Nun ist sie vertrauenerweckend geerdet und fast zu schön, um wahr zu sein. Es ist die Stimme eines Mannes, der seine Truppe hinter sich lockt. Aber die Stimme und der Blick sind wie zwei gegensätzlich gepolte Magnetfelder: Das eine zieht an, das andere stößt ab, schafft Distanz.

»Dieser Mann ist ein unglaublicher Taktiker«, kommt die Warnung vom Hof des Verlegerfürsten, »der sagt sogar die Wahrheit aus taktischen Gründen.« Todenhöfer lächelt, ausdruckslos. Wie sehr trifft ihn der Vorwurf? Gar nicht, sagt er. Er kann sogar verstehen, dass mancher so denkt. Schließlich ist er so geradlinig und ehrlich, dass das schon wieder nach Taktik aussehen mag. Topmanager Todenhöfer also der letzte Aufrichtige? Muss man gerührt sein?

Zweifelsohne ist Jürgen Todenhöfer »der Mann, auf den sich Hubert Burda verlässt, ohne je enttäuscht worden zu sein«. So beschreibt es Günther Kress zu Burdas 60. im Jahr 2000. Zu diesem Zeitpunkt kennen sich die beiden bereits 50 Jahre. Damals laufen schon längst alle Fäden des operativen Geschäfts bei Todenhöfer zusammen. Er ist stellvertretender Vorsitzender des Vorstands, Vorstand für Verlage, Finanzen und Verwaltung. Der heimliche Herrscher. Nichts entgeht seiner Kontrolle. Nichts entgeht seinem gepanzerten Blick. Aber in seinem Briefkopf nennt er sich schlicht: »Manager«.

Fragt man den Manager, wie sehr er Gefallen an der Macht gefunden hat, wird seine Stimme besonders weich, wenn er sagt: »Ich bin hier nur der *Majordomus*, der Hausmeister.« Umgehend fühlt man sich aufgefordert, bloß keine Fusseln auf dem blaugrauen Teppichboden zu hinterlassen. Tatsächlich kennt Todenhöfer jeden Lichtschalter im Haus; weiß genau, welche Putzfrau mit der Zigarettenpause übertreibt. Wenn er morgens zwischen acht und neun Uhr zur Arbeit kommt, nimmt er leichtfüßig die Treppen, sieben Stockwerke hoch; spät abends, wenn er seinen Schreibtisch verlässt, dasselbe Prozedere. Todenhöfer lässt sich nicht auf die Fahrstuhl-Optik beschränken. Und doch sagt er: »Wenn sich eine unserer Redakteurinnen in der Beleuchtung nicht gefällt, dann wechsle ich die Birnen.«

Warum diese betont programmatische Bescheidenheit? Ist sie nicht eine höhere und besonders durchtriebene Form der Eitelkeit? Im Gegensatz zum gesellschaftsfreudigen Hofstaat des Verlegers geht Todenhöfer auf kein noch so bedeutendes soziales Defilee. Nicht einmal, wenn der Ministerpräsident die Verlagsoberen lädt. Auch da ist er stur. Der Verleger ist der König, er soll sich in der Öffentlichkeit in Szene setzen. Todenhöfer hält sich auch privat so betont im Hintergrund, dass Burda nach fast zwei Jahrzehnten enger Zusammenarbeit immer noch nicht bei seinem Stellvertreter in dessen Starnberger Haus geladen war. Ein Ärgernis für einen Gesellschaftsmenschen wie ihn! Und niemand kennt sein »kleines Zimmer«, das er jeweils in München und Offenburg hat für die Nächte nach langen Managertagen. Warum dieses klandestine Gebaren? »Ich hab' gern meine Ruhe.«

Jenseits der Nebelwerfer des Understatements ist der *Majordomus* natürlich niemand anderer als der Hausmeier, Stellvertreter des Königs. »Dann nennen Sie mich Staatssekretär, aber mit Betonung auf Sekretär.« Bei dieser Beförderung scheint Jürgen Todenhöfer warme Füße zu bekommen. Er stellt die langen Beine auf dem Glastisch ab, schnürt seine Schuhe auf und erläutert die Prinzipen seiner Personalpolitik: Wer zu Burda kommt, muss zwei Kriterien erfüllen – gut sein im Job natürlich und, viel wichtiger, »ein feiner Kerl« sein. Das gilt auch für Frauen. Mobbing ist tabu. Sagt er. Immer wieder betont er, wie viel ihm daran liegt, dass sich alle wohl fühlen im Haus.

Aber viele der feinen Kerle beschreiben Todenhöfer als »Politiker«, und ihrem Tonfall ist zu entnehmen, dass sie es gar nicht so fein meinen. »Machtgeil« fügen sie hinzu. Unmöglich, das unter einen Hut zu bringen mit dem Mann, dem man gegenübersitzt. Seine Ruhe erweckt Vertrauen. Seine Stimme suggeriert Verbindlichkeit.

»Todenhöfer arbeitet wie Inspektor Columbo«, erläutert eine ehemalige Führungskraft. »Er übergießt einen mit Komplimenten, und in dem Moment, wo man sich verabschiedet hat und schon in der Tür ist, sagt er lächelnd: ›Eine Kleinigkeit noch.‹ Dann kommt der Hammer.« Die im siebten Stock haben viele Hämmer erlebt. Mitarbeiter, die frohgemut sein Büro betreten und eine halbe Stunde später beim Verlassen nicht wiederzuerkennen sind – leichenblass und dem Herzinfarkt nahe. Zu Todenhöfers Job gehört es, Kündigungen auszusprechen. »Das macht ihm gar nichts aus«, Härte ist sein Markenzeichen.

Trotz aller Machtanhäufung ist er genügsam geblieben. In der Mittagspause holt ihm seine Sekretärin ein belegtes Brötchen aus der Kantine. Eine Leberkässemmel und ein Bier sind immer noch seine bevorzugten Delikatessen. So wie damals im Bundestag. Als er sein Mandat aufgab, hat er sich um seine Leute gekümmert. Die Assistentin und den Chauffeur hat er mitgebracht zum neuen Arbeitgeber Burda. »Er hat sich gar nicht verändert«, sagt Veronika Geiger, seine Sekretärin, die mit ihm umzog von Bonn nach München, »er ist bescheiden geblieben und verlangt bedingungslosen Einsatz.«

Todenhöfer traut niemandem; seine Geheimniskrämerei ist legendär. Alle wichtigen Verträge im Hause Burda macht er. In roten Tüten, dreifach verklebt, werden sie weitergereicht. Nur Todenhöfer selbst darf sie öffnen. Auch alle Informationen, alle Zahlen des Verlages landen zuerst bei ihm und werden, durch seine Optik gesiebt, weitergereicht an den Verleger. Immer wieder glauben die Eingeweihten, Entmachtungstendenz auszumachen. Im September 2004 etwa nimmt der Verleger seinem ersten Mann den wichtigen wie empfindlichen Bereich der Unternehmenskommunikation weg. Warum? War doch unübersehbar, welche Freude Todenhöfer gerade an diesem Ressort hatte. Die Geschäftsberichte, die unter seiner Verantwortung erstellt wurden, strahlen durchweg visuelle Originalität aus. Die Bilanz 2003 bekam gar eine Goldmedaille des »Vision Award«. Und dennoch: Künftig wird wieder direkt an den Verleger berichtet. Was ist vorgefallen? Hat sich der zweite Mann schon zu sehr als der erste gefühlt? Ist etwas faul im Fürstentum Burda? Ohnehin reden Burda und Todenhöfer, wenn sie von Kommunikation sprechen, aneinander vorbei. Während der Stellvertreter auf Vermittlung der Verlagspolitik nach außen wie nach innen sinnt, geht es dem Verlegerfürsten um die

Verbreitung seiner persönlichen Lieblingsthemen. Um Neuronales und Crossmediales, um Moses in Ägypten und »cool people in the hot desert«, um alles, was die Sensoren seiner unermesslichen Neugier einfangen. Letztlich aber immer um das eine: dass sein Name hinausgetragen werde in alle Welt!

Auf der schwarzen Fensterbank in Todenhöfers Büro blüht eine weiße Orchidee. An Stirn- und Rückseite des Raumes hängen große Landschaftsbilder mit viel Grün um deutsche Eiche. Leihgaben aus der Kunstsammlung des Verlegers, in der sich jeder nach eigenen Vorlieben bedienen darf.

Schaut der Besucher in Richtung seines Schreibtisches, schaut er kontrollierend hinterher. Was sehen Sie? Auf der Telefonanlage blinkt einer der Knöpfe rot. Todenhöfer weiß jetzt, dass Hubert Burda telefoniert. Einige Türen weiter kann Burda genauso verfolgen, wann und wie lange sein Topmann in der Leitung hängt. Wenn der Verleger seinen ersten Mann braucht, macht es nur *tut tut* und schon muss der springen. Die beiden verbindet ein kompliziert-komplexes Verhältnis, für Außenstehende kaum durchschaubar. Sie sind wie These und Antithese; riechen sich blind, kennen alle ihre Finessen und wissen um die Achillesferse des anderen. Sie sind sich in absoluter Loyalität ergeben, in ihrer Zuneigung wie in ihrer Abneigung. Seit Jahren flammt immer wieder das Gerücht auf, Todenhöfer sei bei seinem Fürsten in Ungnade gefallen, sein Abgang nur noch eine Frage der Zeit. Ist es nur ein Trick, um die Zungen seiner Gegner zu lösen? Auf jeden Fall aber Teil der unentwirrbaren »Wahlverwandtschaft«.

Ist das Verhältnis gar metaphysischer Natur? »Ich bin Hubert Burda«, hat man den Statthalter schon sagen hören. Er winkt ab, will nicht missverstanden werden. Aber eines stimmt: »Ich denke wie er, ich muss ja alles in seinem Sinne machen, muss mich in sein Stilempfinden hineinfühlen. Das ist sehr schwer, ohne devot zu sein.« Der perfekte Stellvertreter? Ein Januskopf? »Der andere Teil meiner Aufgabe ist genauso schwierig: Ich muss ihm ja permanent widersprechen. Das ist mein Job.« Er muss denken wie sein Herr und darf sich doch nicht mit ihm verwechseln. Muss sich in seine Haut versetzen und ihm doch entgegentreten. Aus einem triftigen Grund: Um Hubert Burda vor sich selbst zu schützen. Sagen sie auf seinen Führungsetagen und stöhnen beeindruckt: »Er hat morgens zwischen halb zwölf und zwölf mindestens 20 Ideen, die er alle für genial hält.« Und Umsetzung verlangt. Aber kaum einer mag ihm Widerworte geben; er kann da sehr empfindlich sein. Kommt aber kein Einspruch, kann er auch beleidigt sein. Fürstliche Dialektik am Verlegerhof! Alle kennen sein Verdikt über jene Führungskraft, die auf diesem heiklen Territorium ihr Glück nicht finden konnte. Nach der Verabschiedung sagt Burda: »Der einzige Vorwurf an ihn ist, dass er immer das gemacht hat, was ich ihm gesagt habe.«

Im Laufe des Jahres 1987 ordnet Jürgen Todenhöfer dem Alleingesellschafter und Verleger Burda sein Unternehmen neu. In die Geschäftsordnung kommen – nach dem Vorbild Springers (!) – die vier Grundwerte, denen man sich verpflichtet fühlt: »I. der demokratischen, staatlichen und rechtsstaatlichen Ordnung; II. den Menschenrechten; III. der freien und sozialen Marktwirtschaft, der Sozialpflichtigkeit des Eigentums sowie dem freien Welthandel [sic!]; IV. der Verständigung und Aussöhnung sowie dem Selbstbestimmungsrecht der Völker, insbesondere des deutschen Volkes, das die Einheit und Freiheit Deutschlands vollenden soll.« Man will mindestens staatstragend sein. Alles unverkennbar aus der Feder von Todenhöfer, der schon im Bundestag eine aktive Wiedervereinigungspolitik gefordert hat.

»Die Grundzüge der Geschäftsführung« schreiben zehn Ziele vor, darunter Steigerung von Umsatz, Profit und Marktposition. *Think big.* Burda will aufholen. Auch ein Verhaltenskodex ziert das burdablaue Banner: »Anerkennung von Kreativität, kritischer Loyalität, Aufrichtigkeit« wird verlangt. Gute Vorsätze. Aber was Hubert Burda noch dringender braucht, sind gute Journalisten. Auch da landet er einen Hit! Die Sache hätte nicht besser angehen können.

Günter Prinz kommt

Seit jeher verehrt Hubert Burda alles und alle, die für Erfolg stehen. Zum Erfolg gehört: Von sich reden machen. In der Presse präsent sein. Sich ein Denkmal setzen. Seine Leute sollen sich *branden* und so zu seiner Unsterblichkeit beitragen. Er will über sie in der Zeitung lesen. Natürlich in den Blättern der anderen; der Prophet gilt nichts im eigenen Haus.

Keiner hat einst so die Schlagzeilen und die Auflagen des Landes bestimmt wie Günter Prinz. Er hat sie diktiert. Powerte in den Siebzigern die Auflage der *Bild* von drei auf fünf Millionen, regierte damit den Staat im Staate. In den Achtzigern ist er als Redaktionsdirektor zuständig für alles, was Axel Springer die Millionen ins Haus schwemmt. Soll gar so viel Macht gehabt haben, dass in seinem Vertrag stand, es sei ein Kündigungsgrund, wenn ein Verlagsmanager auch nur den Flur des großen Prinz betritt. So munkeln namhafte Journalisten, die sich sonst nicht so schnell ins Bockshorn jagen lassen. Prinz kommentiert knapp: »Absoluter Quatsch.« Aber zweifellos ist er im Zenit seiner Karriere der Profi unter den Profis, ein König des Boulevards. Kein Wunder, dass er mal als Nachfolger von Henri Nannen beim *Stern* gehandelt wird, mal als Regierungssprecher. Links und rechts des Boulevards gibt es keine tragende Rolle, die nicht irgendwann mit ihm hätte besetzt werden sollen.

Auch Senator Burda klopfte bei ihm an. Schon im Jahr 1966, als Prinz gerade – im Duo mit Hagen – die Chefredaktion der *Quick* niedergelegt hatte. Burdas Fahrer holte Prinz mit dem Mercedes 600 in seinem Gräfelfinger Haus ab; in Offenburg steuerte der jagdbesessene Burda dann eigenhändig durch den Forst. So konnte man in aller Ruhe nebenbei verhandeln. Zwei mächtige Männer, geadelt durch den Hauch der Lässigkeit . Aber als Prinz seine Gehaltsvorstellungen nennt, legt der Senator vor Schreck eine Vollbremsung ein. Sie fliegen gegen die Windschutzscheibe.

Prinz aber zieht es wieder ins Reich Springers. Dort hat er den Ruf des eiskalten Exekutors. Friede Springer distanziert sich von diesen harten Worten. Sie sagt: »Günter Prinz gehört zu den hochbegnadeten Journalisten ohne Moral.« Wenn Prinz redet, schweigen die kleinen Weihwasserträger, vor Ehrfurcht oder auch nur vor Furcht. Prinz hat Aura, Autorität selbstredend. Sofort offenbart sich, dass der Haifischblick seiner blauen Augen wie ein Diamant durch Jürgen Todenhöfers undurchdringlichen Panzerblick schneidet. Aber irgendwann, irgendwie offenbart jeder seine Achillesferse.

Bei Prinz passiert es, als seine Machtgelüste mit ihm durchgehen. Nach Springers Tod will er mit Servatius und – ausgerechnet! – den »Burda-Buben« Franz und Frieder den Vorstandsvorsitzenden Peter Tamm stürzen und kommt dabei selbst zu Fall. Dumm gelaufen. Aber die 16,8 Millionen Mark Abfindung haben schon wieder historische Dimension. Dafür muss er sich zum Abschied, im Mai 1987, von Tamm nur die kleine Spitze gefallen lassen: »Fehler zu machen ist erlaubt, Intrigen werden nicht geduldet.« Der König des Boulevards ist jetzt so in Gold gegossen, dass er kaum noch gehen kann. Aber was soll er mit dem vielen Zeug? Ein König braucht, mehr als alles Gold der Welt: ein Reich.

Hubert Burda sieht seine historische Stunde gekommen. Die Fehlentscheidung mit Springer-Mann Boenisch liegt erst ein Jahr zurück, da wird mit Pauken und Trompeten Springer-Mann Prinz angekündigt. Ein Triumph ungeheuren Ausmaßes. Was dem Vater nie gelingen wollte, glückt dem Sohn auf Anhieb. Es läuft wahrlich gut an, das erste Jahr als eigenständiger Verleger. Dr. Hubert Burda steht auf von seinem Schreibtisch im siebten Stock seines Münchner Verlagshauses, streichelt ganz sanft dem Hermes über seine forsche Stirn, dem Gott, der gewiefte Ideen in die Welt bringt. Ein guter Gott, der ihn da beflügelte. Er blickt hinaus in das kleinbürgerliche Reich des Arabella-Viertels und kann es selbst noch nicht fassen, was anderntags in der Zeitung und gleich darauf in *Burda Intern* stehen wird: »Günter Prinz (58) kommt ab 1. Januar 1988 zur Burda GmbH. Als Sonderbeauftragter von Verleger Dr. Hubert Burda wird er unter anderem Herausgeber der *Bunte*.« Ein neues Zeitalter konnte beginnen.

Es ist wieder einer dieser raren Momente, in dem ihn der Atem der Geschichte anweht – Arkadien war näher gerückt! Endlich! Oder haben die Götter ihren Schützling wieder ins offene Messer geschickt? Bald schon beginnt der größte Thriller der neueren Pressegeschichte. Die Mauer wird fallen, wie es Burda-Todenhöfer in ihrem machiavellistisch durchtränkten Verlagsstatut fordern. Aber wer hätte damit gerechnet, dass mit dem Ende des Kalten Krieges die Bomben zurückkehren? Nur dass jetzt die Geschosse auf dem Zeitungsboulevard einschlagen und der Feldherr ausgerechnet Hubert Burda heißt. Der Mann, der offen ausgetragene Aggressionen nicht ertragen kann. Der ein Lied anstimmt, wenn an seiner Tafel zu laut debattiert oder gar gestritten wird. Der scheinbar Sanftmütige, der verhaltene Lächler, der auszog vom märchenhaften Schwarzwald ins metropolitane München, um ein großer Verleger zu werden. Geriet er in einen Hinterhalt, wie er es heute gerne darstellen würde? Eine historische Schuld gilt es zu klären, deren Wurzeln bis zu diesem 1. Januar 1988 zurückgehen, an dem die Freude noch alles überstrahlt. An dem »der Kondottiere«, wie Hubert Burda Prinz respektvoll tituliert, in seinem Haus einmarschiert. Der Heerführer.

»Der ist schuld!«, wird er später einmal nicht müde zu wiederholen, während er mit ausgestrecktem Zeigefinger und bösem Blick auf Prinz zeigt, wenn es um Aufstieg und Fall der *Super! Zeitung* geht.

Aber noch wickelt der musisch geküsste Burda seinen Prinz umgehend in eine kleidsame Legende: »Günter Prinz ist der Karajan des deutschen Journalismus.« Er wird nicht müde, die Formel in jede seiner Tischreden einzubauen, und Prinz speist selbstverständlich an seiner Seite. Durch das schiere Placement macht Fürst Burda schon damals Politik. Natürlich schwingt da unterschwellig auch immer mit: »Bin ich nicht toll, dass ich diesen Prinz für mich gewonnen hab'?!« Prinz jedenfalls weiß, dass er mit gebührendem Abstand der erste Mann am Hof ist. Menschlich hofiert, fachlich heilig gesprochen. Hubert Burda habe während der Vertragsverhandlungen sogar gesagt: »Günter, schreib' den Betrag selber rein«, als das Gespräch aufs Geld kam.

Über eineinhalb Jahrzehnte später: Immer wieder reißen die Narben der Feindschaft und des Hasses auf, verursachen neue Schmerzen. Aber Hubert Burda versucht sich auch an einem objektiv klingenden Satz: »Prinz war schlecht für die *Bunte*, aber gut für mich.« Prinz, der Große, hat Burda erhört und erhöht. Das ist eine Tatsache 1988. Hinterher jedoch behaupten alle im Reigen des Verlegers: Prinz hat ihn gedemütigt. Man weiß, dass es gilt, vorsichtig zu sein, wenn es nur einen Schuldigen gibt, wenn sich alle auf eine Version verständigen. Die Wahrheit spricht nicht mit einer Stimme.

Dass Prinz den Burda Verlag auf eine neue Umlaufbahn gehoben hat, das zumindest will der Stellvertreter des Verlegers, Jürgen Todenhöfer, nicht leugnen. Prinz hat *Bunte* als »People Magazin« auf den Weg gebracht. Wie viel eleganter das doch klingt als der vormals altbackene Ruf des Klatsch- und Adelsblattes. Und der Grosso-Verkauf Inland, die harte Währung im Zeitschriftenmarkt, erhöht sich unter seiner Ägide beachtlich. »Burda war geradezu euphorisch«, erinnert sich Prinz.

Aber bald schon muss sogar Norbert Sakowski, der »Henker von Burda« feststellen, dass er noch nie jemand so eiskaltem begegnet ist wie Günter Prinz. In jener Situation zum Beispiel hätte selbst ein Sako tröstende Worte gefunden: Weinend kommt eine Redakteurin zu Prinz; sie hat in der Familie einen Todesfall zu betrauern, will sich entschuldigend verabschieden. »Karajan« aber blafft sie nur mitleidlos an: »Kindchen, lass' mich in Frieden, ich muss Blatt machen.« Auch Todenhöfer fröstelt. Er fängt damals an, sich sehr um Helmut Markwort zu bemühen. Sagt er. Einmal besucht er »King Gong« und ist begeistert, wie spielerisch und herzlich das Medienleben auch sein kann – Markwort hat in seiner Redaktion eine riesige Eisenbahn aufbauen lassen, die für alle sichtbar ihre Runden dreht. »Ich wollte ihn unbedingt haben«, sagt Todenhöfer. »Ich wollte für dieses etwas kühl gewordene Geschäft jemanden haben, der jovial ist, der launig, humorvoll und menschlich ist.« Noch ist Markwort Chefredakteur des *Gong* und beim Sebaldus Verlag.

Hubert Burda kann nicht fassen, dass seine führenden Leute Günter Prinz nicht ebenso schätzen wie er. Endlich hätten sie Gelegenheit, sich mit einem Gott des Olymp zu beraten. Was machen sie stattdessen? Wenden sich ab.

Imre Kusztrich zum Beispiel. Er ist mittlerweile zurück nach Offenburg, ins Reich der Yellow Press und Chefredakteur der *Glücks Revue*, anschließend von *Jupiter*. Entsetzt von Prinz' arroganter Umgangsweise, aber noch erschrockener darüber, was dieser mit *Bunte* anstellt, entfährt es ihm im Zorn: »Herr Dr. Burda, Prinz macht die *Bunte*, als hätte ihm jemand ins Gehirn geschissen.« Burda ist außer sich, wird vorwurfsvoll: »Imre, ich verstehe gar nicht, warum Sie von so einem großen Mann nicht profitieren wollen. Wenn *ich* bloß früher so jemanden gehabt hätte.« Will denn niemand dem Dr. Burda den Gefallen tun, sich vor Dankbarkeit für seinen großartigen Prinzenfang zu verbeugen? Ist ihm nicht manchmal, als würde er Perlen vor die Säue werfen?

Allen fällt auf, welche Macht Prinz über Hubert Burda hat; wie er dem Granden gefallen will und aufblickt zu dem um elf Jahre älteren Prinz. Hatte er mit 48 Jahren endlich einen Vater gefunden, den er respektieren konnte? Prinz dagegen behauptet: »Wir haben auf einer Augenhöhe diskutiert. Hubert hat mit der Zeit an Format gewonnen.« Trotzdem spürt er die Momente, in denen Burda ihn »als Vaterfigur gesehen hat«. Das Pendel im Muster »Verehren oder Verdammen« ist eindeutig positioniert.

Kapitel 21

Die ersten Verlegerjahre

Bausteine fürs neue Image

Elle – die modische Anzeigenfängerin

Das Tempo wird jetzt rasant. Unfassbar, welche Möglichkeiten sich im Verlag des Dr. Hubert Burda plötzlich auftun. Der erste eingerammte Pfeiler ist *Elle*. »Hubert sagte: ›Ich hätte so gerne die *Elle*, aber die ist weg‹«, erzählt Prinz. Der Bauer Verlag aus Hamburg hat bereits einen Vorvertrag, nachdem zuvor schon der große Konkurrent Gruner + Jahr in Verhandlungen mit der französischen Mediengruppe Hachette Filipacchi gestanden hat. Aber das Geschäft scheiterte, weil G+J-Chef Schulte-Hillen wie üblich auf einer Mehrheitsbeteiligung von 51 Prozent bestand. Darauf lassen sich die Lizenzgeber nicht ein, obwohl die weltweit etablierte *Elle* perfekt zu den gehobenen Zielgruppen von G+J passen würde. Der Titel wurde 1945 in Paris eingeführt, just zu dem Zeitpunkt, als Hauptmann Potet bei Aenne Burda im Offenburger Wohnzimmer saß und ihr von *La Mode chic* erzählte.

Elle steht für die junge aufstrebende Frau und stünde dem nicht mehr ganz jungen aufstrebenden Verleger Burda gut zu Gesicht. Damit könnte er das bröckelnde Nachkriegsmonopol von *Burda Moden* auf eine moderne Umlaufbahn bringen. *Elle* ist wichtig für ihn! Sie wäre die glamouröse Schwester für die etwas biedere *freundin*. Die Lizenz darf nicht an die Hamburger Streber! Burda, der noch kleine Großverleger braucht nicht die absolute Mehrheit der Geschäftsanteile, ihm genügt es, das journalistische Sagen in Deutschland zu haben. Günter Prinz ruft seinen alten Freund Heinz van Nouhuys an, einst *Quick*- und *Playboy*-Chef. Jetzt machte er als *Lui*-Mann immerhin so viel Geld, dass er damit die kleine publizistische Luxusyacht *Trans-*

Atlantik finanzieren konnte. Nacktes Fleisch und kleidsame literarische Reportagen aus einem Haus. Nouhuys, den man heute mit gerichtlicher Erlaubnis einen »Doppelagenten« nennen darf, damals aber nur unter Androhung einer einstweiligen Verfügung, hat über die eigene Lizenz beste Verbindungen zu den Franzosen.

Im Januar 1988 dann diese Szene: In Hubert Burdas »Zirbelstube«, am leergefegten Empire-Schreibtisch – selbst Götterbote Hermes musste weichen – unterschreiben Daniel Filipacchi und Hubert Burda die Lizenzverträge von *Elle*. An diesem Tag erscheint sogar Stellvertreter Todenhöfer mit schwarzem Anzug und burdablauem Binder. Hubert Burda trägt wie üblich dunklen Zweireiher, das weiße Hemd mit Button-down-Kragen, der blau-weiße Schlips quergestreift, Managerlook eben. Welch unterschiedliche Auffassung zum »Dress for Success« des Franzosen! Filipacchi kommt im kamelhaarfarbenen Kaschmir-Einreiher – das Jackett offen –, das cremefarbene Hemd mit Kentkragen, der breit gebundene Schlips zitroneneisblass. Monsieur schätzt das Dandyhafte. Was modisch nicht ganz zusammengeht, wird geschäftlich eine wunderbare Liaison. Und die Hamburger haben erstmals das Nachsehen. Um Burda den Markt nicht ganz zu überlassen, gründet Gruner + Jahr *VIVA*, das mangels Erfolg schon bald wieder eingestellt wird. Genugtuung Nummer zwei in der Südkurve der deutschen Presselandschaft, wo immer schon das Motto gilt: In Hamburg macht man Zeitschriften, um die Welt zu verändern; in München, um sie zu genießen. Nun wird sie in München auch noch eingekleidet.

Die Sache hat nur einen Haken: Burda hat damals für diese Art von Journalismus weder die Blattmacher noch die Journalisten. So trommelt Prinz eine wilde Truppe zusammen. Dazu gehört die herausragende Journalistin und *TransAtlantik*-Herausgeberin Marianne Schmidt genauso wie die Chefin der *freundin*, Elisabeth Bär, die »Mutter der deutschen Frauenzeitschriften« *(WirtschaftsWoche)*. Diese beiden holen wiederum ihre jeweiligen Leute herbei. Und wieder baut Prinz auf seinen langjährigen Mitstreiter bei Springer, auf Franz Josef Wagner. Schon bald ist er der einsame Star in der Manege des Zirkus Burda. Als Autor bestückt er in weiten Strecken die Inhalte der ersten drei *Elle's*. Seine Aphorismen sind derart unterhaltsam, dass sogar die *Süddeutsche* eine kleine Sammlung davon druckt. Aber als Vorzeigemann des modischen Magazinfeminismus eignet sich der sentimentale Bilderbuchmacho keineswegs.

Chefredakteurin wird die ehrgeizige Beate Wedekind, die mit ihrem Klatschreport »Mein Rendezvous« in *Bunte* eine steile Karrierekurve genommen hat. Auf sie fiel die Wahl nicht wegen modischer Kompetenz. Überragend ist ihr Talent, Kontakte zu knüpfen, Erfolg zu organisieren. Ihr größter Vorzug zudem: Sie hat das Vertrauen des Verlegers. Wieder funktioniert im Haus Burda eine Quereinsteigerkarriere. Vorerst zumindest. *Wenn einer seinen Richelieu hat, kann jeder regieren.* Beate Wedekind ist eine klassische Pionierfrau, eine Zupackerin, die nur aus reiner Motivation über das Ziel hinausschießt. Sie fürchtet sich höchstens vor sich selbst, davor, »wie wichtig mir der Erfolg in diesem Beruf ist, der Aufstieg, die Position«, wie sie einem Reporter erzählt. Wedekind ist eine fabelhafte Anzeigen-Verkäuferin, und mit *Elle* kommen ins Haus Burda erstmals die imageträchtigen Anzeigenkunden der gehobenen Klientel: Bogner, Chanel, Estée Lauder, Gucci, Lancôme, das ganze ABC des Luxuskonsums, das Burda so herrlich auf der Zunge perlt.

!Forbes – Selbstbewusstsein aus der kapitalistischen Spielzeugkiste

Mode ist schön. Doch Hubert Burda braucht endlich eine Zeitschrift für sein ersehntes Image als mächtiger Verleger. *Elle* kann da nur eine Kamelie im Knopfloch sein. Sein ganzes Interesse gilt der Macht, und die baut nun mal auf Geld. Der junge Wilde, Mathias Nolte, ist jetzt wieder an Burdas Seite, sein Duz-Darling aus Offenburger *Bunte*-Tagen. »Ein talentierter Bursche, aber nicht mit Salz und Pfeffer zu genießen«, wie Prinz umgehend befindet. Nolte ist Chefredakteur von *Ambiente*, das einfach nicht in die Gänge kommt. Die Gruner + Jahrs haben mit *Schöner Wohnen* schon wieder die Nase vorn, genauso wie mit dem Kunstmagazin *Art*. Burdas Pendant heißt *PAN*, eine *Art* für

Arme. Aber jetzt soll es mit Macht zur Sache gehen. Nolte entwickelt *Power*. Eine gelungene Neuauflage des einst grandios gescheiterten Männermagazins *m* soll das werden, und Burda will damit endlich seine alte, aber immer noch offen klaffende Wunde aus seinen Anfängerzeiten heilen. Das Magazin soll sich auch der ewigen Frage widmen, wie man Geld macht – und es gleich wieder raushaut. Jede Epoche hat die Zeitschriften, die sie verdient, und noch schreibt man das Zeitalter der Yuppies. Der jungen Reichen, denen dort, wo Hubert Burda gern die linke und die rechte Hirnhälfte propagiert, nur Geld, Statussymbole und Sex durch die neuronalen Bahnen schießen. Es ist die Ära von *Wall Street,* in der das Hohe Lied vom *Fegefeuer der Eitelkeiten* und *Gier-ist-geil*-Parolen gesungen werden. So weit das Klischee.

Das *Power*-Dummy könnte Burda nicht besser gefallen; nicht nur weil es ein Interview mit dem Verleger bringt, in dem er darlegt, dass die Medienhäuser von heute die Fürstenhöfe der Moderne sind. Als »Matsi« Nolte *Power* in der »Zirbelstube« präsentiert, exklusiv für seinen Fürsten, ruft – was für ein Zufall! – gerade Malcolm Forbes an. Man kennt sich, und man schätzt sich. Längst lebt Forbes im großen Stil, was Burda noch im Kleinen probt: die Spielfreude von fantasieverwöhnten Jungs, die nie erwachsen werden wollen und sich selbstverliebt in Szene setzen. Forbes ist, was auch der alte Burda war – ein Emporkömmling par excellence. Als junger Kerl machte er sich aus den schottischen Bergen auf den Weg über den großen Ozean, um das Märchen vom amerikanischen Traum wahr zu machen. Was Wunder, dass er seinem Wirtschaftsmagazin *!Forbes* den Untertitel *Capitalistic tools* beigibt. Der amerikanische Manager soll sich damit so gut bedient fühlen, als bekäme er die Werkzeugkiste des Kapitalismus an die Hand. Forbes' Philosophie lautet in griffiger Schlichtheit: *How to become rich and enjoy it;* in simplem Deutsch: Werde reich und glücklich. Das Magazin ist eine reelle Sache, verkauft alle zwei Wochen 700 000 Exemplare und hat ein jährliches Anzeigenvolumen von 3 500 Seiten. Damit lässt es sich leben. Im Gegenzug bietet *!Forbes* solide Wirtschaftsinformationen, unterhaltsame Manager-Porträts und natürlich den mit TÜV-Sorgfalt erstellten *Gotha* des Welt-Reichtums. Wer in die-

Mit Mathias Nolte (m.) und Malcom Forbes (r.), 1989.

sem Brevier der 500 Reichsten aufgelistet wird, kann nicht rufen »Pfusch am Kontostand«!

Natürlich ist Malcolm Forbes neugierig, als »Ju:bert« von seinen geldigen Männermagazinplänen erzählt. Umgehend verständigt man sich nach dem Motto: Zeig du mir deine schlaue Idee, dann flüstere ich dir mein Goldgeheimnis zu. Forbes möchte das Dummy sehen. Er hat seinen Wunsch kaum ausgesprochen – und Mathias Nolte sitzt schon im Flieger nach New York. Da ist Hubert Burda ungemein beflissen: Einen Mächtigen lässt er nicht warten.

Günter Prinz urlaubt derweil in der Karibik, und Burda wirft eine gute Portion seines üppigen Charmes in die Waagschale, bis auch Prinz zu dem Meeting an der feinen Fifth Avenue, wo die !Forbes-Redaktion sitzt, dazustößt. Dann passiert schon wieder ein kleines Wunder. Alle finden alle und alles: *fantastic*, *great* und *wonderful!* Nur die Betonung ändert sich ein bisschen. Wenn Burda schon ein Magazin mit monetärem Einschlag machen will, dann hätte Freund

Malcolm nichts dagegen, ihm die deutsche *!Forbes*-Lizenz zu verkaufen. Dr. Burda vibriert vor Begeisterung. »Dann machen wir doch *!Forbes bei Burda!*« Prinz protestiert. Hubert, das hat keinen Sinn, der Mathias ist ein begabter Bursche, hat aber keinen Schimmer von Wirtschaft, »der hält den Cash flow für eine Luftfahrtgesellschaft«. In der kleinen *Power*-Mannschaft ist Paul C. Martin der einzig Kompetente in Wirtschaftsfragen.

Solche banalen Einwände können die Euphorie von Hubert Burda nicht stoppen. Wenn Burda vertraut, ist er unkonventionell; wie bei Todenhöfer, wie bei Wedekind, wie schon einmal bei Nolte. Mathias wird das stemmen. Wird er?

Im Hause Burda explodieren jetzt auf allen Fluren die kreativen Bomben. Das Hochgefühl des entfesselten Verlegers peitscht auch seine Leute zu neuen Ufern. »Wenn man nicht aufpasste«, sagt Prinz, »wären hinter dem Rücken die seltsamsten Zeitschriften gekommen. Das machte die Arbeit mit Hubert so schwierig.« Da ist es wieder: das Stöhnen über das Joch der Genialität, über »die zwanzig neuen Ideen, die Burda zwischen halb zwölf und zwölf Uhr« jeden Vormittag jagen.

Hubert Burda ist in Fahrt: 1987 kauft er 2 Prozent von RTL; 1988 die *Elle*-Lizenz, und am 30. Mai 1989 unterschreibt er in New York die Kooperationsverträge mit *!Forbes*. Binnen Jahresfrist der zweite Coup mit einem ausländischen Partner. *Burda goes international* lautet die Parole nun. Für die *!Forbes*-Leute ist ein breit angelegtes Trainingsprogramm geplant. Sie sollen sich qualifizieren und regelmäßig in der New Yorker Redaktion lernen. Im Gegenzug darf ein amerikanischer *!Forbes*-Redakteur die Deutschen inspirieren.

Überhaupt sollen alle aus der großen Familie der Burdianer lernen, lernen und nochmals lernen. Sollen sich coachen lassen und weiterbilden. Dafür engagiert Burda sogar Jens Corssen, den langjährigen »Chiropraktiker meines Gefühllebens«. Im Rahmen der Burda-Sommerakademie bietet der Verhaltenspsychologe das »Corssen-Seminar« an. Eigenmotivation soll es steigern und Selbstbewusstsein obendrein. Und Burdas persönlicher Tennistrainer fürs »Inner Coaching«, Stefan Schaffelhuber, muss nun auch die Führungskräfte des Verlags betreuen, muss fordern und fördern.

Mit Entsetzen erinnern sich damalige Geschäftsführer an die ersten Verlegerjahre. Wenn sie im Kreis ihrer Abteilungen plötzlich über ihre Ohnmachtsgefühle sprechen mussten. »Es war bizarr.« Eins zu eins setzt Burda die Gesetze der neuesten Lehrbücher über neueste Managementmethoden, über die er schon morgens in aller Frühe liest, um. Bei *Elle* zum Beispiel sollten sich alle einen Slogan ausdenken und auf einen Zettel schreiben. Prinz graut vor solchen Spielchen. Er hat keine Zeit, will endlich an die Arbeit. Also schreibt er auf seinen Zettel: »Endlich *Elle*« und Hubert Burda findet das fulminant. Als Dankeschön – und mit Achievement Motivation im Hinterkopf – schickt er ihm zwei Kisten Burgunder nach Hause. Wer wäre da nicht gerührt? Wieder fällt Prinz auf, was er schon lange beobachtet. Alle sehen es, flüstern darüber hinter vorgehaltener Hand, aber Prinz spricht es ungeniert aus: »Hubert ist eine vielschichtige Persönlichkeit. Er ist maßlos eitel, kann aber auch ganz bescheiden sein. Er ist selbstsicher bis zum Irrsinn, zweifelt aber auch genauso. Er ist schwer zu greifen. Je nachdem, in welcher Beleuchtung man ihn erwischt, kriegt man einen wunderbaren Hubert Burda serviert oder einen vollkommen aufgeblasenen Phrasendrescher.« Unvergesslich peinigend sind für Prinz die vertraulichen Treffen in Burdas Büro im siebten Stock: »Wenn er seine drei wichtigsten Leute in die ›Zirbelstube‹ bat, graute allen vor den stundenlangen Monologen. Die Zeit zerrann einem durch die Finger.« Aus solchen Situationen versucht er sich immer wieder mit den Worten zu retten: »Hubert, jede weitere Viertelstunde, die ich hier sitze, kostet dich 10 000 Mark.«

Wen Hubert Burda bewundert, den bewundert er maßlos. Noch führt Prinz mit weitem Abstand diese Riege an, obwohl er als Berater des Verlegers häufig dessen Ansichten widerspricht. Im November 1989 etwa. Da darf Lothar Strobach seinen Traum von einem Reisemagazin verwirklichen: *Holiday*. Prinz protestiert und verdirbt allen die gute Laune mit dem profanen Einwurf: »Das gibt es bereits und zwar umsonst – in den Prospekten der Reisebüros.«

In Frankreich erscheint das Schwesterblatt von *Mein schöner Garten*. Bei Burda herrscht Gründerzeit. Glaubt der Verleger etwa selbst daran, als er für die Mitarbeiterzeitschrift, die von *Burda Intern* auf

Burda News umgetauft wird, die Schlagzeile »Burda greift nach den Sternen« diktiert?

Der Astrologe Winfried Noé, der heute über ein sternengelenktes Imperium gebietet, rät zu dem rentablen Geschäft, ein Astrologiemagazin zu gründen. Und schon im Dezember 1988 erscheint *Jupiter* am Kiosk. Wieder ist der Verleger begeistert, hat »Good Vibrations«. Auf dem Tennisplatz zeigt er sein Blatt stolz herum. »Astrologisch gesehen«, erläutert Noé, »ist Hubert Burda ein tragischer Held.« Warum? »Durch die Konstellation der Planeten ist er in eine feindliche Umwelt geboren, in der das Bedürfnis des kleinen Kindes nach Harmonie nie befriedigt wurde. Der Mond in den Fischen zeigt die Sehnsucht, mit anderen zu verschmelzen. Aber der Gegenpol ist Pluto-Mars-Saturn. Von hier aus hallt es: ›Ich will der Größte sein.‹ Menschen in dieser Konstellation haben ein krankhaftes Geltungsbedürfnis und eine überzogene Abhängigkeit von anderen.«

Auch *Jupiters* Umlaufbahn bekommt bald tragische Schlagseite. »Was ist denn das?!«, ruft Prinz verächtlich, als er von München nach Offenburg fliegt, um das neue Magazin zu begutachten. Sein Tonfall in diesen vier Worten genügt, um dem Verleger die Freude an *Jupiter* für immer auszutreiben. Alle können beobachten, was nun passiert: »Hubert Burdas Gesicht fiel total zusammen.«

Noé hat große Pläne mit seinem Astro-Blatt, und Prinz, der mit der amerikanischen Hearst-Gruppe über Kooperationen im Markt für Frauenzeitschriften verhandelt, soll auch die Sterndeutung ins Spiel bringen. Hat er sich wirklich geweigert? Doch dann kommt ohnehin der Dolchstoß. In einem Münchner Restaurant wird Burda als »Astro-Verleger« verhöhnt. Seine Zuträger überbringen ihm umgehend die Nachricht, und *Jupiter* erlischt wie ein abgestürzter Meteorit.

Trotzdem bleibt der Verleger in bester Stimmung. Immer selbstverständlicher bewegt er sich unter den Reichen und Mächtigen, den Forbes 500 eben. Und natürlich ist er geladen, als Malcolm Forbes im Sommer 1989 seinen 70. Geburtstag feiert. Es ist das letzte große Fest des ausgehenden Jahrtausends in der Disziplin Tausendundeine Nacht. Alle, die auf den fünf Kontinenten auf ihrem Konto »mindestens sieben Nullen vor dem Komma haben«, wie Michael Graeter in *Bunte* schreibt, geben sich bei Forbes ein Stelldichein. In der heißen marokkanischen Kulisse, im Palais Mendoub, am Rande der Sahara. Dort ereignet sich auch für Hubert Burda Großes!

Endlich Ebenbürtiger! – Rupert Murdoch betritt die Bühne

Es passiert auf »Lady Ghislaine«, der enormen Yacht des enorm beleibten englischen Großverlegers Robert Maxwell. Dass dessen Aureole bald zerstäuben würde wie eine große schillernde Seifenblase, ahnt um Malcolm »Ali Dada« Forbes' Geburtstagstorte herum noch kaum einer. Burda geht schon in Ibiza an Bord. Von dort nehmen die Herren Verleger Kurs auf Tanger. Druckereibesitzer Burda will die Zeit nutzen, um einige Aufträge für seine nicht ausgelasteten Rotationen in Darmstadt an Land zu ziehen. Druckaufträge verspricht er sich auch von Rupert Murdoch, der im selben Fahrwasser die »Midnight Saga« steuert. Burda brennt darauf, ihn kennen zu lernen. Nicht nur für ihn ist Murdoch damals der einzig wahre, unvergleichliche Mediengigant. Der Mann, der den Kontinent der Kängurus hinter sich ließ, um über England auch die neue Welt in Besitz zu nehmen; der sogar eine neue Staatsbürgerschaft annahm, um fortan mit US-Pass im Land der bildergläubigen Amerikaner Auflage zu machen und Fernsehsender aufzukaufen; der Mann, der die Vokabel »Tycoon« neu zu buchstabieren lehrte: der Herr der News Corp., dem auf drei Kontinenten einige der wichtigsten Zeitungen gehören, über 100 weltweit, darunter sogar die englischen *Times* und *Sunday Times*. Fünf Jahre lang wird Burda tatsächlich deren Magazinbeilage drucken.

Doch bevor es dazu kommt, ist er wie in Trance von der Leichtigkeit des Seins: Da träumte er zu Hause fieberhaft von dieser Begegnung, und dann läuft es im Film des Lebens so lässig ab. »Ju:bert, meet my friend Rupert«, sagt Malcolm Forbes zu ihm. Mit diesem bekannten Grinsen, das so lockend und sperrig ist wie die Tresore von Fort Knox. Rupert und Hubert begrüßen sich wie zwei alte Freunde. »Nice to meet you«, sagen beide artig, und Rupert hat diesen verbindlichen Gesichtsausdruck, der in angelsächsischen Genen gratis mitgeliefert wird. Ist herzlich und bodenständig wie die im Schwarzwald und entlockt Hubert Burda sein bestes Burdalächeln. Ein bisschen verschwitzt ist seine Rechte schon – diese Hitze!, diese Aufregung! Er hält sich an der Reling fest. Aber nach drei kräftigen Atemzügen des Inner Coaching hat er »diesen großen Mann« schon als Selbstverständlichkeit in sein System inhaliert. *Hubert Burda and Rupert Murdoch*, klingt schon toll. Er lächelt noch entschlossener. Winkt heiter hinüber zu den Agnellis, die gerade auf der »Extra Beat« ansegeln. Ahnte im fernen Deutschland eigentlich jemand, was es bedeutet, Hubert Burda zu sein? *To be Ju:bert Bur:da!* Mein Gott, dieser Tag signalisierte einen Wendepunkt in seinem Leben! Er sollte, leider, Recht behalten.

Zurück in der Münchner Arabellastraße, jubiliert Burda vor seinen beiden mächtigsten Männern im Haus, Schweizer und Todenhöfer: »Endlich habe ich einen adäquaten Gesprächspartner.« Die Herren räuspern sich reflexartig, ER überhört es, schwelgt in diesem Glücksgefühl, in Rupert einen Verlegerfreund seines Kalibers gefunden zu haben. Mit ihm auf Augenhöhe und doch ein Mann, zu dem er aufblicken kann. Kein Zweifel: Hubert Burda ist jetzt wer.

Schon zwei Jahre zuvor durfte er sein erstes *Spiegel*-Interview geben. Die Ausgabe mit der Nummer 26/1987 gehört deshalb lange zu seinen heiligsten Schriften. Unternehmenssprecher Jens Meyer erinnert sich detailgenau an die filmreife Szene: »Wir waren alle fassungslos. Er hat eine Stunde lang ununterbrochen geredet und alles gesagt, was er immer schon mal sagen wollte.« Unter anderem auch sein Verleger-Motto: »Festhalten am Alten, Fortfahren zum Neuen.« Diesen Satz hat er verinnerlicht, er war schon das Thema seines Abituraufsatzes. »Hubert Burda ist getrieben von ungezügeltem Geltungsdrang«, analysiert das *manager magazin* 1992. Fünf Jahre zuvor tat der frischgebackene Alleinunternehmer in dem Blatt kund, er fühle sich unheimlich wohl in seiner Solo-Nummer als Verleger, »in dieser Mischung aus Zirkusluft und Bundesliga«.

Die Luft an seinem 50. Geburtstag im Februar 1990 ist gedopt mit gesellschaftlichem Viagra, als er sich in der »Chesa Veglia« von Peppo Vanini in Sankt Moritz feiern lässt. Schon die Örtlichkeit ist eine Auszeichnung: »The Club«. Eingeweihte wissen, was das bedeutet. Kennen die immense Höhe der Aufnahmegebühr. Entsprechend ist die Gästeliste: Industrie-, Verlags- und Kunstadel unter sich. Die Henkels, die Jakobs, die Richs, die Regniers paarweise; der Reeder-Clan Niarchos kommt gar im Fünferpack, Victoria, Daphne, Maria, Philip und Spyros. Dann die Prinzessinnen, Playboys und reichen Witwen, die zur Zierde solcher Gesellschaften gehören. Auch Big Boss »Bela« Schulte-Hillen von Gruner + Jahr; Axel Ganz, der frühere Burda-Mann und jetzige G+J-Star in Paris; Lord Weidenfeld mit Lady Annabel selbstverständlich. Der Lord nimmt Burda seit Jahren an die Hand beim Erschließen der richtigen und wichtigen internationalen Kreise. Man hat seine Gefallensbank, auf die jeder einzahlt. Beinahe täglich telefonieren sie. Lord George Weidenfeld of Chelsea ist einer der wichtigsten Strippenzieher für deutsche Verleger. Er sorgt für Aussöhnung mit Israel, für transatlantischen Dialog und auch innerhalb Europas gründete er den *Club of Three,* eine informelle Begegnung der deutschen, englischen und französischen Staatschefs, ein Forum, auf dem all die komplizierten Themen angesprochen werden, die man nicht in offizielle Konferenzen trägt. Der Lord ist ein Freund der Springers, der Bertelsmänner; und über Hubert Burda sagt er: »Er ist ein Romantiker, mit dem Kopf in den Wolken und beiden Füßen fest auf dem Boden.«

Natürlich ist auch Helmut Markwort beim 50. dabei. Aber den nehmen die Klatschreporter in ihren Berichten nicht wahr. Noch ist *Focus* fern. Heinz Bauer wünscht handschriftlich – eine Rarität in diesen Kreisen – »den Optimismus und die Schaffenskraft, die unsere Väter beseelte«. Olaf Henkel, damals IBM-Chef, hat vergessen, den Geburtstagsbrief, den die Sekretärin am Computer aufsetzte, zu unterschreiben. Das unvollendete Dokument geht am Verlegerhof in Kopie an die Führungskräfte weiter. Sie wissen, was künftig zu tun ist: den Mann, wie auch immer, strafen. Stellvertreter Todenhöfer schreibt: »Lieber Hubert, in den 40 Jahren, die ich Dich nun kenne, habe ich wie viele Freunde immer wieder gerätselt, wer du wirklich bist.« Ein Undurchschaubarer?

Ein stolzer Mann auf jeden Fall, wie sich auf *dem* Foto schlecht-

In St. Moritz: Hubert Burda (r.), Maria Furtwängler (3. v. l.), Marella
(2. v. l.) und Gianni Agnelli (2. v. r.), 1990.

hin dieser Party-Nacht zeigt. Es wird in allen Blättern des Hauses Burda gedruckt. Der 50-Jährige in Frack und Fliege mit seiner
24-jährigen Freundin Maria Furtwängler, in bester Laune neben Gianni und Marella Agnelli, die er vergöttert. Das Glück des Augenblicks ist perfekt. Maria ist hochschwanger, und einen Monat später,
am 28. März 1990 kommt Sohn Jakob zur Welt. Der zweite Stammhalter neben dem mittlerweile 23-jährigen Felix aus der geschiedenen
Ehe mit Christa Maar. Ist nun tatsächlich die Dynastie gesichert,
nach der sich Burda so sehnt?

Selbst die Brüder Franz und Frieder sind gekommen. Noch fech-
ten die drei Burda-Erben – auch juristisch – einen erbitterten Streit
aus wegen des Springer-Aktienpakets. »Wird nun alles gut?«, fragen
neugierige Beobachter. »Hoffnung ist gut. Nicht zu hoffen, ist Verstand«, mit diesen Worten gratuliert Rudolf Augstein. Was die einen
als klugen Rat schätzen, werten andere wieder mal als »Hamburger
Miesmacherei«.

Einige Monate zuvor hatte Burda mit dem *Spiegel*-Chef einen dieser gravitätischen »Management by Walking«-Spaziergänge absol-

viert. Und Hubert Burda, der sonst die Niederungen des Geschäfts seinem Todenhöfer überlässt, fasst sich nun doch einmal ein Herz:

»Du Rudolf, wie sieht das denn aus mit dem Druck-Vertrag des *Spiegel?*« Augstein blockt umgehend. »Hubert, das ist alles geregelt mit Gruner + Jahr.«

»Du Esel, du dummer«, denkt sich Burda, »lass dir doch wenigstens ein Angebot von mir machen.« Ist der scharfsinnige Intellektuelle ein ansonsten auf den Kopf gefallener Geschäftsmann, oder scheut er nur die geschäftliche Berührung mit dem süddeutschen Ehrgeizling, der außer seinem Erbe und seinen Lizenzen noch nicht viel Eigenes vorzuweisen hat?

Augstein und Burda verbindet ein freundliches Verhältnis, gespickt mit väterlichen Gefühlen seitens des Älteren, glaubt der Jüngere. Augstein hat nie mit Kommentaren über die Burda-Buben gegeizt. Die Brüder F&F waren für ihn »Handwerksburschen«, im Gegensatz zum Jüngsten, dem »Mundwerksburschen«.

Der Mundwerksbursche ist aber auch Besitzer einer riesigen Druckerei, und für die möchte er einen dicken Fisch angeln – den Druckauftrag für den *Spiegel*. Ist das nur ein technischer Nebenschauplatz? Weit gefehlt. Dieser Druckauftrag hat Pressegeschichte geschrieben. Burda, der den Auftrag nicht bekommt, ahnt nicht, dass sein Verlegerschicksal dennoch daran hängt.

Die Lockungen des Helmut Markwort

Wer sich einst glücklich wähnen durfte, den *Spiegel* zu drucken, musste einen Absatz Kleingedrucktes unterschreiben. Die Zusicherung, kein konkurrierendes Nachrichtenmagazin auf den Markt zu bringen. Diese Klausel hat Markworts Biografie geformt und damit auch die von Hubert Burda. Bernhard Servatius bekommt heute noch hungrige Augen, wenn er erzählt, wie sehr man Mitte der achtziger Jahre im Hause Springer um Markwort kämpfte. Die *Hörzu* bietet man ihm an und auch die Aussicht, in den Vorstand befördert zu werden. Sagt Servatius. Aber Markwort – stur wie Todenhöfer? – hängt nur an seinem Traum vom eigenen Nachrichtenmagazin. Springer darf nicht, denn Springer druckt den *Spiegel*. Markwort muss weiter träumen!

»Wie kann man nur einen Markwort frei herumlaufen lassen und nicht vom Markt kaufen?«, fragt mit Schwejkscher Verschlagenheit Hubert Burda und macht auch gleich einen Ignoranten ausfindig: »Der Schulte-Hillen hat das zu spät erkannt.« Der große »Bela« ein Versager?

28. November 2003, Hamburg, Grotiusweg, feinstes Blankenese: Eine neue Villa im kühlen Glanz des Purismus; die klare Handschrift des Architekten Otto Steidle, der auch die Verlagszentrale von Gruner + Jahr am Hamburger Hafen entworfen hat. Daneben das alte Habitat, ein französisches Landhaus, gestützt auf dorische Säulen. Bela mag das nüchterne Haus. Darin stellt er sich der nüchternen Frage: Warum haben Sie das Potenzial des Helmut Markwort übersehen? »Habe ich nicht«, protestiert er. Auch seine Geschichte beginnt, wie die von Servatius, mit dem Blick des cleveren Managers für den regen Markwort und endet bei der Knebelung eigner Art. Weil Gruner + Jahr seit 1972 mit 24,9 Prozent – mittlerweile mit 25,9 Prozent – am *Spiegel* beteiligt ist, darf G+J kein eigenes Nachrichtenmagazin verlegen. So viel zum freien deutschen Presseland. 1990 wechselte dann auch der Druckauftrag von Springer zu G+J.

Aber schon 1987, lange vor Hubert Burda, so glaubt Gerd Schulte-Hillen, verhandelt er mit Helmut Markwort. X-mal bietet er ihm die Chefredaktion des *Stern* an. Sagt Markwort. Ganz konkret nur zweimal, behauptet Schulte-Hillen. Aber bei einem Bier darüber geredet, das habe man bestimmt x-mal. Einerlei: Markwort sagt jedes Mal ab. »Der Schulte-Hillen glaubte, ich wolle ums Geld pokern, und hat immer noch 100 000 draufgetan.« Doch Geld verdienen kann Markwort überall. Seine Forderung lautet unmissverständlich: »Lassen Sie mich so etwas wie den *Spiegel* machen, dann bin ich ihr Mann.« Schulte-Hillen muss auch Klartext reden: »Das darf ich nicht. Wir haben eine Konkurrenzausschlussklausel.«

Eindringlich bietet Schulte-Hillen noch einmal an: »Schreiben Sie doch *Stern*-Geschichte!« Für Markwort ist das keine Alternative. »Was soll ich mich auf die Schlacht mit diesen linken Ideologen einlassen?«, habe er Schulte-Hillen nur geantwortet und sich herzlich verabschiedet. »Genauso war es«, bestätigt Markwort. »Warum hätte ich mit meiner Badehose in das Haifischbecken *Stern* springen sollen?«

Schwimmt die deutsche Presselandschaft wie eine Insel in gefährlichen Gewässern, in denen der forsche Markwort den Goldfisch geben wollte, die Zierde seiner Branche? Gewiss nicht! Das Haifischbecken hat Markworts Piranha-Appetit geweckt. Früher oder später würde er attackieren.

»G+J ist ein sehr selbstbewusstes Haus, in dem die Journalisten nur die bessere Idee respektieren«, weiß Schulte-Hillen aus eigener, nicht immer heiterer Erfahrung. In den 19 Jahren als Vorstandsvorsitzender hat er sich oft genug auf heftige Kämpfe mit den Journalisten eingelassen. »Gruner + Jahr ist republikanisch, wie Hamburg«, das macht ihn stolz. »Aber Hubert Burda ist eine Mischung aus einem aufgeklärten Monarchen und einem Duodez-Fürsten. Er hat diesen Eigentümer-Dünkel.« Ein Nord-Süd-Konflikt mehr: Die Republik Gruner + Jahr gegen das Fürstentum Burdaland. Ein schmuckloser Vorstandsmanager gegen den Prächtigsten aller neuzeitlichen Medici – Hubert Burdaci!? Schulte-Hillen bleibt auch im Punkteverteilen nüchtern: »Was Markwort angeht, hatte Hubert Burda die Gunst des Augenblicks und den Heimvorteil auf seiner Seite.«

Von dieser Gunst ist Burda noch ein Stück entfernt, als er 1989 in Sankt Moritz mit Augstein vom Spaziergang zurückkehrt und ihm die neueste Errungenschaft in seinem Haus zeigt: Das neue Schwimmbad, ausgemalt mit farbenfrohen Fresken vom italo-amerikanischen Künstler Francesco Clemente.

Kapitel 22

Im Osten was Neues

Der *Super!*-Thriller

Am 9. November 1989 geht Hubert Burda früh zu Bett. Erst am nächsten Morgen bekommt er mit, was Rupert Murdoch in New York live am Bildschirm erlebte: den Fall der Berliner Mauer! Es ist unfassbar für die Deutschen in Ost, in West, für die Europäer, für die ganze Welt.

»Uns ist ein Markt mit 20 Millionen deutschsprachiger Leser geschenkt worden. So etwas gibt es nur einmal im Leben.« Mit dieser Begeisterung ruft Burda seinen Strobach aus Mailand zurück. Der hatte sich dort gerade eingerichtet, um ein italienisches Frauenblatt zu etablieren. Aber nun ist Wendezeit, und mit ihr wird das neue Jahrtausend der Verleger eingeläutet! An einem dieser Vormittage ruft »die Gudlat« bei Prinz in seinem Büro im sechsten Stock an und bittet ihn, doch hochzukommen zum Verleger. Dort sitzt auf dem weißen Sofa kein Geringerer als: Murdoch.

»Meet my best friend Rupert«, triumphiert Burda, mit einer Routine im Tonfall, als wäre er mit diesem Satz auf der Zunge geboren. Murdoch kennt Prinz' Vita und selbstredend dessen Auflagenzahlen bei *Bild*. »Der Eisgraue«, wie sie ihn in der Branche nennen, hat einst dem *Mirror*, dem innigsten Feind von Murdochs *Sun*, die Krone des Boulevards geraubt. Seinetwegen mussten sie ihren stolzen Spruch aus dem Titellogo streichen: *Biggest circulation on earth*. Unter Prinz ging dieser Lorbeer an *Bild*. Damit war er für Murdoch ein Superstar. Nun sollte er in einen Plan der Sicherheitsstufe »top secret« eingeweiht werden: Burda und Murdoch wollen mit Blick auf den Osten eine Sonntagszeitung auf den Markt bringen, nach dem Vorbild der *Bild am Sonntag*. »Jungs, macht das nicht!«, warnt Prinz umgehend, »das wird zu einem Krieg führen.« Aber die »Jungs« sind passionierte

Hubert Burda mit Rupert Murdoch (l.) und Günter Prinz (2. v. r.) 1990.

Spieler. Burda ein eher ängstlicher, Murdoch ein draufgängerischer, aber beide lassen nicht locker. Wird Prinz Recht behalten, werden die kommenden Wochen und Monate nur noch zur Chronik eines angekündigten Krieges?

Die Idee mit der Sonntags- nimmt nach und nach die Gestalt einer Tageszeitung an. Sie soll in den neuen Ländern starten und von dort aus auch den Westen erobern. *Super!* wird sie heißen, und *Super!* trägt den Schlachtruf »Monopole knacken« erstmals in die Öffentlichkeit. Das Monopol, das Burda und Murdoch zerschlagen wollen, ist kein anderes als das der allmächtigen *Bild*-Zeitung. *Think big* eben.

Doch was wollen »die drüben«, diese unbekannten Brüder und Schwestern im Osten überhaupt lesen? Darüber existiert im Westen nicht die geringste Vorstellung, geschweige denn eine Marktstudie. Ein Eldorado liegt direkt vor der Haustür, aber kein Medienmensch weiß, wie und wo nach der Goldader zu graben ist. Für Ex-*Bild*-Mann Boenisch war die Sache aussichtslos: »Du kannst eine nach Osten gerichtete *Bild*-Zeitung nur mit Westlern machen, denn die Ostler konnten das damals nicht. Wenn du es aber mit den Westlern machst, fühlen die Ostler ihr Lebensgefühl nicht repräsentiert.« Auch Prinz weiß das und hat wie immer eine clevere Idee: Eine Wochenzeitschrift soll zuerst lanciert werden, um zu sehen, was ankommt und was nicht. Ein Billigmagazin verschluckt nicht die immensen Investitionssummen einer Tageszeitung, ist ein ungleich kleineres Risiko. So entsteht *Super Illu*, eine Marktstudie in Echtzeit.

Im ehemaligen Ostteil der Stadt, gleich beim Alexanderplatz, bezieht Prinz mit einer neu zusammengewürfelten Mannschaft eine Etage in der Mollstraße 1, im ehemaligen Gebäude des ADN, des Nachrichtendienstes der DDR. Noch prangt der Schriftzug über der grauen Gleichschaltungsstelle der untergegangenen Deutschen Demokratischen Republik. Aber die Zeit ist hier konserviert, neun Stockwerke hoch. Der Gilb der Jahrzehnte füllt auch die letzte Ritze. Alles ist verdreckt und verstaubt. Wo auf den schmutzigen Tapeten weiße Schatten an den Wänden leuchten, hingen bis vor kurzem noch die Porträts von Erich Honecker. Die Türen sind abhörsicher beschlagen; die Telefonleitungen Richtung Osten knacken, nach Westen führen im ganzen Haus nur zwei Leitungen. »Fast alle, die hier mitmischen, haben es erlebt«, schreibt Redakteur Bernd Oertwig, ein Mann der ersten Stunde, in *Burda News*: »Nach drei Tagen kommt der erste Koller. Nach einer Woche will man alles hinschmeißen. Nach zehn Tagen die heitere Gelassenheit eines Zen-Buddhisten.« In der Kantine werden wie eh und je drei Gerichte serviert: Bockwurst in Naturdarm, Bockwurst mit Kartoffelsalat oder Kartoffelsalat pur. Und die meisten der aus dem Westen zugereisten Journalisten wohnen in der schmucklosen Bettenburg des Palasthotels, das inzwischen durch einen Neubau von »Radisson« ersetzt wurde. Im Rückblick sagt jeder: »Es waren wilde Zeiten.«

Die *Super Illu* hat ein simples und gängiges Konzept, bietet leicht verdauliche Polit- und Erotikhappen, Stasi-Enthüllungen und nackte Frauen. Nach beidem ist im Osten des Jahres 1990 der Hunger groß, und das Blatt macht auf Anhieb eine Million Auflage! Damit hatte keiner gerechnet. »Alles, was sie Prinz gegeben haben, hat er perfekt gemacht«, sagt Burda. Mit dem *Illu*-Erfolg festigt sich der Glaube an *Super!*, die Tageszeitung. Moderne Computeranlagen werden angeschafft, die Redaktion weiter ausgebaut. Mit Willi Schmitt und

Wolfgang Kryszohn, zwei Ehemaligen von Springer, die den Regenbogen der Presse von *Sport-Bild* bis *Bild am Sonntag* kennen. Zu ihnen stoßen Peter Balsiger, ehemals *Quick*-Chefredakteur, und sein Stellvertreter Andreas Petzold, mit seinen über zwei Metern unübersehbar. Der Spannenlange mit der markanten Reporternase wird Nachrichtenchef. Und einige Jahre später Chefredakteur des *Stern*.

Regelmäßig fliegt Prinz aus München ein, um die Nullnummern zu begutachten. Vor sich seinen Obstteller und Espresso, simuliert er mit seinen Mannen Nachrichtenkonferenzen. Alle spüren in ihren brodelnden Blattmacherseelen, was sie ohnehin wissen: Prinz ist ein Vollprofi, der immer noch die Geschichten des Boulevards wittert. Ein Kondottiere, der sein Heer im Griff und geschlossen hinter sich hat. Begeistert arbeitet die Mannschaft weiter an dem Konzept einer *seriösen* Boulevard-Zeitung für den Osten. Endlich sollten die drüben bekommen, was ihnen 40 Jahre lang verwehrt war: eine Zeitung, in der sie nicht mehr zwischen den Zeilen lesen mussten.

Aber alle wissen auch, was das bedeutet: Krieg mit Springer. Der Verlag, der der real existierenden »DDR« immer nur mit Anführungszeichen entgegentrat, würde die nachkommunistische Flurbereinigung per Schlagzeile nicht kampflos den Burda- und Murdoch-Kämpen überlassen. Niemals! So wird *Super!* das größte Experiment der Nachkriegsgeschichte seit Gründung der *Bild*. Nur viel gefährlicher. Als *Bild* am 14. Juni 1952 erstmals an den Kiosk kommt, ist noch kein empfindsamer Platzhirsch zur Stelle, der sein Revier verteidigen muss.

Aber im Verbund des mächtigen Triumvirats Murdoch-Prinz-Burda ist der Gegner zu packen! Glaubt Hubert Burda. Er ist trotz aller Angstmomente zuversichtlich und nachhaltig geehrt, dass sich der mächtige Murdoch mit ihm verbündete. Wie jeder unbedarfte Leser glaubt auch der Münchner Verleger, was in der Zeitung steht: Murdoch ist der Größte! Niemals käme Burda auf die Idee, dessen Finanzlage anzuzweifeln. »Ich Trottel! Das würde mir heute nie mehr passieren!« *Best friend* Murdoch und Freund Prinz bringen sein Misstrauen zum Schweigen und sind die Erfolgsgaranten für seine enorme Investition. »Dieses 200-Millionen-Mark-Projekt wird 400 Mitarbeiter beschäftigen«, schreibt Geschäftsführer Jörn Könke in der Januarausgabe 1991 von *Burda Intern*. Eine enorme Summe für den kleinen Großverleger. Seine Monopole-knacken-Strategie grenzt an Draufgängertum. Stellvertreter Todenhöfer ist deshalb von Anfang an dagegen. Er blockiert und blockiert, muss am Ende aber feststellen: »Es gibt Dinge, da kannst du dich auf den Kopf stellen, die lässt sich Hubert Burda nicht ausreden.« *Super!* war so ein »Ding«.

Mittlerweile ist es Ende Januar 1991, und in wenigen Monaten sollte die vom Pionierfieber infizierte Redaktion *Bild* das Fürchten lehren. Da passiert etwas Furchtbares:

Am Sonntag, dem 3. Februar 1991, setzt sich Günter Prinz in Hamburg an seinen Schreibtisch. Er hat ein erdrückend schlechtes Gewissen, aber schließlich nimmt er den Füller in die Hand und beginnt zu formulieren, was am Ende drei Briefseiten füllt:

»Lieber Hubert!

Während ich diesen Brief schreibe, hoffe ich, dass Dein Sonntagsgespräch mit M. [Markwort] erfolgreich war. Es wird Dir und mir erleichtern, über etwas hinwegzukommen, was ich Dir jetzt sagen muss:

Ich habe mich entschlossen, in das Haus Springer zurückzukehren.

Dies ist keine Entscheidung gegen Dich, sondern eine Entscheidung für Axel Springer, dem ich so vieles, wenn nicht alles zu verdanken habe. Auf Wunsch des künftigen Vorstandsvorsitzenden und nach dem Willen des Hauptgesellschafters soll ich wieder die Aufgabe übernehmen, die mir einst A. S. übertragen hatte: Den Journalismus in seinem Haus zu vertreten.

Ich habe nur noch drei, vier Jahre im Journalismus zu arbeiten, lass mich diesen Weg gehen. Die Wurzeln zum Haus Springer, in dem ich fast 30 Jahre verbrachte, sind zu tief.

Dies kann und soll – so hoffe ich, nicht das Ende unserer Zusammenarbeit sein. Wenn wir es richtig machen, kann der heutige Tag der Anfang einer neuen und viel größeren Partnerschaft sein. Du weißt: Krise und Chance haben im Chinesischen dasselbe Schriftzeichen.

Meine Bitte:

Lass uns versuchen, die Chance herauszuarbeiten.

So wirst Du in mir bei Springer einen engagierten Befürworter jeder Art Verbund der Häuser Burda und Springer haben. Du und M. auf der einen Seite, Wille und Prinz auf der anderen können Großes bewegen. (Günter Wille wird schon in den nächsten Tagen mit Dir Kontakt aufnehmen – auch wegen *Super*.)

Zu *Super*: Die Lücke, die ich da hinterlasse, ist kleiner, als Du jetzt glaubst.

Die Konzeption steht. 850 000 Exemplare *Super Illu* sind ein gutes Indiz.

Der Titel *Super* ist top.

Die Redaktionsspitze mit Willi Schmitt, Peter Balsiger, Andreas Petzold und Wolf Kryszohn ist das Beste, was es im Augenblick in Deutschland gibt. Wenn Du willst, kann Peter Bartels dazukommen, er wartet nur auf Deinen Anruf.

Lieber Hubert – die 3 Jahre in Deinem Haus waren schön. Du warst ein großartiger Partner, Anreger, Helfer, Verleger. Lass uns versuchen, dies in einem neuen Verbund fortzusetzen, wie immer Karlsruhe[*] heute entscheidet. (Du siehst, ich habe nicht taktierend diese Entscheidung abgewartet.)

Und lass uns unsere Freundschaft bewahren.

Dein Günter«

Die Fahnenflucht des »Kondottiere«

Tags darauf, am Montag, dem 4. Februar, morgens kurz vor neun Uhr, gibt Prinz' Fahrer den Brief im Vorzimmer des Verlegers, bei der »Gudlat«, ab. Hubert Burda ist außer sich! Der Atem stockt ihm! Bis heute findet er nicht die Worte für die Schockwalze, die ihn überrollte. »Das war der heikelste Moment meines Lebens.« In Panik drückt er den Knopf der Telefonanlage. »Jürgen schnell, komm schnell.« Auch Todenhöfer erstarrt. Der Mann, dem sie vorwerfen, eiskalt zu sein, fröstelt. Spürt, wie es dem Verleger den Boden unter den Füßen wegzieht.

»Das mit Prinz war annähernd eine große Freundschaft.« Prinz war sein Kompass und Burda jetzt orientierungslos. Die Wut erstarrt ihm zu Abscheu. Ein Graben aus abgrundtiefem Hass tut sich auf. Der

---

[*] In Karlsruhe wurde eine weitere Klage Hubert Burdas gegen seine Brüder abgelehnt – der Verkauf der Aktien an Springer blieb somit rechtskräftig.

Kondottiere beging Fahnenflucht. Was sollte nun aus den führungs-
losen Truppen werden? Schlimmer noch, der Kondottiere wechselte
die Fronten. Er heuerte mit den Schlachtplänen in der Tasche beim
Feind an, den sie mit *Super!* aus dem Feld schlagen wollten. Es war
der blanke Irrwitz, jetzt noch weiterzumachen.

Wie konnte es nur dazu kommen?

»Ich hatte ja keinen Vertrag mehr bei Burda«, kontert Prinz. »Mein
alter Vertrag war im Dezember 1990 abgelaufen und der neue noch
nicht fertig. Immer gab es noch ein Komma oder Semikolon, das dem
Todenhöfer nicht passte. Der kam einfach nicht zu Potte. Ich hatte
mit Schweizer verabredet, auf 4-Wochen-Basis weiterzuarbeiten.«

Selbst wenn Prinz einen Vertrag gehabt hätte, wäre die Verlockung
Springer nicht in jedem Fall zu groß gewesen?

»Dann hätte ich meinen Vertrag selbstverständlich nicht gebrochen. Und wenn Servatius mit Schalmeien geflötet hätte. Ich bin sehr
stolz darauf, noch nie in meinem Leben einen Vertrag gebrochen zu
haben.« Sagt Günter Prinz.

Hat er die Unterzeichnung hinausgezögert, wie Burda behauptet,
und hinter seinem Rücken bereits mit Springer verhandelt? »Ich
würde ihn heute nie mehr in Urlaub fahren lassen ohne eine Vertrags-
unterschrift.« Burdas Stimme bebt immer noch bei diesen Worten.
»Es gab«, sagt er, »selbstverständlich mündliche Absprachen – unter
Ehrenmännern bedeutender als jeder Vertrag –, und die sahen so
aus«: Rupert Murdoch wollte 55 Prozent von *Super!* übernehmen. Es
sollte sein großer Eroberungszug im vereinten Deutschland werden.
Sein Finanzmann Alexander Papamarkou 10 anstatt seiner üblichen
2 Prozent, Hubert Burda 25 Prozent, und die restlichen 10 Prozent
sollten an Günter Prinz gehen. Dass dann später Murdoch und Burda
halbe-halbe machen, war nie so geplant. Es ist eine Notlösung – »aus
Gutmütigkeit« Burdas, wie Todenhöfer erklärt. Murdoch hat von
Anfang an kein Geld. Über ihm hängt das Damoklesschwert der
Banken. Aber Murdoch, der Spieler, spielt Vabanque. Und Burda,
der Spieler, setzt immer noch auf das Ass Murdoch.

»Mündlicher Vertrag?« Beinahe hätte sich Prinz verschluckt. Jetzt
muss er doch an die Worte seines alten Verlegers Heinz Ullstein erinnern, der zu sagen pflegte: »Ein mündlicher Vertrag ist nicht das

Papier wert, auf dem er steht.« Überhaupt: »Auch Murdoch wurde damals ganz ungeduldig und sagte: ›Günter, wenn sie nicht fertig werden mit ihrem Scheißvertrag, dann machen *wir* den.‹« Berichtet Prinz, der protestiert haben will: »Das geht doch nicht, Rupert!«

Derweil wird bei Springer ein neuer Vorstandsvorsitzender berufen: Günter Wille, ein Manager aus der Zigarettenbranche ohne die geringsten Kenntnisse vom Zeitungsmachen. In seiner Not wendet er sich an Leo Kirch und erbittet dessen Rat. Kirch verweist ihn weiter an Prinz, und schnell wird man handelseinig. Auch Aufsichtsrat Bernhard Servatius ist hocherfreut.

Warum hat Prinz sein *Super!*-Baby verraten und Hubert Burda im Stich gelassen? »*Super!* war nicht mein Baby, ich war nur die Amme. Als ich wegging, ließ ich es mit einer soliden Redaktion zurück. Meine Bande zu Axel Springer waren um ein Vielfaches stärker als zu Hubert Burda. Er will das einfach nicht verstehen. Springer war ein unglaublich toller Mann, dem ich viel verdanke. Wenn nach seinem Tod das Haus kommt und sagt: ›Wir brauchen Sie!‹, dann kann ich nicht Nein sagen.« Zwei Seelen auch in Prinz' Brust? Obendrein die Genugtuung, nach dem Streit mit Tamm nun doch wieder gerufen und versöhnt zu werden mit dem Haus, das ungleich mondäner und mächtiger ist als Burda?

Hubert Burda will davon gar nichts hören. Es herrschte Krieg, da gibt es kein Verständnis feilzubieten! Dass der Feind versuchte, die Säule Prinz aus der Burda-Festung herauszubrechen, war verständlich und legal. Dass Prinz es mit sich machen ließ, das allerschlimmste Delikt am Verlegerhof je: Hochverrat! Darauf steht die Todesstrafe, die Vertreibung aus dem Bewusstsein. Aber je gnadenloser der Feind aus dem Gedächtnis gelöscht werden soll, umso hartnäckiger nistet er sich dort ein. »Prinz existiert für mich nicht mehr. Schon seinen Namen zu erwähnen ist der Ehre zu viel.« Sagt Burda und klingt dabei wie ein entzauberter Mann, der eine unerträglich schmerzhafte Trennung hinter sich hat. Warum so viel Pein? Wegen der blinden Anbetung für Prinz, die mit im Spiel war? »Sicher war das auch eine Scheidung auf höchstem Niveau. Günter war sehr emotional und für mich immer eine sehr starke Bezugsperson«, räumt der Verleger ein.

Fortan wird Burda seinen »Karajan« mit Verachtung strafen.

Dafür, dass der mit seinem Dirigentenstock einfach weiterzog und ihn allein im Orchestergraben zurückließ. Über ein Dutzend Jahre später, im Juli 2004, feiert Günter Prinz seinen 75. Geburtstag, und immer noch kommen aus den Reihen der Mächtigen die Honneurs. Aber Glückwünsche seines früheren Verlegers Hubert Burda bleiben aus. Obwohl er Prinz, trotz der menschlichen Enttäuschung, viel zu verdanken hat. Allein die von ihm gegründete *Super Illu* ist heute die größte Illustrierte in den neuen Bundesländern.

»Der Eisgraue« ist zeitlos markant und eloquent geblieben. Immer noch geht er regelmäßig in sein Hamburger Büro im fünften Stock der Alster-Arkaden, mit Blick auf den Rathausplatz. Zur grauen Hose trägt er schwarzes Polohemd und gelben Kaschmirpullover. Sein Haar ist voll und weißgrau; seine Augenbrauen buschig und weißgrau; die Nasenhaare weiß; die Zähne perlweiß. Die Augen, man muss es wiederholen, von bestechendem Blau. Die Rolex selbstverständlich, die Stimme rau und tief.

Axel Springers Anspruch auf äußere Noblesse hat Prinz zweifellos erfüllt. Aber er ist ein kalter, zynischer Hund, sagen die, die er groß gemacht hat auf dem Medienboulevard, nur um gleich eine Bresche für ihn zu schlagen: Trotz alledem ist auf Prinz Verlass, seine Leute lässt er nicht hängen. »Komisch ist«, sagt Prinz, »dass Hubert Burdas Feindschaft erst existiert, seitdem ich von Springer weg bin. Als ich noch im Haus war und etwas zu sagen hatte, hat sich Hubert auch nach meinem Weggang bei Burda oft genug meinen Rat geholt. Genauso wie damals, als ich Chef der *Bild*-Zeitung war.« Die Macht der Mächtigen und der tiefe Fall, wenn die Macht verabschiedet wird: Hubert Burda kann das nicht passieren. Er ist 100-prozentiger Eigentümer seiner Hubert Burda Media.

Super! von Bierflasche erschlagen – der Pressekrieg tobt

Am Abend des berüchtigten 4. Februar 1991 lädt Günter Prinz in Berlin seine *Super!*-Führungsmannschaft ins italienische Restaurant

»Borbone«, eröffnet bei Weißwein und Spaghetti seinen Weggang zum Springer Verlag. Alle sind wie betäubt! Nicht nur ihr Schlachtenführer kommt ihnen abhanden. Ohne Prinz, das ist jedem umgehend klar, fehlt dem Burda Verlag die einzig verlässliche Kompetenz für das Tageszeitungsgeschäft.

Doch nach dem ersten Schock werden die *Super!*-Männer noch kämpferischer. Die Herausforderung schweißt sie zusammen. In der Redaktion hängt schon seit Tag eins der Guerilla-Losungsspruch: *Death or Glory,* Tod oder Sieg. Und schließlich ist auch Murdoch noch im Boot. Der Herrscher der Tabloids, der weiß, was sich verkauft. Jedenfalls gehen sie am nächsten Tag wieder mit Feuereifer an die Arbeit, basteln Dummys, üben sich in Selbstständigkeit ohne Übervater Prinz.

Als eine Woche später Jürgen Todenhöfer in Berlin einfliegt, ist das Szenario wieder dasselbe. »Borbone«, Weißwein, Nudeln. Nur auf dem Stuhl von Prinz sitzt jetzt der Stellvertreter des Verlegers. Er feuert die *Super!*-Mannen an: Das lassen wir uns nicht gefallen, jetzt legen wir erst recht los. Alle bekommen neue Verträge, mehr Geld und wohlklingende Titel. Keine Spur von Todenhöfers berüchtigtem Geiz. Natürlich steckt hinter der neuen Großzügigkeit die Angst, Prinz könne die Mannschaft zu Springer abwerben. Doch nichts vermochte ihren Kampfgeist jetzt zu brechen. – Bis sich kurze Zeit später der Verleger ansagt.

Hubert Burda war schon des Öfteren in der Mollstraße, hatte sich dort im siebten Stock ein Büro eingerichtet, für kommende Zeiten, in denen er als neuer Hauptstadtverleger seine Stimme erheben würde. Hatte flammende Reden gehalten über seine *Super!*-Visionen, und sie hörten ihm gern zu. »So klein er ist, er schwebte auf Wolke sieben, man hat ihm seine Begeisterung abgenommen«, erinnert sich ein ehemaliges Mitglied der Chefredaktion. Murdoch hingegen, der gelegentlich mitkam, lehnte derweil hemdsärmlig an der Wand und guckte gelangweilt nach oben. In einer dieser Situationen soll er den Preis der *Super!* »erspürt« haben. Spielte mit den Groschen und voilà – 30 Pfennig gaben ihm das Gefühl, leicht aus der Tasche zu schlüpfen.

Ende Februar kommt Hubert Burda allein in die *Super!*-Redaktion und trifft auf gute Stimmung. Betrachtet die neuen Dummys und fragt Kryszohn: »Was glauben Sie, wie viel können Sie von der Zeitung verkaufen?« Der sagt: »500 000 werden wir schon losschlagen bei 30 Pfennig.« Da kneift Hubert Burda seine schmalen Augen zu dünnen Schlitzen und kontert: »Nein, das glaube ich nicht. Mehr als 200 000 verkaufen Sie davon nie.« Betretenes Schweigen. Sie merken, dass Burda das Blatt wohl kritisiert, aber kein Gespür dafür hat; denken, was sie hinter seinem Rücken offen aussprechen: »Der hat keine Ahnung von Tageszeitungen.«

Sie verstehen seine Zerrissenheit, das Hin und Her zwischen *Super!*-Visionen und der Furcht vor einem wirtschaftlichen Desaster. Was sie nicht wissen: Der von Haus aus misstrauische Burda betrachtet sie als die Soldaten von Prinz, die im Zweifel den Gewehrlauf gegen ihn richten würden. Er hatte wohl eine Redaktion voller Profis, aber keinen Zugang zu ihnen. Intimus Mathias Nolte hätte er liebend gern als neuen Chefredakteur gehabt. Aber der weigert sich. Sagt, er verstehe nichts vom Zeitungsgeschäft. Als ob das ein Hindernis wäre. Er brauchte doch nur seinen Mann in Berlin! Jetzt zieht er einen anderen Joker: »Ich werde Franz Josef Wagner als meinen Sonderbeauftragten zu Ihnen schicken.« *Super!*-Burda ahnt nicht, dass er soeben sein Todesurteil ausgesprochen hat.

Innerhalb von Sekunden weicht der Ehrgeiz aus den Gesichtern, erkaltet das Feuer in ihren Adern. Kryszohn und Schmitt packen sofort ihre Sachen. Wagners Einmischung in ihre redaktionelle Arbeit brauchen sie sich nicht bieten zu lassen. In ihren Verträgen hatten die ausgebufften Blattmacher ausgehandelt, dass sie direkt dem Verleger unterstellt sind. Wie von ihnen vorausgeahnt, löst sich unter den Brüllattacken von Franz Josef Wagner in den folgenden Wochen die eingeschworene Führungsriege auf.

Ausgerechnet am Geburtstag von Axel Springer, am 2. Mai 1991 erscheint die erste *Super!*-Zeitung, zwei Wochen früher als ursprünglich geplant. Was hat sich der Symboliker Burda von diesem Zeichen erhofft? Den himmlischen Segen des Berliner Presselords, seines selbst gewählten Übervaters, der mittlerweile das sechste Jahr im märkischen Boden ruhte?

Schon am 30. April, zwei Tage vor dem *Super!*-Coup, in Begleitung seiner alten Liebe Uschi Glas, die den Startknopf drücken darf, haben Burda und Murdoch die Rotationsmaschinen angeworfen, die nun täglich 500 000 Exemplare ausspucken. Es wird gefeiert mit Thüringer Bratwurst und Berliner Bier. Natürlich wird auch badischer Wein angefahren in den Osten Berlins, aber niemand weiß das zu schätzen. Noch trauriger: Niemand kann hier mit dem Verleger das *Badner Lied* anstimmen, das noch jedes gelungene Burda-Fest ausklingen lässt. Ein schlechtes Omen?

Ansonsten ist Tag eins natürlich eine Sensation. Innerhalb von zwei Stunden ist *Super!* ausverkauft, der Neugiereffekt immens und die Parallele des rot-weißen Titels zu Murdochs englischem Massenblatt *Sun* durchaus erwünscht. Wer will jetzt noch nachtragend sein? Wegen der alten verdreckten Maschinen, die nur englisches Format drucken können und von den deutschen Druckern erst mühsam geputzt und zusammengebaut werden mussten. Die andernorts ausrangierten »Hobel« werden als Investitionsanteil von *best friend* Murdoch verbucht. In Vogelsdorf wurde in einem ehemaligen Plattenbau, höchst ungeeignet für dieses Gewerbe, mit enormem Aufwand die neue Druckerei eingerichtet. Schon bei der Besichtigung an einem heißen Augusttag 1990 zeigte Murdochs Gesandter, Alexander Papamarkou, wenig Interesse am Standort. Weigerte sich sogar, die klimatisierte Limousine zu verlassen. »Alex, was ist los?«, fragen die düpierten Burda-Manager, und Papamarkou raunt nur einen sarkastischen Kommentar über die Location: »If you have seen one slum, you have seen everyone«, wenn du einen Slum gesehen hast, kennst du alle.

Nicht nur die Umgebung ist desolat. Auch die Aussicht, dass die Druckerei jemals ihre Kosten einfahren wird. Denn auf Murdochs Maschinen lässt sich kein einziger deutscher Auftrag ausführen. Auch muss aufgrund der technischen Zwänge *Super!* am Sonntag so früh gedruckt werden, dass die Sportredaktion nicht alle Ergebnisse der Bundesliga abwarten kann. Wollte man das im Osten allen Ernstes als neue Pressefreiheit verkaufen, dass die Leser am Montagmorgen nicht die Ergebnisse von Hansa Rostock nachlesen konnten? Das konnte niemand super finden.

Der Burda-Finanzmann bekommt eine Gänsehaut, wenn er daran erinnert: »Niemand hat Dr. Burda jemals so über den Tisch gezogen wie Murdoch.« Und Maria Furtwängler, Burdas Frau, kommentiert: »Wo mein Mann fast noch einen freundlichen Ton gefunden hat zu Murdoch, da habe ich gesagt, das ist für mich ein Arschloch. Das war menschlich gar nicht mehr diskutabel.«

Noch etwas läuft nicht planmäßig. Schon am zweiten Tag ihres Erscheinens vergiftet die *Super!*-Zeitung den inneren Frieden im Land. Das Glück des neuen stolzen Hauptstadtverlegers Dr. Hubert Burda ist nach nur 24 Stunden: beendet. Franz Josef Wagner, das Genie, in dessen Gegenwart für Burda die Zeit stehen bleibt, meißelt seine Titelzeile an diesem 3. Mai 1991 in Brutalo-Poesie: »Angeber-Wessi mit Bierflasche erschlagen – Ganz Bernau ist glücklich, dass er tot ist.« Es sollte die teuerste Schlagzeile der deutschen Pressegeschichte werden, die gleich noch einiges mit erschlägt: den Ruf des Blattes und des Hauses Burda. Erst recht den seines schöngeistigen Verlegers Dr. Hubert Burda. Jahrelang geistert diese Schlagzeile durch das Land und tut es immer noch; sie ist einfach nicht wieder einzufangen. Das Blatt, das die deutsche Einheit medienpolitisch vollziehen will, ist am Tag zwei (!) seines Erscheinens zum »Spalterblatt« gestempelt. Nun müsste Götterbote Hermes eine wirklich gute Idee auf den Weg schicken, um Burda aus dieser Sackgasse herauszuholen.

Nach menschlichem Ermessen könnte der Verleger, der so gerne darüber doziert, dass Medien Aggressionen abbauen müssen, sein Bedauern über den Fehlstart aussprechen. Er könnte sich öffentlich entschuldigen und Wagner abziehen. Aber er kann nicht. Reagiert stattdessen trotzig, zeigt auf die anderen, die keinen Deut besser seien: die Gruner + Jahrs, die Springers, die hatten das doch genauso geschrieben! Warum also gingen sie auf *ihn* los? Überdimensional erwachen vor seinem inneren Auge wieder die Schimären seiner Feinde, vermengen sich die Bilder von Boenisch und Prinz, von Franz und Frieder und kichern ihm bösartig die Antwort: Weil sie ihn, den großen Aspiranten, *the big hope,* kleinkriegen wollten. Aber diese Freude würde er ihnen nicht bereiten. Jetzt erst recht: Augen zu und durch! Wagner bleibt. Heute sagt er: »Ich hatte überhaupt keine Ahnung von der Problematik, von dieser Ostbefindlichkeit, von diesem Volk, das eigentlich auf die Couch gehört.« Warum ist er dann überhaupt als *Super!*-Mann angetreten? »Aus Liebe zu Hubert Burda!«, da braucht er nicht den Bruchteil einer Sekunde zu überlegen.

Bei aller Liebe wird jedoch die Doppelbelastung als Chefredakteur von *Bunte* und *Super!* Wagner bald zu viel. Zwischen den Videokonferenzen aus Berlin, auf denen er seine Headlines und Ordern nach München brüllt, und den Helikopterflügen an die Isar, von wo aus er die Berliner zusammenstaucht, hören ihn Vertraute immer öfter klagen: »Ich kann nicht mehr. Ich will nicht mehr. Ich hab' keine Ideen mehr.«

Jahre später gibt Burda zu Protokoll: »Prinz war der Einzige, der Wagner bändigen konnte.« Als Autor kann der begnadete Wagner mit ein paar geschmeidigen Sätzen eine riesige Boulevardgemeinde zum Lachen oder Weinen bringen. Doch als Chefredakteur versagt er schon im Vorzimmer. »Der kann nicht mal einen Hund Gassi führen«, lautet das branchenbekannte Bonmot Josef von Ferenczys über ihn. Wie also sollte Wagner eine Mannschaft von Journalisten lenken?

Als Bundeskanzler Kohl dann im Osten mit Eiern beworfen wird und *Super!* höhnt »Klatsch klatsch – das saß«, da werden auch aus den letzten Bedenkenträgern endgültig Gegner. Hubert Burda gilt jetzt definitiv nicht mehr als »eine verlässliche Stütze des bürgerlichen Lagers«, als die er sich selbst beschreibt. In Bonner Journalistenkreisen empfiehlt der Kanzler den Burda-Leuten, einen neuen Arbeitgeber zu suchen. Wirtschaftsbosse rufen bei Hubert Burda an, nur um ihm persönlich ihre Empörung mitzuteilen und die schlichte Botschaft: »Bei Ihnen werden wir nie mehr eine Anzeige schalten.« Es steht überhaupt schlimm um die Werbeeinnahmen im Haus Burda. Lothar Nadler, der sonst so erfolgsverwöhnte Anzeigenchef, stöhnt. »Wir haben ja streckenweise nur noch von der *freundin* und *Freizeit Revue* gelebt.«

Hätte man bei Springer je damit gerechnet, dass die *Super!*-Mannen es ihnen so leicht machen würden, draufzuhauen? Im August 1991 druckt *Burda Inside* die eigene *Super!*-Sicht. Unter der Überschrift: »Beliebt, bekannt und immer besser« ist ein Foto zu bestaunen, das auch durch die Tagespresse geht und drei gut gelaunte Springer-Vorstandsmitglieder beim Betrachten der nur vier Monate alten

Super! zeigt. Tamms Gesichtsausdruck verrät reservierten Spott, Kaiser hält das Blatt mit der Distanz des Weitsichtigen von sich, und ein entspannt grinsender Prinz offenbart seine weißen Zahnreihen. Was mag in den Köpfen der drei Herren, die keineswegs eingeschüchtert wirken, vor sich gehen? »Von der Konkurrenz lernen« wollten sie, urteilt *Burda Inside*. Ist das noch die Sprache der Selbstverliebtheit, oder klingt bereits verzweifelter Zweckoptimismus durch?

»Ich kann mich gar nicht mehr an diese Zeitung erinnern«, sagt Friede Springer heute und zaubert ihr erfrischendes Lächeln. »Wir haben das natürlich beobachtet damals, aber ich weiß nur noch, dass das Niveau super-grauenhaft war.« – »Die *Bild*-Zeitung hat tatsächlich den Kampf angenommen, aber derart heftig, dass es einem Brudermord gleichkam.« So kommentiert Jochen Wolff, der Chefredakteur der *Super Illu*. Sein Blatt wurde häufig mit der *Super!*-Zeitung verwechselt, was ihm eine Menge Ärger und Auflagenverlust einbrachte. »Verglichen mit *Super!* erscheint die *Bild*-Zeitung wie die *Frankfurter Allgemeine*«, urteilt die *Süddeutsche*.

Am Nikolaustag 1991 trifft Burda in Paris ein, um in der *Bar des Voyageurs* Handkes Geburtstag zu feiern, fernab des deutschen Kriegsgeheuls. Selbst der Freund empfängt ihn mit Groll: »Was machst du denn für einen Scheißdreck!?« Und Siegfried Unseld, Handkes Verleger, legt seine ganze Verachtung mit einem stummen Blick auf Burda ab. »Ich hatte alle gegen mich aufgebracht, alle«, er will es nicht beschönigen, »Ich war out, mit mir wollte sich keiner mehr blicken lassen.« Zum ersten Mal bleiben ganze Bambi-Reihen unbesetzt. Konnte es schlimmer kommen?

Es konnte. Am 18. Februar 1992 fliegt Burda zu einem seiner liebsten Treffen, zur Sitzung der Petrarca-Jury in Versailles. Dort erreicht ihn der Anruf von Sohn Felix mit einer neuen Hiobsbotschaft: Die Nicolas-Born-Jury, die Burdas Preis für junge deutsche Literatur auslobt, ist geschlossen zurückgetreten. Wegen der »Wallraff-Geschichte«: *Super!* nämlich behauptet, der Schriftsteller und Enthüllungsprofi Günter Wallraff habe unter dem Decknamen »Walküre« für die Stasi gearbeitet. Ein Vorwurf, den Wallraff nicht auf sich sitzen lässt. Er zieht vor Gericht und gewinnt.

Nun sind auch die deutschen Intellektuellen auf breiter Front in die

Super!-Schlacht hineingezogen. Das bürgerliche Feuilleton verstößt den bürgerlichen Literaturpreisstifter Burda laut und heftig. Seine Freunde Hamm und Handke, die hinter den Kulissen toben, verteidigen ihn zwar öffentlich, aber die bildungsbiederen Herzen bleiben versteinert. Der schöngeistige Hubert Burda, der so hingebungsvoll auf Arkadiens Spuren wandelt und ein großer Verleger werden will, ist jetzt der unumstrittene König der: Gosse.

»Ich war wochenlang im Trommelfeuer, ich war psychisch am Ende.« Nie mehr wird Burda diesen Horror vergessen können. Doch wieder staunen die um ihn herum über sein »gepanzertes Ich«. Nichts lässt er an sich heran, nichts scheint ihn umwerfen zu können. »Wenn es ganz dick kommt, wird Hubert Burda erst richtig aktiv.« Da sind sie wieder, die Steherqualitäten des Boxers, die Horst Vetten schon zu *m*-Zeiten ins Auge sprangen. »Ich weiß, was drei mal drei Minuten im Ring sind«, sagt Burda, »das Härteste, was ich kenne! Einzustecken, dann Doppeldeckung, hoch!!« Wann sind die drei Minuten endlich um?

Hochzeitsglocken in Hamburg – eine Ehe mit Gruner + Jahr?

Wieder hat Murdoch Geldprobleme, die Banken ziehen den Strick um seinen Hals fester zu. Wird er Bankrott gehen? Ganz sicher aber wird er *Super!* nicht retten können. Über eine Million Mark Miese macht die Zeitung jede Woche, wie der *Spiegel* nachrechnet. Will Murdoch von der eigenen Misere ablenken, als er den Hamburgern erzählt, er halte nichts von Hubert Burda als Zeitungsmann? Ein weiterer Dolchstoß – vom »friend«. Hinter Hubert Burdas Rücken zitiert der den neuen Chefredakteur Peter Bartels zu sich, der dann schließlich doch, am 1. Juli 1991, Franz Josef Wagner ablöste. Sie treffen sich in einer Suite im »Kempinksi« am Kurfürstendamm. Murdoch zieht die Vorhänge zu, und Bartels begreift schnell, dass er zwischen zwei Stühlen sitzt: Bei diesem geheimen Treffen wird Tacheles geredet, werden Fragen gestellt, fallen sehr sarkastische

Kommentare über Hubert Burda. »Murdoch konnte die ganze Art von Hubert ›and his staff‹ nicht begreifen«, sagt Bartels und fügt hinzu: »Das war sehr irritierend, zwei Verlegern dienen zu müssen, die Probleme miteinander haben.« Die *Super!*-Zeitung, so viel steht fest, wird, wenn überhaupt jemals, ihr Klassenziel lange nicht erreichen können: Murdoch verlangt eine Auflage von einer Million, Hubert Burda wäre schon bei einer stabilen halben Million glücklich gewesen. Mutmaßt Bartels.

Murdochs Ausstieg ist nur noch eine Frage der Zeit, und Hubert Burda will für den Tag X gewappnet sein. So üben sich hinter den Kulissen Burda und Gruner + Jahr in einem verlegerischen Flirt. Eine Vernunftehe könnte sich anbahnen, in die jeder Partner eine gehörige Mitgift einbringt. G+J seine Boulevardzeitungen *Berliner Kurier*, *Chemnitzer*, *Dresdner* und *Hamburger Morgenpost*, die *Morgenpost am Sonntag* und Burda neben *Super!* auch die *Schweriner Volkszeitung*. Die große Synergie soll eine Zentralredaktion bringen, die die kleinen Redaktionen vor Ort beliefert. »Das hätte eine überregionale Boulevardzeitung geben können mit einer Zwei-Millionen-Auflage!«, schwärmt Burda. Welcher Verleger bekäme da nicht glänzende Augen? Schon seit Herbst 1991 wird verhandelt. Immer wieder verhandelt.

Unter diversen falschen Namen schreitet man über dicke Teppiche diverser Luxushotels, um in Präsidentensuiten die Bedingungen auszufechten. Auch Markwort, mittlerweile »Erster Journalist« im Haus Burda, ist bei den geheimen Treffen mit dabei. Er hat immer noch ein absolut vertrauensvolles Verhältnis zu Schulte-Hillen und präsentiert nun die *Super!*-Braut von ihrer schönsten Seite. Natürlich darf die Chefredaktion nicht wissen, dass ihr Blatt zum Verkauf steht. Aber trotz der guten Beziehungen kommt die Sache einfach nicht voran. Burda ist sich ganz sicher, dass im Februar 1992 auch die Vorstände von G+J wegen der Wallraff-Geschichte kalte Füße bekommen haben. »Absurd«, kommentiert Schulte-Hillen, »wir sind politisch nicht beeinflussbar.« Die Fusion ist im Haus G+J von Anfang an umstritten, dem Finanzvorstand ist die Sache zu riskant. *Super!* verliert auch an Auflage, und über jedem Gespräch liegt immer aufs Neue die peinliche Schlagzeile vom Wessi, der mit der Bierflasche erschlagen wurde. Die Entscheidung steht lange auf der Kippe. »Aber Hubert Burda wollte zu viel, insbesondere für seine nicht ideale Druckerei in Vogelsdorf«, behauptet Schulte-Hillen. Bis heute konnte Burda sein Vogelsdorf nicht loswerden.

Aber auch zwischen dem republikanischen Stil der Hamburger und der renaissancefürstlichen Diplomatie der Münchner findet man einfach keine gemeinsame Sprache. Schulte-Hillen verzweifelt: »Wenn ich Hubert Burda nach seinen Preisvorstellungen fragte, hielt er mir einen Vortrag über die DDR. Wenn ich beim nächsten Mal Klartext mit Todenhöfer reden wollte, orakelte der: ›Das Projekt ist das Herzblut des Verlegers.‹« Sie können zusammen nicht kommen, der kulturelle Graben ist viel zu tief. Auch Todenhöfer klagt: »Gruner + Jahr ist ein tolles Haus. Aber die brauchen zu lange für Entscheidungen, das ist ihre Schwäche.«

Trotzdem ringen beide Seiten. Zwischenzeitlich wird auch der Offenburger Axel Ganz eingeschaltet, der weiß, »der Hubert braucht es atmosphärisch«. Als man sich während der Europameisterschaft 1992 deshalb in Madrid zum Essen verabredet, bricht ausgerechnet an diesem Tag ein Fluglotsenstreik aus. Es ist der Tag des Endspiels, und Burda kommt erst nachts um elf ins Restaurant. Natürlich ist da die Suppe schon kalt und die Gesichter lang. War das nicht schon der Widrigkeiten genug? Wie einsam und deplatziert fühlte er sich plötzlich am Tisch dieser sich so mondän gebärenden Manager aus dem gut gewärmten Nest von Gruner + Jahr. Die hatten ihre ohnehin vorzügliche Laune schon mit Rioja gesteigert. Hatten überhaupt leicht lachen! Sie spielten nicht mit eigenem Geld! Er wollte zu ihnen aufschließen mit Hilfe seines großen, mächtigen »best friend« Murdoch. Wollte sie das Fürchten lehren. Stattdessen sitzt er nun in der Klemme. Am Rande des Abgrunds gar? Selbst in den offiziell abgesegneten *Burda News* konnte er nachlesen, dass er nicht nur in *Super!* investieren durfte. Auch die Druckereien in Offenburg, Darmstadt und Vieux Thann erforderten immense Anstrengungen, um technologisch auf den neuesten Stand gebracht zu werden. Sein Finanzmann Toepfer »forderte auf, Prioritäten zu setzen, weil die Addition aller Erfordernisse für Investitionen eine Summe ergibt, die unsere Finanzkraft übersteigt«. Klare Worte. Die alleinige Verantwortung für die Entscheidungen über die gigantischen Summen, die weit reichenden Konsequenzen für seinen Verlag und seine Mitarbeiter drücken bleischwer auf Burdas Herzkammern. Er war Kummer gewöhnt, aber nun glaubte er, ihm würde die Luft abgeschnürt. Etwas musste passieren, der gordische Knoten durchtrennt werden. Bei diesen Gedanken auf dem Heimweg ins Hotel wird Hubert Burda von einem gewaltigen Platzregen überrascht. Durchnässt bis auf die Haut, übermüdet und verzweifelt, so blickt er in seiner Suite in den Spiegel. Würde er so dem Vater, dessen Verlag er nun seit fünf Jahren führte, unter die Augen treten wollen? Mit Tränen des Zorns und der Erschöpfung? Bei dieser Vorstellung kehrt die Spannkraft in seine Muskeln zurück. Er wird es dem Vater schon noch beweisen! Eines Tages würde er aus dessen allmächtigem Schatten treten und selber leuchten.

Hubert Burda macht einen letzten »atmosphärischen« Versuch mit Mark Wössner. Die beiden gehen Ski laufen in Sankt Moritz, und Wössner darf anschließend sogar mit zum Abendessen bei den Agnellis. Im Gegenzug lädt der Bertelsmann-Chef ihn in München ein zum Empfang für Gorbatschow. Aber da »spürt« der Verleger, dass das Interesse des Giganten aus Gütersloh an einer Fusion längst erloschen ist. Immer hat ihm Wössner Geldgeschenke angeboten, nun aber machte er Offerten, was er Burda alles abkaufen wolle, für den Fall, dass er Pleite gehen sollte. »Meine Propeller laufen schon«, unterstreicht Wössner seine »Hilfsbereitschaft«. Burda bräuchte nur noch laut zu nicken. »Da merkte ich, die wollen Burda schlucken. Die wollen gar nicht verhandeln, die wollen, dass ich die Super!-Zeitung noch lange am Bein hab, damit ich blockiert bin.« Überhaupt dieser Wössner, dem ist einfach nicht zu trauen. »He is schmoozing after the battle is over.«

Mark Wössner behauptet, von alledem nichts zu wissen. »Propeller?«, er runzelt die Stirn, »wir haben Düsen, wenn schon«, appelliert an den Sachverstand: Bertelsmann ist eine Aktiengesellschaft. Wie hätte er als Vorstand deren Geld verschenken dürfen? Da ist das Gesetz vor! Stattdessen sagt Wössner, was viele sagen: Hubert Burda sieht hinter jedem Baum einen schwarzen Mann. Übersteigt sein Misstrauen tatsächlich das gesunde Maß?

Am 24. Juli 1992 hat Hubert Burda *Super!* superdick, nachdem tags zuvor Murdoch erwartungsgemäß ausgestiegen ist. »Todenhöfer hat mir die Schließung geradezu befohlen. Er sagte, das Einzige, was ich dir jetzt noch garantieren kann, ist der geordnete Rückzug.« Mit großem logistischen Aufwand wird vom Stellvertreter das Ende vorbereitet und durchgezogen. Psychologische Betreuung von Jens Corssen für die geschockten Mitarbeiter inklusive. Für sie kam das Ende »so überraschend wie ›Kai aus der Kiste‹«, sagt Bartels. Bei einer Auflage von 411 053 wird *Super!* nach 63 langen Wochen eingestellt. »Eine der spektakulärsten Zeitungsneugründungen ist gescheitert«, schreibt die *FAZ* am Tag darauf. Zurück bleibt nur der stechende Geruch verbrannter Erde und ein Lehrbeispiel für alle Journalistenschulen über eine völlig vergiftete Marke, die einfach nicht mehr zu retten war. Definitiv nicht die Art von Branding, wie Hubert Burda sie sich ersehnte.

Der Verleger muss zur Schließungsstunde auf Geheiß Todenhöfers in seiner Münchner Machtzentrale bleiben. »Wenn da Tomaten oder Farbbeutel geflogen wären, hätte das eine symbolisch verheerende Wirkung.« Das Antlitz des Fürsten darf keine Kratzer bekommen. Als Burda aber im Bayerischen Rundfunk hört, er habe 400 Menschen entlassen, wird er ungehalten. Unternehmenssprecher Jens Meyer muss die Sache umgehend korrigieren: Es sind 388.

Der finanzielle Verlust ist so hoch, dass die Summe bis heute unter Verschluss gehalten wird. Der Finanzchef von damals erblasst bei dieser Frage: »Das darf ich Ihnen nicht sagen.« Er glaubt gar, es habe ihn seinen Job gekostet, dass er allzu genau nachgerechnet hat. Wie viele hundert Millionen waren es, Herr Todenhöfer? »Es waren nicht mehr als hundert Millionen Mark«, beharrt er. »Das war existenzgefährdend«, gesteht Burda. »Ich musste damals die Arabellastraße verkaufen, weil ich die 62 Millionen gebraucht hab.« Die Hypo-Bank hatte seinen Kredit gekündigt.

Super! war das größte finanzielle Risiko, das Burda in seiner Verlegergeschichte eingegangen ist. Aus seiner größten Hoffnung ist seine größte Niederlage geworden und »die größte menschliche Enttäuschung«. Jahrelang ließ er sich danach nicht mehr in Berlin blicken. »Jeder Dritte wäre nach der *Super!*-Zeitung nie mehr aufgestanden.« Sagt Stefan Schaffelhuber, der Experte für »Sport und Philosophie«, Burdas Sparringspartner im Tennis und zuständig für Inner Coaching und Killerinstinkt.

Aenne Burda weiß nicht wohin mit der Wut und Enttäuschung über ihren Jüngsten. Es war wie damals mit *m*, nur viel schlimmer. *Super!* konnte nicht mehr als Jugendsünde verbucht werden. Die Brüder toben, dass »der Spinner« den guten Namen Burda, ihren Namen, den Namen des Vaters!, so durch den Dreck zieht, und lachen hinter Aennes Rücken über deren Liebling: »der Klei'«, der mit *Super!* supergroß werden wollte, ist kleiner denn je. Die Mitarbeiter fürchten um ihre Jobs und Altersvorsorge. *Monopole knacken?* Eine Welle der Häme schlägt über Hubert Burda zusammen, und viele seiner Verlegerkollegen sehen ihn darin schon untergehen. Waterloo.

Kapitel 23

Der Durchbruch

Markwort und der *Focus*

Abnehmen möchte der lebensfrohe Markwort wieder einmal und hat auch schon eine gediegene Adresse in Österreich gebucht: Schloss Pichlarn. Als er am 4. Februar 1991 auf der Autobahn den gefürchteten Tagen mit magerer Brühe entgegenbraust, holt ihn das Klingeln des Autotelefons ein. Ein hypernervöser Hubert Burda muss ihn dringend sprechen. Oder hat wirklich Todenhöfer angerufen, wie der behauptet? Bei nächster Gelegenheit jedenfalls schert Markwort rechts aus und erfährt die niederschmetternde Neuigkeit: Prinz verabschiedet sich. Es ist jener schicksalhafte Tag, an dem »der Eisgraue« sein Kündigungsschreiben abgeben lässt.

Die rettende Schlagzeile kann für Hubert Burda jetzt nur heißen: »Prinz geht und Markwort kommt.« – »Das war ein schlauer Schachzug von ihm«, lobt Markwort, »eine tolle Antwort in der Öffentlichkeit.« Schon zwei Tage später landet Burdas Hubschrauber in Österreich. Dass der korpulente Markwort hungert, sollte nicht sein; jetzt wird erst einmal ordentlich gespeist. Der Anlass verlangt Rehrücken und Spätburgunder. Nach dem Spaziergang über die zugefrorenen Winterfelder geht's zum »Goldenen Hirsch« in Salzburg.

Weil aber Burda sich mit einer Hälfte nie zufrieden gibt und, wie alle Machtmenschen, die privaten Verhältnisse seiner Spitzenleute kennen will, verlangt er das ganze Power-Paar: Aus München wird auch Markworts Lebensgefährtin Patricia Riekel zu dem historischen Treffen kutschiert, von Hubert Burdas persönlichem Fahrer Reinhold Fröschl – welche Geste! *Management by socialising.* Typisch für Burda und in diesem Fall doppelt effektiv. So lernt er nicht nur die Frau an der Seite seines künftig wichtigsten Chefredakteurs kennen, sondern auch die Journalistin Riekel, die damals für *Gong* und *die aktuelle* schreibt und Markwort bald in der Chefredaktion beerbt. Die Goldblonde mit dem hinreißenden Lächeln hat einen feinen Instinkt. Auch für die Macht. Sie ist flink und wächst mit den Ereignissen. Selbst ihre Hunde wachsen mit. Heißt ihr erster Mops noch »Kiesl«, wie Münchens ehemaliger Bürgermeister, wird der zweite »Bismarck« gerufen; der dritte schließlich ist ein Labrador und hört auf »Churchill«. Da liegen allerdings schon einige Jahre zwischen diesem spannenden Abend im »Goldenen Hirsch«, und Riekel hat sich zwischenzeitlich einen Namen gemacht als Chefredakteurin von *Bunte*.

An jenem Abend ist sie zurückhaltend und gibt ihr lieblichstes Lächeln, fasziniert von Hubert Burda, von dem sie schon so viel gehört hat. Ihre Eindrücke sind ganz anders als das öffentliche Bild von Burda, dem immer noch viel Schmäh anhängt. Sie lernt einen »rundum gebildeten und unglaublich charmanten« Verleger kennen. Sagt sie. Und natürlich sieht Frau Riekel, was auch Außenstehenden auf Anhieb auffällt: Hubert Burda und Helmut Markwort könnten unterschiedlicher nicht sein. »Wo Markwort in seinem Kopf eine Million Schubladen hat, die alle nummeriert sind, hat Dr. Burda eine riesige Ansammlung kleiner Bällchen. Man muss sehr genau aufpassen, um zu sehen, wann er welches hervorholt. Manchmal versteht man erst viel später, warum er einem dieses und jenes zugeworfen hat.« Der Strukturierte und der Spieler also?

Seitdem der Verlag Burda allein gehört, ist er mit Markwort wieder im Gespräch über ihren alten Traum aus *BiFu*- und Hirschgartenzeiten: ein Nachrichtenmagazin. Natürlich wird er nervös, als ihm zugetragen wird, dass auch Schulte-Hillen hinter Markwort her ist. Während der große Vorsitzende aus Hamburg glaubt, er verhandle exklusiv, lässt Burda seinen Controller schon erste Kalkulationen von *Reporter* erstellen. So soll das Blatt nach Markworts Wunsch heißen. Aber bei jedem neuen Rechenexempel scheitert das Projekt an den immensen Kosten. Hätten sich die Zahlenmenschen durchgesetzt, wäre der Traum wegen wirtschaftlicher Hoffnungslosigkeit umgehend zerplatzt. Stellvertreter Todenhöfer erinnert sich noch fotografisch genau an die Präsentation 1987 in der Schackstraße, nach der die Nachrichtenmagazinpläne endgültig ad acta gelegt werden.

Aber dann überlegt es sich der Verleger doch noch anders. Er wird ungeduldig mit seinen Leuten. »Sie müssen mehr Anzeigen heranschaffen und die teurer verkaufen«, treibt er seinen Anzeigenchef Lothar Nadler an.

Jeder Kalkulator weiß, auf welch riskantem Territorium sich die konkrete Berechnung eines neuen Projekts bewegt – in einer Visionsalgebra, in der alle Faktoren X heißen: Wie viele potenzielle Leser könnte ein zweites deutsches Nachrichtenmagazin haben? Schon an diesem Punkt wird die Fantasie kastriert. Die Vokabel »Nachrichtenmagazin« steht damals so ausschließlich für *Spiegel* wie Tesafilm für Klebestreifen. Aber immerhin haben die von Burda beauftragten Infratest-Marktforscher ein »lesendes Achtel« ausfindig gemacht, das sich neben dem *Spiegel* ein zweites Nachrichtenmagazin wünscht, »ohne Ideologie, mit kurzen Beiträgen, Grafiken, viel Nutzwert«. Das ungleiche Paar Burda-Markwort fühlt sich bestärkt. Umgehend rufen sie die »Informationselite« aus. Aber wie viele dieser Wunschleser würden so ein Magazin auch kaufen und zu welchem Preis? Anzeigenchef Nadler bündelt seinen gesammelten Mut und rechnet nun mit 2 000 Anzeigen. »Das war Wahnsinn damals«, sagt er. Auch Markwort sagt das. »Es war ein Gefühl, als ob man Wolken hin und her schiebt. Alle Größen waren rein hypothetisch.«

Dann soll der Markwort doch erst mal die *Bunte* sanieren, bis die Businesspläne stimmen, schlägt Todenhöfer vor. Aber Markwort gibt nicht nach. Er weiß, wenn er sich seinen Traum einmal aus der Hand nehmen lässt, ist er ihn für immer los. Auch unternehmerisch will er an dem neuen Magazin beteiligt sein, so wie es Prinz an der *Super!*-Zeitung gewesen wäre. Doch da winkt Hubert Burda grundsätzlich ab. Fürs Geld und die Zahlen ist ohnehin Stellvertreter Todenhöfer zuständig. Auch Markwort macht die Erfahrung, dass die Verhandlungen mit ihm eine zähe und langwierige Angelegenheit sind.

Nur einmal sieht Markwort sein Lebensprojekt für immer begraben, mitsamt der eigenen sterblichen Überreste. Als er 1987 im Burda-Hubschrauber von Offenburg nach München zurückfliegt, droht die Maschine wegen technischer Schwierigkeiten abzustürzen. Zum Glück kann sie in Augsburg notlanden. Was wäre sonst aus Hubert Burda geworden?

Dieser Schrecken liegt gute drei Jahre zurück, als Burda im »Goldenen Hirsch« sein Angebot unterbreitet: Markwort kann innerhalb der nächsten drei Jahre das Nachrichtenmagazin machen. Allerdings braucht er ihn sofort, und nicht erst langfristig, wie einige Monate zuvor verabredet. Er muss über den »Prinz-Schock« hinwegkommen, muss »die Front nach vorne verlegen«.

Zum Greifen nah ist nun das große Ding, um das die Fantasie so unendlich lange und vergeblich kreiste. Und Markwort, dem Loyalität über alles geht, muss seinem langjährigen (*Gong*-)Verleger untreu werden, um seinem neuen die Treue zu beweisen. Was für ein Augenblick!

Für Markwort geht es jetzt nur noch darum, elegant und auf die Schnelle aus dem langfristigen Vertrag mit Sebaldus zu kommen. Keine einfache Sache, emotionsbeladen ohnehin. Schließlich ist er seit 20 Jahren Chefredakteur von *Gong* sowie Gründer der erfolgreichen Klatschpostille *die aktuelle;* seit 1979 schon ärgert sie Burda und kostet die *Bunte* ordentlich Leser. Hat Schulte-Hillen dem Freund geholfen, indem er Sebaldus-Boss Klaus Küber einen *Brigitte*-Druckauftrag verspricht, wie Markwort sagt? Der Hamburger Konkurrent mag das nicht bestätigen.

Schon im Juni 1991 jedenfalls zieht Helmut Markwort nach 21 Jahren wieder bei Burda ein. Dieses Mal als »Erster Journalist«. In seinem Gefolge »nur« sein um 20 Jahre jüngerer Vertrauter, Uli Baur von Radio Gong, seine langjährige Sekretärin Elisabeth Schumacher und sein Chauffeur Helmut Wimmer. Seine Leute wären ihm am liebsten geschlossen gefolgt, hätten sich an sein großes Herz geschmissen, an das »King Gong« sie immer drückt. Schmerzt es ihn deshalb manchmal so gefährlich? Aber in dieser für Sebaldus heiklen Situation hat Markwort zugesichert, die personelle Ausblutung zu verhindern, die er genau 20 Jahre zuvor dem Senator zugemutet hatte. Diese Trennung ist friedlich. Auch hatte Markwort schon 1990 eine gewinnbringende Kooperation zwischen Burda und Sebaldus eingefädelt. Die Gründung von *Super Illu* und *Super TV* im Osten Deutschlands, die beide Verlage je zur Hälfte tragen. Der Titel »Super« ist Markworts Erfindung. Für den Geschmack der Bischöfe des katholischen Sebaldus Verlags wird die *Super Illu* bald schon zu unchristlich, zu viele Frauen tragen darin ihre nackte Haut zu Markte. Auch dann findet sich schnell eine Lösung: Hubert Burda trennt sich von seiner ohnehin ungeliebten Erbschaft *Bild und Funk*, die ihm einst den furchtbaren Krieg mit dem Vater bescherte, und verkauft sie an Sebaldus. Im Gegenzug übernimmt er *Super Illu* und *Super TV* zu hundert Prozent. Befreit sich der Sohn damit auch von einer alten Last? Die *BiFu* war einmal das Fundament des Burda-Imperiums. Im Gegensatz zu Springers *Hörzu* gelingt aber Burda kein neuer Höhenflug.

Die *Super Illu* hingegen ist heute die bedeutendste Illustrierte in den neuen deutschen Ländern. Mit einer Auflage von durchschnittlich 550 000 Exemplaren wird sie in jedem zweiten Haushalt in Ostdeutschland gelesen. Von solchen Reichweiten können *Spiegel*, *Stern*, *Focus* und *Bunte* nur träumen. Und die Basis des Imperiums Ost ist ausgerechnet von dem Mann erbaut, dessen Namen Hubert Burda nicht mehr in den Mund nehmen möchte, von Günter Prinz. Der besorgte ihm auch den erfolgreichen Chefredakteur Jochen Wolff, ein ehemaliger *Quick*-Mann, den Burda zuerst vehement ablehnte. Aber heute verweist er gern und stolz darauf, dass es keinen Verleger gibt, der im Osten besser aufgestellt ist als er.

Wegen Prinz' »Verrat« kommt Markwort früher als ursprünglich geplant zu Burda. Aber auch er muss erst einmal Richtung Osten marschieren und dort die *Schweriner Volkszeitung* sanieren, die Burda von der Treuhand übernommen hat. Einige Monate später bricht der *Super!*-Krieg aus.

»Dass der Markwort als Einziger noch an mich geglaubt hat!« Das wird ihm sein Verleger nie vergessen. Nächtelang kann er nicht schlafen wegen der öffentlichen Schmach und der Angst, sein »Erster Journalist« könnte von seinem Sonderkündigungsrecht Gebrauch machen. Eine Befürchtung, die durchaus nahe liegt: Nach dem verheerenden Imageverlust des Burda Verlags ist es mehr als fraglich, ob ein neues Politmagazin aus diesem Haus von der Öffentlichkeit angenommen wird. »Tut mir leid, Herr Dr. Burda« – Nacht für Nacht kehrt dieser Satz wieder im Albtraum des Verlegers.

Aber Markwort bleibt. Steigt für Hubert Burda sogar öffentlich in die Bütt, stellt sich in Talkshows, im *Spiegel*-Interview, überall und jederzeit hinter seinen Dr. Burda, obwohl auch er *Super!* »wüst und agitatorisch« findet und »überhaupt nichts von Franz Josef Wagners Umgang mit Menschen und Fakten hält«. Eine Abneigung, die auf Gegenseitigkeit beruht. Warum also der Ritt über den Bodensee? »Aus Loyalität!« Da braucht Helmut »Jimmy« Markwort nicht lange zu überlegen. Es war jetzt wieder so wie damals nach dem Krieg in Coburg-Rodach: Wir gegen die. Right or wrong, my *Gong*! Mein Verleger! »Hubert Burda und ich, wir sind wie Don Carlos und Marquis Posa. Mit dem Unterschied, dass unsere Geschichte gut ausgeht.« Sagt Theaternarr Markwort. Es ist Friedrich Schillers dramatisches Epos von zwei Freunden, die nach langer Trennung wieder zusammenfinden.

Als Jürgen Todenhöfer am Abend des 24. Juli 1992 von Berlin, wo er den *Super!*-Horror für immer beendete, nach München zurückkommt, schaut ihn Hubert Burda mit kleinen Augen an, kalt und böse. Sagt trotzig entschlossen: »Jürgen, jetzt machen wir das Nachrichtenmagazin.« Jetzt erst recht! Don Carlos und Marquis Posa würden die vor Geifer schäumenden Zyniker der gnadenlosen Medienbranche schon noch das Fürchten lehren! Sollten die Ungläubigen doch begraben werden unter ihrem eigenen Hohngelächter! Was für Markwort sein Schiller, ist für Burda sein Goethe. *Wer immer strebend sich bemüht, den können wir erlösen.* Wann endlich würde all sein Mühen, all sein Streben Früchte tragen? Wann endlich könnte auch er einmal seine Ernte einfahren? Derweil ist Markwort unter dem Arbeitstitel »Zugmieze« schon heftig am Basteln.

»Geht das schon wieder los?«, tobt Mutter Aenne. Schimpfen die Brüder. Nachdem sich das Monopol von *Bild* als absolut unangreifbar erwiesen hat, fährt Hubert Burda die Geschosse seiner verlegerischen Angriffswut gegen den *Spiegel* in Position. Monopole knacken. Jetzt geht wirklich ein Lachen durch das Land, so laut und klirrend und bösartig, dass es unerträglich ist. Mehr denn je erweisen sich die Medien als eine Branche, in der man sich vornehmlich auf Kosten anderer amüsiert.

Oder wollten sie ihn wirklich nicht untergehen sehen, wie sie behaupten? Den Dr. Burda, der bei näherer Betrachtung doch eine schillernde Bereicherung im Reigen der Verleger ist. »Er steht ungeheuer gern im Rampenlicht, aber er macht es mit Charme. Viele machen sich darüber lustig.« Verrät der gebürtige Offenburger und führende Gruner+Jahr-Mann Axel Ganz über das Klima im inneren Zirkel der Vierten Macht im Land. Obendrein betrachtet man den geltungsbedürftigen Burda als das Opfer *dieses Vaters*, gegen den er nie ankommen würde. Soll er sich doch endlich damit abfinden und aufhören, sein Erbe zu verspielen! Sagen sie. Schulte-Hillen schreibt nun eindringlich an Beate Wedekind, die erfolgreiche *Elle*- und mittlerweile weniger glückliche *Bunte*-Chefredakteurin, ihren Einfluss geltend zu machen und Hubert Burda von der »Zugmieze« ab- und zur Räson zurückzubringen. »Aber er war ganz offensichtlich schon am *point of no return*«, sagt der ehemalige Chef von Gruner + Jahr. Gibt allerdings zu, dass er auch »den unwahrscheinlichen Fall des Erfolgs« fürchtete. Zugmieze könnte dem *Stern* schaden; was *Focus* dann auch getan hat, indem es sich ordentlich am Kuchen des Anzeigenmarktes bediente.

Rudolf Augstein übt sich wieder einmal in Zynismus. Jederzeit könne Hubert Burda nach dem Untergang bei ihm eine warme Suppe essen, offeriert er. »Hubert Burda war jemand, mit dem man öffentlich nicht rechnen wollte«, analysiert der »Dramaturg seines Lebens«, Bazon Brock. »Er wurde einfach nicht ernst genommen.«

Nach außen hin unbeirrt, arbeitet Helmut Markwort am inneren Durchbruch: Zwischen der Arabellastraße 21, wo sein Büro liegt, und der Nummer 23, dem Sitz des Verlegers, werden die Wände eingerissen und eine Brücke gebaut: der »Communication Highway«. Aber wo immer Markwort im Verlag auftaucht, ist es mit den schönen Gesprächen vorbei. Er wird offen angefeindet als der Verrückte, der den Burda Verlag nach dem *Super!*-Desaster nun vollends gegen die Wand fahren wird. Schon loten die Führungskräfte in geheimen Treffen ihre Seilschaften aus, beraten, wo man unterkommt und sich wiedertrifft, wenn Zugmieze eine Totgeburt und Burda ein Übernahmekandidat sein sollte.

Auch in den Zeitungen findet sich eine gehörige Portion Spott über den Gründer von *Ein Herz für Tiere* und seine Zugmieze. Es wird laut gelacht über »Tante Käthe«, ein Spitzname, den Markwort seiner »Liebe Tante Käthe«-Kolumne in der *Welt am Sonntag* verdankt. Regt er sich deshalb so übertrieben hartnäckig über »diese Linksspießer in der Journaille« auf? »Die haben mich einfach reduziert.« Die Ursache für alles, was Markwort nervt, sucht er erst einmal politisch zu seiner Linken. Je älter er wird, umso heftiger. Aber: »Was bitte ist ›linksspießig‹?«, fragt ihn im November 2004 die *Welt am Sonntag.* »Es meint diese selbstgerechten Verhaltensweisen von Typen, die immer reflexhaft das Linkserwünschte reden und tun«, erläutert er. Wer immer diese »Typen« oder was »linkserwünscht« an der Markworthäme sein soll – sein Groll gilt ungeschmälert jenen, die die veröffentlichte Meinung im Herbst 1991 verantworten: Dass damals kaum einer sehen will, was er aus dem *Gong* gemacht hat, geschweige denn seine politische *Stammtisch*-Talkrunde auf 3sat wahrnehmen oder seine erfolgreichen Radiogründungen, darunter Radio Gong und Antenne Bayern, das schmerzt ihn, verständlicherweise. Dabei schreibt doch der für deutsche Biografien zuständige *Munzinger* schon damals, Markwort sei zweifelsohne: »ein Multimedia-Talent«! Aber wer aus dem großen Publikum liest schon *Munzinger*? Springer-Aufsichtsrat Servatius gibt offen die Strategie zu, die auch in den anderen Verlagshäusern gefahren wird: Der Angriff mit Druckerschwärze auf Markwort ist heftig und durchaus beabsichtigt, aber hinter den schweren Eichentüren der Mächtigen ist sein neues Blatt gefürchtet. Die Medienbosse wissen allesamt: Wo Markwort ist, ist der Erfolg nicht fern.

Zwischen der Einstellung von *Super!* und dem Erscheinen von *Focus* am 18. Januar 1993 liegen nur sechs Monate. Wie ein Besessener arbeitet Markwort an seinem neuen Magazin. 25 Jahre lang hat er Karteikästen angelegt, Gedanken notiert, Themen formuliert, und nun sprudelte es aus all seinen Poren. Eine Redaktion aufbauen, überall gleichzeitig sein, das ist Kreativitätsakrobatik so ganz nach seinem Geschmack. Die Arbeit als ein einziger Akt der Selbstdarstellung!!! Diese Grundhaltung verbindet auch die sonst so unterschiedlichen Charaktere Burda und Markwort. Beide hassen Urlaub, können es nicht erwarten, bis das Wochenende vorüber ist, um sich jeden Montagmorgen in eine neue Runde auf der Medienbühne zu werfen. Markwort verlässt auch nur unwillig die Stadt. Ins Wochenendhaus seiner Lebensgefährtin fährt er deshalb nur ungern. Obwohl es nur eine gute halbe Stunde von der Arabellastraße entfernt liegt, am Ufer des Starnberger Sees, wo nur Auserwählte residieren. Lässt er sich doch einmal dazu hinreißen, ist vorgesorgt. Er braucht keinen Moment nährstofflos von der Nabelschnur der Medienwelt getrennt zu sein. In jedem Raum sind sämtliche Anschlüsse und Decoder-Boxen für sämtliche Fernsehsender dieses Planeten installiert.

In seinem Büro im Arabellapark springen ein braunes Paar Boxhandschuhe und ein gerahmter Ausspruch von Abraham Lincoln ins Auge: »Ihr werdet die Schwachen nicht stärken, indem ihr die Starken schwächt.« Kein Zweifel, hier residiert ein Starker. In diesem Büro mit dem enormen Chefredakteursschreibtisch, mit den vollgestopften Bücherregalen – vornehmlich Wälzer über die USA – und einem kleinen Kunstwerk von Maler Eduard Micus, der Markwort und Burda einst zusammenbrachte. Wie ein Heiliger wird er dafür verehrt im Hause. Auch auf der Machtetage hängt eine riesige Collage von ihm. Weihnachten ziert ein Tannenbaum Markworts Büro, einzig behängt mit Fotos seines Enkels. Und sommers wie winters bringt ihm seine Sekretärin den Teller mit dem geschälten Obst. Ihm bleibt kaum Zeit für die süßen Früchte. Ständig klingelt das Telefon, kommt jemand und lässt Themen und Doppelseiten absegnen. Und im Vorzimmer wartet schon der nächste Besucher. »Markwort ist ein Mann, der in vielen Töpfen rührt und weiß, wo es warm rauskommt«, weiß Medien-Doyen Günther Kress. »Manchmal hat er bockige Ideen, die sich dann als toll herausstellen.«

Der *Reporter* alias »Zugmieze« ist so eine Bockigkeit. Als aber die Marktforscher mehrheitlich für den Titel *Focus* stimmen – auch *Logo* und *Globus* stehen zur Abstimmung – gibt Markwort geschmeidig nach. Axel Ganz ist der Erste, der erfährt, wie Zugmieze tatsächlich heißt. Denn Gruner + Jahr hat für *Focus* Titelschutz in Italien, England und Polen. Könnte also den Export in diese Länder verbieten lassen. Aber natürlich macht man das nicht. Obwohl G+J für Burda *der* Konkurrent schlechthin ist, pflegt man freundschaftliche Beziehungen. Frei nach Hubert Burdas Motto: *I'm okay, you're okay.*

Auch einen Jahrgang des französischen *Capital* bestellt Burda beim Offenburger in Paris. Ein Magazin, das vom Gebrauchswert geprägt ist. So wie es ihm auch vorschwebt. *News to use.* Aber zur

Jahreswende 1992/93 glaubt kein Mensch in Deutschland, dass diese Mieze irgendeinen Leser hinter dem Ofen hervorlocken könnte. »Alles lief hundertprozentig gegen mich«, erinnert sich Burda. Nur sein Freund Willy Bogner – er durfte schon ein Dummy sehen – wettet eine Kiste Champagner darauf. Uschi Glas stöhnt: »Da haben Leute über den Hubert hergezogen, die ihn überhaupt nicht kannten. Du hast ihn damals verteidigen müssen mit Zähnen und Klauen.« Nicht nur hinter den vorgehaltenen Champagnergläsern der Schickimickis wird am Verleger ihres Zentralorgans *Bunte* gezweifelt. Im *Spiegel* Nr. 32/1992, und damit amtlich für die ganze Branche, steht – wieder einmal wird er am Vater gemessen: »Hubert fehlt die Robustheit, die den Alten auszeichnete. Wunsch und Anspruch stehen in merkwürdigem Gegensatz zur eigenen Unsicherheit.«

Aber als Burda die Nullnummer von *Focus* sieht, ist sein Anspruch nicht nur voll befriedigt. Er ist außer sich vor Begeisterung! Setzt eine Flasche Riesling an und setzt erst wieder ab, als sie leer ist. Trotzdem bestreitet er den Einsatz bis zum Erscheinen von *Focus* nicht nur mit seinem Erbe. Die Währung, mit der jetzt auch bezahlt wird, heißt: »durchgeschwitzte Schlafanzüge«. Nacht für Nacht. »Mehr als alles andere reizt meinen Mann das Wagnis«, sagt seine Frau Maria Furtwängler. Aber die schauspielende Ärztin kann dem Risikospieler und Hypochonder das Herzrasen nicht kurieren.

Furcht und Mut sind wie so häufig die beiden Seiten derselben Medaille. Natürlich ist da auch die Sorge um die finanzielle Situation. Lässt Burda deshalb verkünden, »sein Verlag schwimme geradezu im Geld«, wie es wiederum der *Spiegel* beflissen und mit unüberhörbarem Kichern zwischen den Zeilen nachdruckt?

Helmut Markworts Situation ist um keinen Deut leichter. Nach außen hin ruht der von unbändiger Neugier Getriebene in sattem Selbst- und Siegesbewusstsein. Sein Innerstes aber gleicht einem brodelnden Hexenkessel, aus dem auch ihm die Stimmen des Zweifels entgegenzischeln: Willst du nicht doch lieber donnerstags erscheinen? Fangen wir wirklich mit Politik an wie der *Spiegel*? Wäre es nicht schlauer, mit der Kultur ins Rennen zu gehen? Markwort, der humanistisch Geerdete, hält sich an keinem Geringeren als am Titanen *Prometheus* fest. Sein Lieblingsgedicht. *Hat mich nicht zum Manne geschmiedet / Die allmächtige Zeit.* Hatte er über zwei Jahrzehnte auf diesen großen Moment hingearbeitet, nur um sich im entscheidenden Moment vom Zauder zerreißen zu lassen? Niemals! *Hier sitz ich, forme Menschen / Nach meinem Bilde / Ein Geschlecht, das mir gleich sei.* »Die Zielgruppe heißt Markwort, nur 20 Jahre jünger«, erläutert der damals 56-Jährige den Journalisten. Markwort ist *Focus,* und *Focus* ist Markwort, werden die nicht müde zu schreiben.

Helmut Markwort weiß auch, dass er nicht nur die Verantwortung trägt über den 54. Versuch, dem *Spiegel* Konkurrenz zu machen; die ersten 53 sind allesamt gescheitert. Das ganze Schicksal des Burda Verlags hängt an ihm! Hubert Burda hat ihm sein Erbe in die Hände gelegt. Was ist das für ein Zeichen? »Es ist die größte Leistung von Hubert Burda, dass er Markwort absolut vertraut hat«, sagt nicht nur Schulte-Hillen, der hinzufügt: »Nach der Pleite mit der *Super!*-Zeitung zeigte Hubert den Mut des großen Verlegers.« Die Belastung für Markwort ist umso größer. »Ich habe gedacht, ich bin der Fels, auf dem die Kirche gebaut ist.« Titan Markwort also doch als prometheischer Vordenker, der für seinen Verleger das Feuer des Medienmarktes raubt? Während die mächtige Konkurrenz mit Blitz und Donner schleudert! Jedenfalls lastet auf ihm eine gigantische Herausforderung.

Und Burda: Würde er eher grandios scheitern als klein beigeben? Für ihn gibt es keinen anderen Weg: Er brauchte einen großen Sieg. Erst dann wird er seinen inneren Frieden schließen mit der Realteilung, erst dann wird er sich als berechtigter Erbe fühlen können. Was wussten denn all jene, die über ihn halb höhnend, halb bewundernd, in jedem Fall aber kopfschüttelnd mutmaßten: »Er muss es seinen Brüdern zeigen!« Natürlich musste er. Ein juristischer »Paragraf 10 Absatz 2«-Triumph ist schließlich keine Genugtuung. Burda legitimiert sich *moralisch.* Was immer das bedeutet, die Voraussetzung für seinen Sieg heißt: verlegerischer Erfolg. Der *Spiegel* konnte leicht über Burdas »Unsicherheit« schreiben. Aber was wussten die in Hamburg schon von seinen inneren Nöten? Von der Stimme des Zorns und der Verzweiflung, die sich einfach nicht verscheuchen ließ: *Vater, warum hast du immer und bis zuletzt an mir gezweifelt?* Er musste das Wunder vollbringen und dem Vater, der beim Erscheinen des *Focus* schon sieben biblische Jahre unter der Erde liegt, die letzte Ruhe verschaffen. Das Vertrauen, dass sein Jüngster ein echter Burda ist. Holz aus seinem Holz, Erfolg aus seinem Erfolg.

Am Montag, dem 18. Januar 1993, entscheidet sich das Verlegerschicksal von Hubert Burda. Er ist jetzt 53 Jahre alt und wirklich nicht mehr zu jung für den großen Durchbruch. Auch an diesem Montag ist, wie an jedem anderen seit 46 Jahren mal 52 Wochen, seit 2 392 Montagen also: *Spiegel*-Tag. Noch. Denn an diesem 18. Januar 1993 erscheint erstmals *Focus*. Zu Deutsch: der Herd, die Feuerstelle; im übertragenen Sinne: der Brennpunkt, wie Gunhild Freese in der *Zeit* die deutschen Lehrer aufklärt. *Focus* will das »moderne Nachrichtenmagazin« sein. Um sich so auf *Spiegel*-Höhe zu bringen und sich gleichzeitig von ihm abzugrenzen? Aber mit jeder neuen Beteuerung, modern zu sein, erhärtet sich der Verdacht, jemand fürchte, als altmodisch zu gelten.

Mit einer Auflage von 600 000 und zum Preis von vier Mark geht *Focus* an den Start. Das Magazin ist durchgängig in Farbe! Was heute eine Selbstverständlichkeit ist, kommt im Jahr 1993 noch einer visuellen Revolution gleich. Genauso wie die durchgängigen Tabellen und Schaubilder, die sofort den Vorwurf provozieren, *Focus* sei nichts weiter als gedrucktes Fernsehen. Weit gefehlt. Focus ist für seinen Verleger Hubert Burda vorweggenommenes Internet. Ja, du lieber Heiland, regt er sich auf, sehen die Spötter denn nicht, dass die Info-Grafiken auch zurückgehen auf die enzyklopädischen Darstellungsformen Diderots und die Kupferstiche Piranesis? Heute bestätigt auch die Gehirnforschung, was Hubert Burda schon damals intuitiv erfasste: Die Verbindung von Text und Bild spricht beide Gehirnhälften gleichermaßen an, ist wissenschaftlich autorisiertes Envisioning-Knowledge. Mit *Focus* kann sich Burda erstmals auch als Visionär der Medienbranche darstellen, als Prophet des New-Media-Zeitalters. Aber er teilt das Schicksal aller Propheten, er wird: verlacht. »Die müssen noch viel proben, bis wir sie schlecht finden.« In seinem süffisanten Verriss in der *Zeit,* »Das Dingsbums der Elite«, bemüht *Twen-* und *Capital*-Gründer Adolf Theobald den Klassiker Kortner.

Aber Burda und Markwort beharren darauf: Mit dem *Focus* ist dem deutschen Medienmarkt die Info-Elite geboren. Eine Vokabel,

Die Väter des *Focus*. Der Verleger und sein Erster Journalist mit der ersten Ausgabe am 16. Januar 1993.

so ganz nach Burdas Geschmack, klingt sie doch nach dem Adel der Leserschaft. Da der Verleger bekanntlich alles kann, nur nicht länger als 20 Minuten, kann auch *Focus* für seine Info-Elite alles – nur nicht länger als 100 Zeilen. Dass die *Spiegel*-Aficionados, die nichts kürzer als 100 Zeilen können, plötzlich Häppchen-Journalismus wittern anstelle des ganzen Menüs, steht auf einem anderen Blatt. Markwort weiß auch, dass es klug ist, die Erwartungen hervorzukitzeln, aber nicht zu hoch zu schrauben. »Der einzige Spiegel, den ich bekämpfe, ist mein Cholesterinspiegel«, witzelt er.

Tatsächlich scheint die Festung *Spiegel* im Januar 1993 uneinnehmbar. Das große gegnerische Magazin in Hamburg, das Markwort so clever zum Anti-Vorbild ernennt, ist eine Mark teurer und kann eine verkaufte Auflage von 1,2 Millionen vorweisen. Und 7 200 Anzeigenseiten im Jahr! Dahinter steckt viel Geld. *Focus* hat im ersten Heft immerhin 85 Anzeigenseiten. Würde sich das aufs Jahr gerechnet tatsächlich auf 2 000 addieren, so wie sie kalkuliert hatten? Und die verkaufte Auflage die 240 000-Marke erreichen? Dann! Dann würden Burda und Markwort triumphieren. Dann wäre *Focus* der sensationellste Neuling auf dem Medienmarktplatz. Anlaufverluste von 100 Millionen Mark innerhalb von drei Jahren würden sie durchstehen. Im *Spiegel*, der das Risiko wesentlich höher schätzt, gibt sich Hubert Burda im Namen der väterlichen Maxime selbstsicher: »Die Marktwirtschaft lebt davon, dass Unternehmer etwas riskieren.«

Und dann das: Ein Jahr später liegt die Auflage des *Focus* bei *IVW*-geprüften 573 715! Ein Eklat? Ein Medienputsch? Ging das mit rechten Dingen zu? Oder ist das einfach eine dieser Zufallssensationen, wie jedes Jahrzehnt sie hervorbringt? *Focus* übertrifft bei weitem seine »wagemutige Prognose« von 2 000 Anzeigenseiten. Jetzt kommen die Hamburger nach München gefahren. Autor Rainer Frenkel etwa. Er sitzt für die *Zeit* im Zug, um das Wunder Markwort in München zu bestaunen. »Der ICE ist schnell. Aber *Focus* ist schneller. Viel schneller«, schreibt er in der Ausgabe vom 22. April 1994.

Die etablierten Häuser werden unruhig über Burdas Newcomer. Nun beschwichtigt ausgerechnet Schulte-Hillen die Gemüter: »Die Leute müssen die Kraft finden, sich von der Psychose frei zu machen«, rät er. Während er hinter den Kulissen schon den *Tango* tanzt. Ein Gegen-*Stern*, der das G+J-Flaggschiff angreifen und genau dadurch schützen soll. Denn der *Focus*-Erfolg am Montag schreit geradezu nach Nachahmungen am Donnerstag. Ein Wirbelsturm braust durch den deutschen Blätterwald. Bläst frischen Wind in die Branche und die alte Burda-Häme weg. Ein bisschen wenigstens. Schulte-Hillen aber rutscht gewaltig aus auf dem Medienparkett. Verhindert jedoch mit *Tango* die feindliche Invasion auf dem Donnerstagsmarkt.

Nach drei weiteren Jahren verbucht *Focus* schon 6 000 Anzeigenseiten. In den Hochzeiten des Booms gar 8 000! Unglaubliche Gewinne für Hubert Burda. »Wir mussten Anzeigen verschieben«, berichtet der Anzeigenchef von damals, immer noch enthusiastisch. Von diesem Riesenerfolg wird Burda genauso überrascht wie die Konkurrenz. Nun kann er sich mit Fug und Recht »der Verleger« nennen. Schon im November 1994 feiert er seinen grandiosen Durchbruch mit einem rauschenden Fest! Der Ort ist so angemessen wie mystisch und zählt natürlich zu den namhaften Adressen der Welt:

der altägyptische »Tempel von Dendur«. Wer großzügig die Museumskasse füllt, darf diesen antiken Rahmen im New Yorker Metropolitan Museum für prestigeträchtige Events nutzen. »Glorious Food«, Manhattans Gegenstück zum Münchner »Käfer«, serviert Kaviar und Champagner, und sogar Mrs. William Randolph Hearst kommt zum Gratulieren. Keine Spur jedoch von *friend* Rupert Murdoch, über den Burda zwei Jahre zuvor noch sagte: »Wir sind mehr als Partner, wir sind Freunde.« Hatte er zum 50. noch eigenhändig drei Zeilen gute Wünsche auf eine Ansichtskarte gekritzelt, kommt zum 60. des Verlegers im Jahr 2000 nur ein Formfax und das auch noch einen Tag zu spät. Auch für diese Biografie hat er nicht einmal ein belangloses »He is really great!« übrig. Die zwingende Floskel der amerikanischen Elite für Gleichrangige.

Natürlich lässt sich heute fröhlich über die kaltblütige Entschlussfreude und das unglaubliche Risiko von damals parlieren. »Mit *Focus* hat Hubert seinen Kopf auf den Block gelegt«, sagt Günter Prinz. »*Focus* war der seidene Faden, der dann zu einer goldenen Kette umgearbeitet wurde«, deutet Hubert Burda sein Verlegerschicksal; holt tief Luft und muss doch einmal die Frage stellen: »Wer außer mir hat denn so viel gewagt? Wer hatte denn das Gefühl, nur noch eine Kugel im Lauf zu haben?« Wer also glaubt, Hubert Burda sei kein mutiger Verleger, der erhebe sich nun! Oder schweige für immer!!

Der Erfolg liegt erst ein gutes Jahrzehnt zurück und hat seine Väter doch in ein neues Zeitalter geschleudert. »Wir waren Sturm und Drang«, detoniert Markwort, »aber heute sind wir Klassiker.« Gemeinsam haben sie es geschafft. Das symbiotische Mediengestirn Burda-Markwort, schon 1966 als Ideenbällchen angeformt, ist in den neunziger Jahren in der Gestalt des *Focus* aufgegangen. Begleitet von den unvergessenen Rufen auf dem Weltwirtschaftsforum in Davos, als Burda vor versammelter internationaler Wirtschaftselite deklamiert: *You made me rich!* Und Markwort, ebenso wie sein Verleger ein begeisterter Tennisspieler, retourniert: *You made me famous!* Natürlich hat der *Focus* beide sehr viel selbstbewusster, berühmter und reicher gemacht. Aber Markworts Gehalt gehört zu den bestgehüteten Geheimnissen im Burda Verlag. »Ein großer Teil ist erfolgsabhängig« – mehr verrät Todenhöfer nicht.

Was *Focus* auch gebracht hat, ist gleich in doppelter Form das schöne Gefühl der Selbstverwirklichung: Markwort hat jetzt sein Nachrichtenmagazin, hat als Matador des Südens ordentlich Staub aufgewirbelt in der Arena des Nordens, wie überhaupt in der ganzen Medienlandschaft. Derweil Hubert Burda mit *Focus* in den Verleger-Olymp aufgestiegen ist. Endlich hat er geschafft, wovon er schon als junger Mann träumte, als er gebannt die Tagebücher von Cézanne und Max Beckmann entzifferte: Er hat den Göttern den Glanz der Welt entgegengeschleudert! Hat sich Status erobert und muss ernst genommen werden.

Die Großkopferten können nicht mehr lächelnd an ihm vorbeimarschieren. Jetzt gilt es, ihm ehrfurchtsvoll zu salutieren, mit ihm ist zu rechnen. Prompt folgen Einladungen in ganz neue Zirkel der Macht. Und auch solche Szenen bringt die Erhebung in den Kreis der Mediengötter mit sich: Wenn es später Abend wird über dem *Focus*-Himmel in München, erhebt sich Hubert Burda schon mal pflichtbewusst aus geselliger Runde und erläutert seinen intellektuellen Freunden, dem namhaften Dichter oder Gehirnforscher: »Morgen muss ich zum Kanzler!« Wehe, sie stöhnen dann wieder: »Du Armer!« Seine bösen, beleidigten Blicke sind kaum auszuhalten. Er wollte nie Opfer sein, sondern immer Sieger. Das ist ihm gelungen. Jetzt ist er ein Einflussreicher, der auf dem unendlich langen Marsch zur Macht an seinem Ziel angekommen ist: im Zirkel des kleinen Dutzends deutscher Meinungs- und Stimmungsmacher.

1994, als der Durchbruch gesichert ist, darf Burda auch »Similauner« werden, Mitglied im bunt zusammengewürfelten Bergsteigertross von Wirtschaftsbossen. Sie laden seither den Verleger zu ihrer alljährlichen Tour auf steile Höhen. Wo man sprichwörtlich Übersicht gewinnt. Und in der dünnen Luft die Probleme des mächtigen Mannes an sich, des Landes und der Welt diskutiert. Extremsportler Reinhold Messner, der die Touren betreut, weiß also aus eigener Anschauung: »Hubert Burda kann sich sehr quälen. Er braucht länger, aber er kommt auf den Gipfel hinauf.«

Nur einmal, auf einem besonders qualvollen Marsch im alpinen

Mit dem Erfolg kommt die Aufnahme in den Reigen der Mächtigen: »Similauner« im Schnee. Wirtschaftsbosse im Ringen um Höhenluft. Unter ihnen Hubert Burda, (hinten, 4. v. r.), Wolfgang Reizle (hinten, 2. v. l.), Jürgen Schrempp (hinten, 4. v. l.).

Terrain des Riesenferner, technisch nicht schwierig, aber dem ewigen Auf und Ab der Gletscher ausgesetzt, reißt Burda der Geduldsfaden. »Trotzig wie ein kleines Kind ist er einfach verschwunden.« Natürlich ist das ein schwerer Verstoß gegen die Gruppendisziplin und das Gesetz am Berg. Es hat auch den strengen Tagesplan durcheinander gewirbelt, schließlich musste ihn einer der Bergführer suchen. Am Ende aber haben sie es ihm nachgesehen. Jeder weiß, wie es im Grenzland der Belastbarkeit aussieht. Und alle schätzen Burdas Humor, zwinkern über seinen Drang, alle in die Arme schließen zu wollen. Ist es doch nur die andere Seite seines sehnlichsten Wunsches: Habt mich lieb! Bewundert mich!

»Er hat den Anspruch, dass er Applaus bekommt«, weiß Messner. Der Bergfex kennt die Geschichte der Burdas nur allzu gut. Schon der Senator hatte mit *Bunte* Messners Touren in den Himalaya finanziert, und der Sohn tat es ihm gleich. Der leidenschaftliche Kletterer zeigte sich immer dankbar, brachte Gebetsmühlen und ausgefallene Steine mit für den Senator und erfüllte ihm auch seinen letzten Wunsch: »Es war dieses Esoterische, Himalayische, dass er mich vor dem Sterben noch einmal sehen wollte.« Messner hat auch beobachtet, wie Hubert Burda sich nach dem Tod des Vaters mühte, die Mauern des Sohnseins niederzureißen. »Erst als er frei wurde, hat er sein Spiel gespielt.«

Wie zwei Dioskuren, sagt Markwort, wie Kastor und Pollux, haben sie sich nach vorn gekämpft, sein Verleger und er. Womöglich mit unterschiedlichen Stilen: Während der eine mit Säbeln geworfen, hat der andere das Florett gezückt. Man weiß nicht, wer wer ist, aber sie haben zusammengehalten, sich gegenseitig beschützt und verteidigt. Und: Sie leuchten nur gemeinsam. Den einen gäbe es nicht ohne den anderen. Sine ira et studio: Das deutsche Medienkapitel *Focus* wird immer in einem Atemzug Burda-Markwort nennen müssen!

Deshalb ist es müßig, das Nachrichtenmagazin einem Vaterschaftstest zu unterziehen. Und doch: Der Verleger und sein Königsmacher stehen immer im Visier des Hofstaats wie der Branche. Genauestens wird observiert, wer sich tiefer vor dem anderen verneigt und wer die größere Gunst beim Publikum erfährt. Obwohl sie sich seit beinahe vier Jahrzehnten kennen, behandelt einer den anderen wie ein rohes Ei. Und entgegen den allgemeinen Gepflogenheiten der Branche siezen sie sich mit anhaltender Beharrlichkeit. Warum? »Friedrich der Große und Voltaire haben sich auch gesiezt.« Sagt »der Markwort«, und »der Verleger« nickt zustimmend. Eine Szene, die sie oft geübt haben, der Aufklärer und der Absolutist. Friedrich der Große ist ein Stück kleiner als sein Voltaire, der mit seiner wilden Haarmähne wie ein furioser Medien-Löwe die Bühne beherrscht. Friedrich ist schon ergraut, aber Voltaire ist vier Jahre älter. Beide schauen immer schon durch eine große Brille, die wie ein Stück Pop-Art ihre lange Geschichte begleitet.

Wo Markwort hinkommt, wird er erkannt, ist populär wie ehedem der Senator. »Sogar auf den Flughäfen wird er angesprochen, weil die Leute ihn für den Direktor halten.« Hubert Burda hingegen ist nicht der Mann für das populäre Bad in der Menge. So sehr er davon träumen mag. Niemand erkennt ihn am Kiosk, obwohl laut *FAZ* vom 17. Mai 2005 seine Zeitschriften doch eine *IVW*-geprüfte

Auflage von 15,2 Millionen alleine in Deutschland erzielen. Die neueste Beteiligung »Milchstraße« noch nicht dazugezählt. »Nach 20 Minuten nenne ich Ihnen die drei Themen, die die Leute interessieren«, behauptet er. Aber Zweifel sind angebracht. »Ein normales Leben interessiert den Dr. Burda gar nicht«, sagt nicht nur sein Schwiegervater Bernhard Furtwängler. Alle, die ihn kennen, sagen es. Erst recht seine Edlen am Verlegerhof. Dahinter steckt ein gut gemeinter Hinweis: Belästigen Sie ihn nicht mit Banalitäten. Auch darf man sich nicht wundern, wenn man seinen Worten nicht immer folgen kann. Dr. Burdas Gedanken segeln nun mal durch höhere Sphären. Langjährige Weggefährten raten indes, sich von diesem Spiel des vergeistigten Verlegers nicht bluffen zu lassen. Denn der Dr., ein Schelm par excellence, ist alles andere als abgehoben. »Wenn die Zahlen nicht stimmen, hat er seinen Hölderlin schnell vergessen«, wissen sie aus eigener Erfahrung zu berichten. Der Doktor Burda selbst verweist auch gern auf seine Bodenständigkeit. Er sei ja down to earth wie der Goethe, kann es ihm schon mal entfahren.

Auf welcher Hemisphäre des Globus auch immer sich Hubert Burda aufhält, in regelmäßiger Hartnäckigkeit ruft er seinen Markwort an. Ob aus der israelischen Wüste oder vom indischen Verlegertreffen. Geht es dabei nur um unabdingbaren Informationsfluss zwischen dem Verleger und seinem »Ersten Journalisten«?

»Natürlich ruft er oft an«, sagt Markwort. »Da erfährt er, was politisch los ist, was man spricht. Ich bin das Tor zur realen Welt. So wie ich hinter Fakten her bin, ist Hubert Burda immer hinter State-of-the-Art-Knowledge her.« Das Wissen, wen und was man gerade kennen muss. Burdas häufige Einladungen zum »Abendessen« gelten als Studienveranstaltungen. So wie andere Bücher lesen, lässt der Verleger ihre Verfasser an seine Tafel bitten und sich ihr Wissen erläutern.

Was aber wird sein, wenn das Licht der Dioskuren Trübungen bekommt; altersbedingte etwa? Was wird dann aus *Focus?* Wenn es Markwort einmal nicht mehr geben sollte, müsste man ihn ausstopfen. So sehr verkörpere dieser die Marke *Focus*, erläutert Statthalter Todenhöfer gern und lächelt. Königsmacher Markwort ist über diese Äußerung *not amused*. Regt sich da Verdacht, der andere hätte ihn gern so, dass er ihm nicht mehr widersprechen kann?

Zum 60. schreibt der Geschäftsführer des *Spiegel*, Karl Dietrich Seikel, an Hubert Burda: »Ihr außergewöhnlicher Erfolg als Verleger wird zu Recht allseits gerühmt – und er stärkt uns als Wettbewerber. Denn der erfolgreiche Markteintritt von *Focus* hat den *Spiegel* sichtbar vorangebracht.« Solche Briefe bekommt der Verlegerfürst gern. Tatsächlich ist dem *Spiegel* durch *Focus* eine kontinuierlich dynamische Weiterentwicklung gelungen. Sodass er den Tod seines Gründers Rudolf Augstein ohne Krise überdauerte. Ein Schicksal, das dem *Stern* nicht vergönnt war. Henri Nannens Rückzug und die gefälschten Hitler-Tagebücher haben das Magazin in eine jahrelange Dauerkrise katapultiert. Wird sich der *Focus* einmal vor einer solchen Entwicklung schützen können? Er hat jetzt das erste Dutzend an Jahren auf dem Buckel, gewisse Alterserscheinungen sind nicht zu übersehen. Allenthalben rumort es auf den Burdafluren, *Focus* müsse wieder zu alter Frische zurückfinden.

Natürlich ist das »moderne Nachrichtenmagazin« ein verlässlicher Ratgeber für alle Lebenslagen. Weiht seine Leser ein, wo es medizinisch erstklassig die Krampfadern loswird, wer das neueste Handy zu welchem Preis produziert und wie sich die in die Jahre gekommene Info-Elite mit Anti-Aging fit hält. Nicht genug! Ruft nicht nur der Anzeigenchef, der *Focus* mit aus der Taufe gehoben hat. Politische Themen müssen wieder her. Agendasetting. Aber so info-elitär sich der *Focus* auch abstrampelt und in regelmäßiger Unregelmäßigkeit originelle Themen aufspürt, der ganz gewöhnliche Diskussionspegel des *Spiegel* bleibt ihm unerreichbar. Verlegers verehrter Franz Josef Wagner sagt gar: »Ich respektiere Markworts Werk, den *Focus*. Aber ich lese dieses Volksschülergestammel nicht.«

Ein Rückzug des Übervaters Markwort indes ist nicht zu fürchten. Im Sommer 2004 ist der Vertrag des 68-Jährigen verlängert worden bis Ende Dezember 2008. Er wird dann 72 sein. Den Dynamo Markwort nervt die Anspielung auf das Alter: »Adenauer war 73 Jahre alt, als er 1949 zum ersten Bundeskanzler der Bundesrepublik Deutschland gewählt wurde.« Aber natürlich hat der *Focus*-Kanzler vorgesorgt. »Wenn mich morgen ein Baum träfe, wird Uli Baur die Redaktion problemlos allein weiter führen.« Der ewige Stellvertreter als neuer Mann auf der Kommandobrücke? Die Gesetze der Macht sprechen eine andere Sprache. Doch um sämtliche Spekulationen im Keim zu ersticken, ist Baur, dessen Augen in einem einzigartigen Blau strahlen, im November 2004 neben Markwort zum Co-Chefredakteur aufgerückt. Derweil der *Focus*-Gründer gleichzeitig die »Herausgeber«-Kappe aufgesetzt bekam. Für die Redaktion und das »moderne Nachrichtenmagazin« ist trotzdem nicht die sanfteste Veränderung in Sicht. Schlimm oder gut so? Wenn es stimmt, dass der Fortschritt nur durch Wandel gesichert ist, was wird dann aus *Focus?*

»Das ist meine einzige Sorge«, vertraut der Verlegerfürst schon mal seinen Engsten an. Hat er Angst, er könnte seinen ersten Mann vergrätzen? Was besprechen die beiden bei ihren regelmäßigen Treffen unter vier Augen in der »Zirbelstube«? Darüber wird heftig gerätselt. Sagenhafte 100 Millionen Mark hat der *Focus* in seinem besten Jahr, 2000, unter'm Strich eingespielt. Vier Jahre später liegt der Gewinn »nur« noch bei 15 Millionen Euro und im Jahr 2005 könnte er noch niedriger ausfallen. Tüfteln die beiden hinter verschlossenen Türen über neue Erfolgsstrategien? Was seine Vita betrifft, da hat Hubert Burda sofort eine Lektion »für die jungen Leute« parat: »Die Geschichte meines Lebens«, sagt er, »ist ein Erziehungsroman, der eine große Lehre bereithält – zum Sieg kommt man nur durch Niederlagen.«

Teil III

Das zweite Erwachen des Hubert Burda

Kapitel 24

Das Geheimnis der Mona Lisa

Er kommt! Gerade ist die Nachricht eingetroffen. Der Portier eilt zum Fahrstuhl, blockiert ihn; denn er hat sofort startklar zu sein, wenn ER da ist. Eine ganze Weile geht das so. Aber dann trifft er endlich ein: der Fürst. Grüß Gott, Herr Dr. Burda, selbstverständlich Herr Dr. Burda, geht in Ordnung Herr Dr. Burda. Sie verbeugen sich, hofieren ihn, fächeln ihm Bedeutsamkeit zu.

Spotten deshalb seine Brüder immer noch: »Der spielt ja den Verleger nur!«? Das wäre ohnehin falsch. Denn Dr. Burda »inszeniert«. Sich und seine Größe. Und alle am Hofe sind ihm zu Diensten. Jeder in der ihm zugedachten Rolle. Das Leben des Verlegers läuft nach fürstlichem Zeremoniell ab, ist ganz und gar ritualisiert und strukturiert. Auch Freunde, die ihn sprechen möchten, müssen den offiziellen Weg über »die Gudlat« nehmen. Selbst in der fröhlichsten Gesellschaft vergisst er nicht, dass der Mächtige, um seinen Nimbus zu wahren, sich zurückziehen muss, noch ehe die niederen Ränge sich erheben. Bei Einladungen verlangt er im Vorhinein die Gästeliste. Schon mancher Hausherr, bei dem Burda sich nicht standesgemäß platziert fühlte, musste indigniert hinnehmen, dass er kommentarlos die Gesellschaft verließ. Placement geht ihm nun mal vor Benimm, und die Pflicht zur Selbstverwirklichung ist ihm oberstes Gesetz. *Wer Großes will, muss sich zusammenraffen. Und das Gesetz nur kann uns Freiheit geben.* Der Bogen von Goethe zur Lex Burda gelingt ihm spielerisch.

Er ist ein unruhiger Geist, der zu den hellwachen Köpfen gehören will. Deshalb schult er Körper und Sinne durch Yoga. Jeden Dienstag in der Früh kommt die Meisterin ins Haus. Verzweifelt an ihm, weil ihn stets – mitten im Sonnengebet – ein Geistesblitz durchzuckt. Er kann dann nicht innehalten, schreibt schnelle Sätze in sein Notizheft, das er immer griffbereit hält.

Der Mittwochmorgen ist seit Jahrzehnten für Tennis reserviert. Seit 1982 coacht ihn Stefan Schaffelhuber und beharrlich kommt die Frage: »Warum spielst du so defensiv, Hubert, wovor hast du Angst?« Wenn ihm dann drei, vier Punkte hintereinander gelingen, wird er so euphorisch, dass sein Ego mit ihm durchgeht. Der Sportsgeist, sagt Schaffelhuber, zeichne sich durch ständig neues Lernen aus, gerade in der Routine. »Da ist Hubert der Fähigste, mit dem ich es zu tun habe. Er nimmt extrem schnell auf und kann es ebenso schnell und bewusst abrufen.«

Donnerstag ist Reisetag. Da zieht Burda schon zu früher Morgenstund Bahnen im Schwimmbad seines Hauses. Am Freitag in der Früh joggt er durch Münchens Englischen Garten, und samstags schließlich tritt er auf dem Golfplatz in Bad Wiessee nur gegen das eigene Handicap, 19, an. In seinem Blick mehr die zackigen Gipfel von Wallberg oder Baumgartenschneid als die sanften Wellen des Tegernsees. An dessen Ufern liegt sein enormes Anwesen »Tanneck«, das er – nur wegen des Drängens seiner Frau, wie er behauptet – Anfang der neunziger Jahre dem damals hoch verschuldeten Furtwängler-Clan abgekauft hat.

Wäre es nach ihm gegangen, er wäre in seinem Haus oberhalb von Bad Wiessee, in der kleinen Ortschaft Holz geblieben. Daran hing eine Leiter, die der Himmelsstürmer Burda mit seiner überbordenden Sehnsucht nach Symbolen als »Jakobsleiter« ausmachte. Er hatte seine Freude daran. Zumindest bis zum 28. November 1991. An diesem Nachmittag erreicht ihn die fürchterliche Nachricht, die dpa um 16.47 Uhr zeitgleich über die Ticker schickt: »Blutige Tragödie im Wochenendhaus des Großverlegers Hubert Burda. In dem Anwesen hat der 57-jährige italienische Hausmeister eine fünf Jahre jüngere Nachbarin und dann sich selbst erschossen. Wie die Staatsanwaltschaft München mitteilte, gibt es bisher keine Erkenntnisse über ein mögliches Motiv der Tat.«

Eine Liebestragödie. Aber umgehend sind auch die Verschwörungstheoretiker auf dem Plan: Der Ehemann der Ermordeten arbeitet für eine namhafte Rüstungsfirma. Der »Hausmeister« ist hauptberuflich ein hochrangiger Sicherheitsmann der Gelddruckerei Giesecke & Devrient. Die silberglänzende Magnum 45, ein fünfschüssiger Trommelrevolver, gehört Hubert Burda. Sein Bruder Franz hatte sie einst besorgt, als die Burdas zu den potenziellen Entführungsopfern der RAF zählten. Ein Schuss steckt noch in der Trommel, obwohl fünf Schüsse gefallen waren. Wie ging das zusammen?

Für Burda gibt es nur einen, den er losschicken konnte, die Gespräche mit den zuständigen Polizeibeamten zu führen, Norbert »Sako« Sakowski. Der Mann für alle Fälle. Während Jürgen Todenhöfer beim *Verräter* Günter Prinz in der Vorstandsetage des Springer Verlags anruft und um »pflegliche Behandlung« des Falles bittet. Trotzdem wird der Mord zum Medienereignis.

Der Verleger ist nachhaltig geschockt, über die Schlagzeilen nicht minder als über die dunklen Mächte in seiner Rückzugsidylle. Wie sollte er jemals wieder ein ungestörtes Verhältnis bekommen zu diesem Haus, mit dem er 1984 seinen Umzug von Offenburg nach München krönte und das er von den Bernheimers liebevoll einrichten ließ? Hier hatte er sich immer gefühlt wie ein Beuysscher Nomade, der für einen Moment Heimat findet, während er sich im Geiste die edlen Teppiche als Filzstücke des Künstlers ausmalte; hier hatte ihn sein Freund Peter Handke vor loderndem Kaminfeuer bei seinen Besuchen regelmäßig abgekanzelt, dass er als Verleger etwas für Kunst und Literatur tun *muss;* hierher hatte er die Frauen gebracht, deren Liebe er gewinnen wollte, genauso wie die jahrelange Begleiterin, die ihm längst nicht mehr gut genug war. Hier schließlich notierte er die Zeilen in sein Tagebuch, über die manche Frau immer noch rätselt, welcher sie wohl gelten mögen: »Schauspielerin, sagt sie, will sie werden, damit sie mehrere Leben haben könnte.« Und dann, mit dem nächsten großen Schriftschwung: »Ich liebe sie nicht richtig, deshalb habe ich mehr Macht über sie.«

Er spielte auch mit dem Gedanken, einen Priester kommen zu lassen, um durch eine Segnung die verlorene Unschuld wiederzuerlangen. Schließlich aber gibt er nach, als Maria immer lautstärker einklagt, die Kinder sollten genauso am See aufwachsen wie sie einst. »Holz« dient ihm seither als Gästehaus.

Mit dem Einzug in Tanneck zieht bei ihm auch zunehmend das

gute Gefühl ein, ein wahrer Sohn Humanitas zu sein, ein Gelehrter; und der *Focus*-Erfolg verleiht ihm endlich ein seriöses Image. »Früher war er ein zitternder kleiner Geist, der kein Gefäß fand für seine Gedanken. Mit *Focus* hat er ein Portal, durch das er schreiten kann«, analysiert eine seiner Führungskräfte. Und fügt hinzu: »Nur kleine Menschen entwickeln solche Großmannssucht.« Ein neuer Hubert Burda ist geboren. Und doch: Die Suche nach dem heiligen Gral des Pressereichs hat sich damit noch lange nicht erledigt. Er will immerzu »vorwärts!«, besonders jetzt, da er in die Jahre kommt, in denen man ihm unterstellen könnte, älter zu werden. »Ich bin ja noch lange nicht fertig.« Aber um weiterzukommen, braucht er Inspirationen. »Sonst trockne ich aus.« Schon Mutter Aenne hatte ihm mit ihrem badischen Dialekt früh eingetrichtert: »Hubert, es reicht nicht, einen schicken Anzug zu tragen, was du brauchst, sind Ideen.«

Wie aber werden Ideen geboren? Bei wem sollte er die Ermittlungen einleiten, bei Marshall McLuhan, McKinsey oder doch eher bei Mona Lisa? Warum lächelt sie so sibyllinisch? Was will ihm die mythenumwobene Diva mitteilen? Was aber, wenn sie ihr Geheimnis auf gar keinen Fall preisgeben möchte, was könnte sie ihm vorenthalten? Wenn er doch nur ihr Lächeln ergründen könnte: das Lächeln der Mona Lisa! Er ist sich sicher, dann würde er verstehen, wie geniale Ideen gezeugt und in die Welt gesetzt werden. Dann entstünde vielleicht umgehend ein neues Magazin in seinem Haus, das er am liebsten mit dem Slogan zieren würde: »Another fine product of Hubert Burda Media.«

»Die Mona Lisa ist in eine Weltenlandschaft eingebettet«, schwärmt er. Und das Lächeln – er weiß es natürlich! – gilt der Ambiguität von Mann und Frau. An dieser Stelle muss er aufhören. »Man darf sich den Bildern nicht allzu sehr mit Worten nähern.«

Die Redegewalt nämlich wird in der linken, der analytischen Gehirnhälfte produziert. Die Erkenntnis über das Wesen der Bilder aber in der rechten, wo die Sprache nicht hinkommt. Hier orientiert sich der Mensch visuell, bekommt Impulse, die Ideen erst auf den Weg bringen. Kein Zweifel: In der rechten Hirnhälfte fühlt sich Burda neuronal beheimatet. Und eines kann er mit Gewissheit behaupten: »Die Sensibilität, die man als Künstler braucht, muss man als Verleger auch haben.«

Er liebt es, langwierige Monologe zu halten. Ein beredter Beweis, dass der rechtshirnlastige Dr. auch linkshälftig unter zerebraler Hyperaktivität steht? Aus genetischem Impuls oder herausgekitzelt von den Pfauenfedern der Eitelkeit? Der Verleger ist ein Getriebener im Land der Gegensätze. Er hastet von Dante zu Digital Lifestyle, verbindet Grandezza mit Genom, eBay mit Erasmus von Rotterdam, Mediale Communities mit Machiavelli, Koloskopie mit Catull. Wie ein Besessener lässt er sich auf futurologische Szenarien ein, nur um dann zu behaupten: »Ich hatte immer das Gefühl, dass ich aus alten Zeiten komme.« Will er deshalb den Beweis führen, dass das Logo des Luxusflitzers Maserati vom Dreizack des Poseidon abstammt?

Schon als Zwölfjährigen hat ihn der Vater mitgenommen in die Wirtschaft »Zum Schwanen« und ihn vorgeführt wie ein Wunderkind. Sagt er. Der Junge, obwohl geografisch ungebildet, wusste alles über die Wüste Gobi, kannte jeden Ort, als wäre er dort zu Hause. »Seitdem ich mich erinnern kann, gibt es in mir diese Traumbilder von Samarkand und Taschkent und unglaublich viele Sandsturmbilder.« Woher kommt das? »Das sind genetische Strukturen«, erläutert er. »Die Gene werden komplettiert durch die Meme, optische Chips; noch kann niemand sagen, woher die kommen. Aber was wissen wir, welche Atome plötzlich in uns aufgehen?«

Ist ein entschlüpftes Atom im Spiel an dem strahlenden Sommermorgen im Juni 2004 zum Beispiel, als das Bild, das Hubert Burda abgibt, völlig abweicht von dem gewohnten? Anstelle des dunklen Zweireihers trägt er einen hellen Sommeranzug, der sich mit seidener Leichtigkeit um seine Rundungen schmiegt. Wohl sitzt der Schlips akkurat wie immer, trotzdem wirkt er für seine Verhältnisse underdressed. Aber Burda sitzt an diesem Morgen auch nicht an seinem Schreibtisch in der Arabellastraße, den Götterboten Hermes im Blick. Auf den letzten Drücker noch hat er den LH-Flug 4070 von München nach Florenz erreicht. Hier reist der Humanist, für den der Weg nach vorn über die Vergangenheit führt. In seiner Begleitung ausnahmsweise nur Reinhold Fröschl, sein Chauffeur, Themen-Spürhund im alltäglichen Pressestapel, im Bedarfsfall auch sein Koch. In der Allroundbetreuung des »Herrn Doktor« wechselt er sich im Wochenrhythmus mit dem »Sekretär« Helmut Enderle ab.

Die Entourage, mit der Burda sich gewöhnlich umgibt, allesamt »beautiful people«, gebildet, mit guten Manieren und nicht nur modisch auf dem Quivive, bleibt heute in der Zentrale der Macht. Darunter der Unternehmenssprecher Nikolaus von der Decken; sein persönlicher Referent und Geschäftsführer Marcel Reichart; sein Verbindungsmann zur jüdischen Elite, Gregory Blatt. Oder Steffie Czerny, die Frau, die sein Ego managt, die Einzige, die ihn duzt und die das Kummertelefon abnimmt, wenn Burda in seinen schlaflosen Nächten Zuspruch braucht oder einfach jemanden, der ihm zuhört. Sie alle mehren den Ruhm des Verlegers. Bereiten ihm sowohl die neuesten Themen Akademias als auch die Phänomene der Alltagssoziologie auf: zu appetitanregenden Häppchen, geistigen Amuse-gueules, die sie ihm auf Mind-Maps kredenzen.

In seiner erstaunlichen Neugier verlangt der Fürst nach immer neuem Futter. Ein Mann, der noch staunen kann. Seine schmalen Augen beobachten unablässig. Schnappt er ein unbekanntes Wort auf, wird es umgehend notiert. Er liebt Fremdwörter, lanciert lateinische Brocken, wo immer sich eine Gelegenheit findet. Auch auf die Gefahr hin, dass sich die Zunge verzwirbelt oder der Sinn einzig in der Freude liegt, seine weitläufigen verbalen Ländereien zu durchschreiten. »Anfangs dachte ich, der hätte nur im Samen-Bingo gewonnen«, erläutert im *Super!*-Sommer 1992 der Fabulierkünstler Franz Josef Wagner einem *Spiegel*-Redakteur das Wesen seines Verlegers Burda. »Aber dann merkte ich schnell, dass er ein ausgesprochen gebildeter Mensch ist.«

»Was ist das Höchste für den Menschen?«, exklamiert Burda, während die aufbrausenden Flugzeugmotoren seine Worte fast verschlingen. »Ein Werk zu hinterlassen?« Die Frage ist rein rhetorisch. »Nein!«, hält er unbeirrt dem Lärm entgegen, »sich zu bilden, wie der Goethe sagt, das ist das Arkanum.« Lässt er also sein Imperium vaterlos zurück, während er sich auf den Weg macht, das Geheimnis des Lebens auszukundschaften? Sein Zeigefinger klopft gegen die geschürzten Lippen, als wolle er sie versiegeln. »Psst. Über das Arkanum spricht man nicht.«

Der »Renaissance-Mensch«, wie ihn Lord Weidenfeld nennt, braucht hin und wieder eine kleine Flucht aus der Routine. An solchen Tagen kann es sein, dass ihn sein Pilot in aller Frühe nach Rom fliegt. Dort sorgen die Fresken der Sixtinischen Kapelle für neuronale Mobilmachung. Schon am Nachmittag sitzt er dann wieder am Konferenztisch der Konzernzentrale und verhandelt alltägliche Dinge.

Es ist kurz nach zehn Uhr, als Burda in Florenz landet, wo bereits ein Fahrer auf ihn wartet. Die Luft flirrt in Erwartung des heraufziehenden Hitzedrucks, während der deutsche Verleger in wohltemperiertem Italienisch die Route erläutert, die er zu nehmen wünscht. »Frosch«, der Hüter über sein Wohlbefinden, dreht sich im Vordersitz um und fragt beflissen Richtung Fond: »Herr Doktor, an' Riegel?« Der Doktor deutet ein Nicken an, schon wird ihm ein schokoglasiertes Corny gereicht. Von Zeit zu Zeit will der Doktor auch seinen Atem erfrischen, lässt sich ein Fisherman's Friend anbieten. Als der Wagen schließlich am ersten Etappenziel hält, bekommt er das ganze blaue Tütchen zugesteckt und auch ein Portemonnaie. Ein Milliardär bekommt Taschengeld!

Er will in die Uffizien. Sich wieder in dem Wunder baden, wie Botticelli – »mit wenigen Strichen nur, und schon ist da die Maria« – Maria, seine Frau, erschuf. Dicke Menschentrauben schieben sich in geordneten Bahnen auf den Eingang zu. Eine Szenerie der Gewöhnlichen, ein einziges Hindernis für den Mann der Macht. Also zückt er seinen Presseausweis und marschiert an der Menge vorbei. Der Hüter des Kunsttempels ist unbeeindruckt von dem »giornalista«, sagt nur: »Das spielt hier keine Rolle, Sie müssen sich hinten anstellen.« Anstellen? Niemals! Ohne ein Knurren des Bedauerns steuert er auf die Piazza della Signoria zu.

Zu Michelangelos »David«, der Verkörperung republikanischer Tugend und bürgerlicher Freiheit? Er würdigt ihn keines Blickes, obwohl die Feuilletons soeben seitenweise vom frisch restaurierten Glanz berichten. Stattdessen bleibt er wie gebannt vor der Loggia dei Lanzi stehen; vor Cellinis »Perseus«, der triumphierend das abgeschlagene Haupt der Medusa hochhält. Eine Allegorie auf den nobilitierten Tyrannen Cosimo I., den mythischen Helden, der sich dafür feiern ließ, dass er seine Feinde mit göttlicher Hilfe besiegte. Hubert Burda kann seinen Blick kaum losreißen. Wandelt sich vor seinem inneren Auge Medusas Haupt in das seiner verlegerischen Konkurrenten?

Er zieht weiter zum Dom. Auf dem Weg inspiziert er halbherzig die Schilfgras-Figuren der asiatischen Straßenhändler, kauft in einer Souvenirbude eine völlig überteuerte Tasche mit dem Aufdruck von Lorenzo de' Medici. Erst beim Anblick von Brunelleschis Kuppel, einer technischen Pionierleistung, kommt wieder der Glanz der Leidenschaft in seine Augen. Verzückt ruft er aus: »Diese Kuppel war für ihre Zeit, was heute das Internet ist!« Im Dommuseum nimmt er mit majestätischen Schritten die Stufen zum Obergeschoss. Nichts kann ihn ablenken, nicht Michelangelos »Pietà«, nicht die Ströme der Touristen. Erst vor den Sängerkanzeln von Donatello und Luca della Robbia hält er inne und findet klärende Worte für sein publizistisches Alltagsgeschäft: »Für mich ist der Wettbewerb wichtig und dass die besten Leute zu Burda kommen.« Atmet befreit: »Das ist heute viel einfacher als früher.« Die Atmosphäre des Domes verleiht seinen Worten sakralen Nachdruck. »Die Kondottiere sind ja die Manager von heute.«

Weiter, vorwärts. Zügig schreitet er zum achteckigen Baptisterium, gegenüber der Dompforte. Eilt von den Bronzeportalen zur Paradiestür und wieder retour. Eine Zigeunerin stellt sich ihm in den Weg, bettelt um ein Almosen. Trotz ihrer Aufsässigkeit lässt er sich nicht erweichen, obwohl sich die Szene eine kleine Ewigkeit hinzieht. Da kommt ihm, Deus ex Machina, ein städtischer Tourismuswächter zu Hilfe und gebietet ihr Einhalt. Jetzt kann sich der Verleger wieder ganz der Betrachtung der Tugenden widmen, Glaube, Stärke, Klugheit; Fides, Fortitudo, Prudentia. Er murmelt vor sich hin, »dieses bildhauerische Werk ... Pisano! ... fantastisch«, eilt zur vergoldeten Paradiestür, »Ghiberti, Ghiberti!«. Freiplastisch beginnen die Figuren, sich aus dem Reliefgrund zu lösen, sich als Individuen von anderen abzusetzen. Der Betrachter wird Zeuge einer bahnbrechenden Errungenschaft: der Perspektive. Perspektive!!!

Kapitel 25

Die neunziger Jahre

Vom Schwarzwaldspringerle zur Hubert Burda Media

In den Burda Verlag kommt die Perspektive, es kann nicht nachhaltig genug betont werden, mit dem durchschlagenden Erfolg von *Focus*. Eine neue Welt tut sich auf mit ungeahnten Möglichkeiten und Träumen. Die neunziger Jahre sind Hubert Burdas Jahrzehnt! Trotz heftiger Rückschläge, die aber allesamt von *Focus* überstrahlt werden.

Schon im November 1990 hatte Jürgen Todenhöfer in *Burda News* den »Weg nach vorn« skizziert. Für den Zeitraum von 1991 bis 1994 stand da: »Wandel vom Zeitschriftenverlag zum Medienkonzern.« Tageszeitungen sollten das Portfolio erweitern, ein Sehnen, das sich bald *Super!* erledigte; weitere Magazine, Fernsehbeteiligungen, eben alles, was eine breit gefächerte Aufstellung garantiert. Gleichzeitig erfolgt der Aufbau der Holding, unter deren Dach die risikoreichen Joint Ventures angesiedelt werden. Mit der Gründung der Konzernzentrale formiert sich auch der Vorstand, dem selbstverständlich Markwort und Todenhöfer angehören, mit dem Verleger als Vorsitzendem.

Im Laufe der Jahre wurde die Unternehmensstruktur des Hauses mit den in- und ausländischen Verlagen, Druckereien, den zahlreichen Radiobeteiligungen, Online-, Vertriebs-, Werbe-, Immobilien- und Verwaltungsgesellschaften derart komplex und ineinander verwoben, dass sogar das assoziierte Vorstandsmitglied, Anwalt Schweizer, beim Anblick des heutigen Organigramms warnt: Wer sich in diesen Dschungel verirrt, findet nie mehr hinaus!

Der ehrgeizige Todenhöfer muss auch die Umwandlung des alten Burda Verlags in den neuen Medienkonzern in die Hand nehmen. Wie in solchen Fällen üblich, werden die Unternehmensberater von McKinsey ins Haus geholt. Sie kommen 1993. Von ihnen lernt Todenhöfer das Einmaleins der Betriebswirtschaft, das er sich bis dahin als Autodidakt beibrachte, in- und auswendig. Dem Zeitgeist der Ökonomen gehorchend, empfiehlt McKinsey-Berater Peter Weidermann eine Aufteilung in Profitcenter. Im Zuge der Umstrukturierung wechselt er in den Burda-Vorstand, scheidet aber bereits ein gutes Jahr später wieder aus.

Die neue Struktur bleibt.

»Let them fight it out!«

Zum 1. Januar 1995 gründet Burda eine Reihe von atypischen stillen Gesellschaften, GmbHs und KGs, in die aus steuerlichen Gründen enormes Vermögen und mehrstellige Millionenbeträge fließen. Diese wiederum werden jeweils einem der 17 Profitcenter zugeordnet, die im Zuge der Neustrukturierung des Konzerns aufgebaut werden. Sie stehen wie rechtlich selbstständige und unabhängige Unternehmen in Konkurrenz zueinander. Eifersüchtig wird darüber gewacht, welches jeweils vorne liegt. Sehr zur Freude Todenhöfers. Erst recht aber zur Erquickung Hubert Burdas, des gütig lächelnden Fürsten, der nichts mehr liebt als die Devise: »Let them fight it out!« Die anderen sollen sich für ihn prügeln. Schon der Vater regierte sein Reich nach dieser Methode. Führte aber sicherlich keine Anglizismen im Munde. Schrieb er doch den Namen seines schwarzen Pudels Bläcky noch mit »ä«. Er nannte sein Prinzip »divide et impera«, und jeder verstand es auf gut Deutsch so: »Nun schlagt euch mal die Köpfe ein, damit ich entscheiden kann, wer von euch mein bester Mann ist.« In die Arena, ihr Gladiatoren!

Auch unter dem Sohn wuchern über den erogenen Zonen der Macht die giftigen Auswüchse von Eifersucht und Eitelkeit. Wie schon zu seinen Zeiten als *Bunte*-Chefredakteur geht es immer um die Frage: Wer steht gerade in der Sonne, wer ist in den Schatten verbannt, vorübergehend oder dauerhaft? Wer bekommt einen Orden und welchen? Das Feudalsystem Burda ist mit einer eigenen Satzung und Regeln versehen, entworfen vom ehemaligen Personalchef

Der Vorstand der Hubert Burda Media Holding mit der tüchtigen Frontfrau Patricia Riekel. Von links: Das assoziierte Mitglied Rechtsanwalt Robert Schweizer, der Statthalter Jürgen Todenhöfer, die große Hoffnung Paul-Bernhard Kallen, der Erste Journalist Helmut Markwort. Mit einem antiken Relief für den »Renaissancemenschen« Burda.

Egon Weimer und dem Geschäftsführer der People Group, Philipp Welte. Den »Chevalier« etwa, der tatsächlich in Paris, in der Ordensschmiede der Grande Nation gegossen wird, gibt es nur für wenige. Für Markwort, Riekel, Schweizer und Todenhöfer natürlich. Der »Officier« ist schon verbreiteter, aber immer noch sehr exklusiv, für die Geschäftsführer und andere leitende Mitarbeiter. Ansteckna-deln und Burdakrawatten mit roten Querstreifen werden großzügig verteilt. Das System des Belohnens und Bestrafens ist vorzüglich be-stückt.

Zu Burdas Macht- und Erfolgsgeheimnis gehört, so lobt sein Hofstaat, dass er immer Führungskräfte an seine Seite holt, die ihn ergänzen. Niemals sucht er Gleiche.

Auch die Grenzen seines Reiches werden von zwei Männern gesichert, die gegensätzlicher nicht sein könnten und sich doch darin gleichen, dass keiner auch nur ein Jota von seinem Machtanspruch weicht: auf der einen Seite Königsmacher Markwort, auf der anderen Statthalter Todenhöfer. Der eine ein unter ständigem Hochdruck dampfender Kreativer, dessen Auftritt von einer Art Kometenschweif begleitet wird: Ständig ist er umringt von einer Traube Bewunderungswilliger.

Der andere ist der einsame Wolf Todenhöfer, von dem Burda sagt: »Er ist noch ein größerer Solipsist als ich.« Der Einzelgänger hält sich ganz und gar im Hintergrund. Niemand mag es ihm als innere Bescheidenheit auslegen, eher als weitsichtige Berechnung. Auch in den Momenten, in denen die Siege des Hauses mit Champagner begossen werden, bleibt er beim Bier. Er ist hoch empfindlich, wird aber als emotionsloser Zahlenmann wahrgenommen. Obendrein weiß er, dass der Verleger bei seinen Lieblingschefredakteuren und Künstlern schon mal klar macht – die Zahlenknechte sind unsere Angestellten. »Blattmachen ist ein künstlerischer Prozess«, sagt Burda, »das hat mit Betriebswirtschaft nur am Rande zu tun.« Und in den wirtschaftlich schlechten Zeiten ist er der Einzige, der in die Branche ruft, Verschwendung gehöre zum Geschäft, sichere die journalistische Qualität. Die Journalisten im Land loben ihn für so viel Sachverstand. Die in seinem Haus wissen, dass er es sich leisten kann, so zu reden, sitzt bei ihm doch Todenhöfer auf der Kasse.

Der Königsmacher und der Statthalter sorgen unablässig für Gesprächsstoff, nicht nur im Hause Burda. Regelmäßig schreiben die großen Zeitungen über ihre erbitterten Machtkämpfe. Alles erfunden!, behauptet Todenhöfer. Um diesen Glastisch – er zeigt auf die schwarzen Sessel in seinem Büro – sitzen sie regelmäßig und klopfen sich auf die Schenkel vor Amüsement, wenn sie wieder einmal lesen, wie spinnefeind sie sich sein sollen. »Es gibt keinen Vorstand, in dem so viel gelacht wird wie bei uns«, triumphiert Todenhöfer. Die Macht bei Burda also eine fröhliche Veranstaltung der »feinen Kerle«? Muss man schon wieder gerührt sein? Einer seiner Sympathisanten erläutert immerhin: »Man darf auch in unserem Haus nicht unterschätzen, mit welcher Freude sich mächtige Männer gegenseitig Stöckchen in die Speichen stecken!«

Todenhöfer ist sich seiner Machtbasis absolut sicher. Die Geschäftsführer, mit Ausnahme jener von Markwort-Land, kommen alle aus seiner Seilschaft, sind von ihm eingestellt. Die Macht ist für ihn wie ein Schachbrett, auf dem jeder Zug wohl überlegt ist. Inspiration holt er sich dabei bei »Strizz«, einer schlaksigen Comicfigur mit Schwejkschem Hintersinn. Strizz dient einem kleinen rundlichen Chef, den er in verlässlicher Regelmäßigkeit aufs Absurdeste vor den Kopf stößt. Todenhöfer schützt seinen König. So nachhaltig, behaupten einige im Epizentrum der Macht, dass es schon den Verdacht erregt, er wolle niemand anderen an ihn heranlassen. Eifersucht, hallt es allenthalben. Aber gegen die schwankenden Stimmungen des Verlegers kann auch »Tödi« nichts ausrichten. In dessen Gunst steigt er mal, mal fällt er derart tief, dass das Flüstercrescendo anschwillt zum: »Das ist das Ende!« Wie wappnet er sich dagegen? Er ist Politiker, er sitzt das aus, erläutern die Hofmitglieder.

Der Mann mit dem Rechenschieber schreibt auch Bücher, bei deren Lektüre kein Auge trocken bleibt. Immer prangert er darin das tragische Schicksal von Kindern an. Geleitet nur von nobelster Gesinnung? Oder berechnend wie ein Wahlkampfpolitiker, der weiß, dass es Stimmen bringt, Babys zu küssen? Warum nur nimmt man dem ehemaligen Falken die Wandlung zur Taube nicht ab? Hat er nicht völlig Recht zu verlangen: »Wenn man den Weg von den Turnschuhen zum Smoking gut findet, sollte man auch den umgekehrten Weg akzeptieren.«?

Er stellte sich öffentlich gegen den Irakkrieg und die Außenpolitik von Bush. Ganz gegen die Linie von *Focus* und sehr zum Ärger des Verlegers. Wie oft muss der sich für seinen Stellvertreter erklären, insbesondere bei seinen jüdischen Freunden? Innerlich kocht Burda, lässt im kleinen Kreis seinem Unmut freien Lauf, doch öffentlich kommentiert er den publizistischen Ehrgeiz Todenhöfers mit demonstrativer Gelassenheit: »Ich habe nichts dagegen. Wir sind ein liberales Haus.« Er weiß, es ist Balsam für die Wunden seines Stellvertreters und ein gutes Hausmittel im Medizinschrank der Macht.

Das Klischee vom leidenschaftlichen Blattmacher hier und vom eiskalten Rechner dort wird umrankt von Geschichten, in denen Todenhöfer immer wieder versucht, aus seiner Rolle auszubrechen. Markwort hingegen ist nicht nur »Erster Journalist«, sondern auch Geschäftsführer des Focus Magazin Verlags und der Burda Broadcast Media – ein gewiefter Geschäftsmann jedenfalls. Aber das wird in den Medien erstaunlich selten registriert. Was die Radiobeteiligungen betrifft, sind Burda und Markwort sogar gleichberechtigte Unternehmer. Diese unterschiedlichen Funktionen liegen durchaus im Konflikt miteinander und wären in anderen Medienhäusern nicht denkbar.

Bei Todenhöfer bündeln sich alle Informationen, sämtliche Zahlen bekommt er als Erster. Und wer gelernt hat, die Zahlen eines Unternehmens zu bändigen, weiß, dass sie ihren Meister so lange fordern, bis er sie in jeder Diskussion für die eigene Argumentation nutzen kann. Markwort, der nur ungern nach Offenburg reist, wo der *Focus* gedruckt wird, mag sich darüber noch so ärgern, an den Hebeln dort sitzt der Gegenspieler.

Obwohl Erster Journalist, konnte Markwort nicht verhindern, dass aus dem Offenburger Medien Park Verlag im Herbst 2000 *Vivian* kam; ein »*Focus* für Frauen«, wie es bald hieß. Das Magazin wurde abgesegnet von den fünf Männern im frauenfreien Vorstand, von denen vier jenseits der Pensionsgrenze sind. *Vivian* sollte jeden Montag neben *Focus* und *Spiegel* am Kiosk strahlen und Todenhöfers Befreiungsschlag werden. Wie sehnte er sich danach, endlich aus dem Schatten von *Focus* zu treten! Behaupten Insider. Markwort, ein vehementer Gegner des Projekts, das seinem Blatt die weiblichen Leser abspenstig machen wollte, stimmte dennoch dafür. Es gibt im geteilten Burda-Haus nun mal die Tradition, dass am Montag in der Vorstandssitzung mit dem harmoniebedürftigen Verleger alle Entscheidungen einstimmig getroffen werden. An den Konflikten wird schon freitags und ohne Burda in der »Vorholding« so lange verhandelt, bis sich die Herren arrangiert haben.

Drei Jahre nach der *Vivian*-Entscheidung, 2003, bekommt Markwort im Gegenzug den *Playboy* – gegen den Willen Todenhöfers und doch mit seiner Zustimmung.

Vivian scheiterte schon nach drei Monaten. Zum Jahresende 2000 war Beerdigung auf dem Friedhof der versengten Träume. Von 40 Millionen Mark Verlust war die Rede. Ein Gutteil davon intern verbucht und deshalb weniger schmerzhaft. Zurück blieb die Schuldfrage. Todenhöfer streitet jedes persönlich motivierte Moment ab. Er habe nur dem Drängen seines Geschäftsführers Reinhold G. Hubert nachgegeben. Dass er am Ende immer die unangenehme Aufgabe übernehmen müsse, wenn es denn so weit kommt, ein Objekt für gescheitert zu erklären, liege an seinem Job. Sagt er.

Während Markwort seinem Kontrahenten artig per Telefon kondolierte, rief der Verleger bei Hubert in Offenburg an und sprach ihm im Augenblick der Niederlage Mut für weitere Neugründungen zu. Einige Jahre später lässt er im Tone größter Sachlichkeit ganz en passant die Äußerung fallen, Todenhöfers Grenze habe sich bei *Vivian* gezeigt. Und fügt, für Burdas Duktus an Deutlichkeit nicht zu überbieten, die Bemerkung hinzu: »Todenhöfer muss sich im Klaren darüber sein, dass er COO ist, nicht CEO.« Zuständig also fürs operative Geschäft, nicht für die inhaltlichen Richtlinien. Der Stellvertreter ist aber auch als Testamentsvollstrecker ernannt für den Fall, dass Burda etwas zustoßen sollte.

Schon die Grundstruktur des Burda Verlags mit seinen beiden Standorten München und Offenburg ist dualistisch angelegt. Einhergehend mit Antagonismen, die auch den Verleger durch und durch kennzeichnen. In München gehört er zu den Mächtigen der Stadt, mitverantwortlich für den bedeutenden Medienstandort. Ein Großbürger, dem am Wohl der Universitäten und Museen liegt, ein Mäzen, der ein weltoffenes Haus führt, geschäftlich wie privat. Ein internationaler Konzernherr, der Hochdeutsch spricht und sich in den Nobellimousinen der bayerischen Autobauer kutschieren lässt. Ein Netzwerker, der sich im Licht der öffentlichen Bewunderung sonnen und doch ein Geheimnis sein möchte.

In Offenburg hat er sich von Herzen gern für die Landeswerbung filmen lassen, die immer mit dem Slogan endet: »Mir könnet alles außer Hochdeitsch.« Selbstverständlich spricht er hier badisch, schwärmt von der schönen Ortenau, den Weinbergen und dem unvergleichlichen Schwarzwald. Hier ist er der größte Unternehmer und Arbeitgeber, Pater Patriae Offenburg. Trotzdem ist es nach wie vor die Stadt des Senators, an dem er immer noch auf Schritt und Tritt gemessen wird. Die Mutter lebt noch hier und zeitweilig auch Bruder Franz. Hubert Burda schwänzt keine Fasnet und keine Versammlung des »Hohe Horn Kreises«, den er 1980 ins Leben gerufen hat, um zu beweisen, dass sein Herz lokalpatriotisch schlägt. Seine Stimme ist hier, am Stammsitz seines Unternehmens, immer eine Spur besser geölt, denn nirgendwo singt sich das »Badner Lied« ergreifender als mit seinen Landsleuten. Aber er darf nun mal nicht verweilen, muss neue Geschäfte heranholen, Arbeitsplätze sichern. Doch eines müssen sie wissen – wenn er wieder geht, dann immer mit diesem Goetheschen Gefühl: Mit der Heimat im Herzen hinaus in die Welt. »Offenburg ist Gaia – die Urmutter!«, schwärmt er. Lässt sich im Luxusschlitten der Schwaben zum Helikopter fahren und hebt ab.

In München sitzen die Konzernmächtigen und die Redaktionen von *Focus, Bunte, Instyle, Elle, Playboy* und *freundin* mit ihren jeweiligen Abkömmlingen. In Offenburg arbeiten wie eh und je die Drucker, dort sind auch die Redaktionen der Billigtitel angesiedelt. *Anna, Lisa, Neue Woche, Glücks Revue, Frau im Trend* oder *Viel Spaß*. Aber ganz unlustig und latent beleidigt schauen sie mit Argusaugen in die »Hauptstadt« ihres Unternehmens, damit ihnen nicht entgehen kann, wann und wo man sich dort wieder einmal über sie mokiert. Der Geschäftsführer Reinhold G. Hubert hat mit *Lisa* und ihren unzähligen Line-Extension-Schwestern einen erstaunlichen Erfolg vorzuweisen; man weiß auch um seinen Ehrgeiz, der Offenburger Markwort sein zu wollen. Von den Münchnern indes wird er nur als der »arme Hubert« belächelt. Im Gegensatz zu ihrem reichen. Überhaupt schämt man sich für die Yellow-Verwandtschaft vom Lande. Mit denen will man nichts zu tun haben. Aber die im Badischen halten trotzig dagegen: »In Offenburg wird das Geld gemacht, in München das Prestige.«

Ganz richtig ist das nicht. Wohl besetzt die *Freizeit Revue* häufig Platz eins der Profitlinge; ein Blatt mit Millionenauflage. Dennoch mögen es die Münchner nicht einmal mit der Kneifzange anfassen. Sie haben eigene Siegerkandidaten im Wettlauf um die Krone des Profits: Die Burda People Group mit ihrem Schlachtschiff *Bunte* und natürlich *ihn*, den *Focus*. Dessen Gewinnmarge wird allerdings seit Jahren von seinem kränkelnden Kind *Focus Money* nach unten gezogen. Wie ironisch: ausgerechnet ein Heft, in dem es ums Geldmachen geht, verdirbt den pekuniären Sieg, an dem Markwort so liegt. Jetzt wisse er wieder, warum *Focus Money* so wichtig für ihn sei, kann Burda schon mal unvermittelt kundtun. Und in seinen Worten schwingt der Schmerz mit über die vielen Millionen, die ihn das geldige Blatt schon gekostet hat.

Niemand kann Burda genau interpretieren. So sehr sich alle anstrengen, ihn zu lesen, so wenig kennt ihn jemand ganz. Alles hat bei ihm einen doppelten Boden, sein Lächeln wie seine Strategien. Er vertraut auch niemandem ganz. Selbst seinen Liebsten nicht. Als seine geschiedene Frau Christa Maar 1989 anfängt, sich einen Platz im Verlag zu erobern, zuerst als Chefredakteurin von *PAN*, da lässt er ohne ihr Wissen gleichzeitig seinen damaligen Darling Michael Ramstetter, heute Chef der *ADAC motorwelt,* ein Konzept ausarbeiten. Nur für die Schublade. Der Verleger hat dort für jede Situation einen Plan B liegen.

Auch im Februar 1988, als es um die strittige Frage des Vorkaufsrechts für das Springer-Aktienpaket geht. Vize Todenhöfer und Anwalt Schweizer rieten ihm zu dem schwerwiegenden Prozess, der im Fiasko endete. Ganz zu schweigen von der völligen Zerrüttung des Verhältnisses zu den Brüdern. Aber Hubert Burda wusste, was er tat. Er hatte sich bei einem Frankfurter Rechtsgelehrten ein externes Gutachten anfertigen lassen, das von einer Klage abriet.

Als aber Schweizer seinen Rücktritt anbietet, lehnt der Verleger ab. Lässt stattdessen Champagnerkorken knallen und prostet den Führungskräften zu mit den Worten: »Wenn wir gewonnen hätten, hätten wir auch gefeiert.«

Hubert Burda, der Symboliker, findet mit aller Leichtigkeit deutliche Gesten, wenn es gilt, in entscheidenden Situationen hinter seinen Leuten zu stehen. 1995 etwa, als es um die Karriere seines innig verehrten Wagner geht. Der bunte Chefpoet hatte wieder einmal die gesamte Klatschspalten-Society erzürnt. Hubert Burda, so hieß es, habe sich nicht mehr auf den Golfplatz in Bad Wiessee getraut, weil er um sein Leben fürchtete. Schließlich wisse man nie, wen der Ball eines Beleidigten treffe. Im Verlag sind sich alle sicher: Wagners Abschuss ist besiegelt.

Sie kannten ihren Verleger schlecht. Der nämlich führt den Geächteten zum »Power Lunch« in den »Käfer«, die Kantine der Münchner Schickeria. Ein zentraler Umschlagplatz für die Droge Klatsch.

Hier hat man die Botschaft, die sich im Nu verbreitet, umgehend verstanden. Wagner sitzt wieder fest im Sattel. Nicht genug. Der Verlegerfürst lässt auch wissen: »Ludwig II. hat sich Richard Wagner geleistet. Ich leiste mir Franz Josef Wagner.«

Ähnlich ergeht es Patricia Riekel 1998, in ihrem zweiten Jahr als *Bunte*-Chefin. Sie hatte Ärger bekommen mit Ernst August von Hannover, wegen der Berichterstattung über Prinzessin Carolines »Sonderflug mit einem Toten«. Prinz Ernst August hat schließlich einen ernsthaften Einfall: Er schreibt in Form einer ganzseitigen *FAZ*-Anzeige am 23. Juni 1998 einen offenen Brief an Hubert Burda und alle Leser und Anzeigenkunden. Beschwert sich über »unseriösen Journalismus« und listet auf, wie viele Prozesse er gegen *Bunte* schon gewonnen hat.

Patricia Riekel wundert sich an diesem Morgen, dass niemand auf der ganzen *Bunte*-Etage den Weg zu ihrem stets offenen Büro findet, in dem sonst reges Kommen und Gehen herrscht. Bis ihr allmählich dämmert, was die Stunde in den Köpfen ihrer Mitarbeiter geschlagen hat: Sie halten ihre Karriere für beendet. Schon befürchtet die tapfere Frau Riekel Ähnliches, als sich am frühen Nachmittag ein protokollarisches Wunder ereignet: Der Verleger steigt unangemeldet vom siebten in den sechsten Stock hinab. Begleitet von den überraschten und ehrfürchtigen »Grüß Gott, Herr Doktor Burda«-Darbietungen, lenkt er seine schweren Schritte zum Dienstzimmer der geprügelten Frontfrau. Wieder verbreitet sich die Nachricht in Windeseile, wieder wissen alle, dass Entwarnung angesagt ist.

Natürlich hätte Burda seine Frau Riekel wie üblich zum Kamingespräch bitten können. Aber der Verleger ist nahe genug an der psychologischen Realität seines Hauses. Weiß, dass es den gleichnishaften Auftritt braucht, um auch die Höflinge seiner Magazinkönigin aus ihrer Schreckensstarre zu befreien. Und ganz gewiss genießt er den schauspielerischen Part seiner Vorstellung.

Patricia Riekel bleibt nicht nur in ihrem Amt. Sie darf sich auch als Retterin der deutschen Pressefreiheit inszenieren und mit einer ganzseitigen *FAZ*-Anzeige kontern: »Sehr geehrter Ernst August Prinz von Hannover [...] Wir können und werden es nicht akzeptieren, dass Sie durch Prügeleien, Drohanrufe und Aufrufe zum

Boykott versuchen, eine Zensur wie in Zeiten der Feudalherrschaft einzuführen.«

Riekel gelingt in der Folge auch das zu diesem Zeitpunkt noch Unvorstellbare: Sie steuert den lecken Dampfer *Bunte* wieder auf Erfolgskurs. So desolat war die Situation im Zuge der Wagnerschen *Bunte*-Dämmerung bei ihrem Amtsantritt am 1. Januar 1997, dass der damalige Unternehmenssprecher Philipp Welte mehrmals wöchentlich dementieren musste, das ramponierte Klatschblatt werde eingestellt.

Sieben Jahre nach der Ernst-August-Attacke, im Frühjahr 2005, steht die *Bunte*, trotz der allgemeinen Anzeigen- und Auflagenkrise, glänzend da. Wird gar Sieger im Wettlauf um den Profit. Es ist unübersehbar. Ein Gutteil der Ernte des Hubert Burda wird von zwei Chefredakteuren eingefahren, vom »Powerpaar« Markwort–Riekel. Was wäre wohl, wenn diese vergoldete Allianz ins Wanken käme? Auch Riekels Vertrag ist, genauso wie der von Markwort, bis Ende 2008 verlängert worden. Sie ist dann 59, er 72.

Was wird dann mit Philipp Welte sein? Dem Ziehsohn Todenhöfers, den er 1998 zum Geschäftsführer der Burda People Group an Riekels Seite beförderte. Seine Karriere im Haus Burda ist von den Winden des Steilflugs getragen. Auch der Verleger hat an dem dynamischen Pfiffikus von der Schwäbischen Alb, ursprünglich eine Bonner Seilschaft von Todenhöfer, längst seinen Narren gefressen. In der Manier der jungen Führungskräfte von Springer gelt auch Welte, Jahrgang 1962, sein pechschwarzes Haar forsch nach oben. Der Appetit auf Macht dringt ihm aus allen Poren. Seine schmissige Art verrät den Zupacker. Sein Anzug ist immer schwarz, die oberen Knöpfe des weißen Hemdes bleiben offen. Am Hals blitzt ein silbernes Kettchen. Welte hat Ragazzo-Ausstrahlung. Ein Heißsporn mit Brusthaar. Die Anglizismen, die seinen Verleger erfreuen, gehen ihm flott von der Zunge. Gewiss kennt er auch sämtliche Taschenspielertricks seiner Branche.

Zu *Bunte* passt das prächtig. Aber könnte Welte auch in den obersten Rängen der Macht mithalten, dort, wo das Ego nicht mehr Ellenbogen zeigen darf, sondern sich hinter der feinnervigeren Mimik der taktischen Verschwiegenheit entfaltet? Welte drängt es nach oben.

»Ich bin mir sicher, dass Hubert Burda bestimmt noch eine interessante Aufgabe für mich finden wird«, weiß er im Oktober 2003, als ihn die *Financial Times* Deutschland in der Serie »101 Köpfe, auf die Sie achten sollten« vorstellt.

»Beate und Mathias standen mir sicher am nächsten«

Nicht immer bringt Hubert Burdas allegorischer Führungsstil so glückliche Wendungen wie im Fall Riekel, die als langjährige Freundin Markworts bei Burda von Anfang an eine Sonderstellung innehat. Im Fall von Beate Wedekind wandelt sich die Pointe zur Posse. »Unsere Beate«, wie Aenne Burda die ehemalige *Elle*-Chefin, *Bunte*-Klatschkolumnistin und Bambi-Organisatorin einst vertrauensvoll in die große Familie der Burdas einbezog, hatte es tatsächlich fertig gebracht, im Mai 1992 als erste Frau den Chefredakteursthron von *Bunte* zu besteigen. Aber ihre Regentschaft fällt in eine unglückliche Zeit. Franz Josef Wagner, der im Januar 1992 gekündigt hatte, um Günter Prinz zu Springer zu folgen, trat dort erst gar nicht an, weil Prinz schon wieder weg war. Der kurze Thrill von Höhenflügen im Medienreich! Auch Wedekind bekommt einen nachhaltigen Geschmack davon.

Wohl versöhnt sie einen Gutteil der Anzeigenkunden, die der »garstige Wagner« vergraulte, aber für das Heft selbst fehlt ihr das glückliche Händchen. Ihre Geschichten überzeugen den Verleger nicht. Er spaziert mit ihr um den Tegernsee und spricht in verschwommenen Metaphern deutlich sein Missfallen aus. Beate Wedekind, die schon zehn Jahre an seiner Seite arbeitete, müsste hellhörig werden. Stattdessen lamentiert sie, dass das ganze Geld des Hauses für »Zugmieze« verfüttert wird, die fette Katze, die später *Focus* heißen sollte.

Trotzdem beißt sich Wedekind durch, wie es ihre Art ist. Hat auch keine Hemmungen, knallhart gegen ihre Mannschaft zu sein und gnadenlos zu sparen, wie Todenhöfer es ihr verordnete. Sein Lob kann sie bei *kress* nachlesen. Selbst im Höhenrausch, braucht sie zu

Mit Beate Wedekind in Venedig, 1985.

lange, den Supergau zu erkennen, den sie mit heraufbeschworen hat. Da ist diese Geschichte, über die sich manch alter Branchenkämpe heute noch auf die Schenkel haut – vor Vergnügen über ihre Naivität: Beate Wedekind lässt im bunten Illusionsblatt Politikerehen ausleuchten, darunter auch die von Helmut Kohl, und sieht allenthalben betrogene Ehefrauen und Beischläferinnen. Der Bruch des Tabus im deutschen Bonn-Journalismus »ein Mann – kein Wort drüber« ist perfekt.

Der *Spiegel* ulkt im Mai 1993: »Immer öfter ärgerte sich der Unionschrist schwarz über die *Bunte*.« »Doktor Burda«, wie Wedekind ihren Verleger mit einem Quäntchen Unterwürfigkeit stets hofiert, ist jetzt »nicht mehr stolz« auf sie. Bei Burda ruft auch die Agentur des Media-Papstes Kai Hiemstra an, bei der sie sehr geschätzt ist, um einem beängstigenden Gerücht nachzugehen: Stimmt es, dass ihr die Wedekind opfern wollt? Sie war noch nicht einmal ein Jahr im Amt. Der Geschäftsführer dementiert empört, obwohl hinter den Kulissen längst beschlossen war, »dass sie gekillt wird«. Doch wie sollte man es ihr beibringen? Wichtiger noch: Wie konnte man die vermutlich zornig werdenden Mediaplaner beschwichtigen und die Anzeigenkunden behalten? Guter Rat war teuer und die Geschäftsführung samt Verleger zerknirscht vor Nervosität.

Da schlägt plötzlich eine salomonische Bombe ein in Burdaland: Die ideale Lösung – Beate Wedekind sollte unter einer langwierigen Krankheit leiden, Hepatitis etwa würde sich hervorragend eignen; damit ließe sich eine mehrmonatige Abwesenheit vom Amt elegant erklären. Derweil könnte des Verlegers Favorit Wagner als Chefredakteur zurückkommen, und gleichzeitig bliebe die tüchtige Beate, wie Burda sie nennt, im Boot.

Wagner kommt und überprüft als Erstes den Zustand seiner Espressomaschine. Aber Wedekind, sonst willig und autoritätshörig, will partout nicht erkranken. Stattdessen erleidet sie einen Nervenzusammenbruch – echt oder einem Drehbuch folgend? – und taucht für einige Wochen im Bad Wieseer »Jägerwinkel« unter. Ein jäher Absturz einer steilen Burda-Karriere. Ihr einziger Fehler war, dass sie Wagner im Weg stand, sagen die Eingeweihten.

Die Diplomatie versagt auch im Fall des *!Forbes*-Chefredakteurs und Burda-Protegés Mathias Nolte, dem der Verleger schon zu Offenburger *Bunte*-Zeiten versprach, ihn eines Tages »ganz groß rauszubringen«. Was 1989 so hoffnungsvoll beginnt und Verlegers Lieblingsmagazin wird – bis zum Erscheinen des *Focus* –, endet auf allen Ebenen im Desaster. Der Machtkampf entzündet sich an der durchaus vernünftigen Idee, Nolte einen versierten Wirtschaftsmann zur Seite zu stellen, nachdem er mit seinem bisherigen im Clinch liegt und Burda »mehr konkrete Wirtschaft« einklagt. Aber die Zuneigung zwischen Verleger und seinem *!Forbes*-Lenker wird immens getrübt wegen einer Stilfrage: »Die Verpflichtung des neuen Chefredakteurs geschah leider hinter dem Rücken der amtierenden Nummer eins.« Berichtet *kress* am 17. Januar 1991. Wieder einmal geht die Strategie des Über-Bande-Spielens nicht auf. Nolte hätte den Neuen akzeptiert, wäre er Primus inter Pares geworden. Aber Todenhöfer – also Burda – besteht auf Gleichrangigkeit. Da verweist Nolte auf seinen Vertrag und – geht; mit ihm seine beiden Stellvertreter.

Mit Nolte und Wedekind hat Hubert Burda nicht nur zwei enge Vertraute und junge aufstrebende Führungskräfte verloren, das Chaos bei *!Forbes* geht nun erst richtig los und zieht sich bis Ende April 1995 quälend und extrem verlustreich hin. Dann greift Malcolm Forbes junior ein. Er kündigt den Lizenzvertrag. Wegen »unüberbrückbarer Differenzen« über die redaktionelle Ausrichtung, wie am 1. Mai 1995 im *Spiegel* nachzulesen ist. Dem »hektisch aufgemotzten, wirr layouteten Yuppie-Blatt« *(Die Woche)* konnte Forbes junior keine Freude mehr abgewinnen. Eine hoffnungsvoll gestartete Beziehung geht in die Brüche. Obendrein wird aus dem amerikanischen Freund ein potenzieller Gegner. Forbes junior lässt nämlich durchaus offen, mit einem anderen deutschen Verlag neu zu verhandeln.

Das alte und das neue Burda

Nach seinem focusgesteuerten Aufstieg schwelgt Hubert Burda im Erfolgsdelirium. Überallhin soll die Kunde vom neuen Burda dringen. Das alte Burda war eine Druckerei mit angeschlossenem Verlag. Nun durfte ein ernst zu nehmender Verlag mit angeschlossener Druckerei bewundert werden. Eine beachtliche Wendung und ein großes Kapitel deutscher Medien- und Wirtschaftsgeschichte, das in kürzester Zeit geschrieben wurde. Zum 31. Dezember 1998 vermerkt die Chronik seiner Regentschaft: »Burda erwirtschaftet einen konsolidierten Umsatz von 2,066 Mrd. DM. Damit haben sich die Erlöse seit der alleinigen Übernahme durch Dr. Hubert Burda verdoppelt.«

Hatte er jetzt endlich diesen inneren Schmerz überwunden, immer der Kleine gewesen zu sein, dem kaum einer etwas zutraute? Hatte er nun seine Identität gesichert? Nie mehr sollte sich sein fürstliches Ego an den Stecknadeln des alten Schnittmuster-Images stechen! Jeder sollte erfahren, dass die Herrschaft der Burda-Franzen für immer beendet war! Im Frühjahr 1999 beschließt Hubert Burda, jetzt 59 Jahre alt, sein Unternehmen umzubenennen. Ein gutes Dutzend Werbestrategen der BBDO begleitet unter der Regie von Todenhöfer den staatstragenden Akt. Sie ziehen sich im oberbayerischen Bad Tölz vor malerischer Alpenkulisse in Klausur zurück. Und beschließen am Ende, was für den Verleger von vornherein feststeht: Sein Imperium firmiert künftig als »Hubert Burda Media«. Sein Name soll hinausstrahlen in alle Welt. In Amerika wird die Werbeagentur Pam Alexander beauftragt, ihn zu »branden«.

Auch im Verlag wird das zweite Erwachen des Hubert Burda zelebriert. In der zweiten Hälfte der neunziger Jahre werden sämtliche Führungskräfte, die noch aus dem »Feindeslager« der Brüder Franz und Frieder stammen, in den Vorruhestand geschickt. »Alle, die ihn noch in kurzen Hosen kennen, mussten gehen.« Alle, die noch miterlebt haben, wie ihn der Senator mit der zusammengerollten *Bunten* ohrfeigte. Sie gehen nicht mit leeren Händen. Alle sind großzügig ausgestattet mit der Burda-Altersvorsorge – die mittlerweile abgeschafft ist – und fühlen sich doch um den Lorbeerkranz der Anerkennung gebracht. Für ein Berufsleben, das die meisten ganz und gar »beim Burda« verbrachten, wo man sich mit der »lieben Firma« genauso identifizierte wie mit dem Schicksal der Familie. Damit war es nun vorbei. Aus dem Burda ist der Hubert Burda Media Konzern geworden.

»Es war, als hätte man uns unserer Identität und Vergangenheit beraubt. Schlimm genug, dass man uns entlassen hat, aber das *wie* war noch schmerzhafter«, so trauern die meisten noch heute mit Tränen in den Augen der alten Burdafamilie nach.

Aber auch Hubert Burdas enge Vertraute über Jahrzehnte, die ihn mit an die Macht gebracht haben, »Außenminister« Jens J. Meyer und »Innenminister« Ernst Tachler trifft es. Zuerst geht Meyer. »Leider«, wie Todenhöfer beteuert. Aber die Eingeweihten wissen: In Todenhöfers Umstrukturierungsszenarien gab es keinen Platz mehr für Meyer. »Es war in bestem Einvernehmen«, erläutert Meyer. Zum Einvernehmen gehört eine der höchsten Abfindungen, die je bei Burda bezahlt wurden. Im Fall Tachler geht es nicht so reibungslos über die Bühne, 1999. Er ist seit 30 Jahren der Vertraute Burdas, als ihn ein Kollege vertrauensvoll die Zeilen einsehen lässt, die sein weiteres Schicksal betreffen: »Outsourcen, aber machen Sie es sanft.« So steht es in der Hausmitteilung, mit der Todenhöfer Geschäftsführer Volkenand anweist. Die Instruktion ist abgezeichnet von Hubert Burda. Warum musste Verlegers Engster gehen? »Ganz einfach«, erläutert Todenhöfer, »durch die Umorganisation ist sein Bereich weggefallen. Tachler ist ein feiner Kerl und ein guter Jockey, aber es gab kein Pferd mehr für ihn.« Ganz begeistert holt er aus seinem Schrank eine tibe-

Hubert Burda mit Ernst Tachler, seinem engen Vertrauten über drei Jahrzehnte.

tische Gebetsmühle, ein Geschenk einst von Ernst Tachler, dessen Zuneigung zum Buddhismus Todenhöfer teilt.

Während Jens Meyer von Hamburg aus dem Haus Burda und seinem Verleger immer noch zu Diensten ist, haben Burda und Tachler fünf Jahre lang über Kündigung und Abfindung erbittert prozessiert. Von »sanft outsourcen« kann nun keine Rede mehr sein. Am Ende hat Tachler die Serie der Prozesse gewonnen und eine entsprechende Abfindung bekommen. Und trotzdem verloren: Unter dem permanenten Druck und der Geldnot zerbricht die Familie.

Warum diese Härte gegen einen verdienten und loyalen Mitarbeiter? »Ich stimme zu, das darf nicht sein«, sagt Todenhöfer mit schönster Schalmeienstimme. »Das sind die Juristen, die sich da verrennen.« Ein Wort nur von ihm hätte genügt, um dem Ganzen ein Ende zu setzen. Warum hat er geschwiegen? Tachler habe zu viel verlangt, bedauert er. Aber was Tachler nicht wisse, erläutert Todenhöfer: »Genau die Summe, die er am Ende gerichtlich zugesprochen bekam, lag hier immer für ihn bereit für den Fall, dass er verliert.«

Muss man schon wieder gerührt sein über den edlen Gutmenschen Todenhöfer? Wer kann solche Szenarien noch deuten? Nur die Hof-Auguren finden klare Worte: Er hat ihn rausgehauen. Warum? Das toxische Echo hallt von allen Seiten: Eifersucht. Ist das die Eigendynamik, die das Verhältnis Herrscher-Stellvertreter mit sich bringt?

Auch der Verlegerfürst stellt sich im Streitfall nie vor seine einstigen Lieblinge, pfeift seine scharfe Schweizer Garde um den Hausanwalt nicht zurück. Nicht bei Tachler, nicht bei Lutz Bergmann und auch nicht im Fall Udo Simonitsch. Der Ressortleiter Medizin wird derart gemobbt und mit Prozessen überzogen, dass sogar Burda-Verehrer Imre Kusztrich am 27. März 1994 in einem Protestbrief schreibt: »Lieber Dr. Burda, ich schäme mich für diese Seite eines Verlages, dem ich gedient habe.« Weiß er nicht, dass sein Fürst Gladiatorenkämpfe liebt?

Kurt Werner, Hubert Burdas Mann der ersten Stunde, der häufig das Unmögliche möglich machen musste, muss ebenfalls gehen. Er wählt das Modell Vorruhestand und soll von Jürgen Todenhöfer in Offenburg offiziell verabschiedet werden. Aber der Tag zieht dahin, und der Stellvertreter des Verlegers trifft nicht ein. Nach endlosen Stunden des Wartens erkundigt sich Werner in dessen Münchner Büro. Dort instruiert ihn die Sekretärin Frau Geiger, Dr. Todenhöfer bitte darum, dass er sich schriftlich verabschiede. Das macht Werner. Derweil die Fragezeichen in den Augen seiner Mitarbeiter immer größer werden. Es ist Freitagabend, 30. Mai 1998. Niemand aus der Machtetage drückt ihm die Hand und sagt: »Also vielen Dank noch mal für die 34 Jahre, in denen Sie sich unermüdlich zum Wohl des Burda Verlags eingesetzt haben«. Als er das Haus verlässt, kommt Werner sich vor wie in einem amerikanischen Film: »Wie ein Gangster, der bei seiner Entlassung alleine und orientierungslos am Gefängnistor steht.«

Kapitel 26

Connect the unexpected

Der entfesselte Verleger

Die virtuelle Kristallkugel

Hubert Burda, der erfolgreiche *Focus*-Verleger ist ein ungeduldiger Mann, der sich schnell langweilt. Er muss weiterziehn. Burda sein. Größter sein. Er schaut nach Amerika und sieht Bill Gates, den Microsoftgründer mit Turnschuhen und Holzhackerhemd. Kein Statussymbol weit und breit – aber reichster Mann der Welt! Er muss ihn kennen lernen; er lernt ihn kennen. Es kommt zum freundlichen Händeschütteln und auch zum gemeinsamen Fotoauftritt. Burda kann jetzt in seine Reden einstreuen: »Wie Bill Gates immer sagt ...« Niemals von Berührungsängsten geplagt, inspiziert er die Turnschuh-Elite in Silicon Valley. Spürt, dass von dieser Szene, die für den alten Geld- und Industrieadel nur ein pickliges Grinsen übrig hat, ein entscheidender Zukunftsimpuls ausgehen könnte. Diese Goldjungs, diese *big shots* von morgen faszinieren ihn. Ihr Eldorado heißt New Media. Hubert Burda will mit auf ihren Trip.

Dabei hatte Uli Blumenschein, Burdas Mann für neue Medien, schon in den achtziger Jahren alles versucht, um seinen Verleger für die neuen Perspektiven rund um Computer und Vernetzung zu erwärmen. Vergebliche Liebesmüh. Unberührt blieb das jeweils neueste Apple-Modell, das er ihm auf den Schreibtisch stellte. Erst bei der Vokabel Drucker schreckt Burda hoch: »Können diese Geräte Auswirkungen auf unsere Druckereien haben?«

Sein Freund Bill hat mit einem Händedruck geschafft, was Blumenschein mit all seinen flammenden Reden nicht gelingen konnte. Der Verlegerfürst hebt jetzt in den Dotcom-Kosmos ab. Auch aufgrund der Erfahrung mit *Super!*. Wohl war die publizistische Niederlage

Hubert Burda im Einsatz für die digitale Revolution, 2000.

bitter, aber Hubert hatte dort erstmals die technischen Errungenschaften seiner Branche live erlebt: Computer to plate. Als er sah, dass die Seiten von *Super!* online übertragen wurden, wird ihm schlagartig klar, »hier beginnt etwas grundlegend Neues«. Und die Konsequenz kann für ihn nur heißen: Bye-bye Old Media, der neue Burda ist online, New Media. Noch ehe die allgemeine New-Economy-Hysterie auch in Deutschland ausbricht, liegt über der Hubert Burda Media mystischer Nebel. Unablässig perlen daraus Vokabeln, die einige Jahre später in aller Munde sein werden: Internet, Schnittstellen, digital. Trotzdem fühlt sich der große Teil seiner Führungskräfte unwohl, als ihr Verleger am 1. Juni 1994 in Luxemburg als Initiator von Europe Online (EOL) zeichnet. Sie haben berechtigten Anlass zu glauben, er finde überhaupt keine Freude mehr an seinen bunten Illustrierten, schaue nur noch mit glänzenden Augen in die virtuelle Kristallkugel. Angst macht sich breit, Captain Burda könnte sich mit seinem Traumschiff im Netz der Megabite-Visionen verheddern. Gerd Bolls, zuständig für die Verlagssteuerung, sieht sich im *w&v*-Interview (Nr. 41/1995) genötigt, in die Branche zu rufen: »Unsere Nummer eins ist das Stammgeschäft Print, Druck, Verlag. Der Bereich New Media ist die Nummer zwei. Das wird in der Öffentlichkeit sehr oft falsch eingeschätzt.« Warum? Weil Burda als »Evangelist« eines neuen Medienzeitalters landauf und landab die digitale Revolution predigt. Und Mitstreiter sucht.

»Allianz gegen Bertelsmann«, titelt am 1. September 1995 *werben & verkaufen*. »Hubert Burda holt alle ins Boot.« Springer, Pearson aus London, Matra-Hachette aus Paris, die amerikanische Telefongesellschaft AT&T, die Handelskette Metro, den Kommunikationskonzern Vebacom und den unvermeidlichen Leo Kirch. Sie alle sollten unter Burdas Flagge einen paneuropäischen Datendienst aufbauen, »mit vollkommen frischem Wissen«, wie der 55-jährige Burda schwärmt.

Von Tag zu Tag läutet er noch lauter zur Pilgerfahrt nach World Wide Web – bis ... Beim Gebenedeiten Sankt Pixel! Bis er von der Kanzel steigen und klein beigeben muss. Die Sache mit EOL kommt nicht in die Gänge. Springer springt ab. Und alle anderen hinterher. Vorbei ist es mit der Allianz gegen den Riesen Bertelsmann. David Burda steht allein auf weiter Flur. Auch in seinem Haus wird er von der Zahl der Ungläubigen erdrückt. Ein Glück, dass seine Macht nicht zur Disposition steht. Denn: »In einer internen Bestandsaufnahme wird die Vision des Verlegers im Detail zerpflückt.« So steht es am 8. April 1996 im *Spiegel*. Welcher Brutus hatte die Hamburger mit Interna versorgt? Der Verleger ist genervt, dass seine Männer seinem missionarischen Eifer nicht folgen können, ihn gar über Bande kritisieren. Aber EOL muss er beerdigen und auch gleich einige Dutzend Millionen dazu. Wieder einmal. »Dass jemand so verrückt ist und das macht – das bin nur ich!«, ruft er heute noch begeistert aus. Und fügt hinzu: »Ich geh' manchmal zu leichtsinnig an Sachen.«

Mark Wössner, damals Vorstandsvorsitzender bei Bertelsmann, gibt gerne seine eigene Online-Initiation zum Besten. Er trifft sich im Januar 1995 in Sankt Moritz mit Hubert Burda zum Skilaufen, um über dessen 2 Prozent an RTL zu verhandeln. Wössner braucht die Anteile unbedingt, damit seine Unternehmensstrategie aufgeht und der Riese aus Gütersloh die absolute Mehrheit an RTL bekommt. Burda hätte es ihm vermasseln können. Macht er aber nicht. Schon deshalb nicht, weil Wössner ihm für das bisschen RTL sagenhafte 100 Millionen Mark bietet. Burda sagt im Prinzip zu, gibt die Vertragsverhandlung aber an Todenhöfer weiter, und der holt noch etwas mehr heraus. Alle sind bestens gelaunt. Wössner auch ein bisschen genervt, weil Hubert nur über EOL redet. Davon hält er nichts. Man duzt sich mittlerweile.

Ein paar Wochen später trifft man sich wieder in Davos, zum Weltwirtschaftsforum. Wedelt am Weissfluhjoch und abends hält Burda Tafelrunde im noblen Belvedere; er bittet Wössner dazu. Als der, im feinen Anzug, kommt, sieht er ein halbes Dutzend 35-Jährige in Skipullovern. Der Verleger nimmt ihn kurz zur Seite und erläutert: »Du Mark, das sind alles Milliardäre.« Tatsächlich sitzen da Amazon-Chef Jeff Bezos, die Google-Gründer Sergey Brin und Larry

Page sowie Pierre Omidyar, der Kopf von eBay. Namen, die damals nur Eingeweihte kennen. Den ganzen Abend lodern die Flammen der Euphorie über ein einziges Thema: die Weltrevolution per World Wide Web. WWW.Die-Herren-sind-erleuchtet.com. Auch Burda hält wieder ausholende Monologe über sein EOL.

Während Wössner dasitzt und, je länger, umso mehr, vom Fieber infiziert wird, kommen ihm immer mehr Zweifel über seine eigene Sicht. Seit Monaten nämlich ist sein Vorstandsmitglied Thomas Middelhoff schon mit ein paar Jungs unter Führung eines gewissen Jan Henric Büttner und Andreas von Blottnitz zugange, die an einem deutschen AOL brüten. Und seit Monaten schon hatte Wössner von seinem Vorstand gefordert, er soll die endlich wegschicken und den Blödsinn sein lassen. Er merkt aber, dass Middelhoff ihn immer nur mit »Ja, ja« vertröstet und an der Sache hängt. Deshalb hatte Wössner jüngst auf den Tisch gehauen. Jetzt tut ihm das plötzlich furchtbar leid. Er schaut auf die Uhr – 23.05 Uhr – und ruft umgehend bei Middelhoff an. »Sag mal, hast du die beiden schon gekündigt?«, will er wissen. Ein zögerliches »Ja« am anderen Ende. »Hol die wieder, wir machen da weiter.«

»Wir sind mit Hubert Burdas Hilfe über AOL gestolpert«, sagt Wössner. »Er hat mir die Sache überhaupt erst schmackhaft gemacht und wies mich darauf hin, dass wir es hier mit einer Lawinen-Entwicklung zu tun haben.« Aus diesem Stolpern sollte der spektakulärste Deal der neuen deutschen Mediengeschichte werden. Bertelsmann beteiligt sich 1995 an AOL. Und steigt fünf Jahre später, der Vorsitzende heißt nun Middelhoff, wieder aus. Die Sonne steht gerade noch im Zenit am Himmel der New Economy. Der Thrill ist perfekt, als schon kurze Zeit später der Aktienkurs fällt wie ein Senkblei. Aber der gigantische Gewinn von 6,5 Milliarden US-Dollar für Bertelsmann ist in trockenen Tüchern. Auch Thomas Middelhoff wird mit einer Anerkennungsprämie daran beteiligt; die Rede ist von 30 bis 50 Millionen Mark.

Während die Gütersloher den großen Reibach machen, sitzt Burda auf seinem Millionenschaden und muss sich obendrein den Spott Wössners gefallen lassen. »Wenn ich ihn damals ärgern wollte«, sagt er, »habe ich zu ihm gesagt: ›Hubert, deine Firma ist so groß wie unsere jährliche Zuwachsrate.‹« Wie ihn das wurmte! Trifft es doch den Kern seines Problems, das ein Alteingesessener der Machtetage so formuliert: Für die Größe von Dr. Burda ist die Hubert Burda Media viel zu klein. Aber noch heute ist Burda überzeugt, dass sein einziger Fehler nur darin liegt, seiner Zeit, wie auch mit *m*, wie auch mit *Focus*, einen Riesenschritt voraus zu sein. Ein Medienmessias also doch? Hubert Burda glaubt fest, für diese Rolle auserwählt zu sein.

Verlegers Verbitterung über EOL hält an bis September 2000. Dann kommt John Brockman; New Yorks namhafter Vermarkter von Bestseller-Autoren, der die technische Intelligenz als »Dritte Kultur« entdeckte. Er begleitet Burda eine Zeit lang und schreibt dann in seinem Cyber-Salon: »Wenn Deutschland wieder das Zentrum für Europa werden soll, ist Burda der Mann, der bei den nötigen Veränderungen vorangeht.« Der Ritterschlag ist vollendet, als er liest: »Hubert Burda ist Deutschlands Agent des Wandels.« Jetzt erst ist das EOL-Desaster gesühnt. Erst recht, als der Artikel am 29. September 2000 in der *FAZ* veröffentlicht wird. En passant erzählt Brockman darin die Episode, wie er sich mit Burda in New York zum Abendessen verabreden will, daraus aber ein protokollarischer Akt wird, der den Austausch von einem Dutzend E-Mails mit dem Hofstaat verlangt. Als am Ende immer noch nicht geklärt ist, ob und welche Limousine den deutschen Verleger von seinem Hotel in das nur einen Häuserblock entfernte Restaurant bringen soll, wählt Brockman den »American Way«: Er holt den Verlegerfürsten ab; sie gehen zu Fuß.

Die Bauerisierung Offenburgs

Burda kann sich seine Experimente leisten. Nicht nur *Focus* und *Freizeit Revue* lassen seine Kassen klingeln. Auch im badischen Stammhaus bricht in den Neunzigern eine neue Zeit an: die Bauerisierung Offenburgs. Dafür steht Gerd Bolls. Bei seinem Einzug in den Vorstand der Hubert Burda Media im Juni 1993 reibt sich die Branche die Augen. Nun war offensichtlich: Zum Burda gingen jetzt namhafte Größen. Bolls war bis dahin durch und durch ein Bauer-Mann.

24 Jahre arbeitete er bereits für den in der Öffentlichkeit äußerst zurückhaltenden Heinz Heinrich Bauer, 18 davon als Mitglied der Geschäftsleitung. Sein Einzug in der Burda Holding löst in Offenburg eine Revolution aus. Galt dort bis dato die strenge Devise, am Kiosk bloß keinen Krieg mit Bauer anzuzetteln, ist mit Bolls die Ära der Angst beendet. Schon im Jahr darauf, 1994, startet er mit *Lisa* einen Vertriebstitel, der Bauer frontal angeht. Und nichts passiert. Die Auflage von *Lisa* entwickelt sich prächtig und mit ihr das Selbstbewusstsein der Offenburger. Bis gute drei Jahre später, am 8. August 1996, das Trauma folgt. »Burda-Firmenjet abgestürzt« lauten tags darauf die Schlagzeilen. »Eine große Karriere ging abrupt zu Ende«, schreibt *Text intern*. Bolls ist tot.

»Kurz vor 10 Uhr wabert manchmal noch der Morgennebel durch die Auen des Rheingrabens. So auch am 8. August, als ein zweistrahliger Geschäftsjet vom Typ Dassault Falcon 10 zum Landeflug auf Offenburg ansetzt. Doch dort trifft die Maschine des Verlagshauses Burda nie ein. Sie zerschellt an dem 500 Meter hohen Scheibenberg im Wald bei einem Steinbruch; Holdingvorstand Gerd Bolls (54), Verlagsleiter Rainer Hager (44), Pilot Alfred Kühne (56) und Kopilot Marco Daxenbichler (35) kommen ums Leben.« Berichtet das *manager magazin* im Oktober und kennt auch bereits den Untersuchungsbericht, in dem technische Ursachen für das Unglück ausgeschlossen werden. Zwischen den Zeilen klebt der Verdacht, die Manager hätten den Piloten zur Landung gedrängt, um pünktlich in Offenburg anzukommen. Nachdrücklich weist der zuständige Experte darauf hin: »Man darf sich bei der Fliegerei nicht unter Druck setzen lassen.«

Hubert Burda und seine Leute stehen unter Schock. Hätte dieses Schicksal nicht jeden von ihnen ereilen können? Schließlich fliegen sie alle regelmäßig zwischen München und Offenburg.

Die Verunglückten werden mit allen Ehren bestattet. In der Münchner Residenz findet ein Trauergottesdienst statt, zu dem die Großen der deutschen Medienwelt kommen. Bolls war einer ihrer Tüchtigsten. Ein teilnehmender Chefredakteur sagt darüber einige Jahre später: »Ich glaube, dass viele zusammenzuckten, als sie den Raum der Feierlichkeiten betraten. Vorne war ein sehr großes Porträt von Gerd Bolls und daneben drei wesentlich kleinere der drei anderen Opfer. Warum gab es einen besonders wichtigen Toten und drei weniger zu Betrauernde?«

Natürlich ging es hier nicht um vor- und nachrangige Trauer. Aber der Verleger wäre sich vermutlich als Häretiker vorgekommen, hätte er seinen Vorstand nicht über den irdischen Tag hinaus aufs Podest gehoben. Er leidet schwer. Da er sich gern fühlt wie Odysseus – »man kommt nie an« –, ist ihm zumute, als hätte ihn das Ungeheuer Skylla beraubt. Es war nicht das erste Mal, und er hoffte, dass die Geschichte von damals nicht wieder Schlagzeilen machen würde. Im Juli 1969 nämlich stürzte schon einmal ein prominenter Mann auf dem Flug von Offenburg nach München ab – Prinz Konstantin von Bayern; mit ihm ein Freund sowie der Pilot. Alle drei waren sofort tot. Es passierte nach der Geburtstagsparty zu Aennes 60. Auch damals lag dichter Nebel über dem Landstrich.

Die Erinnerungen an Markworts Beinahe-Absturz kehren wieder. An den Tod seines Freundes Andrea Florineth, der unter einer Lawine begraben wurde. An Malcolm Forbes, der nur eine Woche vor Erscheinen des !Forbes bei Burda überraschend verstarb.

War es eine Folge des Unglücks? Hubert Burda verliert jetzt das Interesse an Offenburg. Eigentlich sollte dort ein monumentales Papierlager gebaut werden, nach Plänen von Mario Botta. Riesige Bagger hatten bereits bedrohliche Erdschlunde aufgerissen. Aber über Nacht verschwinden sie wieder und mit ihnen das stolze Schild »Hier baut Burda«. Zurück bleibt das riesige Loch, in das die Burdaner ihre Karrieren schon unvermeidlich stürzen sehen. Im Hochhaus quietschen die Aufzüge, bleiben schließlich ganz stehen; Kakerlaken machen sich breit. Spuren von Depression schleichen sich unter die Mitarbeiter. Hatte der Verleger sie aufgegeben? Würde er sie nie mehr fragen: »Was schaffed Se'?«.

War es der Gedanke an seinen 60. Geburtstag, der am Horizont heraufzog und ihn daran erinnerte, wie entschlossen der Vater in dem Alter erst richtig loslegte? Der Senator ließ sich von keinem Rückschlag aufhalten. Für seine Druckerei hatte er 1953 von Hans Kuhn nach griechischem Vorbild ein 35 Quadratmeter großes Gipsrelief anfertigen zu lassen. Darauf fuhr Helios, der Gott des Lichts auf einem Streitwagen der Sonne entgegen. Die Botschaft war klar: Brüder, zur Sonne, zum Burdareich!

Diese Erinnerung weckte seinen Ehrgeiz wieder. Wohl hält er sich längst für einen besseren Verleger, als der Vater es war. Aber überall begegnet er noch dessen übermächtigem Schatten, der ihn provoziert. Neues Feuer entflammt. Auch für Offenburg will er Großes vollbringen! Als er entschlossen ist, geht alles ganz schnell. Nun entwirft der junge Architekt Christoph Ingenhoven die Pläne für den so genannten Medien Park. So wie der Vater einst mit dem Hochhaus, will auch der Sohn das badische Land mit seinem architektonischen Stempel prägen. Doch anstatt in die Höhe wird er sich großflächig manifestieren.

Ingenhoven gelingt ein fantastischer Bau, der sich wie eine auf sechs Finger gestützte Hand in die Landschaft bohrt. Dabei doch leicht wirkt und so außerirdisch wie eine durchgeschnittenes Ufo. Der Blick fällt auf der einen Seite auf das Eiermann-Gebäude der Mutter und das Hochhaus des Vaters; auf der anderen fließt die Kinzig. Im Juli 1998 ist Grundsteinlegung und Mutter Aenne darf in der Kassette einen Brief hinterlegen, in dem sich die Familie Burda nunmehr in der dritten Generation zum Standort bekennt.

Natürlich ist auch der baden-württembergische Ministerpräsident Teufel mit einer Lobrede zur Stelle, froh, dass die Arbeitsplätze der Region gesichert sind. Ebenso Burdas Sohn Felix, 31 Jahre alt und kein Unbekannter in Offenburg. Im Fessenbacher Schlössle des Vaters hat er seine Doktorarbeit geschrieben; sein erster Sohn Benno wurde hier getauft, und überhaupt findet der Münchner im sinnenfrohen Baden wohliges Heimatgefühl. Womöglich auch inneren Zugang zu dem Unternehmen, das er einmal (mit)erben und führen soll.

Hinter Aenne und Ingenhoven beobachtet aufmerksam ein Mann die Szene, der sich vor den Fotografen und Journalisten bedeckt hält: Paul-Bernhard Kallen, »Vorstand Technologie, Treasury«, wie ihn der Geschäftsbericht heute knapp ausweist. Wird der ehemalige McKinsey-Mann der Nachfolger Todenhöfers werden? Auch er gilt als knallharter Rechner. Als scharfer und schneller Denker obendrein. Für den Verlegerfürsten nicht minder wichtig: Kallen kommt aus gutem (Unternehmer-)Haus, hat eine ebensolche Frau geheelicht, eine Werhahn. »Merger of the Best«, wie das bei McKinsey heißt. Ein Manager wie aus dem Bilderbuch. Sein Wesen einnehmend, sein Äußeres stimmig mit Crombie Coat und Kaschmirschal. Über seiner hohen Stirn kräuselt sich das dichte dunkle Haar; die schmalen Augen hinter randloser Brille; um den leicht geschürzten Mund ein Lächeln, das sich freundlich erkundigt: Was speisen wir heute – Piranha oder Haifisch? Seine feinporige Blässe lässt auf den Eton-Schüler auf dem Weg zum Priesterseminar schließen. Sind deshalb seine Gegenüber stets ohne Argwohn? Einige Geschäftspartner haben das schon bitter bereut.

Der jugendlich wirkende Kallen, Jahrgang 1957, ist mit Abstand der Jüngste im seniorengeprägten Burda-Vorstand. Nach acht Jahren Beratertätigkeit kommt er als Geschäftsführer des Profitcenters Dienstleistungen zum 1. Mai 1996 ganz zur Hubert Burda Media. Wie auf Panterpfoten arbeitet er sich seither nach oben, leise und blitzschnell. Schon zum 1. Januar 1999 zieht er, noch keine 42, in den Vorstand ein und übernimmt von Burda-Vize Todenhöfer die Verantwortung für die Druckereien. Sitzt auch in einer Reihe von Aufsichtsräten diverser Burda-Gesellschaften und ist Geschäftsführer von Burda Rizzoli. Eine Schlüsselposition, wie sich im Verlauf des Jahres 2004 zeigen wird. Da übernimmt Burda die Anteile des italienischen Partners am Hamburger Verlag Milchstraße. Macht sich auf diese Weise in der Nordkurve der deutschen Medienarena breit.

»Hubert Burda kauft Bertelsmann«

Hubert Burda unterdes ist es lange nicht genug, »nur« Verleger zu sein. »Er studiert die Gesellschaft wie ein Anthropologe einen fremden Stamm«, beobachtet Lord Weidenfeld. Hyperaktiv schnürt er seine Netzwerke durch alle für ihn interessanten Zirkel. Immer nach dem Credo: »connect the unexpected«. Es müssen nur große Namen und große Themen sein. Durch Lord Weidenfelds Vermittlung lernt er Steven Spielberg kennen, sucht ihn 1998 auch in seinem Haus in Los Angeles auf. Im Garten des Regisseurs blinzeln die beiden in die Sonne Hollywoods. Das Foto, das dabei natürlich gemacht wird, zeigt einen gut gelaunten Verlegerfürsten. Lässig trotz des dunklen schweren Anzugs, in seiner Sonnenbrille spiegelt sich das Glück des Augenblicks. Neben ihm der »Blockbuster«-Star in Jeans und Sonnenbrille. Jahrelang hält er die Erinnerung an die kurze Begegnung hoch. Keine Rede, in die Burda nicht einflicht: »wie mein Freund Spielberg sagt, ›it's all about story telling‹«. Alles dreht sich ums Geschichtenerzählen. Burda, der weiß, wie visuelle Macht funktioniert, lässt das Foto umgehend unter den Hofstaat bringen. Alle verstehen wortlos: *His friend Steven,* ein Votivbild, das es ans Herz zu drücken und zu verbreiten gilt.

Bald unterstützen die namhaften deutschen Verleger Spielbergs Shoah Foundation, und Burda schmeißt seinem Freund im Herbst desselben Jahres in der deutschen Hauptstadt ein Riesenfest. 600 geladene Gäste speisen im Schloss Bellevue auf seine Kosten. Den Wein, 97er Grünhauser Herrenberg und 96er Oberbergner Baßgeige, hat Burda selbst ausgesucht. Bundespräsident Roman Herzog steuert ein Bundesverdienstkreuz für den Amerikaner aus Hollywood bei, und der Abend könnte nicht ergiebiger verlaufen. Deutsche Elite mit internationalen Einsprengseln ganz unter sich: Berthold Beitz und Evelyn de Rothschild; Klaus Schwab und Norman Forster; Friede Springer und Avi Primor; you name it! Das Schönste aber kommt erst am nächsten Tag: Es steht in allen Zeitungen.

Mit der Münchner Kulturinstanz Rachel Salamander fährt Burda Anfang der Neunziger nach Jerusalem, in die Stadt aller Städte. Immer wieder zieht es ihn dorthin. Als er den Präsidenten der Ben-Gurion-Universität kennen lernt, finanziert er ihm gern, auf fünf Jahre zunächst, einen Lehrstuhl für Kommunikation, beheimatet in einem kleinen Zentrum, das den Namen des deutschen Verlegers weiterträgt. Auf dem Rückflug verstreuen Burda und Salamander ihre Sehnsucht nach einem literarischen Salon à la Rahel Varnhagen und beschließen umgehend, die Moses Mendelssohn Lectures zu organisieren. Daraus werden mit August Everdings Unterstützung und Burdas Geld die Vorträge »Am Ende des Jahrhunderts«. Die Münchner Intelligenzija strömt ins Prinzregententheater. Zu den Vorträgen von Hans Jonas und Joseph Brodsky. Von Lea Rabin und Eli Wiesel.

Selbst der fast hundertjährige Philosoph Hans-Georg Gadamer hat noch einmal einen Auftritt.

Der Verlegerfürst liebt am Jüdischen die großen Denker, die Migration der Ideen. »To be jewish war schon immer to be in Search of Excellence«, schwärmt er. Könnte er sich die Rolle seines Lebens aussuchen, man begegnete ihm in der Gestalt eines jüdisch-amerikanischen Adligen. Ein Oxymoron, gewiss. Sein enger Freund, Lord Weidenfeld, weiß, dass man das Joviale und das Durchgeistigte nur selten derart vereint findet wie in der Person des Dr. Burda. Er beherberge in seinem Wesen den Huberto serio und den Huberto buffo, weiß der Opernfreund.

Alles was Burda fasziniert, hängt mit Macht zusammen. Die Industriebosse gehören an seine Tafel wie die Fakten in den *Focus*. Schrempp, Zumwinkel, von Pierer – seine Engsten. Alles beste Verbindungsmänner und gute Anzeigenkunden. Immer weiß er das Nützliche mit dem Schönen zu vereinbaren. Zunehmend inszeniert er sich als Verlegerfürsten.

Nach einigem Networking unter Schweizers und Todenhöfers Regie bekommt er im Dezember 1997, jetzt 57 Jahre, endlich auch ein großes und ehrenvolles Amt. Er nimmt es nur allzu gern an – und wird Präsident des Verbandes der Deutschen Zeitschriftenverleger (VDZ). Als er vor 500 Delegierten aus Politik und Wirtschaft in Bonn seine Antrittsrede hält, ist auch Bundeskanzler Kohl darunter. Burdas Augen glänzen. So viele Zuhörer, die ihm lauschen (müssen), denen er »Kreativität und Fantasie« verordnen darf.

Immer mehr dürstet ihn nach dem Lebenselixier – Wissen. So wie er sich als Student an Florian Furtwängler orientierte, hält er sich nun an die Wissenschaftler. Gehirnforscher Ernst Pöppel wird festes Mitglied in Burdas innerem Zirkel. Muss ihn für akademische Diskussionen fit machen, ihm erläutern, weshalb es sich innerhalb der ersten drei Sekunden entscheidet, ob ein Leser einen Artikel überblättert oder sein Interesse wecken lässt.

An der Ludwig-Maximilians-Universität, für die er auch im Hochschulrat sitzt, hält er hin und wieder Vorträge. Über die »Bilder vor der Kunst«, über das Erhabene, das Sublime, und – sein absolutes Lieblingsthema seit Jahren – die »Ökonomie der Aufmerksamkeit«.

»Wie viele Leute haben zugeschaut, als Marie Antoinette auf der Place de la Vendôme enthauptet wurde?«, kann er seine »Studenten« dann plötzlich leidenschaftlich aufrütteln. Eine Frage der Revolutions- oder der Mediengeschichte? Man stelle sich nur vor, damals hätte es schon *Bunte* gegeben! Der Hörsaal ist natürlich überfüllt, dafür sorgen schon seine Profis für Öffentlichkeitsarbeit. Nie vergisst Burda, auf Goethes »Grande Tour« zu verweisen, zu der sich der Dichterfürst von Weimar nach Italien aufmachte. Man versteht den Wink mit dem Scheunentor. Auch Burda legt für seinen unruhigen Geist eine Route an. Das Burdajahr beginnt in Davos – »That's my University for Life« – und führt ihn kreuz und quer über den Globus. Immer auf den Spuren der globalen Elite.

Ende der neunziger Jahre ist die Burdaflotte in voller Fahrt Richtung Jahrtausendwechsel. Während in Offenburg in rasantem Tempo der Medien Park entsteht, fiebert Hubert Burda in München seinem ersten eigenen Haus entgegen. Immer hat er zur Miete gewohnt, bis er sich 1997 im großbürgerlichen Bogenhausen eine Villa kauft, die ganz nach seinen Vorstellungen umgebaut wird. Schwiegervater und Architekt Bernhard Furtwängler ist für das puristische Äußere zuständig, während die Innenwelt voll klassizistischer Opulenz vom Mailänder Peregalli gestaltet wird. Ein großbürgerliches Kleinod, wie Hubert Burda es sich immer erträumte! Drei Jahre lang hat er darauf hingeplant, einige Dekaden darauf hingelebt. Sein Arkadien. Komponiert bis in die letzte Ritze. Gedämpftes Tageslicht zwischen meterlangen Leinenbahnen. Schwere Eichenböden. Offener Kamin, eisenbeschlagen. Kardinalrote Kanapees. Kandelaber und Kanephoren. Und tatsächlich antike Tapeten? Ruinenmalereien allenthalben. Bibliothek und Konzertflügel selbstverständlich. Und Mutter Aenne steuerte noch einen kostbaren Wrangel-Schrank bei.

»Wer wohnt denn schon so?«, fragt der Verleger im selben Tonfall, mit derselben Handgeste wie Aenne Burda in ihrer Offenburger Villa. Aber sein Stolz ist nicht von Hochmut getragen. Seine Gewissheit, auserwählt zu sein, kommt aus tiefster Seele. Wie auch der Glaube an seine »Dynastie«, in der er Industrie- und Kulturadel aufs Vortrefflichste vereint sieht, religiöse Züge hat. Nie vergisst er, seiner Frau

Zum Geburtstag die Schlagzeile: Hubert Burda kauft Bertelsmann.

Maria dafür zu danken. Mögen die Zaungäste spekulieren, wer auf welchem Stockwerk residiert, es ist doch alles unter einem Dach!

An seinem 60. Geburtstag schließlich, am 9. Februar 2000 steht er vor seinem Leben wie vor einer vollendeten Komposition. Die Geschäfte laufen blendend, das Haus ist bestellt. Er hat seine erste und seine zweite Familie um sich geschart und sich längst mit Christa Maar ausgesöhnt. Sie bringt ihm seit 1994 mit der »Burda Akademie zum Dritten Jahrtausend« intellektuelles Flair in den Verlag. In Offenburg wird der Medien Park eingeweiht, in München sein Haus! Er darf nun erstmals im Kaisersaal der Münchner Residenz feiern, Lobrede des Ministerpräsidenten inklusive. Längst ist er mit sämtlichen Orden und Verdienstkreuzen behangen, mit denen das Land seine Tüchtigen adelt. Aber seine guten Freunde wissen, womit sie ihm noch Freude bescheren können:

Es ist ein kalter Wintertag, als er mit Maria Furtwängler am Verlagshaus vorgefahren wird. Der Fahrer und der Sekretär beeilen sich, die Türen des Fonds gleichzeitig zu öffnen. Markwort und Todenhöfer empfangen ihn schon am Eingang mit Umarmungen. Er wird besungen und seine Chefredakteurinnen lassen rote Rosen auf ihn niederprasseln. Dann wird ihm jener unfassbare Wunsch erfüllt, den Todenhöfer längst in den Gedanken seines Fürsten gelesen hat. Triumphierend hält der Stellvertreter das Burdablatt *Schweriner Volkszeitung* hoch. Ahnt einer draußen im Leserland, welche Schlagzeile da in fetten Lettern prangt: »Hubert Burda kauft Bertelsmann«?

Wer könnte da noch mithalten? Aber Ministerpräsident Teufel landet trotzdem einen Volltreffer. Seine Politprofis haben sich im Vorfeld mit Verlegers Kultur-Abgeordneten beraten. Schnell wird klar, was dem so überaus gebildeten Fürsten jetzt noch fehlt: der Professorentitel! »Erwin Teufel würdigte die herausragenden wissenschaftlichen Werke und wissensvermittelnden Leistungen des Offenburger Verlegers«, heißt es in der Pressemitteilung Nr. 35/2000 der Stuttgarter Staatskanzlei. Realsatire?, fragt sich mancher Zaungast. Doch umgehend beflügeln sich Humanitas und Bruttosozialprodukt mit neuer Dynamik: Auf seinen Rotationen wird das Briefpapier gedruckt, in dessen Kopf künftig stolz prangt: Prof. Dr. Hubert Burda.

Kapitel 27

Felix

Das Echo der Ruhmesposaunen zum 60. des Verlegers ist noch nicht verhallt, als die schreckliche Nachricht kommt: Felix, der 32-jährige Sohn von Hubert Burda und Christa Maar ist wieder an Darmkrebs erkrankt. Es war im Jahr zuvor, als er im Haus des Vaters in Sankt Moritz urlaubt, Ski läuft und – sich auf der Piste plötzlich krümmt vor Bauchschmerzen. Die Diagnose steht schnell fest, und Felix wird im Münchner Klinikum Rechts der Isar operiert. Wäre die Krankheit früher entdeckt worden, hätten die Ärzte an den Heilungschancen nicht gezweifelt. Aber der Krebs ist in fortgeschrittenem Stadium; man konnte nicht wissen, was sein wird. Trotzdem herrscht zuerst hoffnungsfrohe Stimmung.

Darmkrebs gehört zu den erblichen Dispositionen der Burdas. Der Senator konnte operiert werden; der Großvater ist daran gestorben. Wie leidvoll muss es für die Eltern sein, nicht gewusst zu haben, dass auch junge Menschen schon betroffen sein können.

Der mächtige Verleger hat wohl die enormen Erwartungen hinsichtlich seiner Nachfolge auf den Schultern des Sohnes abgeladen, ihm aber seinen Namen weggenommen. Als knapp Zehnjähriger wird Felix Burda, aus Angst vor einer Entführung, als Felix Weber getarnt. Es ist der Name von Christa Maars Familie, der keinerlei wärmende Emotionen, weder in ihr noch im Sohn wachruft. Erst als 1998 klar wird, dass er in die Hubert Burda Media eintreten und sich in die Fußstapfen des Vaters trauen würde, nimmt er wieder seinen (Geburts-)Namen an. Er heißt Felix Burda-Stengel, als er erfährt, dass seine Krankheit wieder ausgebrochen ist.

»Als ich von Felix' Krebs erfuhr, da gab es schon eine Situation, in der ich ins Grübeln kam: ›Haben wir vielleicht etwas falsch gemacht?‹ Er musste ja immer ausgleichen zwischen den verschiedenen Temperamenten.« Sagt Uwe Brandner, der Schriftsteller und »Liebe Mich – Töte Mich«-Autorenfilmer. Nach der Trennung von Hubert und Christa Burda ist er zehn Jahre lang ihr Lebensgefährte und für Felix Weber Ersatzvater und Freund. Die enge Bindung mit Felix bleibt, auch als die Beziehung mit ihr wieder auseinander geht. Christa, geborene Weber, geschiedene Krauss, geschiedene Burda, legt sich damals das Künstlerpseudonym Maar zu. Im Gegensatz zum schwarzwaldgeerdeten Namen des Vaters und dem vom Meer inspirierten der Mutter, gleicht der Name des Kindes einem umgetopften Pflänzchen, das von seinen Wurzeln getrennt ist.

Ohnehin erlebt Scheidungskind Felix schwierige Jahre zwischen seinen Eltern. So wenig sie in den Jahren nach der Trennung miteinander reden, so wenig sind sie bei sich selbst angekommen. Die intellektuell unterkühlte Mutter leidet an schlimmer Migräne, schließt sich tagelang im verdunkelten Zimmer ein. Sucht krampfhaft den Pfad der kreativen Selbstverwirklichung. Sie fotografiert, assistiert bei Brandner und filmt auch selbst. Erst in den achtziger Jahren entspannt sich das Verhältnis zwischen den Eltern; und Christa Maar kann sich ab 1989 im Verlag ihres Ex-Mannes nach und nach einen Platz erobern. Heute geht sie ganz und gar auf in ihrer Rolle als Präsidentin der Burda Stiftung.

Hubert Burda lebt nach der Scheidung in Offenburg und sieht den kleinen Sohn in der Regel nur jedes zweite Wochenende. Auch er ist unentwegt mit sich selbst beschäftigt und im Ringen um die Burdamacht völlig in der eigenen Sohnrolle gefesselt. Der Blick nur auf den Vater gerichtet, den er gezielt mit »Schmoozing« umgarnt.

Felix Weber ist ein ruhiger Junge, harmoniesüchtig wie Vater Hubert Burda; auch an ihm muss man die Sprache des Lächelns lernen. Selbst in der Pubertät wallt das stille Wasser nur in einer kurzen Rebellionsphase auf; er schneidet sich das lange Haar ab und stylt sich als Punk. Über der Jeans einen roten Schottenrock, gespickt mit einem halben Dutzend Sicherheitsnadeln. Er kommt betrunken nach Hause und zwingt sich rüpelhaftes Verhalten ab. Nach drei Wochen hat sich der nach außen manifestierte Aufstand erledigt. Aber wie sieht es in seinem Inneren aus?

»Findest du, dass ich schiele?«, fragt das Kind manchmal. Felix Weber hat eine Augenkrankheit und hält den Kopf leicht schräg, wenn er sein Gegenüber betrachtet. Die kleine Behinderung verleiht ihm die gewisse Extraportion Charme. Ohnehin ist er sanftmütig. Selbst wenn er sagt: »die Oma ist eine böse Frau«, klingt es eher weise als anklagend. Aenne ihrerseits ist vernarrt in den Sohn ihres Lieblingssohnes. Über der Tür in ihrem Büro hängt ein Bild, zusammengesetzt aus einem Dutzend Felixfotos, die ihn aus sämtlichen Perspektiven zeigen. Immer lächelnd. Es kommt einem Wunder gleich: Alle im großen Clan der scharfzüngigen Burdas mögen den Jungen mit dem leicht verschmitzten Humor. Felix Weber zeigt niemals auch nur die geringste Spur von Lemminger-Derbheit oder Burda-Hochmut. »Er war das Beste, was Burda je hervorgebracht hat«, weiß Clanmutter Aenne.

»Felix war ein früh vollendeter Mensch, was die Persönlichkeit und die Herzensbildung betrifft. Seinem Wesen wohnte etwas inne, das nicht ganz von dieser Welt war – eine in sich ruhende Heiterkeit.« Sagt sein Freund aus Studienzeiten, Mathias Döpfner, heute Vorstandsvorsitzender vom Springer Verlag, Europas größtem Zeitungskonzern. Nie kehrt Felix Weber die Macht seiner Familie oder seinen Einfluss heraus.

Stört das die Burdas dann doch? Als Uwe Brandner in einer Interviewserie mit Aenne Burda einwirft: »Felix ist vielleicht der Einzige in dieser Familie, der glücksfähig ist«, unterbricht sie ihn barsch: »mir zu brav«. Später schenkt die Großmutter dem Enkel ihr Haus auf Sizilien, in dem sie einst in ihrer Rolle als »weiße Göttin« aufging. Sollte er beim Anblick des Ätna ihre vulkanartigen Stimmungsausbrüche besser verstehen lernen? Doch ganz so sorgenfrei, wie es den Anschein macht, kann sich Felix Weber in der mächtigen Sippe der Burdas weder gefühlt noch bewegt haben. Als Erwachsener sucht er Hilfe beim Therapeuten Bernd Hellinger, der seinen Klienten in Aussicht stellt, sie durch Familienaufstellungen aus ihren inneren und äußeren Verstrickungen zu befreien.

Felix Weber ist ein häuslicher Mensch. Rampenlicht und Schlagzeilen sind ihm ein ferner und fremder Kosmos. Eine Karriere als Journalist oder Manager ist für den Verlegersohn undenkbar. Der junge Sensible strebt nach einem Leben in Sinnlichkeit; Koch will er werden. Seine Leidenschaft für die italienische Küche ist im Freundeskreis gerühmt. Brennenden Ehrgeiz legt er in seine Sehnsucht nach Familie. Schon als 26-Jähriger heiratet er die langjährige Freundin Kathrin Stengel und heißt fortan Felix Weber-Stengel. Die zielstrebige Philosophin ist spezialisiert auf Kants Kritik der praktischen Vernunft und betont intellektuell – wie ihre Schwiegermutter Christa Maar. Die wiederum macht keinen Hehl daraus, dass sie nichts hält von der Liebeswahl des Sohnes. An ihr perfektioniert sie wieder ihre bekannte Kunst, durch Menschen hindurchzuschauen. »Dieses Püppchen!«, schimpft sie so oft und heftig, dass niemand im Verlag oder im privaten Kreis es überhören kann.

Hubert Burda ist leiser, aber auch nicht glücklich über die Schwiegertochter. »Der braucht eine Bessere«, hallt es allenthalben. Die schlimmen Anfeindungen, die Christa Maar und Hubert Burda einst von Aenne und dem Senator einstecken mussten, wiederholen sie auf ihre Weise am eigenen Kind.

Kathrin Weber-Stengel würde gerne ein großes Haus führen, als Wortführerin einer Salonkultur, wie sie der Schwiegervater pflegt. Aber Felix, der sich um die häuslichen Pflichten kümmert, dem auch sehr an seinem großen, bunten Freundeskreis liegt, will davon nichts wissen. Wer die beiden zusammen erlebte, konnte schon den Eindruck bekommen, dass die ambitionierte Kathrin die stärkere Persönlichkeit ist. Im März 1994 wird Sohn Benno geboren, im gleichen Monat, zwei Jahre später Elias. Das kleine Glück ist Felix derart sakrosant, dass die Freunde schon mal über »die heilige Familie« spötteln. Allen ist auch klar, dass sich Hubert Burda in alles Mögliche einmischen konnte, aber nicht in den heimischen Kosmos seines Sohnes. Auch dass seine Frau den Eltern nicht gut genug und ein Dorn im Auge ist, perlt scheinbar an ihm ab.

Bei manchen Freunden keimt gar der Verdacht auf, Hubert Burda sei neidisch auf dieses kleine Glück, das ihm so nie vergönnt ist. Womöglich hätte sich der Verleger noch Geschwister für seine Kinder Jakob und Elisabeth gewünscht. Aber nun war klar, dass der Sohn »an der Reihe« ist. Felix' Ältester, Benno Stengel, ist nur zwei Jahre jünger als Elisabeth Furtwängler, Burdas jüngstes Kind. Ebenso wie

Bruder Jakob trägt sie nicht den Nachnamen des Vaters.

Trotz aller schwierigen Umstände haben Felix und Hubert Burda ein besonderes Verhältnis. Am 50. Geburtstag des Verlegers, als Maria Furtwängler hochschwanger geht mit dem ersten Kind, hält der 23-jährige Felix eine kleine Rede. Wünscht dem (Halb-)Geschwisterkind, es möge den Vater genauso erleben dürfen wie er selbst: voller Humor und Fantasie. »Der Papa und der Felix, die fahren nach Venedix«, erinnert er an ihre erste Reise nach Venedig; Felix ist sechs Jahre alt. An

Kathrin und Felix Burda-Stengel mit ihren Söhnen Benno und Elias.

die sonntäglichen Schnitzeljagden durch München, die gut getarnte kunsthistorische Lektionen für den Junior sind.

Zum 60. schreibt Felix Burda-Stengel: »Mein Vater verstand dies stets kindgerecht zu verpacken, indem er eine gewisse Aura des Abenteuers verbreitete, die darin bestand, dass nur wir zwei, er und ich, die Eingeweihten waren, die in der Lage waren, hinter die Geheimnisse eines Ortes zu blicken.« Verbirgt sich auch ein Geheimnis dahinter, warum Felix dann plötzlich doch Kunstgeschichte studiert, anstatt Koch zu werden? »Zur Kunstgeschichte bin ich durch meinen Vater gekommen«, sagt er. Auch die Mutter ist vom Fach, aber von ihr ist nicht die Rede.

Noch inniger verwickeln sich die Vater-Sohn-Bande bezüglich der Doktorarbeit von Felix über barocken Illusionismus, in der er »Andrea Pozzo und die Videokunst« verknüpft. Hubert Burda schreibt: »Als ich in Rom die barocken Deckengemälde von Pozzo sah, war ich beeindruckt von ihrer Illusion der Räumlichkeit, die den Betrachter förmlich ins Bild zieht. Ohne dass wir darüber gesprochen hätten, eröffnete mir Felix kurze Zeit später, dass er über Pozzo promovieren wolle. Wir denken wirklich oft dasselbe, dachte ich.«

Als die Arbeit 2001 als Buch erscheint, schreibt Doktorvater Hans Belting im Vorwort:»Leider hat der Autor die Veröffentlichung nicht mehr erleben können.«

Der Krebs hat sich bei der erneuten Erkrankung auch in die Leber eingefressen, und die deutschen Mediziner kapitulieren. Aber die Eltern versuchen alles, konsultieren die namhaften Spezialisten der Welt, um doch noch einen Weg aus der Aussichtslosigkeit zu finden. Jetzt wird Felix in New York operiert, eine neue Leber soll wachsen und wieder besteht Hoffnung. Er kann sogar seinen Job an der Universität in Seattle als Visiting Assistant Professor antreten. Danach wollte – oder sollte? – er tatsächlich in das Unternehmen des Vaters einsteigen, wo er als Geschäftsführer von Hubert Burda Digital schon auf einer unternehmerischen Spielwiese exerziert.

Sein Zimmer im siebten Stock der Burda-Machtetage ist bereits eingerichtet, als sich herausstellt: Die Krankheit ist nicht mehr zu besiegen. Der Verlegersohn hat um jedes Fünkchen Hoffnung gekämpft, damit es wieder auflodere zum Feuer des Lebens. Aber nun weiß er definitiv, das kleine Flämmchen flackert in der Gunst des Augenblicks. Er nimmt die Botschaft der Ärzte an, lehnt sich nicht mehr auf, interpretiert nicht, fragt weder nach Gerechtigkeit noch nach Schuld und Schicksal. Vipassana. So wie es ihn sein Meditationsmeister Georg Müller lehrte, mit dem ihn seine Frau, die sich schon länger in Meditation schult, bei Ausbruch der Krankheit zusammengebracht hat. In diesen zwei Jahren, in denen Müller auch nach Amerika gerufen wird, eröffnet sich für Felix Burda-Stengel die mystische Welt des großen persischen Dichters Rumi. *Was ich dichte, ist wie Manna: / eine Nacht schon macht es alt. / Kosten sollst du's, wenn es frisch ist, / eh es Staubes Aufenthalt! Willst du wirklich frisch es kosten, / musst du Würze und Gewalt / neu erträumen; aber wisse: / Traumbild ist nicht Urgestalt!*

»Felix ging in die Totale der Meditation, das Sterben war ein rauschendes Fest in geistiger Heiterkeit«, sagt Georg Müller, der ihn jeden Tag in der Münchner Wohnung in der Kobellstraße besucht, in die er mittlerweile zurückgekehrt ist. Muss man den Lebenden nicht misstrauen, wenn sie im Namen der Sterbenden sprechen? »Ich bin viele Male gestorben«, erläutert Müller, »was stirbt, ist nur die Maske, wie bei den alten Griechen, das was man glaubte zu sein.«

Hubert Burda will die Hoffnung nicht aufgeben. Wünscht, er könnte auch die schwarzen Gedanken verscheuchen, die ihn an das Schicksal der Verlegersöhne von Axel Springer und Heinz Heinrich Bauer gemahnen; an Axel junior, der durch Selbstmord aus dem Leben schied; oder an Bauers kleinen Sohn Hendrik, der als Fünfjähriger an Leukämie starb. Will ausnahmsweise auch von Goethe nichts hören, dessen Verse umso heftiger gegen seine Schädeldecke hämmern: *Willst, feiner Knabe, du mit mir gehn? / Meine Töchter sollen dich warten schön; / Meine Töchter führen den nächtlichen Reihn, / Und wiegen und tanzen und singen dich ein.* Nein! *Erlkönig* sollte seinen Sohn nicht bekommen!

Wenn die Söhne vor den Vätern sterben, herrscht Fassungslosigkeit. Burda schreit seinen unendlichen Schmerz darüber: nach innen. Nach außen wahrt er – sein Lächeln. Wohl zittern seine Geschäftsführer, weil der Verleger für tagesaktuelle Dinge nicht mehr ansprechbar ist, aber die Geschäftspartner außerhalb des Verlags merken ihm nichts an. Als ihn am Rande einer Burda-Springer-Geschäftsverhandlung Mathias Döpfner fragt: »Wie geht es Felix?«, antwortet Hubert Burda: »Gut!« Drei Tage später kommt die Todesnachricht.

Sein Freund Peter Handke erklärt diese Haltung mit der Fabel über einen Mathematiklehrer, dessen Sohn sterben muss. Für den Vater liegt die einzige Rettung darin, weiterhin jeden Tag zur Schule zu gehen und seinen Schülern die Formeln an die Tafel zu zeichnen. Es ist seine Art, um den Sohn zu beten. Routine als Liturgie und Überlebenschance?

Immer noch hofft Burda. Aber Felix, wissend, dass seine Tage gezählt sind, möchte keine falsche Hoffnung mehr. Er bittet den Vater: Nimm die Wahrheit an, mir zuliebe. Geh zu Georg.

Reinhold Fröschl geht voraus: »Der Herr Dr. Burda lässt fragen ...« Schon wenige Tage später kniet er auf einem schwarzen Meditationskissen im »Obertonhaus«, am Rande des Münchner Gärntnerplatzviertels. Ihm gegenüber Georg Müller, ein schmaler großer Mann mit tiefer Stimme, sein graubärtiges Gesicht deutlich gezeichnet von den

Spuren des Lebens. Um sie herum Regale voll tibetischer Klangschalen, Rasseln, enorme Trommelscheiben mit goldenen Kreisen in der Mitte. Seine Augen ozeanblau, die Bewegungen knapp und konzentriert, hilft der Meditationslehrer dem Vater, seinem Sohn nahe zu sein. »›Vipassana‹ heißt im Jetzt sein, das ist der einzige Augenblick, der zählt. Spüren und Loslassen.« Sagt der Lehrer. »Das hat möglich gemacht, dass Felix keine Sekunde mit etwas anderem zugebracht hat, als zu leben, zu leben zu leben. Er ist nicht drei Wochen lang gestorben. Das ist sein ganzes Geheimnis.«

»Sag den andern, wer mich sehen will, kann das gerne tun. Der Ort ist hier und die Zeit ist jetzt.« Mit diesen Worten beauftragt er Müller. In den letzten Wochen hält Felix Burda-Stengel in den schmerzfreien Stunden seines Transzendenzerlebnisses Hof für alle, die ihn noch einmal sehen wollen. Die Schlange der Besucher ist lang, Freunde reisen an aus aller Welt. Felix hört seine Lieblingsmusik, »A gift of love«, die Vertonung von Rumis Liebesgedichten, und gibt jedem eine Art Vermächtnis auf den Weg.

Zwei Wochen vor seinem Tod fragt Felix den Meister: »Ist es wirklich möglich, durch *jede* Situation mit Wachheit und Gelassenheit zu gehen?« Vipassana. Der Meister nickt.

Am letzten Tag lächelt Felix zum Abschied: »Morgen werde ich wohl nicht mehr leben.«

»Der letzte Augenblick ist nicht wichtiger als alle anderen auch«, antwortet der Lehrer.

Am Sonntag, dem 25. Februar 2001, erlischt das Lebenslicht von Felix Burda-Stengel, 33 Jahre alt. Er wird auf dem Bogenhausener Friedhof beerdigt, einem kleinen, malerisch anmutenden Kirchhof mit den Gräbern großer Münchner, unter ihnen das des Schriftstellers Erich Kästner. Benno und Elias spielen am offenen Grab auf Schlitztrommeln. Aus dem bürgerlichen Trauerblick ein merkwürdiges Verhalten. Ein beinahe manischer Versuch, fröhlich zu sein. Aber Felix wollte es so. Michael Eskin, der enge Gefährte der Burda-Stengels, hält die Trauerrede. Es ist eine Beerdigung unter Freunden. Von den Burdas ist außer Franz' Tochter Cathrin niemand gekommen.

Als Hubert Burda, gerade 61 Jahre alt, Erde auf den Sarg des Sohnes wirft, verspricht er ihm, dass er immer bei ihm sein wird.

Auch sein Grab will er einmal neben Felix. Dass der Sohn in heiterster Gelassenheit zu sterben wusste, ist ihm Vorbild und wird den Nachlebenden dereinst in Stein gemeißelt werden.

Die Trauerfeier findet in der Schackstraße statt. Zum ersten Mal in seiner Verlegerkarriere verlangt Burda von seinen Chefredakteuren in aller Deutlichkeit Kooperation. In den letzten Wochen seines Lebens bat Felix die Eltern, in seinem Namen eine Stiftung einzurichten. Damit andere von seinem Schicksal verschont bleiben. Mit überirdischem Engagement widmet sich Christa Maar als Präsidentin der Felix Burda Stiftung fortan der Aufklärung über Früherkennung. Rüttelt insbesondere Jüngere wach, das Krebsrisiko ernst zu nehmen.

Reinhold »Frosch« Fröschl erfüllt Felix Burda-Stengels letzten Wunsch, obwohl ihm die Stadt die Erlaubnis dazu verweigerte: Er schickt vom Garten der Schackstraße ein enormes Feuerwerk in den Himmel über Schwabing. Die Lebensfreude soll siegen und mit ihr die Kraft, sich an Felix zu erinnern. In seinen letzten Wochen war Fröschl immer für ihn da.

Am 28. Februar drucken die Zeitungen die Todesanzeigen von Ehefrau und Eltern; so getrennt, wie fortan auch ihre Wege sein werden. »Felix. Er hatte ein schönes und erfülltes Leben. In Dankbarkeit, dass wir ihn begleiten durften«, heißt es in der Trauernachricht von »Dr. Christa Maar, Dr. Hubert Burda mit Frau Maria und den Kindern Jakob und Elisabeth«. *Dance, when you're perfectly free,* zitiert Kathrin Burda-Stengel ihrem Mann noch einmal Rumi. Und fügt hinzu: »Felix. Mein Schnucki, du hast uns gelehrt zu leben. Wir danken dir dafür. Deine Kathrin, Benno und Elias.«

Kapitel 28

»Milchstraße«
zu neuen Galaxien?

Ein strahlender Novembertag 2003. Gewichtigen Schrittes marschiert der Verleger auf dem Flughafen in Baden-Baden ein. Hinter ihm V-förmiger Flankenschutz: Seine Generäle, von denen ihn die meisten um Haupteslänge überragen. Der sportlich-ehrgeizige Anzeigenchef Andreas Schilling, ehemaliger Handballprofi; der forsche Philipp Welte mit dem Stierkämpferblick; der vom »digitalen Lifestyle« infizierte Marcel Reichart, lang wie die Warteschleife der Profithungrigen im Cyberspace; der Hanseat Nikolaus von der Decken, sein Sprecher, geschult in der ehemaligen Korona von Leo Kirch; der distinguierte Sekretär Helmut Enderle, ein Allgäuer, der seinen Weg an den Tegernsee geschafft hat und den Kaschmirmantel des Herrn Doktor so würdevoll trägt wie das ganze vielschichtige Amt. Eine Szene wie aus dem Bilderbuch der Omnipotenz: Kommandante Hubert Burda und seine Konquistadoren. Aus Offenburg kommend, nehmen sie per Learjet den Anflug auf die Festung Hamburg. Kein Tag wie jeder andere.

Immer noch ist die Lage zwischen der medialen Nord- und Südfront angespannt. »Die vom *Spiegel* können oberschichtig rumturnen«, grollt der geldige Oberschichtsbürger Burda schon mal aus heiterem Himmel. Dass er den Geschäftsführer der Hamburger Turner, Karl Dietrich Seikel, trotzdem zu jedem seiner großen Feste lädt, genauso wie Gruner + Jahr-Chef Bernd Kundrun, Heinz Heinrich Bauer, der in monotoner Regelmäßigkeit absagt, die Holtzbrincks und die Jahrs oder *Zeit*-Chefredakteur Giovanni di Lorenzo, auf den er ein ganz besonderes Auge geworfen hat, steht auf einem anderen Blatt. Natürlich sollen sie alle beeindruckt sein, wie ein Medienfürst Hof hält. Aber hinter seinen Einladungen stecken auch protokollarische Gedanken: »Es gehört einfach zur Courtoisie, dass man sich die Hand reicht, wenn man in derselben Liga spielt.«

Kundrun, 17 Jahre jünger als der Münchner aus Offenburg und damit nicht mehr zu der Generation gehörend, die über Burda nur lächelt, hat seine Freude am höfischen Schwelgen des Konkurrenten. Weiß auch: »Würden wir Manager uns derart feiern und inszenieren, ginge ein Aufschrei durchs Land, zu Recht. Aber Burda ist der Eigentümer, er darf das.« Das ewige Klischee, dass man in München das Leben schlürft wie eine Auster, während man in Hamburg damit hadert, räumt Kundrun aus dem Weg: »In München macht man Zeitschriften, um die Welt zu genießen, in Hamburg, um sie zu genießen *und* zu verändern.« Anmarsch des Nordens auf das Lustmonopol des Südens?

Im Anflug auf den Hamburger Flughafen zieht Burda seinen Sicherheitsgurt straffer und weist vergnügt darauf hin: »Im Anzeigengeschäft Inland haben wir Gruner + Jahr überholt, aber im Auslandsgeschäft liegen die eine gute Milliarde vorn. Das müssen wir jetzt aufholen.« Das Überholmanöver ist interpretationsbedürftig: Wohl liegen G + J und Burda im Inland in der Anzahl der aquirierten Anzeigenseiten gelegentlich gleichauf, aber die Hamburger mit ihren hochpreisigen Magazinen nehmen trotzdem mehr ein. Doch Burdas Generäle sind nicht nur im »Anzeigenkrieg« kampfeslustig und siegessicher. Ein Managerszenario, wie es in jedem gesunden Unternehmen anzutreffen ist. Aber der listige Patriarch Burda versteht es, mehr aus ihnen herauszuholen, eine Atmosphäre zu kreieren wie in einem Geheimbund. Sie sind seine Gralsritter! Speisen an seiner Tafel! Wo sonst dürfen Männer heute noch so selbstverständlich Helden sein? Dafür müssen sie ihm jederzeit und überall zu Diensten sein mit all ihrer Kraft. Der Fürst duldet keine fremden Götter neben sich.

Bevor Burda an diesem Abend seinen großen Hamburger Auftritt hat, kann er sich noch schnell einen Abstecher in eine Max-Beckmann-Ausstellung erlauben. Ausgerechnet im Bucerius Kunst Forum. Hier schaut er ins eigene Ich, sieht Parallelen zwischen Unternehmer und Künstler: Aufbruch und Scheitern, die Suche nach dem eigenen Stil, das Identischsein mit dem Werk.

Ein Bambi für Hamburg

Im Festsaal des Rathauses gibt Bürgermeister Ole von Beust ein »Mediendinner« zu Ehren des Münchners. Bedankt sich artig, dass Professor Burda mit seinem Bambi Einzug halten wird an der Alster. Burda ist auch als Gast liebenswürdig, preist »Hamburg, die Medienstadt schlechthin«, streckt sich zur Decke, voller Komplimente über diese kunsthistorische Rarität, unter der man gerade weilt: »Solche Pracht kenne ich sonst nur aus dem Dogenpalast!« Die Hamburger Herren lächeln, zollen ihm ordentlich Beifall, als er seinen Redeschwall beendet, den eine Powerpoint-Präsentation begleitet. Um was ging's eigentlich?, fragt einer. Für die Eingeweihten ganz klar: um Burdas lebenslange »Grand Tour« durch Adels-, Kunst- und Mediengeschichte. Darum, dass man immer das höfische Protokoll einhalten muss, »alles andere führt zur Bartholomäusnacht«; um das Credo der Pop-Art – Expose yourself; um Auktionen bei eBay und letztlich doch nur: um ihn. Schaut ihn an! Bewundert ihn!

Als er nach diesem Abend hinaustritt in die Nacht aus nieselndem Novembernebel, schmerzt seine Achillesferse. Diese Stadt mit ihren kühl rechnenden Pfeffersäcken und stolzen Presehelden, die ihn immer nur klein halten wollten, ist ihm trotz aller Eroberungsgelüste fremd geblieben. Wie belanglos, wie zwergenhaft hat er in den siebziger Jahren des vergangenen Jahrhunderts hier begonnen. Mit dem abgeworbenen *Stern*-Mann Andreas Odenwald, der ihm im Mittelweg, gleich um die Ecke des »Affenfelsen«, wo damals der *Stern* residierte, ein *Bunte*-Büro aufbaute. Es war sein Statement: Rechnet mit mir. Ich bin da! Aber Augstein, Bucerius und Nannen, samt ihren Truppen, haben ihn nur geohrfeigt mit ihrem schallenden Gelächter. Nun sind die Großen von gestern tot, er aber strahlt im Zenit seiner Macht und wird an der Brunftstätte der alten Platzhirsche hofiert!

An Springers ehemaligem Stadthaus neben dem Überseeklub legt sich die Hand der Geschichte auf die Schulter des sentimentalen Romantikers, der Burda auch ist. Wie oft hat er sich auf seinen Hamburg-Ausflügen frühmorgens an diesem Haus vorbeifahren lassen und sich in die Rolle des verlegerischen Erben meditiert! Herzschmerzen drücken ihn am Speersort 1, dem Hauptquartier von Gerd Buce-

rius' Lebenswerk, der *Zeit*. Hatte der nicht 1968 auf der Konferenz
der Advertising Association in Berlin seinen Narren an dem damals
28-jährigen Burda und dessen aufrührerischer Rede gefressen? Hätte
ihn am liebsten als seinen Ziehsohn herangeholt; behauptet Burda
hartnäckig. Erstaunlich nur, dass nichts davon in Ralf Dahrendorfs
Bucerius-Biografie vermerkt ist, die sonst jeden Gedankenblitz und
Schnupfen festhält; auch Hilde von Lang, Lebensgefährtin und Vertraute, habe von Bucerius nie auch nur den Namen Hubert Burdas
vernommen. Im Oktober 1995 ist er nicht einmal zu Bucerius' Beerdigung geladen worden. Das nehme er den Hinterbliebenen übel, grollt
er im Jahr darauf im Gespräch mit dem *Zeitmagazin*; »und seine
weichen Lippen zittern«, beobachtet Autor Johannes Schweikle.

Wie hat er dagegen das Feuerwerk genossen am 27. November
2003, als die 55. Bambi-Verleihung erstmals in Hamburg stattfindet.
Mit 500 000 Euro bezuschusst der Senat die alljährliche Medien-
party des Münchner Verlegerfürsten und bietet ihm obendrein das
Theater im Hafen mietfrei als Bühne für den bunten Abend an. Derart favorabel waren die Konditionen noch in keiner anderen Stadt!
Während sich namhafte Hamburger über das großzügige Geschenk
aus dem Steuersäckel erregen, verpulvert es der ansonsten sparsame
Burda mit leichter Hand: lässt Kaskaden goldener Lichtwasserfälle
für seinen Einzug niederprasseln und das Donnergrollen der farbenfrohen Raketenattacke auf das Selbstbewusstsein der G + Jler soll
gar kein Ende nehmen. Die nämlich residieren auf der gegenüberliegenden Hafenseite und könnten das bombastische Treiben von ihrem
Verlagsgebäude aus beobachten.

Dort, wo gewöhnlich der »König der Löwen« inszeniert wird,
marschieren vor einer riesigen Rehlein-Skulptur nun die Raubtiere
des Blätterwaldes auf; die Stars und Sternchen aus Film, Funk und
Fernsehen, der Model-, Mode- und Kosmetikbranche; die coolen
Kerle der angesagten Werbeagenturen, langbeinige Blondinen, kurz-
atmige Gigolos; ein paar Dax-Bosse, einige sogar mit Erstfrau!; die
Burda-Führungscrew – schließlich ist Bambi auch ihr Familienfest,
auf dem sie per Tischordnung ihren Stand am Verlegerhof erfahren;
und selbstredend kommen die namhaften Frisöre des Landes. Alle
defilieren auf dem roten Teppich und werden vom kleinen Tycoon

mit einem großen Händedruck geadelt. Neben ihm ein Feuerwerk eigener Natur, Maria Furtwängler, seine Frau. Zum hohen Anlass ist sie in all den Jahren in Maria Burda umbenannt worden; nun, da sie Fernsehkommissarinnen-Berühmtheit erlangt hat, wird sie als Furtwängler-Burda apostrophiert. Namen hin oder her, jedes Jahr aufs Neue fühlt sie sich wie Königinmutter. Versteht es vorzüglich, Schönheit und Grandezza zu versprühen. Was wäre Bambi ohne sie? Nie offenbaren sich Burdas Worte im Freundeskreis – »so eine junge Frau ist gut für mein Geschäft« – anschaulicher als beim gemeinsamen Rehleinstreicheln. Wie immer, hat er auch an diesem Abend höfisches Personal als Rückendeckung. Das journalistische Oberhaupt Helmut Markwort, *Bunte*-Generalin Patricia Riekel und Stellvertreter Todenhöfer mit seiner blutjungen Tochter Valerie bilden das Begrüßungskommando.

Die ARD überträgt die mit allen PR-Raffinessen begleitete Jagd auf das Tier aus dem Schwarzwald live, zur Prime Time, und Burda tritt wie alle Jahre wieder ans Rednerpult und schüttet seinen Komplimentesack aus. Allerdings: »Wie es Hamburg mit dem Feiern hätte, da war ich skeptisch.« Das Späßchen sitzt, schon deshalb, weil der Großteil des Publikums aus München kommt. Dann ist da wieder der obligatorische Satz, der jede Bambi-Rede krönt. Lächelnd freut sich Burda auf »das Lächeln der Sieger«.

Hat Hamburg die symbolträchtige Tat provoziert? Zum ersten Mal in seiner Geschichte bekommt Bambi 2003 das Zaumzeug »Hubert Burda Medienpreis« umgehalftert. Große Worte für das kleine Kitz, das vor einigen Jahren umgestylt wurde und nun schlanker und langbeiniger daherstolziert. Auch den Kopf trägt es höher. Es ist gewachsen mit dem Selbstbewusstsein des Verlegers.

1987, ein Jahr nach dem Tod des Vaters, feierte Hubert Burda Bambis 50. in Offenburg, und der frisch gekrönte Erbe schreibt: »Als mein Vater als Zeichen seiner Anerkennung und Bewunderung im Hochhaus die Beleuchtung so schalten ließ, dass der Bambi weit ins Land strahlte, waren wir gerührt und stolz.« Der Sohn tut es ihm gleich und erläutert per Pluralis Majestatis: »Wir alle sind mit diesem Bambi in den letzten 50 Jahren groß geworden.« Dann auch wieder kleiner? 1998 nämlich zelebrierte er erneut Bambis 50., dieses Mal

in Karlsruhe. Wieso die beiden Zeitrechnungen? Man hatte sich ver-
zählt.

Das Tier, 1948 mit Gründung der *Film Revue* in die Medienwelt
gesetzt, soll damals Leben ins deutsche Entertainment bringen. Franz
Burda hat mit ihrem Aufkauf 1962 das Bambi-Gehege mit übernommen. Noch nie hat ein Burda ein Fest gestrichen, schon gar nicht,
wenn es für Schlagzeilen sorgt. Schließlich weiß Hubert Burda: »Eitelkeit und Neid sind ungeheure Triebkräfte und unser bestes Geschäft.«

Selbstverständlich ist Bambi kein Medienpreis, wie es Goldene
Kamera und Bayerischer Filmpreis für die Filmbranche oder der
Egon-Erwin-Kisch-, Theodor-Wolff- und der Henri-Nannen-Preis
für die Autoren sind. Es ist die große Fete der Medienbranche, ihrer
Produzenten und Protagonisten – und von Hubert Burda und all his
friends. Natürlich bringt auch Maria Furtwängler ihre Netzwerkler
auf die Gästeliste.

Die Kriterien der Preisvergabe wechseln nach Lust und Laune.
Nach dem 11. September reagieren Burda und seine Chefredakteure,
die die Jury bilden, spontan und beehren New Yorks Bürgermeister
Giuliani, weil er »stark und mutig in der Stunde des Chaos« war.
Im selben Jahr gibt es einen »Bambi Lifetime Award« für Hildegard
Knef. Zwei Jahre später heißt die Kategorie für Heidi Kabel: Bambi
für ein Lebenswerk. Die Deutsche Nationalmannschaft im Damen-
fußball bekommt ein Goldenes Reh für ein Golden Goal; Heidi Klum
wird geehrt, »weil sie für Deutschland die Botschafterin in Sachen
Style, Trends und Glamour« sei.

Immer auch wird ein Freund von Hubert Burda Rehträger; ob
Diego della Valle, der Lifestyle-Unternehmer aus seiner italienischen
Clique, oder Jürgen Schrempp, dem er es durch das Tier sagt: Ich halte
zu dir, denn ich weiß, wie man sich fühlt, wenn alle gegen einen sind.
Ein von Parkinson geschüttelter Mohammed Ali wird genauso auf
die Bühne geholt wie der hundertjährige Johannes Heesters. Solche
Einlagen sind die Garantie für große Emotionen, die bisweilen auch
spontan entstehen. Als Sibel Kekilli 2004 in der Kategorie »Shooting
Star« mit dem Bambi in der Hand ihre Dankesrede nutzt, um mit
flammenden Worten die *Bild*-Zeitung des Rufmordes zu bezichtigen,

mag es dem Gast Mathias Döpfner oder Hubert Burda selbst nicht gefallen haben. Das Publikum aber reagiert mit tosendem Beifall über die außerplanmäßigen Tränen der jungen Deutsch-Türkin.

»Keine Frage: Unter allen Verlagen ist Burda der größte Party-Betrieb«, analysiert die *Süddeutsche Zeitung*. »Profit springt dabei nicht heraus. Einen Mehrwert bringt der Aufwand dem Verlag trotzdem. Das Gelingen einer solchen Inszenierung misst sich in öffentlicher Aufmerksamkeit – jener Parallelwährung, die in aller Munde ist, seit sie Georg Franck 1998 in seinem Buch *Ökonomie der Aufmerksamkeit* skizziert hat.«

So sehr liebt Burda diese Formulierung, dass sie in jeder seiner Reden auftaucht. Der eigentliche Autor wird dabei selten genannt. Als die *Bunte* Francks Buchtitel auch für ihre Werbung einsetzt, klagt der Wiener Professor, fühlt sich missverstanden. Genauso wie der fassungslose Verleger. Hatte er doch für den Verkauf der Auflage von Francks Werk gesorgt, das sein Freund Michael Krüger im Hanser Verlag veröffentlichte:

»Was gibt es Aufregenderes als einen Saal voll gespannter Blicke, was Hinreißenderes als den Beifall, der einem entgegentost? Was schließlich kommt dem Zauber gleich, den die entzückte Zuwendung derer entfacht, von denen wir selber bezaubert sind? – Die Aufmerksamkeit anderer Menschen ist die unwiderstehlichste aller Drogen. Ihr Bezug sticht jedes andere Einkommen aus. Darum steht der Ruhm über der Macht, darum verblasst der Reichtum neben der Prominenz.« Nie sind die Worte Francks für Burda wahrer als in der heiligen Bambi-Nacht, wenn die, mit denen er seine Geschäfte macht, ihn in Abendkleid und Smoking umgurren. Geschmückt mit teuer funkelnden Diademen – eine kurze Leihgabe wie der Ruhm der Schlagzeilen.

»Bazon! – wo bleibt Sachsen-Weimar?«

Bei so viel Gefälligkeit zögert Burda nicht, sein Bambi auch im November 2004 wieder in den Hamburger Hafen einzuschiffen. Was zu diesem Zeitpunkt nur wenige wissen: Gleichzeitig verhandelt Vorstand Paul-Bernhard Kallen um die Beteiligung an den Verlagen der Milchstraße. Benannt nach der Adresse im Stadtteil Pöseldorf, sind die Titel, die dort produziert werden, *Max, Amica, Fit for Fun,* in den neunziger Jahren Garanten für zeitgeistige Hip- und Coolness. *TV Spielfilm* obendrein eine profitträchtige Milchkuh.

Schon 1995 streckte Burda seine Fühler nach der Milchstraße aus. Die Zugbrücke der nordischen Medienfestung öffnet sich für ihn aber nur über den Umweg Italien! Als er sich bei Rizzoli RCS, dem Konzern mit dem Flaggschiff *Corriere della Sera* einkauft, mutmaßt das Branchenblatt *werben & verkaufen* gegenüber Vorstandsmann Gerd Bolls: »Sie haben Rizzoli nur als Kröte geschluckt, um den Prinzen Milchstraße zu bekommen.« Bolls dementiert, spricht von dringend notwendiger Internationalisierung. Den eigentlichen Hintergrund der Liaison glamourös verschweigt der Burda-Mann: Hubert Burdas Bewunderung für den italienischen Herrscher über Fiat und die Oberschicht Italiens – Gianni Agnelli. Auch der ist an RCS beteiligt und bietet dem deutschen Schwärmer für mediterrane Lebenskultur Miteigentümerschaft an. Für Burda ist das nicht nur ein Geschäft, es ist ein Lorbeerkranz auf seinem Verlegerhaupt. Seine Liebe zu Italien, die Verehrung für »den Dschanni«, die Expansion nach Nord und Süd auf einen Schlag – ein Deal, der Profitrate und Petrarca unter ein Dach brachte. Im Vorstandskreis um den Verleger geht die Vokabel von der Neu-Arrondierung des Verlags um.

Genauso wie zehn Jahre später, im Frühjahr 2005, als feststeht, dass Burda im wahrsten Sinne des Wortes näher zum Marktführer Gruner + Jahr aufrückt. Pünktlich zu Weihnachten 2004 nämlich – nie hat er sich ein schöneres Geschenk gemacht – ist die Burdamacht in Hamburg eingezogen: »Hubert Burda Media übernimmt die Verlagsgruppe Milchstraße. Verleger Hubert Burda sieht eine optimale Ergänzung des Titel-Portfolios«, lautet die schlichte Pressemitteilung, die einen Tag vor Heiligabend vom Sprecher des »Koordinationsausschusses Verlagsgruppe Milchstraße« lanciert wird. Der Coup ist planmäßig vonstatten gegangen!

Nach monatelangem Tauziehen hat Rizzoli seine Anteile an Burda verkauft und sich auch in den osteuropäischen Ländern vom bayerisch-badischen Verlagshaus separiert. Der »Erste Journalist« Helmut Markwort, der die Titel der Milchstraße auf Erfolgsaussichten abklopft, und Paul-Bernhard Kallen, der Mann mit dem eiskalten Händchen auf den Finanzen, leiten die Übernahme. Die Personalie Markwort sorgt schon deshalb für hitzigen Gesprächsstoff, weil sie sich als ein weiteres Stück Entmachtung von Burda-Stellvertreter Todenhöfer darstellt, der bis dato für die Beteiligung Milchstraße zuständig war. »Das Melk-Kommando« titelt die *Zeit* in ihrer Neujahrsausgabe, in der sie über den Poker um Macht und Millionen berichtet.

Aber die Milchstraße ist mittlerweile ein Sanierungsfall. Ihre Mitarbeiter bangen um ihre Jobs und hoffen auf gute Landung in Burdaland. Doch Markwort kann sie nicht erlösen. Vorerst zumindest nicht. Denn der 65. des Verlegers steht ins Haus.

Wie schon zum 60. ist eine gloriose Ehrung geplant. Da würde die Nachricht von Entlassungen die festliche Stimmung nur trüben. So wird die Bekanntgabe der schmerzenden Fakten auf die Wochen nach dem 9. Februar 2005 vertagt.

Gleich zum Jahresauftakt aber schreibt »die Gudlat« den Brief des Verlegers mit der frohen Neujahrsbotschaft an alle Anzeigenkunden: »Künftig kann ich Ihnen mit meiner ganzen Kraft ein noch größeres Portfolio an Qualitätszeitschriften mit klar differenzierten medialen Communities anbieten.«

Ganz klar: Mit dem Kauf der Milchstraße sieht sich Burda, der die Zukunft des Mediengeschäfts in der Vernetzung der Zielgruppen, in »Consumer Technology« und »Digital Lifestyle« ausmacht, in neue Galaxien vordringen. Ist er bisher mit *Bunte, Burda Moden, Elle, Frau im Trend, Freizeit Revue, freundin, Lisa* Europas größter Verleger von Frauenzeitschriften, sieht er nun »das männliche Potenzial« von *Focus* und *Playboy* gestärkt. Weiteres Testosteron kommt durch die gewinnträchtige *TV Movie* aus dem Segment der Programmzeitschriften ins Haus. Auf äußerst schlitzohrige Weise hat Vorstand Kallen bereits im Frühjahr 2004 Anteile an *TV Today* gesichert. Im April 2005 kauft er sie ganz auf. Auf diese Weise produziert Burda ausgerechnet das Fernsehprogramm des *Stern!*

Auch Statthalter Todenhöfer macht seinem Fürsten ein schmeichelndes Geschenk: Er zieht die Veröffentlichung des Geschäftsumsatzes vor und verkündet – wie oft schon in Folge? – den Abschluss eines ausgesprochen gutes Jahres. Da der Verlag aber keine Gewinne veröffentlicht, weiß niemand außer ihm, Burda und wenigen Eingeweihten, wie es wirklich um die Finanzen steht. Um jährliche Gewinne in der obersten zweistelligen Millionenhöhe soll es sich handeln. Im Jahr 2004 sogar um einiges höher im dreistelligen Terrain.

Da kann sich der Verleger eine gute Tat schon leisten. Er spendet für das am Münchner Jakobsplatz entstehende Jüdische Zentrum eine Million Euro. Im Gegenzug wird der Gemeindesaal nach ihm benannt werden. Im *Welt*-Interview mit Freundin Rachel Salamander und Wieland Freund sagt Burda, die Motivation seines Engagements komme aus dem »Schmerz über etwas, das zu Ende gegangen ist. Es geht mir um die Tradition eines jüdischen deutschen Denkens. All das, was mich ein Leben lang fasziniert hat, der Versuch, die Welt zu verstehen und ihre Rätsel zu belassen, kam von Emigranten, von Prager, deutschen oder polnischen Juden: Auerbach, Benjamin, Panofsky, Wittgenstein, Wiener.« Große Namen. Nur an den Vornamen des unbekannten Druckereibesitzers Berthold Reiss, dessen Firma 1938 von Burda senior »arisiert« wurde, kann sich der Verleger im Interview nicht korrekt entsinnen. Aber wer will bei so viel Großzügigkeit jetzt noch kleinlich sein?

War es doch nie so offensichtlich: Hubert, dem »fünften Burda« ist alles gelungen, was er sich je erträumte; und noch viel mehr. Mit ungeheurer Willensanstrengung und Spieltrieb, mit großer Sensibilität und eiskaltem Machtstreben. Gepaart mit scheinbar unerschöpflicher körperlicher Energie und Robustheit. Verschnupft ist Burda höchstens an der Seele.

Am 9. Februar 2005 aber stimmt alles. Als sich seine 300 Geburtstagsgäste im Kaisersaal der Residenz über bretonischen Hummer und Ochsenfilet hermachen, unter ihnen tatsächlich auch Bruder Frieder, entspannt der Fürst sichtlich. Noch getragen von der »Burda-Hymne«, die ihm seine Chefredakteure komponieren und zur Feier des Tages live aufführen ließen. Geschmeichelt von den Reden der Ministerpräsidenten Stoiber und Teufel, von Münchens Oberbürgermeister Ude und der Laudatio des *Focus*-Machers. »Dass Markwort und ich zusammenkamen, das war's«, wiederholt Burda in diesen publicityträchtigen Tagen wieder und wieder. Todenhöfer, der zum 60. lobpreisen durfte, mag bereits an den Schachzügen bis zum 70. grübeln, als er das Bierglas vor seinem Teller hin und her schiebt.

Auch das Familiäre und Schöngeistige kommen zu ihrem Recht. Lisa (13) und Jakob (15) tragen Selbstgereimtes über Papas Humor und süße Naschsucht vor; Verlegerfreund Krüger übergibt das Geschenk der Literati. Gedichte, die man sich in all den Jahren vorlas, gebündelt unter dem Titel: »Die Welt ist aus dem Stoff, der Betrachtung verlangt.« Gewickelt in Burdablau.

Maria Furtwängler moderiert den Abend, entschlüsselt das Verleger-Genom als einzigartig »evolutionsbiologisches Alpha-Syndrom«. Berichtet von den Ausmaßen des Burda-Egos, das sie als 18-Jährige kennen lernte, und wie sie immer noch daran arbeitet, sich von dem Schock zu erholen. »Sie kann es nicht lassen«-Empörung. Auch Kichern und Beifall über die souveränen Sticheleien. Burda bleibt entspannt. Eine solche Frau an der Seite zu haben! Das sollte ihm erst einmal einer nachmachen.

Der Gastgeber, gepriesen und geneckt, kommt ausnahmsweise als Letzter zu Wort. Protokollgerecht begrüßt er zuerst die Königlichen Hoheiten im Saal, den Prinzen von Baden, Prinzessin Ursula von Bayern, Seine Durchlaucht den Fürsten zu Fürstenberg, jenen von Schwarzenberg, Seine Exzellenz Graf zu Toerring-Jettenbach. Jetzt erst scheint es ihm aufzufallen: Hat er die Inszenierung eingeübt oder ist sie der Spontaneität des Augenblicks entsprungen? Hilfesuchend ruft er: »Bazon, wo bleibt Sachsen-Weimar?« Selbst der Dramaturg seines Lebens ist für den Bruchteil einer Sekunde sprachlos.

Die alten Freunde vom »Philosophenclub«, an diesem Abend erstmals wieder über alle Konflikte der Blattkritik hinweg mit dem Verleger in Freundschaft beisammen, erinnern sich an imaginierten Adel. An ihren jungen quirligen Freund, der sich über die Jahrzehnte den schweren Schritt anerzog und doch immer ihr *Schniggo, conte bello de lago magingo* bleiben wird. Dieser Titel ist vor einem halben Jahrhundert der Fantasie des Senators entsprungen. Ohne dass sein Name fällt, ist sein Schatten immerzu über Hubert Burda. Damit ihm der Vater in nichts mehr voraus sei!, hat auch der Sohn mittlerweile seinen Senator ehrenhalber erhalten, vom Zentrum für Kunst und Medientechnologie (ZKM) in Karlsruhe. Trotzdem gibt es kaum einen Geburtstagsartikel, in dem nicht daran erinnert wird, dass er der Sprössling des legendären Patriarchen ist. 65 und immer noch Sohn, wird das denn ewig so weitergehen?

Hat sich Hubert Burda, der Verleger, der durch Symbole spricht, deshalb dieses vielsagende Geburtstagsgeschenk gemacht? Hat das Hochhaus des Senators, das Offenburger Wahrzeichen schlechthin, in einer aufwändigen Renovierungsaktion neu herrichten lassen. Jetzt heißt es »Medien Tower«, und auf der Fassade prangt, weithin sichtbar – Hubert Burda Media. Nicht genug. Er hat noch ein Stockwerk draufgesetzt. Auf dass es jeder versteht: Der fünfte Burda ist erster geworden. Warum staunen sie immer noch? Er hat es doch immer gewusst. Ich will! Ich muss! Ich werde! Ich! Ich! Ich!

Epilog

Que sera? Die Erben

Wird der nächste Burda-Verleger tatsächlich Altgriechisch können? Der 15-jährige Jakob Furtwängler geht – was Vater Burda verwehrt war – auf das humanistische Gymnasium. Ein hübscher Junge, dem die Frauenherzen einmal zufliegen werden, wie Hubert Burda jetzt schon weiß. Jakob ist auch zögerlich und vorsichtig, wie der Vater. Hat Angst, den steinreichen Burdas könne das Geld ausgehen. Will wissen, Papa, was kostet dies, was kostet das? Ist ein wohlerzogener Kronprinz, dem trotz Pubertät die guten »Bitte«-und-»Danke«-Manieren nicht abhanden kommen.

Schwester Elisabeth, 13, ist das genaue Gegenteil, ein Haudrauf. Sie spielt Schlagzeug, ist eine fordernde Person. Für »Bitte« und »Danke« fehlen ihr Zeit und Mentalität. Man muss es ihr nachsehen, sie ist eine Künstlerin.

Die Kreative und der Rechner. Kommen die Burdas wirklich mit diesen Gegensätzen zur Welt? Die Kinder von Burdas verstorbenem Sohn Felix, die Enkelkinder des Verlegers, Benno und Elias, nur zwei und vier Jahre jünger als Burdas Jüngste, bieten dieselbe Konstellation. Sagt Hubert Burda. Sie werden zusammen einmal auf ein Drittel seiner Erbschaft Anspruch haben.

»Wenn ich ein biblisches Alter erreiche, könnte ich mir vorstellen, der Jakob macht im Verlag die linke Hirnhälfte und die Elisabeth macht die rechte Hirnhälfte.« Die Hubert Burda Media ist ein Familienunternehmen, und der Verleger, der häufig hört, »oh, was für ein netter Großvater«, möchte seinen Kindern den Weg frei machen. Die Gewaltenteilung zwischen einem Kreativen und einem

Hubert Burda mit seinen Kindern Lisa (l.) und Jakob Furtwängler – den nächsten Burda-Verlegern?

Administrator nach dem Muster Markwort-Todenhöfer ist seine Idealvorstellung. Wird über der Geschichte der nächsten Generation wieder der alte Burdasche Schlachtruf stehen: »Let them fight it out!«?

Juli 2005

Aenne Burda ist in ihrem 97. Lebensjahr. Sie lebt zurückgezogen in der Burda-Villa in Offenburg.

Franz Burda, 73, der älteste der drei Burdabrüder, lebt mit seiner zweiten Frau, Christa, zwischen seinem »Vom Winde verweht«-Anwesen »Fairview« in Maryland/USA und Offenburg. Er ist gesundheitlich schwer angeschlagen und sein Verhältnis zu Bruder Hubert ist immer noch angespannt. Er gehört zu den 500 reichsten Deutschen.

Sein Sohn Franz lebt mit seiner Familie in New York; Tochter Cathrin mit ihrer Familie in London.

Frieder Burda, 69, kinderlos, lebt in vierter Ehe mit seiner Frau, Elke, abwechselnd in Baden-Baden und Südfrankreich. In der Familie wie auch zwischen dem jüngeren und dem älteren Bruder hatte er immer die schwierigste Position. An Hubert Burdas 65. Geburtstag, im Februar 2005, sagt er: »Heute geht es mir gut.« Er hat sich mit der »Sammlung Frieder Burda« und dem Museumsbau von Richard Meier in Baden-Baden ein eigenes Lebenswerk geschaffen. Als »echter Mäzen« wird er auch für die Folgekosten seines Museums aufkommen, das er der Stadt Baden-Baden gestiftet hat. Er gehört zu den 500 reichsten Deutschen.

Renate S., 65, die uneheliche Halbschwester der Burda-Brüder, lebt mit ihrer Familie in Garmisch-Partenkirchen. Zwischen ihr und den Burdas gibt es keinen Kontakt.

Kathrin Burda-Stengel, 38, die Schwiegertochter von Christa Maar und Hubert Burda, ist nach dem Tod von Felix Burda-Stengel mit den beiden Söhnen Benno und Elias, heute 11 und 9, nach New York gezogen. Sie lebt dort in zweiter Ehe mit dem früheren Freund der Familie, Michael E., Professor an der Columbia Universität, und lehrt Vipassana.

Dank

Diese Biografie beruht im Wesentlichen auf eigenen Recherchen. Ich danke allen, die mir geholfen haben: den Freunden vom »Philosophenclub«, Schulkameraden und ehemaligen Kommilitonen von Hubert Burda. Den leidenschaftlichen Mitstreitern auf dem langen Marsch von »Burdapescht« zum Verlegerolymp. Den Vertrauten, den Freunden, den Gegnern; auch den Kämpfern aus dem Lager der Brüder sowie deren Freunden. Den Einflussreichen des Burda Verlags von gestern und heute. Den Mitgliedern des Hofstaates, den Beratern, den Coaches für Muskeltonus, Medici-Feelings und Killerinstinkt. Den Zuständigen für Medienwirkung und Meditation. Dem Königsmacher und dem Stellvertreter. Dem scharfen Juristen, dem »Dramaturgen« und dem »Chiropraktiker« des Burdaschen Seelenlebens. Wirtschaftsgrößen aus Burdas Netzwerk; seinen Literati, Kultur-Intimi, Gehirnforschern, Sportskanonen und Extrembergsteigern. Seiner Frau, Ex-Frau, der Frau ohne Trauschein und anderen; seiner Mutter sowie Mitgliedern und Freunden der Familien Burda und Furtwängler. Verlegern und Verlagsmanagern konkurrierender Medienhäuser.

Über 100 enge Zeitzeugen konnte ich immer wieder befragen. Dank auch den Freunden von Felix Burda-Stengel. Und meinen Schreibkräften, die mit großer Geduld an die 200 Interviewstunden transkribierten.

Mein Dank gilt auch Hubert Burda. Er war von Anfang an von dem Projekt unterrichtet und hat mich großzügig eingeladen, ihn zu begleiten. Seine Notizbücher *Festina lente* und *Künstlicher Horizont* waren hilfreich, seine Entwicklung zu verstehen. Auch der Einblick in ausgewählte Briefe und (Film-)Dokumente. Ein verlässliches Archiv über die Geschichte des Hauses Burda existiert nicht. Das mag daran liegen, dass Familien- und Verlagsgeschichte zu eng verwoben und die entscheidenden Dokumente »privat« sind. Aber auch daran, dass noch kein systematischer Angang unternommen wurde und der historische Blick häufig an der Befindlichkeit des Besitzers hängt.

Der Leiter des Verlagsarchivs hat mich nach Kräften unterstützt. Ich bin ihm sehr verbunden. Genauso wie der ehemaligen Führungskraft, die mir ihr persönliches Archiv zur Verfügung stellte. Oder dem *Bunte*-Reporter, der mir seine Fotos aus zwei Jahrzehnten überließ. Auch den »Jungs«, von denen Hubert Burda sagt, »sie waren meine Familie«, und den Vertrauten, die mir Briefe und aufschlussreiche Dokumente anvertrauten. Einige von ihnen bestehen auf Anonymität. Deshalb verzichte ich ganz darauf, Namen zu nennen, so eindrucksvoll und bekannt viele von ihnen sind.

Der Medienfürst ist keine autorisierte Biografie. Hubert Burda hatte aber die Möglichkeit, seine wörtlichen Zitate einzusehen und zurückzuziehen.

Nennen und ganz besonders danken möchte ich der (Film-)Autorin Christiane Ehrhardt für kritische Fragen und wertvolle Anregungen. Ebenso dem Autor Roger Anderson. Jens J. Meyer für seine unersetzbare Hilfe bei Chronik und Stammbaum. Mein Dank geht auch an die freie Lektorin Marion Kümmel und den Lektor des Campus Verlags Dr. Olaf Meier.

München, im Juli 2005

Bibliografie

Anderson, Roger; Bruhns, Wibke; Eckardt, Emanuel u. a. (Hrsg.): Medien-Macher. Journalisten beschreiben die Herrscher der Vierten Gewalt. Rasch und Röhring Verlag, Hamburg 1996.

Avantario, Vito: Die Agnellis. Die heimlichen Herrscher Italiens. Campus Verlag, Frankfurt am Main, New York 2002.

Bachmann, Ingeborg: Anrufung des Großen Bären. Piper Verlag, München 2001.

Bajohr, Frank in: Deutsche Geschichte im 20. Jahrhundert. Herausgegeben von Axel Schildt, C. H. Beck Verlag, München 2005.

Baukloh, Dieter; Wittmaack, Carsten (Hrsg.): Medienmogule und Meinungsmacher. Droste Verlag, Düsseldorf 2003.

Beltschenko, Natalja; Beridse, Lewan; Martynova, Olga: Junge Lyrik aus den Ländern Ost- und Südosteuropas. Das Hubert-Burda-Stipendium 2000. Privatdruck. Edition Petrarca, München 2000.

Betzler, Judith (Hrsg.): Hubert Burda. Kunst und Medien. Festschrift zum 9. Februar 2000, Petrarca Verlag, Offenburg 2000.

Betzler, Judith (Hrsg.): Aenne Burda. Die Macht des Schönen, Festschrift zum 90. Geburtstag von Aenne Burda. Econ, München 1999.

Blackmore, Susan: Die Macht der Meme oder Die Evolution von Kultur und Geist. Heidelberg; Berlin 2000.

Bognar, Zoran; Vidmar, Maja; Zupan, Uros: Junge Lyrik aus den Ländern Ost- und Südosteuropas. Das Hubert-Burda-Stipendium 1999. Privatdruck. Edition Petrarca, München 1999.

Brandner, Uwe (Hrsg.): Die Welt ist aus dem Stoff, der Betrachtung verlangt. Ein Gedichtbuch für Hubert Burda zum 65. Geburtstag, München 2005.

Brandner, Uwe: Gespräche mit Aenne Burda, unveröffentlichte Skripte.

Brandt, Reinhard: Auch ich in Arkadien. Texte und Bilder zur Ästhetik des Arkadischen. »Für Hubert B.«, Marburg 2004.

Braxmeier, Rainer: Poeten, Maler, Petticoats, Hubert Burda und seine Freunde. Festschrift zum 65. Geburtstag von Hubert Burda, Petrarca Verlag, Offenburg 2005.

Burda, Aenne: Ansichten, Einsichten, Erfahrungen. Aenne Burda Verlag, Offenburg 1998.

Burda, Franz: Mensch und Werk. Burda Druck Verlag, Offenburg o. J.

Burda, Dr. Franz: Mit Doktorhut und Druckerschwärze, unveröffentlichtes Manuskript 1978.

Burda, Hubert: Die Ruine in den Bildern Hubert Roberts. Wilhelm Fink Verlag, München 1967.

Burda, Hubert: Künstlicher Horizont. Notizen 1990–1994. Petrarca Verlag, München.

Burda, Hubert: Festina lente. Selbstverlag, München 1990.

Burda-Stengel, Felix: Andrea Pozzo und die Videokunst. Gebr. Mann Verlag, Berlin 2001.

Burke, Peter: Die Geschicke des »Hofmann«. Zur Wirkung eines Renaissance-Breviers über angemessenes Verhalten. Wagenbach Verlag, Berlin 1996.

Burke, Peter: Die europäische Renaissance. C. H. Beck Verlag, München 2005.

Dunbar, Robin: Klatsch und Tratsch. Warum Frauen die Sprache erfanden. Goldmann Verlag, München 2000.

Eisenkolb, Gerhard: Der Senator. Franz Schneekluth Verlag, München 1981.

Enzensberger, Hans Magnus: Verteidigung der Wölfe. Suhrkamp Verlag, Frankfurt am Main 1997.

Franck, Georg: Ökonomie der Aufmerksamkeit. Carl Hanser Verlag, München, Wien 1998.

Fritz, Roger: MUC PEOPLE. TBV Verlag, München 2002.

Hachmeister, Lutz; Rager, Günther (Hrsg.): Wer beherrscht die Medien? Die 50 größten Medienkonzerne der Welt. Jahrbuch 2003. C. H. Beck Verlag, München 2002.

Hachmeister, Lutz; Siering, Friedmann (Hrsg.): Die Herren Journalisten. Die Elite der deutschen Presse nach 1945. C. H. Beck Verlag, München 2002.

Haffner, Herbert: Furtwängler. Parthas Verlag, Berlin 2003.

Handke, Peter: Publikumsbeschimpfung und andere Sprechstücke. Suhrkamp Verlag, Frankfurt am Main 1979.

Harmon, Katharine: Personal Geographies and Other Maps of the Imagination. Princeton Architectural Press, New York 2004.

Heldrich, Andreas (Hrsg.): Medien zwischen Spruch und Informationsinteresse. Festschrift für Robert Schweizer zum 60. Geburtstag. Nomos Verlagsgesellschaft, Baden-Baden 1999.

Illner, Maybrit; Brodersen, Ingke (Hrsg.): Ente auf Sendung. Von Medien und ihren Machern. Deutsche Verlags-Anstalt, München 2003.

Jacobi, Claus: 50 Jahre Axel Springer Verlag. 1946–1996. Axel Springer Verlag, Berlin, Hamburg 1996.

Jakobs, Hans-Jürgen; Müller, Uwe: Augstein, Springer & Co. Deutsche Mediendynastien. Orell Füssli Verlag, Zürich, Wiesbaden 1990.

Jardine, Lisa: Der Glanz der Renaissance. Ein Zeitalter wird entdeckt. List Verlag, München 1999.

Junker, Horst: Schelle – Schelle Sechser. Offenburger Narrenchronik. Die Geschichte der althistorischen Narrenzunft in Offenburg. Reiff Schwarzwaldverlag Offenburg, Offenburg 1994.

Jürgs, Michael: Der Fall Axel Springer. Eine deutsche Biographie. Paul List Verlag, München 1995.

Köpf, Peter: Die Burdas. Europa Verlag, Hamburg 2002.

Korda, Michael: Die Macht und wie man mit ihr umgeht. Wilhelm Goldmann Verlag, München 1979.

Krüger, Michael: Warum Peking? Wagenbach Verlag, Berlin 1986.

Lenz, Hermann: Freunde. Insel Verlag, Frankfurt am Main 1997.

Maar, Christa; Burda, Hubert (Hrsg.): Iconic Turn. Die neue Macht der Bilder. DuMont Verlag, Köln 2004.

Maar, Christa; Obrist, Hans Ulrich; Pöppel, Ernst (Hrsg.): Weltwissen. Wissenswelt. DuMont Verlag, Köln 2000.

Mendelsson, Eva; Ruch, Martin (Hrsg.): Sylvia Cohn. 1904–1942. Gedichte und Briefe. KulturAgentur, Offenburg 2004.

Miller, Henry: Der Koloß von Maroussi. Eine Reise nach Griechenland. Rowohlt Taschenbuch Verlag, Reinbek bei Hamburg 2001.

Müller, Karl Alexander von: Am Rande der Geschichte. Münchner Begegnungen und Gestalten. Vater + Sohn Furtwängler. Hanser Verlag, München 1957.

Naeher, Gerhard: Axel Springer. Mensch, Macht, Mythos. Straube, Erlangen, Bonn, Wien 1991.

Nolte, Mathias: Großkotz. Ein Entwicklungsroman. Diogenes Verlag, Zürich 1984.

Ohlbaum, Isolde: Im Garten der Dichter. Der Petrarca-Preis. Gina Kehayoff Verlag, München 1997.

Raddatz, Fritz J.: Unruhestifter. Erinnerungen. Propyläen Verlag, München 2003.

Reiche, Volker: Strizz 1 + 2, C. H. Beck Verlag, München 2004.

Reinhardt, Volker: Die Medici. Florenz im Zeitalter der Renaissance. C. H. Beck Verlag, München 1998.

Roeck, Bernd: Florenz 1900. Die Suche nach Arkadien. C. H. Beck Verlag, München 2001.

Schreiber, Hermann: Henri Nannen. Der Herr vom Stern. Wilhelm Goldmann Verlag, München 2001.

Schwab, Gustav: Die schönsten Sagen des Klassischen Altertums. Wilhelm Goldmann Verlag, München 1958.

Sombart, Nicolaus: Journal intime 1982/83. Rückkehr nach Berlin. Elfenbein Verlag, Berlin 2003.

Thiele-Dohrmann: Eine kleine Geschichte des Klatsches. Der Charme des Indiskreten. Patmos Verlag, Düsseldorf 1995.

Thorbrietz, Dr. Petra: Gesundheit aus dem Darm. Die Quelle des Wohlbefindens entdecken, schützen und heilen. Herausgegeben von Dr. Christa Maar. Zabert Sandmann, München 2003.

Todenhöfer, Jürgen: Wer weint schon um Abdul und Tanaya? Die Irrtümer des Kreuzzugs gegen den Terror. Herder spektrum, Freiburg im Breisgau 2003.

Todenhöfer, Jürgen: Andy und Marwa. Bertelsmann, Gütersloh 2005

Veblen, Thorstein: Theorie der feinen Leute. Fischer Taschenbuch Verlag, Frankfurt am Main 2000.

Walter, Ingeborg: Der Prächtige. Lorenzo de' Medici und seine Zeit. C. H. Beck Verlag, München 2003.

Watzlawick, Paul: Wie wirklich ist die Wirklichkeit? Wahn – Täuschung – Verstehen. Sonderausgabe. Piper Verlag, München 2003.

Weidenfeld, George: Von Menschen und Zeiten. Eine Autobiographie. Europaverlag, Wien, München 1995.

Wiest, Wolf Dieter: Außer mir. Eichborn Verlag, Frankfurt am Main 1996.

Chronik

1873	Franz Burda (I.) wird in Offenburg geboren. Seine Eltern sind der aus Dubi im ostböhmischen Deutsch-Brod stammende Wenzel Burda und dessen Ehefrau Amalie, geborene Flaig, aus Gengenbach/Offenburg. Franz Burda ist der Gründer der »Dynastie« und Großvater von Dr. Hubert Burda.
1898	Franz Burda geht auf Wanderschaft und bleibt in der Druckerei von Otto Pröttel in Philippsburg hängen.
1901	Otto Pröttel stirbt und hinterlässt seine Ehefrau Josefine, geborene Mauch, mit vier kleinen Söhnen. Franz Burda hält die Druckerei in Gang und auch die *Philippsburger Zeitung,* die unter seiner Regie bald eingeht.
1902	Franz Burda heiratet die Witwe seines verstorbenen Chefs und wird dadurch Druckereibesitzer.
24.2.1903	Franz (II.) Joseph Burda, der spätere »Senator«, wird am Fastnachtsdienstag in Philippsburg geboren.
1908	Weil die Geschäfte in Philippsburg ausgesprochen schlecht laufen, kehrt Franz Burda I. nach Offenburg zurück und eröffnet dort einen neuen Betrieb.
28.7.1909	Anna Magdalena (später: Aenne) wird als erste Tochter des Lokomotivführers Franz Lemminger und seiner Frau Maria in Offenburg geboren.
1917	Umzug der Druckerei Burda in das Hinterhaus der Metzgerei Burg an der Offenburger Hauptstraße.
1923	Franz Burda junior tritt in die Druckerei seines Vaters ein.
März 1926	Franz Burda macht sein Staatsexamen als Diplom-Volkswirt in Erlangen.
1927	Als erste Zeitschrift erscheint die *Sürag,* eine südwestdeutsche Radiozeitung, in einer Startauflage von 3 000 Exemplaren.

18.7.1928	Franz Burda promoviert an der Philosophischen Fakultät der Universität Erlangen zum Doktor der Staatswissenschaften.
9.3.1929	Dr. rer. pol. Franz Burda legt in Freiburg die Gesellenprüfung als Buchdrucker ab.
22.11.1929	Franz Burda senior stirbt im Alter von 56 Jahren. Sein Sohn Franz (26) übernimmt alleinverantwortlich den Betrieb, dem zu dieser Zeit drei Mitarbeiter angehören.
1930	Dr. Franz Burda macht in Freiburg die Meisterprüfung als Buchdrucker.
9.7.1931	Dr. Franz Burda und Anna Magdalena Lemminger heiraten in Offenburg.
24.5.1932	Franz (III.) Eugen Burda wird als erster Sohn von Dr. Franz und Aenne Burda in Offenburg geboren.
1933	Der Betrieb hat 100 Mitarbeiter. Die Auflage der *Sürag* erreicht 60 000 Exemplare.
1935	Einzug in den Neubau Hauptstraße 13. Umstellung auf Tiefdruck, Herstellung von Katalogen. 130 Mitarbeiter.
29.4.1936	Friedrich, genannt Frieder, wird als zweiter Sohn von Dr. Franz und Aenne Burda in Offenburg geboren.
1937	Auflage der *Sürag* bei 113 000. Gründung eines Buchverlags. Dr. Franz Burda stellt seinen Mitarbeitern das Sürag-Ferienheim Haus Talblick in Oberharmersbach zur Verfügung.
1.10.1938	Übernahme der »arisierten Druckerei« der Gebrüder Bauer in Mannheim mit 350 Mitarbeitern; in Offenburg sind es 250.
1939	Auflage der *Sürag* erreicht 179 000.
9.2.1940	Hubert Dietrich Burda wird als dritter Sohn von Dr. Franz und Aenne Burda in Heidelberg geboren.
November 1940	Geburt der unehelichen (Halb-)Schwester Renate.
1942	Burda produziert Generalstabskarten von Nordafrika und Frankreich für das Heer.
1943	Burda stellt Luftbildpläne für das Oberkommando der Luftwaffe her.
1945	Burda druckt Schulbücher und Briefmarken für die französische Besatzungszone sowie die französische Soldatenzeitung *Revue d'Information*.
1.4.1948	Die erste Ausgabe der Zeitschrift *Das Ufer*.

1.1.1949	Aenne Burda übernimmt den bankrotten Mode-Verlag der Nebenbuhlerin. Mit einer Auflage von 5 000 Exemplaren startet sie die Zeitschrift *Favorit*.
Februar 1949	Nach vierjähriger Unterbrechung erscheint die *Sürag* wieder, die nun *Bild und Funk* heißt.
1949	Burda bringt Bildbände zur Zeitgeschichte heraus, zuerst *Die ersten 50 Jahre des XX. Jahrhunderts*.
9.9.1949	Die erste Ausgabe von *Das Haus* erscheint.
1.1.1950	*Favorit* wird in *Burda Moden* umbenannt.
1950	Die TH Karlsruhe verleiht Dr. Franz Burda für seine Verdienste um die Drucktechnik den Titel Senator ehrenhalber.
1950	Der Betrieb umfasst 13 verschiedene Werkstätten in Offenburg, Lahr und Lahr-Dinglingen.
Mai 1950	*Ihre Mode* geht in *Burda Moden* auf.
1951	Beginn des Druckereineubaus auf der Kronenwiese.
1952	Aenne Burda beginnt mit der Einzelschnittmuster-Produktion.
4.10.1952	Richtfest auf der Kronenwiese. Der 50 Meter hohe Burda-Turm wird eingeweiht.
1953	*Bild + Funk* verkauft 375 000, *Das Ufer* 282 000 Exemplare. Fünf Millionen Kalender verlassen die Druckerei.
20.3.1954	*Das Ufer* wird in *Bunte Illustrierte* umbenannt.
1954	Die Burda-Staffel geht in die Luft und macht insgesamt 18 Jahre lang Werbung für die Produkte des Verlages.
3.5.1954	Richtfest am Kestendamm: Nach nur drei Monaten Bauzeit ist das von Professor Eiermann, dem Schöpfer der neuen Kaiser-Wilhelm-Gedächtniskirche in Berlin, entworfene Verlagshaus für *Burda Moden* fertig gestellt.
Mai 1954	*Vobachs Neue Mode* geht in *Burda Moden* auf.
1955	15 Jahre vor der gesetzlichen Regelung gewährt Burda eine Lohnfortzahlung im Krankheitsfall.
Mai 1957	Die *Bunte Illustrierte* erscheint wöchentlich in einer Auflage von 500 000. *Bild + Funk* 445 000, *Das Haus* 570 000 und *Burda Moden* 620 000.
1957	Der Betrieb hat 1 400 Mitarbeiter. Täglich werden 100 Tonnen Papier bedruckt. Der Jahresumsatz liegt bei 50 Mio. DM.
1.4.1958	Franz (III.) Burda junior wird technischer Betriebsleiter in Offenburg.

April 1958	Senator Burda wird Ehrenbürger von Philippsburg.
21.2.1959	Nach der Übernahme der *Deutschen Illustrierten* (1946 gegründet) firmiert die *Bunte Illustrierte* als *Bunte Deutsche Illustrierte*.
1959	Hubert Burda macht Abitur am Offenburger Schiller-Gymnasium.
1960	Hubert Burda beginnt sein Studium der Soziologie, Archäologie und Kunstgeschichte an der Universität München, später in Marburg.
1.8.1960	Burda erwirbt von Axel Springer die Ullstein-Druckerei G. C. Klebe in Darmstadt. Die Leitung übernimmt Frieder Burda.
1.10.1960	Burda kauft vom Süddeutschen Verlag für 2,5 Mio. DM die *Münchner Illustrierte* (1923 als *Münchner Illustrierte Presse* gegründet) mit einer Auflage von etwa einer halben Million. Die *Bunte* wird in *Bunte Münchner Illustrierte* umbenannt und bekommt eine Zweigredaktion in München. Das ist der Startschuss für den Burda Verlag in München.
Januar 1961	Die *Bunte Münchner Illustrierte* überschreitet mit 1 000 075 die Millionengrenze. *Bild + Funk* erreicht 469 500, *Das Haus* 958 599 und *Burda Moden* 710 000 Exemplare.
1961	Erster Spatenstich für das Burda-Hochhaus an der Kinzig.
1962	Hubert Burda arbeitet während seines Studiums in der Münchner Redaktion von *Bunte* und lernt Eduard Micus kennen, der 1966 Burda und Markwort zusammen bringt.
11.12.1962	Burda kauft die Zeitschriften *freundin* (1947 gegründet, Auflage: 409 800) und *Film Revue* (1946 gegründet, 400 000). Die *Film Revue* verleiht seit 1948 die Bambi-Preise.
1.1.1963	Burda kauft die traditionsreiche *Frankfurter Illustrierte* (1912 als *Das Illustrierte Blatt* gegründet) mit rund 420 000 Exemplaren, und *Bunte* firmiert nun als *Bunte Münchner Frankfurter Illustrierte*.
1963	Der Betrieb hat 2 700 Mitarbeiter, 2 200 in Offenburg und 500 in Darmstadt.

4.2.1963	*freundin* und *Film Revue* werden zusammengelegt.
24.2.1963	Zu seinem 60. Geburtstag stiftet Dr. Franz Burda seinen Mitarbeitern ein großzügiges Sportgelände. Der Senator wird Ehrenbürger von Offenburg.
1.10.1963	Aenne Burda kauft *Beyer Moden* auf.
17.12.1963	Burda kauft die *Österreich Illustrierte* und bringt in Österreich die *Bunte Österreich Illustrierte* auf den Markt.
1965	Hubert Burda promoviert mit der Arbeit *Die Ruine* in *den Bildern Hubert Roberts* zum Dr. phil.
1965	Die Auflage von *Burda Moden* erreicht die Millionenhöhe.
1965	In der Burda Farben KG in Schutterwald werden eigene Druckfarben hergestellt.
1966	Dr. Hubert Burda muss ins amerikanische »Exil«.
November 1966	Der Senator überträgt seinem jüngsten Sohn Hubert die Leitung des neuen Münchner Verlagshauses an der Arnulfstraße. Dr. Hubert Burda wird Verlagsleiter von *Bild + Funk* und beauftragt Helmut Markwort mit der Chefredaktion.
1967	Dr. Hubert Burda heiratet die Kunststudentin Christa Krauss.
25.11.1967	Felix, der Sohn von Dr. Hubert und Christa Burda, wird geboren.
1968	Druckereineubau auf dem alten Offenburger Messegelände.
15.4.1969	Mit 1 796 933 Exemplaren ist die *Bunte* im 1. Quartal 1970 die meistverkaufte Illustrierte Deutschlands.
Mai 1969	Der 5 000. Mitarbeiter tritt in das Unternehmen ein.
Juli 1969	Burda und das amerikanische Verlagshaus Meredith gründen das Joint Venture Meredith/Burda Inc.
26.8.1969	Im Verlag Aenne Burda gibt Dr. Hubert Burda in München die erste Ausgabe von *m* heraus.
1.7.1970	*m* wird eingestellt.
2.7.1970	Die erste Ausgabe der *Freizeit Revue* erscheint.
September 1970	Baubeginn des Hochhauses (der »Lange Franz«) in Offenburg-Albersbösch.
14.10.1971	Die erste Tiefdruckerei der Meredith/Burda Inc. wird in Lynchburg/Virginia offiziell eröffnet.
1.1.1972	Burda erwirbt von Lord Thomson die Co Publica Ver-

lagsgesellschaft mit der Zeitschrift *Meine Familie & ich,* die ausschließlich an den Kassen von Supermärkten verkauft wird.

1972	Dr. Hubert Burda übernimmt die Verantwortung für den Vertrieb und die Werbung in der Burda GmbH.
24.2.1972	Dr. Franz Burda gründet *Mein schöner Garten.*
1.7.1972	Die *Bunte Illustrierte* heißt jetzt *Bunte.*
28.2.1974	Burda erwirbt die Zeitschrift *Grün* aus der Deutschen Verlagsanstalt und fusioniert sie mit *Mein schöner Garten.*
18.9.1974	Burda beteiligt sich mit 28,4 Prozent an den MD Papierfabriken in München und Dachau.
1975	Dr. Hubert Burda stiftet den »Petrarca-Preis« für deutschsprachige Lyrik.
3.3.1976	Dr. Franz Burda übergibt die Chefredaktion von *Bunte* an seinen Sohn Hubert.
4.2.1977	Aenne Burda startet die Zeitschrift *Carina.*
1977	Dr. Hubert Burda stiftet den Preis »in medias res« für Kommunikationsforschung.
1.7.1978	Burda erwirbt den Pressespediteur Einbecker Transport Gesellschaft (ETG).
1.11.1979	Baubeginn der zweiten Tiefdruckerei von Meredith/Burda in Hickory/North Carolina.
30.4.1980	Dr. Franz Burda bringt die Zeitschrift *PAN* (Untertitel: *Unsere herrliche Welt*) auf den Markt.
1.5.1980	Bei Burda in München kommt die erste Ausgabe von *Ambiente* heraus.
1.7.1980	Burda erwirbt die Tiefdruckerei Imprimerie et Editions Braun in Mühlhausen im Elsass.
12.2.1981	Dr. Franz Burda überschreibt jeweils ein Viertel der Burda GmbH an seine drei Söhne und beruft sie zu geschäftsführenden Gesellschaftern. Franz Burda zeichnet für den Geschäftsbereich Druck, Frieder für Finanzen und Verwaltung und Dr. Hubert Burda für den Verlag verantwortlich.
1981	Im Frühjahr nimmt das Zweigwerk von Meredith/Burda in Hickory die Produktion auf.
6.1.1983	Burda beteiligt sich mit 24,9 Prozent an der Axel Springer Gesellschaft für Publizistik, die sämtliche Aktien der Axel Springer Verlag AG hält.

30.3.1983	Frieder Burda tritt in den Aufsichtsrat der Axel Springer Verlag AG ein.
Oktober 1983	Die Redaktion *Bunte* zieht von Offenburg in das neue Verlagshaus im Münchner Arabellapark.
1.4.1985	Burda beteiligt sich mit 13 Prozent an der Gründung von Sat.1.
1.7.1985	Der Axel Springer Verlag wird eine Publikums-AG. Die Burda-Beteiligung wird in ein entsprechendes Aktienpaket von 24,9 Prozent umgewandelt. Dr. Hubert Burda wird in den Aufsichtsrat berufen.
19.7.1985	Frieder Burda wird zum stellvertretenden Aufsichtsratsvorsitzenden der Axel Springer Verlag AG gewählt.
18.3.1986	Dr. Franz Burda überträgt seine Anteile an die drei Söhne, sodass diese an allen Unternehmen in gleicher Höhe beteiligt sind.
29.9.1986	Die *Glücks Revue* erscheint.
30.9.1986	Dr. Franz Burda stirbt in Offenburg.
1986	Burda steigt bei Sat.1 aus. Der Anteil lag zuletzt bei 8,2 Prozent.
18.12.1986	Die drei Burda-Brüder vereinbaren die Realteilung. Franz und Frieder bekommen die Beteiligungen an Springer, den amerikanischen Druckereien und den Papierfabriken sowie die Speditionen. Dr. Hubert Burda erhält das Stammgeschäft mit den Verlagen und den Druckereien in Deutschland und Frankreich.
31.12.1986	Burda erzielt erstmals einen Konzernumsatz von mehr als einer Milliarde Mark.
1.1.1987	Dr. Hubert Burda ist nun Alleininhaber des Burda Verlags mit den Zeitschriften *Bunte, Bild + Funk, Freizeit Revue, Glücks Revue, freundin, Meine Familie & ich, Das Haus, Mein schöner Garten, PAN und Ambiente.*
1.3.1987	Aenne Burda bringt mit *Burda Moden* die erste westliche Zeitschrift in russischer Sprache in der Sowjetunion heraus.
März 1987	Dr. Hubert Burda ernennt eine neue Geschäftsführung mit Dr. Jürgen Todenhöfer, der im Herbst desselben Jahres auch sein Stellvertreter wird.
30.7.1987	Burda beteiligt sich mit 2 Prozent bei RTL plus.
August 1987	Die neue Druckerei in Vieux-Thann im Elsass nimmt ihren Betrieb auf.

September 1988	Burda startet in einem Joint Venture mit der französischen Groupe Hachette die deutsche Ausgabe von *Elle*.
18.10.1988	Die Verlage von Aenne und Dr. Hubert Burda übernehmen gemeinsam den weltweiten Anzeigenverkauf der sowjetischen Regierungszeitung *Iswestija*.
März 1990	Die erste Ausgabe des Wirtschaftsmagazins *!Forbes* von Burda erscheint.
8.3.1990	Burda und der Gong Verlag starten in den neuen Bundesländern *Super TV*.
28.3.1990	Geburt von Jakob, Sohn von Dr. Hubert Burda und Dr. Maria Furtwängler.
Mai 1990	Im Elle Verlag erscheint *Elle Decoration*.
1990	Burda druckt in Darmstadt für Murdoch das *Sunday Times Magazine*. Der Auftrag gilt für fünf Jahre.
Juli 1990	Burda und der Gong Verlag starten in den neuen Bundesländern *Super Illu*.
1990	Burda beteiligt sich mit 16 Prozent an der Gründung des landesweiten Hörfunksenders Antenne Bayern.
2.5.1991	Burda startet mit Rupert Murdoch in Berlin die *Super!*-Zeitung für die neuen Bundesländer.
1.6.1991	Helmut Markwort kehrt zurück und tritt in die Geschäftsführung der Burda Holding ein.
Juni 1991	Burda erwirbt von der Treuhandanstalt das Regionalblatt *Schweriner Volkszeitung*.
Juli 1991	Burda erwirbt von der Treuhand die Tageszeitung *Norddeutsche Neueste Nachrichten* in Rostock.
8.11.1991	Dr. Hubert Burda heiratet in zweiter Ehe die Ärztin und Schauspielerin Dr. Maria Furtwängler.
15.1.1992	Geburt von Elisabeth, Tochter von Dr. Hubert Burda und Dr. Maria Furtwängler.
1992	Burda beteiligt sich mit 1 Prozent bei RTL 2.
24.7.1992	Die *Super!*-Zeitung wird eingestellt.
August 1992	Burda und Gong starten *Super TV* in Polen.
18.1.1993	Burda startet das Nachrichtenmagazin *Focus*.
1.6.1993	Gerd Bolls tritt in die Geschäftsführung der Burda Holding ein.
1993	Burda steigt mit den Projekten From Desktop to Doorstep, Electronical TV-Guide, Teleshopping, Audiotex, interaktives Fernsehen und Multimedia/CD-ROM in den Zukunftsmarkt der Neuen Medien ein.

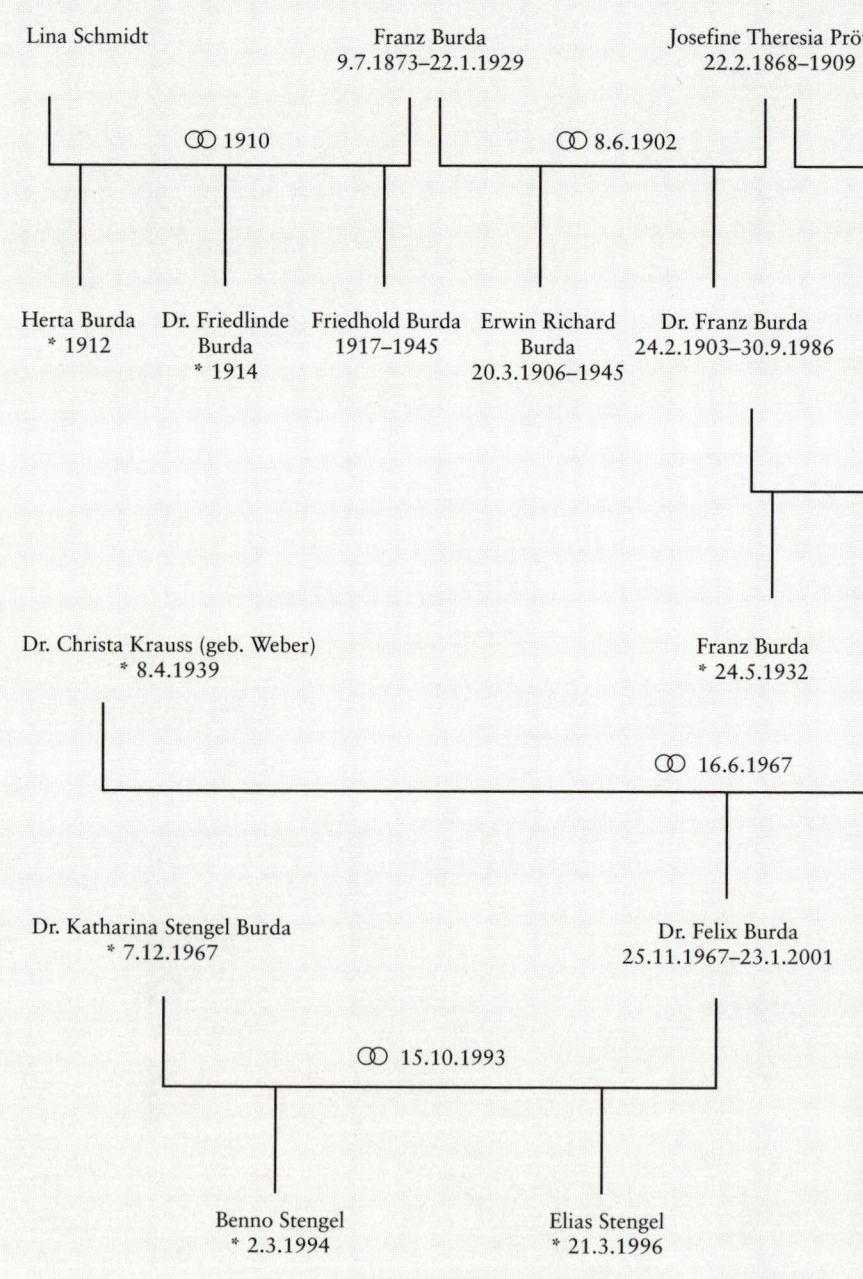

Lina Schmidt

Franz Burda
9.7.1873–22.1.1929

Josefine Theresia Prötte
22.2.1868–1909

⚭ 1910

⚭ 8.6.1902

Herta Burda
* 1912

Dr. Friedlinde
Burda
* 1914

Friedhold Burda
1917–1945

Erwin Richard
Burda
20.3.1906–1945

Dr. Franz Burda
24.2.1903–30.9.1986

Dr. Christa Krauss (geb. Weber)
* 8.4.1939

Franz Burda
* 24.5.1932

⚭ 16.6.1967

Dr. Katharina Stengel Burda
* 7.12.1967

Dr. Felix Burda
25.11.1967–23.1.2001

⚭ 15.10.1993

Benno Stengel
* 2.3.1994

Elias Stengel
* 21.3.1996